U1006909

# 双百优秀裁判文书的形与神

## ——裁判思路与说理技巧——

### 民事卷

最高人民法院审判管理办公室　编

人民法院出版社

**图书在版编目（CIP）数据**

双百优秀裁判文书的形与神：裁判思路与说理技巧.民事卷/最高人民法院审判管理办公室编. -- 北京：人民法院出版社，2022.7
ISBN 978-7-5109-3481-0

Ⅰ.①双… Ⅱ.①最… Ⅲ.①民事诉讼-审判-法律文书-研究-中国 Ⅳ.①D926.134

中国版本图书馆 CIP 数据核字（2022）第 046800 号

**双百优秀裁判文书的形与神**
——裁判思路与说理技巧（民事卷）
最高人民法院审判管理办公室 编

**策划编辑** 李安尼
**责任编辑** 张 怡
**出版发行** 人民法院出版社
**地　　址** 北京市东城区东交民巷 27 号（100745）
**电　　话** （010）67550691（责任编辑） 67550558（发行部查询）
65223677（读者服务部）
**客服 QQ** 2092078039
**网　　址** http://www.courtbook.com.cn
**E-mail** courtpress@sohu.com
**印　　刷** 河北鑫兆源印刷有限公司
**经　　销** 新华书店

**开　　本** 787 毫米×1092 毫米 1/16
**字　　数** 502 千字
**印　　张** 29.75
**版　　次** 2022 年 7 月第 1 版 2025 年 8 月第 6 次印刷
**书　　号** ISBN 978-7-5109-3481-0
**定　　价** 98.00 元

**版权所有 侵权必究**

# 前　言

裁判文书是人民法院代表国家依法行使审判权、适用法律解决纠纷的载体，是明确当事人法律权利义务的重要形式，直接体现国家强制力，具有高度的严肃性和权威性，其质量集中反映了人民法院的司法能力和司法水平。法官制作裁判文书必须严格依据事实和法律，时刻保持高度的责任心，严谨规范、精益求精。优秀裁判文书能以案释法，既体现法律尺度，又展现司法温度；既反映法官的法律专业功底，又展示法官论证说理的能力以及语言组织能力，在解决争议、化解矛盾纠纷的同时，明确法律规则和价值导向，增强社会对司法裁判的认同感和对公平正义的获得感，形成与社会道德建设、社会主义核心价值观的有效共振。

最高人民法院始终高度重视裁判文书质量，自 2018 年以来持续开展全国法院“百篇优秀裁判文书”评选活动，通过层层选拔，甄选出了一批政治效果、法律效果、社会效果相统一的优秀裁判文书。获奖裁判文书来自全国各级法院，覆盖刑事、民事、行政、赔偿、执行等各种类型。为充分展现人民法院裁判文书制作水平，全方位发挥精品文书的引领示范作用，本书特选取了第一届、第二届、第三届获奖的裁判文书，集中展示优秀获奖文书、裁判要旨、撰写心得、专家评析等，展现人民法官的裁判思路，分析说理技巧，帮助读者剖析优秀裁判文书的“形”与“神”，以供全国法律从业者学习参鉴。

编者

2022 年 4 月

# 目　　录

## 第一章　一般民事类

### 第一节　人格权纠纷

1. 吉某某等和殷某1等生命权健康权身体权纠纷案 ………………………… 1
【关键词】 体育活动　自甘风险　非故意侵权　减轻责任比例
一、简要案情 ……………………………………………………………………… 1
二、撰写心得 ……………………………………………………………………… 3
（一）思想重视，以高度责任心认真对待 ………………………… 4
（二）加强学习，防止能力出现内卷化效应 ……………………… 4
（三）类案检索，广泛借鉴前人优秀经验 ………………………… 5
（四）措辞适当，提升裁判文书的温度和品质 …………………… 6
二、专家评析 ……………………………………………………………………… 6

2. 庞某某和中国东方航空股份有限公司、北京趣拿信息技术有限公司隐私权纠纷案 ………………………………………………………………………… 8
【关键词】 隐私权　个人信息　证明标准
一、简要案情 ……………………………………………………………………… 8
二、撰写心得 ……………………………………………………………………… 9
（一）判决书写作中的内部论证 ………………………………………… 9
（二）判决书写作中的外部论证 ………………………………………… 11
三、专家评析 ……………………………………………………………………… 12

## 第二节　婚姻家庭纠纷

**3. 陈某 1、李某 1 等离婚后财产纠纷案** …… 14
【关键词】 离婚协议　变更　股权转让　意思表示解释
一、简要案情 …… 14
二、撰写心得 …… 16
（一）身份财产交织下的法律适用应实现财产性与伦理性的同符合契 …… 17
（二）家庭伦理场域下的意思表示解释应顾及方法与情境的妥当适配 …… 17
（三）情、理、法交汇下的裁判文书应注重法律与生活的同生共融 …… 18
三、专家评析 …… 19

**4. 赵某 1 和尚某某、张某某侵害监护权纠纷案** …… 21
【关键词】 扶养义务　监护权　监护人资格
一、简要案情 …… 21
二、撰写心得 …… 22
三、专家评析 …… 23

**5. 陶某和张某、秦某探望权纠纷案** …… 25
【关键词】 探望权　隔代探望
一、简要案情 …… 25
二、撰写心得 …… 25
三、专家评析 …… 27

## 第三节　物权保护纠纷

**6. 张某和陈某财产损害赔偿纠纷案** …… 28
【关键词】 异议登记　损害赔偿　禁止权利滥用　法益区分保护
一、简要案情 …… 28
二、撰写心得 …… 29
（一）要有问题意识 …… 29
（二）庭审驾驭要精细，要把案件处理“干净”，法律事实要清楚 …… 29

（三）裁判文书应当脉络清晰，形神兼备 …… 30
（四）判决的构思过程：大胆假设、循序求证 …… 30
三、专家评析 …… 31

## 第四节 所有权纠纷

**7. 丹东保利天赐房地产开发有限公司和东港市恒东建筑安装有限公司、赵某、袁某某所有权纠纷案** …… 34
【关键词】 民事 合同效力 以房抵债 债权转让
一、简要案情 …… 34
二、撰写心得 …… 36
（一）对案件事实及法律适用问题充分研判 …… 36
（二）准确归纳争议焦点 …… 37
（三）裁判理由论理充分、逻辑严密 …… 38
三、专家评析 …… 38

## 第五节 劳动争议

**8. 邱某某和参天制药（中国）有限公司劳动争议案** …… 40
【关键词】 劳动合同 客观情况 重大变化 内部组织架构调整 赔偿金
一、简要案情 …… 40
二、撰写心得 …… 41
三、专家评析 …… 43

**9. 博彦科技（深圳）有限公司、博彦科技股份有限公司和文某劳动争议案** …… 45
【关键词】 限制性股票 劳动争议 损失赔偿
一、简要案情 …… 45
二、撰写心得 …… 46
（一）周密做好文书撰写准备工作 …… 47
（二）严格遵循裁判文书外在形式要求 …… 47
（三）努力追求说理透彻、逻辑严谨、裁判正当的文书内容实质效果 …… 47

三、专家点评 …… 49
（一）具有规则探索价值 …… 49
（二）文书外在表达形式规范严谨 …… 49
（三）能够全面客观归纳当事人诉辩主张，并在此基础上准确确定争议焦点 …… 50
（四）能够全面列举诉辩双方证据并透彻阐述证据采信或不采信理由 …… 50
（五）能够围绕争议焦点进行透彻充分说理 …… 50

## 第二章 合同类

### 第一节 确认合同效力纠纷

**10. 海南葫芦娃药业集团股份有限公司和广西科伦制药有限公司确认合同效力纠纷案** …… 51
【关键词】 技术指导义务 合同解除
一、简要案情 …… 52
二、撰写心得 …… 53
三、专家评析 …… 55

### 第二节 悬赏广告纠纷

**11. 白某和张某悬赏广告纠纷案** …… 57
【关键词】 悬赏广告 知识性错误
一、简要案情 …… 57
二、撰写心得 …… 59
三、专家评析 …… 61

### 第三节 买卖合同纠纷

**12. 西安东艾贸易有限公司和西安中田实业有限公司、世达工具（上海）有限公司买卖合同纠纷案** …… 63
【关键词】 民事法律关系 经销模式 买卖合同 民事责任 诚信
一、简要案情 …… 63

二、撰写心得 …… 65
三、专家评析 …… 68

**13. 洛某和天津盛世宝鑫汽车贸易有限公司、王某某、闫某某、刘某某买卖合同纠纷案** …… 70
【关键词】 未取得合法进口手续车辆 消费欺诈
一、简要案情 …… 70
二、撰写心得 …… 71
三、专家评析 …… 73

**14. 杨某某和贵州新贵兴汽车销售服务有限责任公司、大众汽车（中国）销售有限公司买卖合同纠纷案** …… 75
【关键词】 轻微瑕疵 消费者知情权 欺诈
一、简要案情 …… 75
二、撰写心得 …… 77
（一）切实做到以事实为基础 …… 77
（二）是否构成"欺诈"应综合案件具体事实进行认定 …… 77
（三）警醒经销商诚信经营，尊重购车者的知情权 …… 79
（四）注重购车者权益保护，支持购车者理性维权 …… 79

**15. 佛山聚阳新能源有限公司和邬某及杭州阿里巴巴广告有限公司买卖合同纠纷案** …… 81
【关键词】 意思表示 真意保留 交易安全 信赖保护
一、简要案情 …… 81
二、撰写心得 …… 82
三、专家评析 …… 85

**16. 深圳市比克动力电池有限公司和荣成华泰汽车有限公司、华泰汽车集团有限公司、天津华泰汽车车身制造有限公司、鄂尔多斯市华泰汽车车身有限公司买卖合同纠纷案** …… 87
【关键词】 过度控制 独立人格 财产独立
一、简要案情 …… 87
二、撰写心得 …… 89
（一）诉辩意见需要归纳整理简明扼要 …… 89
（二）证据分析认定需要论证充分客观公正 …… 90
（三）事实认定需要繁简得当重点突出 …… 90

（四）焦点归纳需要切中要害一语中的 …… 90
（五）文书说理需要情法并重通俗易懂 …… 91
三、专家评析 …… 91

## 第四节　采矿权转让合同纠纷

**17. 察右前旗三犇铁矿、杨某某和察右前旗晶华矿业有限责任公司采矿权转让合同纠纷案** …… 94
【关键词】 矿业权转让　合同效力　先合同义务
一、简要案情 …… 94
二、撰写心得 …… 96
（一）关于重复起诉问题 …… 96
（二）关于转让协议的效力问题 …… 96
（三）关于三羊铁矿与包钢宁远公司订立合作协议所约定出资中是否包含察右前旗大西沟矿区的探矿权问题 …… 97
（四）三犇铁矿和杨某某应当按照《转让协议》约定履行协助报批义务 …… 97
三、专家评析 …… 98

## 第五节　房屋买卖合同纠纷

**18. 尹某某和云南丰源房地产开发有限公司商品房购销合同纠纷案** …… 100
【关键词】 善意取得　恶意串通　虚假诉讼
一、简要案情 …… 100
二、撰写心得 …… 103
（一）尹某某对本案争议的 19 套房屋不构成善意取得 …… 103
（二）本案符合虚假诉讼的认定标准 …… 104
三、专家评析 …… 105

## 第六节　借款合同纠纷

**19. 席某某和重庆铭嘉实业有限公司民间借贷纠纷案** …… 107
【关键词】 虚假诉讼　诚信原则　处罚
一、简要案情 …… 107

二、撰写心得 …… 109
三、专家评析 …… 110

**20. 广发银行股份有限公司、中山证券有限责任公司等和中国城市建设控股集团安徽有限公司等金融借款合同纠纷案** …… 112
【关键词】 应收账款收益权 转让及回购 借款
一、简要案情 …… 112
二、撰写心得 …… 114
（一）对当事人诉辩意见归纳简练、全面、准确 …… 115
（二）案件事实查明全面、准确、有据 …… 115
（三）裁判理由论证充分有力 …… 116
（四）裁判主文明确具体、无歧义 …… 116
三、专家评析 …… 116

**21. 华北制药股份有限公司物资供应分公司、华北制药股份有限公司和中国建设银行股份有限公司邯郸滏东支行及河北裕泰化工有限公司、河北裕泰实业集团有限公司、邯郸市裕隆化工有限公司、李某、潘某某金融借款合同纠纷案** …… 118
【关键词】 保理 应收账款 债务人 书面确认 免责抗辩
一、简要案情 …… 118
二、撰写心得 …… 120
三、专家评析 …… 122

**22. 贵州建工集团有限公司和杨某1、肖某1、肖某2、陈某、肖某3、李某某、薛某1、蒋某某民间借贷纠纷案** …… 124
【关键词】 民间借贷 建设工程施工合同 承包人 实际施工人
一、简要案情 …… 124
二、撰写心得 …… 126
三、专家评析 …… 128

**23. 新华信托股份有限公司和镇江冠城房地产开发有限公司、上海冠城投资集团有限公司、仇某某借款合同纠纷案** …… 130
【关键词】 信托合同 借款合同 信托报酬 抵充顺序
一、简要案情 …… 130
二、撰写心得 …… 131
（一）程序正义 …… 131

（二）实体正义 …… 132
（三）格式完备 …… 132
（四）文字精准 …… 133
三、专家评析 …… 134

## 第七节　保证合同纠纷

**24. 黑龙江北大荒投资担保股份有限公司、黑龙江省建三江农垦七星粮油工贸有限责任公司保证合同纠纷案** …… 136
【关键词】　混合担保　质权未设立　保证人的保证责任
一、简要案情 …… 136
二、撰写心得 …… 138
三、专家评析 …… 140

**25. 张某和南京金榜麒麟家居股份有限公司、陈某、陶某某担保合同纠纷案** …… 142
【关键词】　担保债务　借款利率　利率
一、简要案情 …… 142
二、撰写心得 …… 144
三、专家评析 …… 145

## 第八节　租赁合同纠纷

**26. 北京嘉泰风尚投资有限责任公司和北京市昌平区霍营街道霍家营社区居民委员会房屋租赁合同纠纷案** …… 147
【关键词】　违约责任　可得利益损失　限制性规则
一、简要案情 …… 147
二、撰写心得 …… 149
（一）裁判文书是当事人争议的句点 …… 149
（二）裁判说理与争议焦点的关系 …… 150
（三）整理争议焦点的技巧 …… 151
三、专家评析 …… 154

## 第九节 保理合同纠纷

27. 中央储备粮长春直属库有限公司和前郭县阳光村镇银行股份有限公司、松原市隆瑞祥贸易有限公司合同纠纷案 …… 156
【关键词】 保理合同 债权转让 合同效力 缔约过错 责任承担
一、简要案情 …… 156
二、撰写心得 …… 158
三、专家评析 …… 160
（一）从改变案由入手，逐一回应当事人的再审申请 …… 160
（二）通过再审进一步梳理事实，一一指出原审程序和实体上存在的问题和疏漏，并依法予以纠正 …… 160
（三）结合本案实际情况，诠释了严格适用合同无效制度的价值导向 …… 161

## 第十节 承揽合同纠纷

28. 太重集团机械企业公司机器设备制造厂和山西武圣新材料有限公司合同纠纷案 …… 162
【关键词】 合同变更 根本违约
一、简要案情 …… 162
二、撰写心得 …… 163
（一）庭前阅卷归纳总结，让争议焦点像花瓣一样绽放 …… 163
（二）围绕焦点展开调查，拨开迷雾，掌控方向 …… 164
（三）通过认证过程的写作，用证据图片拼出案件事实 …… 164
（四）以子之矛，攻彼之盾，不偏不倚，居中裁判 …… 165
三、专家评析 …… 167

## 第十一节 建设工程合同纠纷

29. 新疆兵团建工昆鹏建筑装饰工程有限公司和新疆国际大巴扎文化旅游产业有限公司建设工程施工合同纠纷案 …… 169
【关键词】 非夜间施工照明费 质量保证金
一、简要案情 …… 169
二、撰写心得 …… 172
三、专家评析 …… 174

**30. 陕西中豪建设集团有限公司和西安世城置业有限责任公司建设工程施工合同纠纷案** …… 176
【关键词】 建设工程　鉴定意见审查　违约责任认定
一、简要案情 …… 176
二、撰写心得 …… 178
（一）充分认识裁判文书的重要价值意义，提高制作优秀文书的思想认识和行动自觉 …… 178
（二）牢固树立精品意识和质量观念，努力输出高水平的“司法产品” …… 179
（三）全面有效回应当事人关切和充分展现法律评价的依据逻辑，提高裁判文书的针对性和可接受度 …… 179
三、专家评析 …… 180
（一）体例重点突出、内容详略得当 …… 181
（二）裁判层次清晰、论理分析透彻 …… 181
（三）样式规范完整、语言准确流畅 …… 181

**31. 湖南华兴工程建设有限公司和衡阳市尚邦房地产开发有限公司、李某某、莫某某建设工程施工合同纠纷案** …… 182
【关键词】 建设工程优先受偿权　司法确认调解协议
一、简要案情 …… 182
二、撰写心得 …… 183
三、专家评析 …… 185

**32. 中建四局第三建筑工程有限公司和贵州广明阳光置业有限公司、贵州乌蒙山生物医药产业有限公司建设工程施工合同纠纷案** …… 187
【关键词】 工程结算　竣工验收　混同
一、简要案情 …… 187
二、撰写心得 …… 188
（一）把握好庭审核心内容是写好裁判文书的基础 …… 189
（二）把握好文书内容“繁简有度”是写好裁判文书的重要方式 …… 189
（三）统筹回应双方的核心诉辩意见是写好裁判文书的重要方法 …… 190
三、专家评析 …… 190

## 第十二节 委托合同纠纷

**33. 中金国瑞（北京）投资有限公司和佳木斯技师学院、黑龙江省机构编制委员会办公室、黑龙江省人力资源和社会保障厅委托经营合同纠纷案** …… 192
【关键词】 可得利益损失 间接损失 可预见规则 减损规则 损益相抵规则
一、简要案情 …… 192
二、撰写心得 …… 194
三、专家评析 …… 195

## 第十三节 服务合同纠纷

**34. 杨某某和中国东方航空股份有限公司服务合同纠纷案** …… 197
【关键词】 服务合同 会员服务 合同效力 诚信
一、简要案情 …… 197
二、撰写心得 …… 199
三、专家评析 …… 201
**35. 浙江金兄弟珠宝名表有限公司和快钱支付清算信息有限公司、招商银行股份有限公司服务合同纠纷案** …… 203
【关键词】 多交易主体 整体性分析 违约赔偿
一、简要案情 …… 203
二、撰写心得 …… 205
（一）语言表达要“准确” …… 205
（二）实体裁判必须体现公平正义的价值追求 …… 206
三、专家评析 …… 208

## 第十四节 其他合同纠纷

**36. 广西博贝隆建设工程有限公司和南宁经济技术开发区管理委员会、南宁绿港建设投资集团有限公司合同纠纷案** …… 210
【关键词】 法人主体 混同 适法路径
一、简要案情 …… 210
二、撰写心得 …… 212

（一）非典型案例与类推适用方法 …… 212
（二）非典型案件中关键案件事实的识别 …… 213
（三）代理制度之规范要件分析 …… 214
（四）解释选择与本案的适配性 …… 216
三、专家评析 …… 217

**37. 湖南新华茶林河水电开发有限公司和湖南湘慈－爱依斯水电有限公司合同纠纷案** …… 219
【关键词】 强制性规定　合同效力
一、简要案情 …… 219
二、撰写心得 …… 220
（一）信仰，法治初心常怀有 …… 220
（二）事理，法律事实细思量 …… 221
（三）法理，法律逻辑严遵守 …… 222
（四）情理，诗意关怀宜彰显 …… 223
三、专家评析 …… 224

**38. 武汉中源电气有限公司和湖北首信房地产开发有限公司合同纠纷案** …… 226
【关键词】 合同解除　违约责任　直接损失　可得利益
一、简要案情 …… 226
二、撰写心得 …… 227
（一）分类分层梳理，归纳案件焦点 …… 228
（二）传递法治理念，回应社会关切 …… 228
（三）引经据典研学，强化释法说理 …… 229
（四）精心修改打磨，力争精益求精 …… 229
三、专家评析 …… 230
（一）本案裁判文书结构完整、要素齐全、逻辑严谨、说理充分 …… 230
（二）本案裁判结果践行社会主义核心价值观，引领社会风尚 …… 230
（三）本案裁判理念运用适当，有力维护了当事人合法权益，有着重要的法治实践指导意义 …… 230

39. 赵某1和西安长兴置业投资有限公司、海南一桥置业有限公司、海南弘远房地产开发有限公司合同纠纷案 …… 232
【关键词】 虚假诉讼 当事人身份关系 利益冲突 虚构债务
一、简要案情 …… 232
二、撰写心得 …… 235
（一）重视审查当事人的身份关系，关注当事人之间是否具有关联关系 …… 235
（二）在诉讼双方具有紧密关联关系的情况下，对关联当事人作出的陈述、提供的证据，应严格审查并结合其他证据审慎作出判断 …… 235
（三）重点审查诉讼双方是否存在真实的利益冲突 …… 236
（四）重点审查虚假诉讼是否侵害了案外人的合法权益 …… 237

40. 共青城金赛银投资管理合伙企业（有限合伙）与衡阳市福星房地产开发有限公司、余某1、余某2、万某某、深圳市深商融信资产管理有限公司合同纠纷案 …… 239
【关键词】 基金投资合作
一、简要案情 …… 239
二、撰写心得 …… 242
（一）高度重视，忌“龙头蛇尾” …… 242
（二）吃透案情，忌脱离争议焦点 …… 242
（三）适法准确，忌“南辕北辙” …… 243
（四）逻辑清晰，忌作“流水账” …… 243
二、专家评析 …… 243
（一）争议焦点归纳准确、针对性强，逻辑严密 …… 244
（二）说理论证逻辑严谨、推理缜密、层层递进 …… 244
（三）文书行文格式规范、内容紧凑、用语准确 …… 244

第三章 侵权责任类

第一节 机动车交通事故责任纠纷

41. 刘某1、任某某和佛山市汽车运输集团有限公司机动车交通事故责任纠纷案 …… 245

【关键词】 交通事故责任 赔偿责任主体 停运损失
一、简要案情 …… 245
二、撰写心得 …… 247
（一）要充分认识裁判文书的重要性 …… 247
（二）要吃透案情发掘典型意义 …… 247
（三）要加强法律适用说理论证 …… 247
（四）要做到繁简得当表述精准 …… 248
三、专家评析 …… 249
（一）展示法律精神 …… 249
（二）体现职业思维 …… 249
（三）充满人文关怀 …… 250
（四）说理清晰严密 …… 250
（五）行文简洁流畅 …… 250

**42. 浙商财产保险股份有限公司漯河中心支公司与连某1等天安财产保险股份有限公司焦作中心支公司、河南金路物流有限责任公司、漯河市利源运输有限公司、西平开元汽车运输服务有限公司机动车交通事故责任纠纷案** …… 252
【关键词】 保险免责条款效力 停业损失 误工费 护理费
一、简要案情 …… 252
二、撰写心得 …… 254
（一）在制作文书前要统筹规划文书布局 …… 254
（二）在文书写作过程中应注重文书结构和裁判文书内容的逻辑性 …… 255
（三）裁判文书用语应准确、规范、严谨 …… 256
三、专家评析 …… 256

**第二节 监护人责任纠纷**

**43. 李某1和北京启迪宏奥体育文化发展有限公司、王某1、王某2、徐某生命权、健康权、身体权纠纷案** …… 259
【关键词】 监护人责任 公平责任 社会观护
一、简要案情 …… 259
二、撰写心得 …… 261

（一）优秀案件，牢牢把握 …………………………………………… 261
（二）开好庭审，打牢基础 …………………………………………… 261
（三）充分论证，准确裁判 …………………………………………… 262
（四）严格规范，亮点突出 …………………………………………… 262
（五）精雕细琢，反复完善 …………………………………………… 262
三、专家评析 …………………………………………………………… 263

**第三节 建筑物和物件损害责任纠纷**

**44. 宜兴鸿鹄地产开发有限公司和南通新华建筑集团有限公司、江苏华峰建设有限公司、江苏省华建建设股份有限公司、上海海锋建设工程承包有限公司、上海建浩工程顾问有限公司财产损害赔偿纠纷案** ………… 265
【关键词】 工程质量侵权 多因一果 过错
一、简要案情 …………………………………………………………… 265
二、撰写心得 …………………………………………………………… 267
三、专家评析 …………………………………………………………… 269

**第四节 网络侵权责任纠纷**

**45. 黄某某和岳某某、北京微梦创科网络技术有限公司侵害名誉权纠纷案** …………………………………………………………………… 272
【关键词】 网络侵权行为 过错 行为人身份变化
一、简要案情 …………………………………………………………… 272
（一）岳某某原发或转发的涉案博文是否侵犯黄某某的名誉权 … 273
（二）岳某某转发案外人赵某博文的行为是否侵犯黄某某的隐私权 ……………………………………………………………… 273
（三）微梦创科公司是否侵犯黄某某的名誉权、隐私权 ………… 274
二、撰写心得 …………………………………………………………… 274
（一）“真”使裁判文书获得力量 ……………………………… 274
（二）“善”使裁判文书实现引领 ……………………………… 275
三、专家评析 …………………………………………………………… 276

**46. 宋某和卢某某网络侵权责任纠纷案** ………………………………… 278
【关键词】 非货币财产出资 微信账号使用权 侵权

一、简要案情 …… 278
二、撰写心得 …… 279
三、专家评析 …… 281

## 第五节 医疗损害责任纠纷

**47. 平顶山市第五人民医院、平顶山市第二人民医院和陈某、王某 2、王某 3 医疗损害责任纠纷案** …… 283
【关键词】 医疗损害 诊疗行为过错 因果关系 如实告知义务
一、简要案情 …… 283
二、撰写心得 …… 285
（一）充分准备，全面把握案情 …… 285
（二）凝练焦点，抓牢核心争议 …… 286
（三）直面问题，深入分析说理 …… 286
（四）情理交融，体现法律温度 …… 287
（五）以案说法，彰显社会主义核心价值观 …… 288
三、专家评析 …… 288
（一）行文规范，要素齐全 …… 288
（二）争点突出，直击要害 …… 289
（三）说理严谨，论证充分 …… 289
（四）融情于理，感人至深 …… 289
（五）倡导价值，引领风尚 …… 289

**48. 李某某、冉某 2 药物临床试验合同损害责任纠纷案** …… 291
【关键词】 药物临床试验 知情同意条款 格式条款损害赔偿
一、简要案情 …… 291
二、撰写心得 …… 292
三、专家评析 …… 295

## 第六节 占有、使用高度危险物损害责任纠纷

**49. 徐某某与中铁一局集团有限公司财产损害赔偿纠纷案** …… 297
【关键词】 民事诉讼 自认 证据审查
一、简要案情 …… 297

二、撰写心得 …… 298
三、专家评析 …… 299

# 第四章 环境类

## 第一节 环境污染责任纠纷

**50. 刘某某和郑州市人民检察院环境污染公益诉讼案** …… 300
【关键词】 环境污染损害 公益诉讼
一、简要案情 …… 300
二、撰写心得 …… 302
（一）要坚决用最严格的制度、最严密的法治保护生态环境 …… 302
（二）要依法分配环境侵权案件的举证责任 …… 303
（三）要将恢复性司法理念体现于裁判文书之中 …… 304
三、专家评析 …… 305
**51. 韩某某和中国石油天然气股份有限公司吉林油田分公司水污染责任纠纷案** …… 307
【关键词】 环境污染责任 侵权行为构成 损失认定 责任承担
一、简要案情 …… 307
二、撰写心得 …… 308
（一）环境侵权行为的构成认定以及举证责任的适用 …… 308
（二）不承担责任或者减轻责任的认定以及举证责任的适用 …… 315
三、专家评析 …… 317
**52. 张某某、邝某某和广东省广州市人民检察院水污染责任纠纷环境民事公益诉讼案** …… 319
【关键词】 环境侵权 民事 公益诉讼 共同侵权 固体废物 水塘污染 连带责任
一、简要案情 …… 319
二、撰写心得 …… 321
（一）将要件分析方法贯穿审判全过程 …… 321
（二）以详尽的证据分析夯实事实认定的基石 …… 322
（三）以充分说理体现判决书“活的灵魂” …… 322

三、专家评析 …… 323

**53. 重庆市巴岳山矿泉水有限公司和重庆华琦精细化工有限公司环境污染责任纠纷案** …… 325

【关键词】 环境侵权 水污染 因果关系认定

一、简要案情 …… 325

二、撰写心得 …… 327

（一）日常审理中做到“有心” …… 327

（二）案件事实是关键 …… 327

（三）加强证据审查和资料查阅工作 …… 328

（四）发挥合议庭、法官会议机制作用 …… 328

（五）精心打磨文书 …… 328

三、专家评析 …… 329

**54. 重庆市人民检察院第一分院和重庆市昆仑化工有限公司水污染责任纠纷环境民事公益诉讼案** …… 330

【关键词】 环境民事公益诉讼 排污量确定 诉讼请求审查与释明

一、简要案情 …… 330

（一）关于被告是否应承担因污染环境侵害公共利益的侵权责任 …… 331

（二）关于被告承担民事责任的方式和范围 …… 331

二、撰写心得 …… 333

三、专家评析 …… 335

**55. 安徽海德化工科技有限公司和江苏省人民政府环境污染侵权赔偿纠纷案** …… 337

【关键词】 民事 生态环境损害赔偿诉讼 分期支付

一、简要案情 …… 337

二、撰写心得 …… 339

（一）归纳案由应当准确，这是确定审判逻辑的基础和前提 …… 339

（二）归纳诉辩意见要条理清晰，逻辑体系保持统一性 …… 339

（三）根据请求权基础的内在逻辑以及举证责任的分配规则，分组列举相关证据 …… 340

（四）归纳的争议焦点应当明确具体 …… 340

（五）裁判理由要符合演绎推理的基本要求 …………………… 340
（六）裁判文书的制作要尽可能地做到通俗易懂 ………………… 341
三、专家评析 ………………………………………………………… 341

**56. 中国生物多样性保护与绿色发展基金会和秦皇岛方圆包装玻璃有限公司大气环境污染责任纠纷公益诉讼案 …………………………… 343**
【关键词】 民事　环境保护　大气污染责任　降低环境风险　减轻赔偿责任
一、简要案情 ………………………………………………………… 343
二、撰写心得 ………………………………………………………… 346
（一）环境公益诉讼中法院的职权性应予强化 ………………… 346
（二）环境公益诉讼更加强调预防功能 ………………………… 347
（三）体现了绿色发展的环境公益诉讼目的 …………………… 348
三、专家评析 ………………………………………………………… 348

**57. 中华环保联合会、江西龙天勇有色金属有限公司、常宁市沿江锌业有限责任公司和宜春市中安实业有限公司、湖南珊田投资集团汇金有色资源有限公司、新余市博凯再生资源开发有限责任公司、江西省新余市人民检察院环境污染责任纠纷案 ……………………………… 350**
【关键词】 环境污染责任　生态环境损害　专家意见　损害数额计算　责任承担
一、简要案情 ………………………………………………………… 350
（一）关于环境污染损害应如何确定的问题 …………………… 351
（二）关于中安公司等 5 家公司责任如何承担的问题 ………… 352
二、撰写心得 ………………………………………………………… 353
（一）技术判断与法律判断孰轻孰重 …………………………… 353
（二）环境保护与经济发展如何统筹 …………………………… 353
（三）从“个案智慧”到“类案经验” …………………………… 354
三、专家评析 ………………………………………………………… 355
（一）关于环境损害数额的认定 ………………………………… 355
（二）关于责任范围及承担 ……………………………………… 356

**58. 重庆市人民政府、重庆两江志愿服务发展中心和重庆藏金阁物业管理有限公司、重庆首旭环保科技有限公司环境污染责任纠纷案 ………… 357**
【关键词】 民事　生态损害赔偿　共同侵权　损害量化数额

一、简要案情 …… 357
二、撰写心得 …… 359
三、专家评析 …… 362

**59. 中华环保联合会与浙江新安化工集团股份有限公司等单位和个人环境污染责任纠纷案** …… 364

【关键词】 环境污染 公益诉讼 连带责任

一、简要案情 …… 364
二、撰写心得 …… 365
（一）只有办好案，才能写好文书 …… 365
（二）既要规范制作，又要灵活处理 …… 366
（三）要说透法理、事理和情理 …… 367
三、专家评析 …… 368
（一）格式规范 …… 368
（二）说理充分 …… 368
（三）简洁明了 …… 368

**60. 中盐重庆长寿盐化有限公司、四川盐业地质钻井大队和重庆市长寿区珍心鲜农业开发有限公司环境污染责任纠纷案** …… 370

【关键词】 环境污染 无意思联络数人侵权 参与度 修复责任

一、简要案情 …… 370
二、撰写心得 …… 372
（一）细致阅卷 …… 372
（二）专业学习和了解 …… 372
（三）强化庭审 …… 373
（四）精心撰写 …… 373
三、专家评析 …… 374

**第二节 生态破坏责任纠纷**

**61. 江苏省泰州市人民检察院和王某某等 59 人生态破坏民事公益诉讼案** …… 376

【关键词】 非法捕捞 组织化收购 长江生态破坏 侵权责任

一、简要案情 …… 376
二、撰写心得 …… 379

（一）详略得当，创新文书写作风格 …… 380
（二）要素齐备完全，充分展现办案过程和对案件事实的严谨查明 …… 380
（三）说理透彻、论述充分，有效展示裁判思维理念 …… 381
三、专家评析 …… 383

**62. 新郑市薛店镇人民政府、新郑市薛店镇花庄村民委员会和中国生物多样性保护与绿色发展基金会及新郑市林业局、新郑市旅游和文物局、新郑市教育体育局环境民事公益诉讼案** …… 385
【关键词】 生态保护民事公益诉讼　古树名木　非法移栽　生态服务功能
一、简要案情 …… 385
二、撰写心得 …… 388
（一）坚持尊重事实、依法发挥职能作用 …… 388
（二）坚持注重预防原则 …… 388
（三）坚持修复为主原则 …… 388
（四）坚持损害担责原则 …… 389
（五）坚持法律效果和社会效果相统一原则 …… 390
三、专家评析 …… 390

**63. 重庆市人民检察院第三分院和张某环境损害赔偿案** …… 392
【关键词】 检察公益诉讼　环境损害赔偿　专家参与　代履行
一、简要案情 …… 392
二、撰写心得 …… 394
三、专家评析 …… 397

## 第五章　特殊诉讼程序

### 第一节　第三人撤销之诉

**64. 深圳市茂商会小额贷款有限公司和吉安市卓越建筑工程有限公司、江西井冈山盛泰通讯技术有限公司第三人撤销权之诉案** …… 399
【关键词】 主体资格　建设工程价款优先受偿权　起算时点
一、简要案情 …… 400

二、撰写心得 …… 403
三、专家评析 …… 403

## 第二节 执行异议之诉

**65. 王某某和成都农村商业银行股份有限公司、何某执行异议之诉案** …… 404
【关键词】 民事权益 排除执行 借名买房 基本生活保障
一、简要案情 …… 404
二、撰写心得 …… 406
（一）每一个案件都有自己的特性，细节中存在着影响裁判的多种因素，因此，法官必须反复推敲证据材料，根据证据材料最真实地还原案件事实 …… 406
（二）执行异议之诉案件审理所面对的是对执行标的存在着竞争关系的主体之间民事权益的冲突，因此两者的权利性质、背后蕴含的价值都是作出裁判所不能忽视的重要因素 …… 407
（三）一份好的裁判文书，应当是理、情、法的融合，要向大众传递司法的温度 …… 407

**66. 民和义德商贸有限公司和黄某某、刘某1案外人执行异议之诉案** …… 409
【关键词】 下落不明 排除强制执行 房屋买卖
一、简要案情 …… 409
二、撰写心得 …… 410
（一）裁判文书制作要求 …… 410
（二）裁判文书释法说理的具体要求 …… 413
（三）裁判文书制作中的“八个一致” …… 415
三、专家评析 …… 417

**67. 李某1和谢某某、深圳中核商贸有限公司，深圳市天银实业有限公司、深圳市金澜投资有限公司、深圳市维富化工有限公司、李某2案外人执行异议之诉案** …… 419
【关键词】 不动产物权 执行异议之诉 恶意串通 无效合同
一、简要案情 …… 419
二、撰写心得 …… 421
（一）始终重视裁判文书撰写 …… 422
（二）始终坚持担当之心、责任之心 …… 422

（三）始终保持精品意识 …… 423
三、专家评析 …… 424

**68. 广州君豪实业有限公司和楚汇地产有限公司、广东地产公司执行异议之诉案** …… 426
【关键词】 合同履行利益　物权期待权　权益衡量
一、简要案情 …… 426
二、撰写心得 …… 429
（一）裁判文书反映裁判者的价值取向和案件审理经过，查明的事实要准确无误，裁判观点要明确无歧义 …… 429
（二）研究现行法律法规的宗旨、立法精神和同类案件裁判规则 …… 429
（三）勤于阅读，关注法学学术界的研究动向，善于借鉴法学研究成果为己用 …… 430
（四）注重裁判文书的规范性 …… 430
三、专家点评 …… 431

**69. 某银行和邵某、潘某某、某开发公司申请执行人执行异议之诉案** …… 433
【关键词】 申请执行人　执行异议之诉　抵押权　物权期待权　预告登记
一、简要案情 …… 433
二、撰写心得 …… 435
三、专家评析 …… 441

**第三节　执行分配方案异议之诉**

**70. 招商银行股份有限公司广州白云路支行、招商银行股份有限公司广州环市东路支行、招商银行股份有限公司广州五羊支行与中国信达资产管理股份有限公司广东省分公司、广州市五羊经济技术发展公司执行分配方案异议之诉案** …… 443
【关键词】 企业法人　破产清算　执行分配方案
一、简要案情 …… 443
二、撰写心得 …… 444
（一）法官应提高对制作优秀裁判文书的认识 …… 444

（二）法官应熟练掌握裁判文书制作的技术要求 …………………… 445
（三）法官要善于发现有研究价值的案件 ………………………… 445
（四）顺应诉讼程序繁简分流改革的裁判文书制作 ……………… 446
（五）加强裁判说理 ………………………………………………… 446
（六）后语 …………………………………………………………… 447
三、专家评析 …………………………………………………………… 447

# 第一章　一般民事类

## 第一节　人格权纠纷

### 1. 吉某某等和殷某1等生命权健康权身体权纠纷案*

【关键词】

体育活动　自甘风险　非故意侵权　减轻责任比例

【裁判要旨】

体育运动固有的特点是带有一定的风险性，参与风险性体育活动应当视为自甘风险，在非故意侵权情形下应当减轻体育活动中侵权方的民事责任。自甘风险的减轻责任比例应当与该项体育活动的发展情况及运动中风险告知呈正相关趋势。

#### 一、简要案情

殷某1、杨某某于2007年1月10日育有一女殷某2。克来务公司工商登记机关的登记经营范围为淡水养殖、牲畜、家禽饲养，该公司较大规模饲养马匹并建有马场。吉某某系骑手，曾参加过多次全国赛马比赛并取得较好名次。2014年8月30日殷某1（殷某2之父）向吉某某汇款11 800元，作为50次学习骑马的学费。之后，吉某某在克来务公司的马场上多次对殷某2进行马术方面的培训。2015年1月24日，殷某1向吉某某转账20万元购马款，

* （2016）京03民终3265号。

但所购马匹并非事发时殷某2骑乘马匹。2015年4月4日，杨某某（殷某2之母）向吉某某转账12 200元，殷某1、杨某某认为该笔费用系马匹饲养费和马术训练课程费；吉某某认为该笔费用仅系马匹饲养费，不包含马术训练课程费。

2015年5月17日，杨某某带其女儿殷某2至克来务公司马场，将殷某2交给教练吉某某，由吉某某牵马带殷某2骑马，在慢速骑行过程中，马匹受惊致使殷某2从马上摔下，导致殷某2被所骑乘马匹踩踏其右脑后耳根部，随即昏迷，后殷某2被送往医院治疗。2015年5月19日，殷某2经抢救无效死亡。

殷某1、杨某某诉至一审法院，要求吉某某、克来务公司赔偿其医疗费、丧葬费、死亡赔偿金、精神损害抚慰金合计1 162 373.18元。吉某某辩称其与殷某1、杨某某之间不存在合同关系，其对殷某2的死亡不具有过错，不应就殷某2的死亡后果担责；克来务公司则辩称其与吉某某签订有马房临时租用合同，双方之间是租赁合同关系，对吉某某提供骑马教学并不知情，不应承担赔偿责任。

庭审中经法院询问，吉某某陈述：殷某2在别的地方已经骑马骑了3年，来这个马场就问能不能提供一匹能让马主姑娘骑乘的马，克来务公司的老板就给我了这匹马，这匹马平时是我饲养。截至出事时，已经饲养了有大半年，喂料是我提供的，草和其他的一些是克来务公司提供。克来务公司不给我提供报酬，但是我可以使用这匹马，我教学一直用的就是这匹马。认可殷某2坠马前当时几乎都是按照教练要求做的。克来务公司认可发生事故的马匹系其公司接受他人委托进行管理和饲养。

一审法院经审理认为，克来务公司较大规模饲养马匹并建有马场，其应当知晓骑马运动系高风险性体育运动，其公司未采取必要安全保障措施防止损害发生，就诉争事实发生存在重大过错，应承担侵权责任；吉某某具有资质证书，从事骑马运动多年，应知晓骑马运动系高风险体育运动，更应知晓为未成年人提供骑乘教学应负担严格注意义务，吉某某在提供骑乘培训的过程中，未尽到审慎的注意义务，其就诉争事实发生存在主观过错，也应承担侵权责任。一审法院判决克来务公司、吉某某连带赔偿殷某1、杨某某医疗费、丧葬费、死亡赔偿金、精神损害抚慰金等共计1 062 373.18元。

一审法院宣判后，吉某某、克来务公司均不服一审判决提出上诉，要求改判其不承担赔偿责任。

二审法院审理后，合议庭多数意见认为，本案中殷某 2 的损害后果系由克来务公司提供的马匹造成，克来务公司认可系受他人所托负有受托管理职责，吉某某亦认可在平时实际从事了对马匹进行饲养和调教，系涉案马匹的饲养人和调教人，鉴于吉某某和克来务公司饲养的马匹造成殷某 2 死亡的后果，克来务公司对吉某某训练孩子的行为默许并提供马匹，吉某某在此地培训孩子达相当长的时间，克来务公司作为封闭的饲养公司对此不可能不知情，此外，吉某某亦自认负责为克来务公司调教和饲养涉案马匹。所以应当将克来务公司及吉某某作为涉案马匹的共同饲养人和管理人，应当共同对殷某 2 的损害后果承担民事责任。

合议庭少数意见认为，本案实质系从事体育活动的未成年人在参加体育活动时不幸受到伤害，马匹应被视为马术活动中体育器械，涉案纠纷在外观上更接近于生命权纠纷，应以过错责任归责。吉某某在教学培训中对殷某 2 的生命安全未尽到注意义务，存在过错，克来务公司知晓骑马运动特别是未成年人从事骑马活动的高风险性，但克来务公司却放任这种风险的发生，在不具备经营马术培训的资格下，并未针对这种风险活动予以制止或者采取任何防范措施减少风险的发生。因而克来务公司对殷某 2 的死亡具有过错。且各自的过错对于损害发生的原因不易区分，应当认定侵害行为直接结合，造成殷某 2 死亡的惨重后果，应当根据上述法律及司法解释的规定，承担连带赔偿责任。

合议庭认为，本案应当考虑殷某 2 从事骑马运动的特殊因素，即自甘风险原则在体育运动人身损害中的适用。本案中殷某 2 经父母允许进行骑乘学习活动，应当认为殷某 2 及其父母殷某 1、杨某某的行为构成自甘风险，应当适当减轻非故意侵权方克来务公司、吉某某的赔偿责任，结合骑马运动现阶段的发展情况、相关培训中的规范及风险告知体系尚不健全等因素，酌情减轻克来务公司、吉某某 20% 的赔偿比例。二审法院最终判决克来务公司、吉某某连带赔偿殷某 1、杨某某医疗费、丧葬费、死亡赔偿金、精神损害抚慰金等共计 849 898. 54 元。

## 二、撰写心得

这是一个最好的时代，科技与司法开始深度融合，智能审判系统已经能自动将一审文书转化生成二审文书的文书开头模板，各种会议纪要和理解适用正在细致地为法官裁判说理提供着支持，智能辅助办案软件已经嵌入系统，不论是裁判文书、优秀案例乃至专业论文，法官只需动动手指就能找到某个问题的一种见解。拿不准时还有专业法官会议为裁判理由提供智力支持，裁判文书的撰写似乎可以信手拈来。

同时，这个时代，互联网让司法的瑕疵无处遁形，裁判文书在生效后 7 日内会通过互联网公开，事实认定和法律适用的争议问题甚至是裁判理由的表述不当都可能引发舆情。公众对司法产品质量的需求正在大幅度提高，公众已经不满足于在裁判文书中仅仅见到“于法无据”和“并无不当”。裁判文书经常成为被研究和比较的对象，自媒体平台上隔段时间就会有在某个细分领域，探讨法院裁判观点正确与否的文章。裁判文书的撰写比以往更为慎重和艰辛。

裁判文书是法院审判工作成果的集中体现，开启了一扇法院与公众对话的窗口，让胜者清楚，败者明白，公众认可，从而达到法律效果与社会效果的统一。随着信息技术的大规模应用，互联网大数据已经对裁判文书的撰写乃至司法产生了深远的影响，同案不同判、类案差异大等现象都难逃智能检索系统的识别。面对新的时代背景，只能创新思维方式，摒弃粗放式审理陈旧的观念、向着精细化司法的方向不懈努力。

**（一）思想重视，以高度责任心认真对待**

裁判文书责任重大，必须要认真对待。在繁简分流的大背景下，法官的时间分配可能因案件的难易、影响力有所分别，但法官的注意力绝不能因此而有所区分，不可因为片面追求审判的效率就放松审核标准，也不可因案子的事件小和标的小就草草了事。近几年，让笔者深有感触的纠纷往往标的很小或者案件本身并不起眼，但案件的后面往往是千百件后续纠纷的滔天巨浪，在信息化大数据的背景下，一个微小的裁判变化和一项新的诉讼请求的支持就可能带来很大的传播效果，一个案子的得过且过带来的是后续一片案件处理的举步维艰。对于有争议的裁判观点一定要充分重视，今天的不严谨就可能成为明天他人攻击的借口，要以最大的认真、最高的谨慎慎重对待争议裁判观点的说理。

**（二）加强学习，防止能力出现内卷化效应**

内卷化效应是指长期从事某一方面的工作，水平稳定，不断重复，进而自我懈怠，无渐进式的增长，无突变式的发展，对即将到来的变化没有任何准备，完全缺乏应变能力。当今社会，现代科技和社会生活日新月异，新型法律关系不断涌现，传统的法律关系也在政策和科技的驱动下产生了新的特点，以电子数据等新型证据作为证据形式的案件比重不断上升，云法庭的广泛应用带来对传统诉讼程序的冲击和证据的领域新的争议，当事人基于新的规范性文件所提出的新的诉讼理由层出不穷，如果不加强学习主动适应，很快就会落伍于时代。要有把问题弄懂学通的决心和信心，不可似是而非，对争议问题避而不谈。遇到争议问题是机遇而非危机，正是有了争议问题，才会促进我们学习和思考，要利用好手边的工具在广泛搜集资料的基础上多请教多探讨，才能厚积而薄发。裁判文书是一起案件的终点，但也是我们研究的起点。没有人是天生的专家，勤奋的学习和研究是写好文书的必经之路。在本案裁判文书撰写时，法律和司法解释中并没有自甘风险原则的规定，而马术运动的培训也是属于新兴领域，在院、庭领导的帮助下，合议庭先后走访了体育总局，参加了多个体育法有关的年会和论坛，走访了体育法学界的多位专家，更是在院领导的支持下召开了与该案有关问题的研讨会，为该案的最终处理奠定了理论的基础。也是在这种扎实调研的基础上，我们形成了该案的两种裁判思路，我们认为合议庭少数意见同样具有道理和价值，经主管院领导的同意，最终对合议庭的少数意见进行了公布。

**（三）类案检索，广泛借鉴前人优秀经验**

未来已来，要适应时代新的要求，伴随着《最高人民法院关于统一法律适用加强类案检索的指导意见（试行）》的发布，当事人提交类案检索报告的情形激增，质量不断提高。我们必须要有意识地主动拥抱新的科技手段，使其成为撰写裁判文书的助力性工具。要掌握好类案的检索方法。其中的核心要能够准确识别出特色的关键词，在这个基础上进行案由、审判级别的框定，从而准确找到目标裁判文书。要借助信息化软件，对于争议领域的有特点的说理要及时留存，逐渐形成自己文书说理库。在该案的文书撰写前，我们对于同类案件乃至中国裁判文书网中能够搜索到的能够体现体育运动中的自甘风险原则的适用的案件都进行了检索和整理，并对一些优秀的文书说理进行了消化吸收，最终形成了我们的裁判观点和说理论述。类案检索给我们的裁判说理直接提供了参照的素材，也让我们对于裁判的作出更有底气。

在涉及文书选用参照时，笔者的习惯是遵循以下几个原则：（1）高级别法院优先，这是为了确保参照的权威性。（2）二审和再审判决优先，能够确保相关裁判观点和说理经过多级法院的审理，避免裁判的恣意性。（3）改判判决优先，改判判决因为涉及对原判决理由的评判及需要用更充分的理由支撑自己的裁判观点，且往往经过法官会议的讨论程序，往往说理质量更高。

(4) 文书的时间尽量选择新文书，特别对于近期出台过全国性指导意见的案例适用，如果时间选择过早，则结论可能不符合最新的审判指导文件精神。(5) 如果发现多个判决的说理相似，如果地区相近，则说明该地区一般可能存在着相应的审判指导意见，那么应该检索该地区是否已经有出台的指导意见据以参考。

**（四）措辞适当，提升裁判文书的温度和品质**

撰写裁判文书要考虑受众的心理。信息化的背景下，裁判文书的措辞问题容易被歪曲和放大。这就要求裁判文书要明事理合常理，认定事实要符合行为预期，裁判文书要释法理，讲诚信，要符合一般大众对事物的认知，不可陷入法律的逻辑怪圈不能自拔，要避免得出奇葩的论述。裁判文书的语言表达不能过于激烈，要在坚持中立原则的前提下对败诉方的诉讼理由进行有理有据的回应。

在能够有效回应当事人诉求的前提下，对于事实上有新闻点及法律适用上有新意的裁判文书要强化精品意识。通过引入社会主义核心价值观说理的方式对行为细节的性质进行评判，从而传递正确的价值观和道德导向，要让公众能够体会到法官裁判中饱含的对群众疾苦感同身受的真心及对公序良俗原则、诚信原则的鼓励，从而满足群众对司法的期盼，赢得群众对司法的信任。

都说判决是法官的作品，是法官的名片，其实，一个优秀的判决，绝不是承办法官一个人的成果，它离不开合议庭成员的默契配合和法官助理、书记员的严谨细致。让作品无暇，让名片闪亮则是我们共同的追求。让当事人在每个案件中感受到公平正义，让每一个判决都让人信服又有温度，我们一直在路上，笃定践行。

（郑吉喆，北京市第三中级人民法院法官）

## 三、专家评析

本案系一起因骑马引发未成年人伤亡的侵权案件。郑吉喆法官撰写的文书，在结构安排上，该判决在充分查明案件事实的基础上，准确归纳争议焦点，并紧紧围绕争议焦点展开抽丝剥茧、层层推进式的论述，对案件适用的归责原则、相应主体应承担何种民事责任以及是否存在减轻责任的因素等进行深入分析，整篇文书逻辑严密、层次分明，对复杂事实的叙述脉络清晰、语言生动、说理透彻，针对“侵权归责原则”“侵权人是否具有过错”“是否应连带承担责任”，尤其是“自甘风险原则的适用”，进行了较为深入的探讨和论证。

在论证说理方面，该篇文书的最大亮点在于论理部分公开了合议庭两种不同的意见。跳出用“本院认为”囊括全部合议意见的论证定式，令人眼前一亮，而在细读之后，该判决通过清晰的文字表达和透彻的辨法析理让人在字里行间中充分感受到法官的理性思辨过程，体现出裁判文书撰写者丰富的审判经验和深厚的写作功底；这种大胆而有益的尝试，不仅能体现审判的公正、公平与公开，更为社会公众上了一堂生动具体的法治实践课，有助于司法权威的树立。

在价值取向上，该判决从案件涉及的马术运动出发，充分论述了存在一定风险的体育活动中的风险负担原则及其具体适用，对理论研究中引起热议的“自甘风险在司法实践中的运用”问题进行了深入探讨，并提出“参与风险性体育活动应当视为自甘风险，在非故意侵权情形下应当减轻体育活动中侵权方的民事责任”及“自甘风险的减轻责任比例应当与风险性体育活动的发展情况及运动中风险告知呈正相关趋势”的裁判观点，具有很好的学习借鉴意义。

此外，文书在展示法律逻辑的同时，还渗透了法官对于死者家属的人文关怀和对于马术培训事业良性发展的社会责任情怀，视野宏大，内涵丰富，是一篇法律效果和社会效果俱佳的裁判文书。

（点评人：侯军，北京市第三中级人民法院立案庭庭长，北京市审判业务专家）

**（2016）京 03 民终 3265 号裁判文书原文**

# 2. 庞某某和中国东方航空股份有限公司、北京趣拿信息技术有限公司隐私权纠纷案*

【关键词】

隐私权　个人信息　证明标准

【裁判要旨】

1. 乘客姓名、手机号码和属于隐私的航班信息结合在一起时，结合之后的整体信息也因包含了隐私而整体上成为隐私信息，乘客可以通过隐私权纠纷而获得司法救济。

2. 乘客只要能证明航空运输经营者和订票中介服务经营者掌握了乘客的航程信息，则在订票后、起飞前发生该信息泄露的，就可根据高度盖然性证明标准，认定系航空运输经营者和订票中介服务经营者导致的泄露。

## 一、简要案情

2014 年 10 月 11 日，庞某某委托鲁某通过去哪儿网平台订购了 2014 年 10 月 14 日 MU5492 泸州至北京的东航机票 1 张，所选机票代理商为长沙星旅票务代理公司（以下简称星旅公司）。去哪儿网订单详情页面显示该订单登记的乘机人信息包括庞某某姓名及身份证件号码，联系人信息、报销信息均为鲁某及其尾号 1858 的手机号。

同日，北京趣拿信息技术有限公司（趣拿公司）发件人为 106903330762（25）的号码向鲁某尾号为 1850 的手机发送短信：“2014—10—14，泸州蓝天机场到北京首都机场 T2 的 MU5492 航班（16:10 起飞/19:10 到达）已出票……”趣拿公司同时向鲁某发送了提醒短信：“尊敬的用户，温馨提醒您：警惕以飞机故障、航班取消为诱饵的诈骗短信，请勿拨打短信中的电话……”

2014 年 10 月 13 日，庞某某尾号为 9949 的手机号收到号码为 0085255160529 的发件人发来短信：“……您预订 2014 年 10 月 14 日 16:10 起

* （2017）京 01 民终 509 号。

飞19:10抵达的MU5492次航班（泸州—北京首都）由于机械故障已取消，请收到短信后及时联系客服办理改签业务，以免耽误您的行程，服务热线4008－129－218（注：改签乘客需要先支付20元改签手续费，改签成功后每位乘客额外得到补偿200元）……”上述号码来源不明，未向鲁某发送类似短信。后经拨打东航客服电话95530核实，确认该次航班正常，客服人员提示庞某某收到的短信应属诈骗短信。关于诈骗短信为何发至庞某某本人，客服人员解释称通过该机票信息可查看到开头136、尾号949的手机号码及开头189、尾号280的手机号码，可能由订票点泄露了庞某某手机号码。庭审中，东航称庞某某可能为东航常旅客，故东航掌握庞某某此前留存的号码。

后庞某某以趣拿公司和东航泄露其隐私（包括姓名、尾号9949为手机号码、行程安排，包括起落时间、地点、航班信息）为由诉至法院，要求趣拿公司和东航向其赔礼道歉，并赔偿精神损害抚慰金。

一审法院经审理认为：趣拿公司和东航在本案机票订购时未获取庞某某号码，现无证据证明趣拿公司和东航将庞某某过往留存的手机号与本案机票信息匹配予以泄露，且趣拿公司和东航并非掌握庞某某个人信息的唯一介体，法院无法确认趣拿公司和东航存在泄露庞某某隐私信息的侵权行为，故庞某某的诉讼请求缺乏事实依据，不予支持。庞某某不服该判决，提起上诉。

二审中，法院另认定如下事实：2014年1月到9月，媒体上存在大量的关于东航被怀疑泄露旅客信息的报道。2014年10月22日，国家民航局公安局发布“局发明电［2014］3044号文”，该文件要求：各航空公司工号管理机构要切实加强对工号的配置和使用管理工作，将目前的亚安全模式逐步转变为安全模式（如采取为每个工号配发“U盾”等类似手段），便于信息泄露后的责任倒查……

2014年6月以来的一段时间，媒体上存在大量的关于去哪儿网被怀疑泄露旅客信息的报道。

## 二、撰写心得

根据法学界已经形成的共识，判决书的写作实际是对当事人争议的问题进行论证，并且是制度化的论证实践。这种论证分为两个维度：内部论证和外部论证。而判决书就是用准确的语言表达内部论证和外部论证的过程。

### （一）判决书写作中的内部论证

内部论证就是考察判决结果是否是从判决书所列明的大前提中逻辑地推

导出来的，内部论证所运用的方法主要是逻辑的方法。内部论证要求判决书写作中必须找到非常明确的法律依据与本案事实相对应，也就是请求权基础必须非常明确，这就首先要求判决书写作中必须写明确切的法律依据（请求权基础、大前提）。

在庞某某案中，原告的权利请求是明确的，被告的抗辩意见也是有针对性的，双方的共同指向均是：去哪儿网和东航是否应当向庞某某承担侵犯隐私权的侵权责任。因此，撰写判决书时初步确定需要适用的主要法律规范就是侵权责任的裁判规范。我国民法中关于侵权责任的基本裁判规范主要规定于《侵权责任法》第 6 条①和第 7 条②。第 6 条是关于一般侵权行为的侵权责任裁判规范，即所谓过错责任原则下的裁判规范，第 7 条是关于特殊侵权行为的侵权责任裁判规范，即所谓无过错责任原则下的裁判规范。而根据《侵权责任法》第 7 条的规定，只有在法律明确规定的情况下才可以适用无过错责任。我国《侵权责任法》或其他民事单行法中并没有法律规定侵犯隐私权的情况可以适用无过错责任。因此，本案中需要适用的基本法律规范应该是一般侵权行为之下的侵权责任裁判规范，即《侵权责任法》第 6 条第 1 款。该条款的内容是：行为人因过错侵害他人民事权益，应当承担侵权责任。这里的“民事权益”，根据《侵权责任法》第 2 条第 2 款③，指包括隐私权在内的人身权和财产权。这里的“侵权责任”，根据《侵权责任法》第 15 条第 1 款④，指包括赔礼道歉、赔偿损失在内的侵权责任承担方式。综合以上分析，本案判决中最有可能适用的法律规范就是：行为人因过错侵犯他人隐私权的，应当承担赔礼道歉、赔偿损失等民事责任。其规范基础分别是：《侵权责任法》第 6 条第 1 款、第 2 条第 2 款，第 15 条第 1 款。

从内部论证的维度上看，本案实际上就确定了判决的大前提，即行为人因过错侵犯他人隐私权的，应当承担赔礼道歉、赔偿损失等民事责任。而判决书查明事实中，通过适用高度盖然性的证明标准，认定东航和去哪网侵犯了庞某某的隐私权，而这一事实正是小前提。之后，判决书运用司法三段论的推理，认定趣拿公司和东航应该承担赔礼道歉的民事责任。本案判决书论理在整体上的结构实际就是从大前提——小前提——结论的逻辑推理过程。

---

① 对应《民法典》第 1165 条。

② 对应《民法典》第 1166 条。

③ 相关规定对应《民法典》第 110 条。

④ 相关规定对应《民法典》第 179 条。

### （二）判决书写作中的外部论证

内部论证只能保证判决结果是从大前提和小前提逻辑地推导出来的，或者说，内部论证只能表明判决结果的作出从形式上遵循了逻辑推导的一般过程。但它不能保证大前提本身的选择一定是正确的或妥当的。比如，侵犯肖像权的行为所应适用的法律的选择问题。这时，就需要外部论证。外部论证主要是就内部论证所采纳的大前提（法律依据）是否正确或可接受的问题进行分析说明，体现在判决书中就是判决所援引的法律依据的选择的分析说明，以及对法律依据本身的解释说明等。在外部论证的维度上，判决书写作至少需要进行三项工作。

第一，当原告所提出的诉讼请求具有相对明确的请求权基础时，对该请求权基础所进行的法律适用的解释。比如，庞某某案中，庞某某的诉讼请求就是赔礼道歉和精神损害赔偿，这两项诉讼请求的请求权基础相对而言比较明确，就是综合《侵权责任法》第 6 条第 1 款、第 2 条第 2 款、第 15 条第 1 款而形成的裁判规范，即“行为人因过错侵犯他人隐私权的，应当承担赔礼道歉、赔偿损失等民事责任”。但是，本案中涉及的是庞某某的姓名、手机号码、航班信息等，这些信息是否属于隐私权的客体范围，不能想当然，也不能大概其，而是需要充分的论证。所以判决书对此进行了较为详细的论证：“根据《最高人民法院关于审理利用信息网络侵害人身权益民事纠纷案件适用法律若干问题的规定》第 12 条的界定，自然人基因信息、病历资料、健康检查资料、犯罪记录、家庭住址、私人活动等是属于隐私信息的。据此，庞某某被泄露的上述诸信息中，其行程安排无疑属于私人活动信息，从而应该属于隐私……即使单纯的庞某某的姓名和手机号不构成隐私信息，但当姓名、手机号和庞某某的行程信息（隐私信息）结合在一起时，结合之后的整体信息也因包含了隐私信息（行程信息）而整体上成为隐私权保护的客体。”

第二，当原告提出多个诉讼请求时，法官对每一项请求的请求权基础进行分析、甄别和选择。在实践中，原告提出数个请求权时，这些请求权并存可能发生法条竞合、选择性竞合、请求权聚合和请求权竞合等四种情形。本案中庞某某的赔礼道歉请求权和精神损害赔偿请求权可以同时主张，属于请求权聚合的情形。其请求权基础也都较为明确。但因为两项请求所涉及的问题不同，判决书对赔礼道歉的请求进行了详细的论述，但对于精神损害赔偿部分，因原告没有提交其严重精神痛苦的任何证据，判决书简单论述后予以驳回。

第三，当原告所提出的诉讼请求缺乏明确的请求权基础时，法官进行漏洞补充。本案中涉及个人信息如何进行保护的问题。虽然《民法总则》第111条①规定了个人信息受法律保护，但这一条文并非裁判规范，也就是并非王泽鉴先生所说的完全法条，不能作为请求权基础。但是，《侵权责任法》第6条第1款明确规定，行为人因过错侵害他人民事权益，应当承担侵权责任。这是一个完全性法条，具备成为个人信息保护的请求权基础的可能。而这里的个人信息明显是一种民事权益，也就是说，可以通过解释适用《侵权责任法》第6条保护个人信息。所以，关于本案中庞某某个人信息的保护，并不存在法律漏洞，因而无须进行漏洞补充，本案判决书因此并没有进行法律漏洞的补充。

（丁宇翔，北京市第一中级人民法院法官）

## 三、专家评析

如果法官通过审理能够知晓案件的客观事实从而准确无误地作出判断，那便是近乎理想状态的司法审判。但囿于科学技术和法官认知能力的限制，法官难以将案件复原到绝对客观真实的状态，只能凭借证据来作出裁判。可以说，通过司法审判所确立的事实是通过证据所建立的法律事实，而法官所追求的就是将法律事实无限趋向于客观真实。《最高人民法院关于适用〈中华人民共和国民事诉讼法〉的解释》第108条之规定，是我国民事诉讼中针对民事证据高度盖然性标准的明确规定。这项民事诉讼证据认定标准尽管已经被理论界和实务界所广泛接受，但由于各种原因，该项证据规则在部分案件中仍未得到合理或充分的适用，隐私权纠纷便是其一。

隐私权纠纷存在其特殊性，因其隐私往往为相对隐蔽、私密之事项，侵权行为发生时当事人难以察觉，加之网络侵权的隐蔽性和技术性，使被侵权人难以留存或取得证据，从而难以证明侵权行为的发生，比如是谁泄露了当事人的隐私。笔者认为，法院在审理该类案件时不能机械适用举证责任原则，僵化理解证据规则，而应综合审查判断双方证据情况，结合案件背景等辅助性因素，在法律的框架内充分发挥法官的自由裁量权和主观能动性，全面展开审查判断。

本案中，证明东航、趣拿公司侵犯其隐私权的举证责任在庞某某，但其

① 对应《民法典》第111条。

无法向法院提供直接证据证明其隐私信息是由东航、趣拿公司泄露的。事实上，从收集证据的资金、技术等成本上看，作为普通人的庞某某根本不具备对东航、趣拿公司内部数据信息管理是否存在漏洞等情况进行举证证明的能力。因此，法律不能也不应要求庞某某确凿地证明必定是东航或趣拿公司泄露了其隐私信息。在这种情况下，法官在判决书中恰当地运用了民事诉讼证据裁判规则中的高度盖然性证明标准，并在排除了其他人泄露隐私信息可能性的前提下，结合本案证据及相关背景认为东航和趣拿公司存在泄露庞某某隐私信息的高度可能性，从而认定上述两公司构成对庞某某的隐私权侵权。

应当指出，自《侵权责任法》首次从立法上引入隐私权概念以来，如何在信息高度传播共享与个人隐私权益保护之间寻求平衡，实现社会进步发展与个人权益保护之间的双赢，一直是立法与司法实践的不懈追求。本案二审判决对个人信息保护以及隐私权侵权理论予以逻辑严谨、精炼充分的法律论证，做到了隐私权保护及信息传播的衡平，对类似案件的审判具有很强的指导意义，值得借鉴。

（点评人：单国钧，北京市第一中级人民法院副院长，全国审判业务专家）

**（2017）京 01 民终 509 号裁判文书原文**

# 第二节 婚姻家庭纠纷

## 3. 陈某1、李某1等离婚后财产纠纷案*

【关键词】

离婚协议 变更 股权转让 意思表示解释

【裁判要旨】

夫妻离婚时通过协议处分共同财产，系在婚姻关系框架下基于身份和财产双重因素的考量而达成的约定。离婚协议中的财产条款附随于人身关系而存在，法院在解决财产问题时应考虑其具有的身份属性，优先适用调整身份关系的亲属法规范。对离婚协议条款内容的解释应起始于文义解释方法，在适用文义解释方法无法确定表意人真实意思或者解释结果与协议整体目的相冲突等情况下，再通过其他解释方法予以确定。

### 一、简要案情

陈某1向一审法院起诉请求：（1）判令、陈某2将李某3依据《股权转让协议书》第1.1条、8.1条代陈某1持有的该公司50%的股权过户至陈某1名下，并协助办理工商变更登记手续；（2）判令亚之杰房地产公司、陈某2将李某3依据《股权转让协议书》第8.5条代李某1持有的亚之杰房地产公司49%的股权变更为陈某1所有，并协助办理工商变更登记手续。

法院经审理查明：陈某1（女）与李某1（男）于2001年9月19日登记结婚，2002年7月30日生育一子。李某2系李某1之母，李某3系陈某1之母，陈某2系李某2之子。亚之杰房地产公司成立于2002年6月，注册资本3000万元，股东及出资情况为：李某1出资2970万元，持股比例99%，李某3出资30万元，持股比例1%。2014年3月3日，该公司股东及法定代表人变

---

* （2019）京01民终4709号。

更为李某2，持股比例99%。2014年3月3日，李某1（甲方）与陈某1（乙方）签订《股权转让协议书》，主要内容包括：（1）甲方为北京亚之杰投资有限公司股东，并持有该公司49%股权，亚之杰房地产公司股东，并持有该公司99%股权；（2）甲方同意将其持有上述公司股权按照本协议约定转让给乙方；（3）乙方同意受让甲方持有上述公司的股权……1.1 甲方和乙方依照本协议规定的条件和方式由甲方向乙方转让北京亚之杰置业房地产开发有限公司50%股权……1.2 甲方向乙方转让股权的同时，其拥有的及根据有关法律、法规、公司章程规定的附属于股权的其他权益将一并转让。第2条转让对价：该股权均为甲乙双方夫妻共同财产，双方同意离婚，该股权归属乙方所有。第3条股权交割：3.3 甲方应于本协议签订之日起5个工作日内为乙方办理股权工商变更登记手续……第8条特别约定：8.1 自本协议签署后，甲方同意将本协议项下约定的股权变更登记至乙方或乙方指定人员的名下……8.5 甲方同意上述公司的其享有的股东权及经营、管理权全部授权交给乙方，且不得单方撤销，包括但不限于股东表决权、选举权、经营权、管理权等，甲方对乙方的行为均予以认可并自愿承担由此产生的法律后果。甲方仅保留上述公司的股权财产权及收益权。

同年3月5日，李某1与陈某1签订《离婚协议书》，约定："第1条：男女双方自愿离婚。第2条：子女抚养及探望权：2.1 儿子由女方抚养，随同女方生活……第3条财产处理：3.3 股权：3.3.2 北京亚之杰置业房地产开发有限公司50%股权归女方所有，其余股权归男方所有。"当日，双方在婚姻登记机关办理了离婚手续。

2015年12月11日，李某3本人书写声明一份，内容载明：根据2014年2月19日《会议纪要》之约定，本人李某3接受陈某1的指定，同意将亚之杰房地产公司99%股权登记在本人名下。登记在本人名下亚之杰房地产公司99%股权在陈某1与李某1夫妻关系存续期间属于李某1、陈某1夫妻共同财产。2016年9月2日，李某3去世。

北京市海淀区人民法院于2018年11月2日作出（2017）京0108民初33536号民事判决：（1）李某1、北京亚之杰置业房地产开发有限公司于判决生效后30日内将李某3代陈某1、李某1持有的北京亚之杰置业房地产开发有限公司50%的股权过户至陈某1名下；（2）驳回陈某1的其他诉讼请求。

判决后，陈某1、李某1均向北京市第一中级人民法院提起上诉。陈某1

认为，本案应适用《合同法》第 54 条[①]而非《婚姻法》第 47 条[②]和《最高人民法院关于适用〈中华人民共和国婚姻法〉若干问题的解释（二）》第 9 条[③]，陈某 1 有权请求变更协议。李某 1 认为，一审法院违法缺席审判，且违反合同解释基本原则，亦未全面考虑李某 2 优先购买权的行使方式。

二审法院经审理，归纳本案争议焦点如下：第一，一审法院对李某 1 进行缺席审理是否程序违法；第二，陈某 1 以李某 1 转移、隐匿巨额财产构成欺诈为由主张变更《股权转让协议书》中约定，对于该项主张应当如何适用法律；第三，李某 1 主张对合同文本采取“整体解释”应否支持，一审法院对合同文本的解释是否符合法律规定；第四，李某 2 的优先购买权是否成立；第五，李某 1 所述李某 3 代持亚之杰房地产公司 99% 股权是否真实，是否损害了李某 1 的合法权益。

北京市第一中级人民法院于 2019 年 10 月 21 日作出（2019）京 01 民终 4709 号民事判决，判决：驳回上诉，维持原判。

## 二、撰写心得

家事审判关涉国家社会的安定和千家万户的幸福，家事裁判文书体现着司法对家事的治理，也彰显着对家庭的社会价值引导。如何制作出一份事理清晰、法理严明、情理温馨、学理坚实、说理充分的家事裁判文书，达到用文书引导家庭生活、以裁判规范家国秩序之目的，是法官在落笔成书中应予思考和回答的问题。有过家事审判实践的法官往往有这样的体会：家事案件多重法律关系错综糅杂，不同部门法龃龉叠加，法律规范与道德伦理张力迸发，使得家事案件裁判说理难度极大。然而，正是这种特性为法官施展才华、彰显功底提供了广阔的空间。在这起离婚后财产纠纷的案件审理和文书写作中，笔者有三点心得，与读者分享。

---

① 《民法典》施行后《合同法》失效。《民法典》第 147 ~ 151 条规定了可以撤销的民事法律行为。

② 对应《民法典》第 1092 条。

③ 该司法解释已于 2021 年 1 月 1 日失效。《最高人民法院关于适用〈中华人民共和国民法典〉婚姻家庭编的解释（一）》第 70 条规定：“夫妻双方协议离婚后就财产分割问题反悔，请求撤销财产分割协议的，人民法院应当受理。人民法院审理后，未发现订立财产分割协议时存在欺诈、胁迫等情形的，应当依法驳回当事人的诉讼请求。”

### （一）身份财产交织下的法律适用应实现财产性与伦理性的同符合契

家事案件本身具有一定的特殊性，在身份与财产交织的背景下，正义的评判不是等价有偿的交易标准，而是情、理、法的利益衡量。具体到本案中，离婚财产分割协议的法律适用选择充分反映了这一点。

婚姻关系中缔结的各类财产协议究竟如何定性，一直是学界与实务界存在争议的问题。部分论者认为，财产协议虽然包含某些身份关系的因素，但本质上属于财产行为，受财产法一般原理的规范与指引。但从当前审判实务与生活实际来看，将此类财产协议单纯视为财产行为，存在偏颇之处，值得商榷。婚姻关系期间订立的财产协议不同于一般的民事财产协议，此类协议虽然涉及大量有关财产关系的内容，但其订立并非单纯地处理夫妻共同财产的分配问题，其中还有解除婚姻关系的目的以及涉及子女抚养等问题。由于上述身份关系牵涉其中，协议中的财产条款往往是双方基于身份和财产双重因素进行考量和妥协而达成的约定，包含身份、情感、道德等因素，且往往还有维系感情、修复关系的目的，笼罩了强烈的伦理性和内部性色彩。因此，法院在婚姻家庭案件的审理中必须适当考虑婚姻家庭关系的身份性和伦理性，不能简单地从强调工具理性的一般财产规范推导婚姻家庭财产关系适用规则。

### （二）家庭伦理场域下的意思表示解释应顾及方法与情境的妥当适配

实践中，受制于当事人预见能力、语言表达、利益维护等因素影响，往往存在协议约定不够明确、语句含义模糊等情况，而这在家事案件中尤为突出。同时，协议双方因利益相互对立，在履行中对具体条款和用语也会产生不同的理解和认识。双方当事人对具体条款和用语产生争议，需要法院通过意思表示解释予以明确，这是法官行使自由裁量权的重要体现。那么，如何确定具体方法和适用规则，便成为意思表示解释的核心问题。一般而言，我国合同解释原则主要包括五项：文义解释原则、整体解释原则、目的解释原则、参照习惯与惯例原则、诚信解释原则。上述合同解释的不同方法和规则的运用，对探究当事人真实意思影响很大，需要结合案情具体适用。根据法律解释的一般原理，文义解释原则是合同解释的基础方法和首要步骤，只有在适用文义解释方法无法确定表意人的真实意思，在解释目的无法实现的前提下，才能选择、适用其他解释方法。这是法之安定性与预测可能性的应有之义，本案在合同文本解释中亦坚持了这一原则。

若超越个案，放眼整个家事审判，我们仍要强调，法官在选择解释方法时，对于意思表示的存在场域是交易关系还是家庭伦理关系，要有充分的顾及。要将争议事实置于完整的情境，在获取较为全面的意义基础上选择恰当的解释方法，并综合价值判断进行考量和权衡，才能达到合情、合理、合法的效果。如此，才能在复杂的生活世界中，以符合不同界域的特点言说不同的世界。

**（三）情、理、法交汇下的裁判文书应注重法律与生活的同生共融**

裁判文书是司法活动最重要的产品，正如学者以论文说话，法官是以文书发声。从文书之于个人的意义上讲，它是法官个体智慧呈现，但从社会意义上讲，它又是法院通过司法活动实现社会治理的重要手段。只有将法律所展现的核心价值和法官对生活真谛的洞见注入裁判文书，才能为人们的行为提供预期，才能充分发挥裁判文书的价值引领和导向作用。这也正是我们追求高质量裁判文书的重要性所在。

高质量裁判文书，不仅是要认定事实清楚、适用法律准确，更要分析透彻，情理交融。这是裁判者的共识，但真正做到，殊为不易，关键在于法律解释与生活世界的同生共融。规范作为裁判的尺度，一方面，经由解释才能适用，而法律解释的方法和过程，就是法官“驰骋的疆场”。但另一方面，正如拉伦茨所言，法律解释者都希望在法律中寻获其时代问题的答案。而多年审判工作带给我的感受是，社会文化与现实生活是法律制度和法治精神生长的土壤，我们在进行法律解释时，必须要立基于对现实生活深刻的理解之上，进而作出最为妥帖的法律解释和最为恰当的法律评价。这是综合运用法律智慧、生活智慧和写作智慧，为法律规范注入灵魂和血肉的工程，也唯有如此，我们才能在浩繁的卷宗材料中抽丝剥茧，作出符合法理、事理、情理的判决，从而彰显司法公正，赢得司法公信。

王泽鉴先生曾有言，英美法的精华就在判决书，其论证之严密、说理之清晰、陈情之恳切、用典之契合，可谓经典。是故，该判决甫一出世，备受推崇，万人传阅。又着眼于我国，囿于司法特质及国情所限，鲜见有如此判决者。王泽鉴先生的忧思如今已有极大改观。近年，植根于我国国土民情、诞生于我国法官生花妙笔下的优秀判决正如草木蔓发，伟大判决亦如春山可望。从稚嫩，到优秀，到伟大，有幸在笔者沧桑半百人生中见证，进步何其迅猛。究其原因，不外乎是我们始终秉持为人民司法，始终坚持法理情的生活共融，始终恪守人民法官的职业价值，始终锻造法律人共同的技艺。希望笔者和笔者的同仁们，始终为人民书写，与人民对话，用一页页裁判文书，言辞有力地定分止争，润物无声地引领价值，为社会诚信、秩序文明提供深沉长久的力量。

（马来客，北京市第一中级人民法院法官）

## 三、专家评析

本案是一篇优秀的家事裁判文书，说理清晰，事理明了，论证得当，逻辑性强。

从我们对家事案件的通常认知上看，大概总会认为家事案件就是情与理的纠葛，所谓“剪不断理还乱”。归因于法官对情与理的认知和处理手段的有限性，一般的家事裁判文书在法律适用技术上略有欠缺，重在基于伦理情感的利益衡量。然而，本案判决却呈现了家事裁判文书的另一面孔，真正做到了情、理、法的融通适用。

从技术和论证角度看，本案判决面对争议焦点，既有基于法律规范目的的解释，也有对当事人法律行为的解释。从解释学或者方法论的角度，容易让当事人理解法律规范的意旨以及裁判的理由何在。可以说，判决在规范解释和法律行为解释的双重视域中，精密地展现规范要义和裁判者的深刻理解，法理清晰，说理明了。

从实体和程序的角度看，本判决对事实的认定、证据的罗列及分析，特别是诉讼程序事项的刻画，彰显了裁判者作为法官的认真严谨和专业的态度。可以说，作为一份兼具实体和程序的裁判文书，在程序与实体的双向交融中，有力彰显了裁判者的程序公正意识和要件事实与法律规范的往返互动，不吝言辞，论证得当。

从情、理、法的交融角度看，本案判决并未诉诸情理的纯粹表达，而是将情理融入法律适用之中，是情理的高质量展现，也是情理的法技术运用。因此，作为一份兼具法律与情理的裁判文书，它在法与情理的融贯运用中，精准拿捏，驾驭驰骋，让家事正义的实现看得真、听得明、感受得暖。

总之，裁判之难，难在法律解释，难在观点论证。一件案件的完美呈现，总是离不开对规范的解释和对当事人意思表示的解释以及基于解释的综合论证。只有兼顾情理、事理、法理，才能在复杂的家庭纠纷中，以符合家事的特点言说情感的世界。当然，裁判者对规范与家庭生活的思考和把握也必然是言中之义了。

（点评人：单国钧，北京市第一中级人民法院副院长，全国审判业务专家）

**（2019）京01民终4709号裁判文书原文**

# 4. 赵某1和尚某某、张某某侵害监护权纠纷案*

【关键词】

扶养义务　监护权　监护人资格

【裁判要旨】

父亲对女儿的抚养义务，不因监护人资格受阻而免除。因父亲未尽抚养义务导致父女关系受损，父亲负有主要责任。岳父母虽有阻碍父亲行使监护权的行为，但长期抚养外孙女，从家事审判注重家庭成员之间关系修复和弱势群体保护的原则出发，衡平双方的过错程度，应免除岳父母的精神损害赔偿责任。

## 一、简要案情

再审申请人赵某1与被申请人尚某某、张某某侵权责任纠纷再审案，该案是因原告赵某1的妻子突发重病早逝，翁婿双方为争夺孩子的监护权引发的家事纠纷。本案是一起法律关系并不复杂的侵害监护权纠纷再审案件，但是双方当事人之间的诉讼跨度却近17年之久，诉讼多达9起，双方之间的矛盾更是积压了有近20年之久，因此这是一起法理简单却情理难断的家事案件，如何让双方当事人摒弃前嫌，使破碎的亲情得到修复，是审理本案的难点。

原告赵某1的妻子突发重病早逝，留下幼女赵某2，赵某1就将赵某2委托给岳父母尚某某、张某某代为抚养。因双方就赵某2的抚养问题发生矛盾，2001年4月，赵某1诉至法院，要求尚某某、张某某归还赵某2，恢复其抚养权。金昌市金川区人民法院作出一审判决，确认赵某1对赵某2具有法定监护权。该判决发生法律效力后，赵某1向法院申请强制执行，但尚某某、张某某以赵某2由他们监护抚养更有利于健康成长为由未履行。该院以孩子不能被作为强制执行的对象为由，作出民事裁定，终结执行程序。之后，赵某1

* （2017）甘民再40号。

再未给付过赵某 2 的抚养费。2014 年 1 月 16 日，尚某某、张某某起诉要求赵某 1 支付抚养赵某 2 的各项垫付费用共计 246 930. 68 元，金昌市金川区人民法院作出民事判决，判决：赵某 1 给付尚某某、张某某为抚养赵某 2 垫付的抚养费共计 150 900. 15 元。宣判后，赵某 1 不服提出上诉，甘肃省金昌市中级人民法院驳回上诉，维持原判。2015 年 10 月 9 日，原告赵某 1 向金昌市金川区人民法院再次起诉：确认被告尚某某、张某某的行为侵害了其监护权；判令二被告赔偿精神损害抚慰金 100 000 元。历经 17 年，从基层法院到中级法院再到高级法院，翁婿双方因隔代抚养孩子发生的矛盾，赵某 2 如今已长大成人，可双方的矛盾依然未能解开。

## 二、撰写心得

本案是因原告的妻子突发重病早逝，翁婿双方为争夺孩子的监护权引发的家事纠纷。家事案件是基于血缘为纽带联系起来的特殊人身关系，具有高度的人身性和较强的伦理性。它不同于一般的民事案件，每一个家庭都是社会最小的细胞，如果家庭不稳定，不仅造成妻离子散、家庭破碎的人间悲剧，还会造成社会的不稳定、不和谐。家事案件的处理追求情理法的融合，古话有云，清官难断家务事。家事案件中掺杂着复杂的情感，隐藏着许多不愿为外人知晓的事情。家事案件在审判的过程中应适用不同于一般民事案件的审判原则。在化解纠纷时充分考虑情、理、法等因素，尽可能消除案件处理后对该家庭及家庭成员带来的不良的后续影响，有效化解家庭纠纷，维护社会稳定。家事无小事，要注重家庭成员之间关系的修复和弱势群体利益的保护。法官不能激化矛盾，是要解决矛盾，将矛盾最小化，站在人民的角度出发，找到解决矛盾的切入点。孩子从小是姥爷姥姥带大的，对二位老人充满感情，而父亲长期没有尽到父亲之责，造成与女儿感情疏离，法院的判决是要拉近父女距离起到催化剂，不能使父女感情更加疏远。从家事审判角度出发，人民利益无小事，具体案件中要讲政治，讲社会主义核心价值观，促和谐，稳定家庭关系，不仅从法理上，重要的是从情理上辨法析理，解开当事人的心结。

司法解释中规定，对监护权、抚养权的确定应当有利于子女的身心健康，保障子女的合法权益，结合父母双方的抚养能力和抚养条件。这就要求法官在处理此类案件中更应当用心、用情、用理把自己摆进去，设身处地为各方当事人着想，将法律社会伦理道德、风俗习惯有机统一到惯常的处理思路之上。灵活运用法律及相关司法解释，依法、依情感化各方，溶解长久封冻的情感隔阂，不怕辛苦，做到原则性与灵活性相结合，案件要判的有血有肉，贴近生活，解决纠纷，让人民群众在每一个司法案件中感受到公平正义。归结到本案，本案的思路和出发点是，从家事审判的角度出发，人民利益无小事，注重家庭成员之间关系的修复和对弱势群体利益的保护。审理中努力做到稳定社会关系，构建社会和谐，促进法治进步的核心，做到情与法的辩证统一，并不是有法就没有情，认真分析、客观看待本案的引发事出有因，我们不希望像这样的家庭悲剧继续上演，我们常说，老吾老以及人之老，幼吾幼以及人之幼，笔者就是从这个角度出发，将心比心，处理本案。不管是骨肉血亲还是隔代亲，都是亲情的不同形态，本案中的当事人，如果都能站在孩子的角度考虑问题，本着多一些人爱孩子的初衷行事，那么案件的结尾可能是另一种景象。看到本案的两位年过七旬的老人不是和其他老年人一样在家庭和睦、儿孙满堂的和美环境当中安度晚年，在长达 17 年中始终处在诉讼漩涡中，还为外孙女的抚养、监护权争得不可开交，更加坚定笔者化解本案家庭矛盾的责任和动力。在这里我们希望大家在处理亲情关系的时候，能够多一些宽容，切莫让亲情面对冰冷的法律考验。案件审结后，笔者还一直对这家人予以关注，就在不久笔者还给孩子发了微信，希望她能早日接纳父亲，她说她会好好考虑笔者的话，笔者觉得这是一个好的开端。

（康蓉平，甘肃省高级人民法院法官）

## 三、专家评析

该民事判决书自 2018 年向社会上网公布后，点击率高，社会反响较大，《中国法制报》《民主与法制》《婚姻法之家》及《民事法律参考》等刊物相继转载了该民事判决，有关法学业内人士还作了法律点评，认为再审民事判决对此类家事审判依情、依理、依法，做到了原则性与灵活性相结合，辨法析理。2018 年“中央电视台”社会与法栏目经最高人民法院批准，由法院宣传处与该节目组编导、主审法官赴事发地金昌作了采访，后期在央视录音棚对法院再审法官康蓉平进行了专访。2018 年央视 12 频道《法制夜线》以“迷途父女”上、下两集、2019 年 2 月 11 日、13 日央视 12 频道《道德观察》以“祖孙三代的心结”上、下集、教育频道《法治天下》以“没有赢家的官司”上、下集已相继播出，并被法院公众号推送，社会各界反响好，真正起到了人民法院向全民普法、法官以案释法的宣传作用，也是央视首次在甘肃省法院采访录制。2018 年作为全省法院宣传工作的亮点之一向社会公布。该案 2018 年被最高人民法院评选为首届全国法院“百篇优秀裁判文书”。

（点评人：周山晖，甘肃省高级人民法院执行局协调指导处处长）

**（2017）甘民再 40 号裁判文书原文**

# 5. 陶某和张某、秦某探望权纠纷案*

【关键词】

探望权 隔代探望

【裁判要旨】

在未成年子女的父或母死亡、丧失行为能力、存在无法直接探望等客观情形时，（外）祖父母主张探望（外）孙子女的，应当予以支持。

## 一、简要案情

被上诉人张某、秦某夫妇的独生子张某1于2006年5月经人介绍与上诉人陶某相识后登记结婚，后又于2008年4月在民政局协议离婚，于2008年7月登记复婚，生女张某2。2014年6月23日，张某1起诉与陶某离婚，后于2014年9月1日撤诉。2015年4月14日，张某1第二次起诉与陶某离婚，2015年4月21日，张某1病故，该案终结诉讼。张某1病故次日，张某、秦某及亲戚至陶某居住的父母家发生纠纷，陶某及其母亲报警。

此后，张某、秦某多次为探望张某2与陶某进行沟通，均未果。2016年11月、12月，张某、秦某委托江苏运泰律师事务所就探望张某2事宜与陶某进行沟通，希望通过协商就此事达成一致意见，亦未果。本案的争议焦点为可否准许张某、秦某隔代探望孙女陶某1（曾用名：张某2）。

## 二、撰写心得

《婚姻法》第38条①规定，离婚后，不直接抚养子女的父或母，有探望子女的权利，另一方有协助的义务。虽然该条法律仅明确了离婚后不直接抚养子女的父或母的探望权，但对于前述探望主体去世的情形下其父母可否代为探望并未明确禁止。承办人从探望权的立法精神、未成年人及老年人权益保

---

* （2017）苏12民终1348号。

① 对应《民法典》第1086条。

护、重塑家庭伦理亲情等方面综合考虑，应对张某、秦某的探望权请求予以支持，具体分析如下：

第一，探望权系亲权的延伸，是基于父母与子女之间特定身份关系而衍生出来的，是为了保护子女的利益而设定的权利，是血缘关系中的固有亲情之体现。祖父母与孙子女具有基于特殊血缘情感而产生的特殊身份，不因父母婚姻关系的结束而消灭，对祖父母探望孙子女的主张予以保护，不仅能够满足祖父母对孙子女的关心、抚养、教育的情感需要，对孙子女也是天伦共享的行为，系符天理、合人伦之举，能一定程度上弥补逝者在子女关爱上的缺位，保护未成年孙子女的身心健康及情感需要，对孙子女的价值观形成起到积极的作用，更符合探望权的伦理价值取向和社会善良风俗。

第二，从权利义务对等性角度考虑，失独老人也应对孙子女享有探望权。依据我国《继承法》① 的规定，失独老人的孙子女对失独老人的遗产往往享有代位继承权。在代位继承遗产的同时，以赋予探望权的形式保障老人的精神养老需求，也符合权利义务的对等性要求。

第三，允许失独老人探望孙子女是慰藉老年人心灵、帮助其树立生活信念的重要途径。《老年人权益保障法》第 13 条规定，老年人养老以居家为基础，家庭成员应当尊重、关心和照料老年人。张某、秦某老年丧子，是人生一大悲痛，其对陶某 1 有强烈的精神寄托感也是人之常情，符合我国传统家庭伦理观，而该精神寄托感具体表现为能否得以与子女相处、看望、问候、关爱等慰藉形式，探望即是典型的该精神慰藉需求行为。张某、秦某二审中也再次书面承诺不会影响陶某 1 的正常生活，主动缓和双方之间的关系，故依据现有证据不能认定张某及秦某探望陶某 1 会对陶某 1 产生不利影响。

我国《民法通则》以 10 周岁为限，② 对未成年人区分为无民事行为能力人和限制民事行为能力人，并以此认定其对某一事项如是否愿意被探望有无认知和表达能力，故一审法院酌定至陶某 1 年满 10 周岁时止张某、秦某可进行探望，并无不当。鉴于张某、秦某和陶某同在泰州市，距离较近，一审法院酌定的探望方式，并无不当。

文书中，承办人亦结合案情对双方从情理角度再次进行劝解。张某 1 的猝然离世，对张某、秦某及陶某、陶某 1 来说都是重大打击，张某、秦某及

---

① 现为《民法典》。

② 《民法典》施行后，《民法通则》废止。《民法典》第 20 条规定："不满八周岁的未成年人为无民事行为能力人，由其法定代理人代理实施民事法律行为。"

陶某更应相互体谅，将心比心，冷静处理彼此之间的过往纠葛，适当敞开心扉，学会放下和宽容，毕竟三人能够和睦相处是张某 1 心中所愿，而陶某 1 的健康成长更是三人和张某 1 的共同心愿。张某、秦某在探望过程中应注意方式、方法和态度，学会换位思考，摒弃争一时之气观念，避免与陶某及其家人产生新的摩擦。陶某及其家人也应顾念张某、秦某老年丧子的悲痛境遇，常怀宽容体谅之心，从为陶某 1 营造更完整的关爱的视角，尽量以平和、宽容的心态对待张某、秦某的探望行为，不要因探望问题而给陶某 1 带来心理上的伤害，共同努力为陶某 1 营造温馨和睦的成长环境，这才是对陶某 1 更好的爱。

（王小莉，江苏省泰州市中级人民法院法官）

## 三、专家评析

本案系一起祖父母主张对孙子女行使探望权引发的纠纷，隔代探望权的问题一直以来在立法和实践中都颇受争议。这份二审民事判决在维持一审判决的基础之上，对于祖父母是否享有隔代探望权这一争议问题，从探望权的立法精神、未成年人及老年人权益保护和重塑家庭伦理亲情等多角度出发，详加论述，理由阐述充实有力，针对性强，逻辑严密，文字通顺，语言准确，最终判决支持（外）祖父母在未成年子女的父或母死亡、丧失行为能力、存在无法直接探望等特殊情形下行使隔代探望权，判决结果公正正确，亦符合我国善良习俗；判词末尾亦从钝化双方当事人的家庭矛盾、敦促双方当事人共同努力为未成年孙子女营造温馨和睦的成长环境出发，对双方当事人予以适当的劝诫和引导，充分彰显了家事裁判“情、理、法”相融的案件处理效果。

（点评人：吴宏文，江苏省审判业务专家，江苏省泰州市中级人民法院审判委员会委员，民四庭庭长，四级高级法官）

**（2017）苏 12 民终 1348 号裁判文书原文**

# 第三节　物权保护纠纷

## 6. 张某和陈某财产损害赔偿纠纷案*

【关键词】

异议登记　损害赔偿　禁止权利滥用　法益区分保护

【裁判要旨】

1. 异议登记系一种物权行使方式，界定“异议登记不当”，需结合《民法总则》之禁止权利滥用规则，从严格区分权利滥用与权利正当行使的界限出发，判断异议登记是否构成权利滥用。

2. 异议登记不当损害责任的内涵：异议申请人在行使法律规定的权利时，主观上背离权利设立之目的，客观上造成国家利益、社会公共利益或他人合法权益损害而需要承担之赔偿责任。其特殊性在于行为人主观过错应限定为“以损害他人为目的”。

3. 在对行为人主观过错的判断基准上，应结合异议登记构成要件，从主观推定行为人内心意思转向客观考察反应意志状态的事实外观，合理确认异议登记不当侵权的标准。

## 一、简要案情

原告（上诉人）张某诉称：2010 年 7 月 6 日，张某与杨某某就案涉房屋签订《存量房屋买卖合同》，因陈某对房屋申请了异议登记导致无法过户。后法院判决解除前述合同，张某支付了违约金。陈某的行为给张某造成损失，应承担全部责任。

被告（被上诉人）陈某未到庭参加诉讼。

法院经审理查明：陈某与案外人张某 1 系夫妻关系，张某 1 与张某系兄

* （2017）京 02 民终 3858 号。

妹关系。案涉房屋于 2010 年 6 月 28 日登记在张某 1 名下，6 月 30 日过户至张某名下，7 月 14 日陈某就案涉房屋申请了异议登记，7 月 16 日，法院受理了陈某诉张某 1、张某房屋买卖合同纠纷案，判决张某 1 与张某签订的《存量房屋买卖合同》无效，房屋归陈某与张某 1 共有。张某 1、张某提起上诉，二审维持。后北京市高级法院指令北京市第二中级法院再审。2013 年 10 月 10 日，北京市第二中级人民法院作出判决，撤销一、二审判决，驳回陈某的诉讼请求。

2010 年 7 月 6 日，张某与杨某某签订《存量房屋买卖合同》，将案涉房屋出卖给杨某某。2013 年 2 月 21 日，杨某某起诉张某房屋买卖合同纠纷案，法院判决解除杨某某与张某签订的房屋买卖合同并由张某给付相应违约金。

北京市东城区法院于 2016 年 10 月 24 日作出（2016）京 0101 民初 2132 号民事判决：驳回张某的诉讼请求。

张某提起上诉，北京市第二中级法院于 2017 年 10 月 27 日判决如下：驳回上诉，维持原判。

本案争议焦点是陈某的异议登记申请是否构成异议登记不当。异议登记申请系一种物权行使方式，何谓“异议登记不当”，需结合《民法总则》① 权利行使的规定予以理解。

## 二、撰写心得

### （一）要有问题意识

好判决要对案例中有价值的部分进行挖掘，要求法官练就一双善于发现的慧眼，也就是要有案例意识，对案件反映的社会问题、可能引发的舆论争点等要有敏感性。这起异议登记不当损害赔偿案，阅卷后笔者马上被案子涉及的法律问题所吸引。

### （二）庭审驾驭要精细，要把案件处理“干净”，法律事实要清楚

庭审技能是法官司法能力的基础，庭审决定了事实认定是否精准，事实认定出了问题，裁判文书写得如何天花乱坠，也是南辕北辙了。另外我们的法官庭审时依职权特点明显，对待释明权，需要积极、审慎地发挥。一篇优

① 现为《民法典》相关规定。

秀的文书，要公开法官内心确认的过程和自由裁量的依据。因此个人认为传统民事案件中最复杂的就是事实认定问题，与商事案件重视形式规则和契约解释不同，民事案件更重视追求客观真实和实质公平，而现实中很难还原客观真相。但法律事实不能模糊，前面说过庭审很重要，要运用经验法则和证据法规则，把法律事实搞清楚。

**（三）裁判文书应当脉络清晰，形神兼备**

脉络清晰，是指结构完整和要素齐全。一篇合格的裁判文书，在结构上应该完整地体现诉讼过程，争议焦点、请求权和抗辩权的基础规范、核心证据的认定（决定权）、关键细节对裁判结果的影响（否决权），法官的内心确认过程和逻辑推理等。形神兼备，是指画龙需要点睛的问题。裁判的直接目的是要解决纠纷的，通过价值指引下的规则明确，传递正义的力量和主流价值。

1. 裁判文书要彰显规则，弘扬理性。除了对实证法规范的精准适用外，裁判文书还应当体现出那些未达成普遍共识或具有一定独创性的解释结论。实际上，任何一个案例都在解释法律，无论是否自觉，法官裁判一个案件，就是在作出一项或多项法律解释。

2. 裁判文书要凸现价值，符合人性。《民法总则》第 1 条开宗明义，适应中国特色社会主义发展要求，弘扬社会主义核心价值观。说的是法治精神背后的政治定位、伦理文化和人文情怀，体现了对法律与社会、法律与政治关系的本质理解。就是说方向不能错，譬如对烈士名誉的保护，英雄事迹不能拿来调侃。

**（四）判决的构思过程：大胆假设、循序求证**

就个案判决来说，我们常用的是请求权体系思维，探究请求权规范的事实构成与法律效果，简单说分两个阶段：

第一阶段是法律规范的匹配性问题，以实现法的实证性。

从裁判文书来看，确定“适用于法律事实”的请求权规范是前提，也就是“找法”。这个阶段无法按照纯粹的逻辑推演进行，只能是先入为主。就是我们常说的大胆假设，很考验一个法官法律知识厚积薄发的程度。其实是一个不断试错的过程，试错与确定的平衡点就是规范中事实要件与案件事实的契合度。

一个完整的找法过程是这样的：发现基础事实——确认法律关系——寻

找法律规范——规范与事实的契合度分析——重新发现事实——再次寻找规范，经过这样一个多阶段、逐步深入的选择过程，把不相关的法律规范和事实不断排除，完成对请求权基础的确定化和精确化。

然后进入第二个阶段，对法律适用结果的回溯性检验以实现法的正义性与合目的性。第一阶段，是对法律规范的解释与逻辑推演，与个案的正义性与合目的性未必完全一致。那么第二阶段要解决的就是“法律规范化”与“法律正当化”的关系问题，体现在两个方面，一是由于法律规范的可期待性特征，法官在把法律规范具体化的过程中要尽可能地尊重立法者的意图。二是当法律规范推导出的判决结果与社会经济基本伦理发生冲突时，具体法律规范应当退后。这个时候需要回溯到基本原则，重新确定问题，以实现“法律正当化”对“法律规范化”的纠偏。

就本案而言，是否构成异议登记不当侵权，一方面，要从正向判断申请人是否遵循了《民法总则》确立的诚信原则，着重考察申请人异议登记时是否具备权利基础外观、申请时间和方式等是否符合法定程序；另一方面，则应从反向考察其行为是否构成权利滥用，结合权利滥用构成要件，通过对其主观状态的判断认定其行为违法与否。[①] 最终从严格区分权利滥用与权利正当行使的界限出发，判断是否在当事人之间造成了利益严重失衡或违背公序良俗、诚信原则的结果，合理确认异议登记不当侵权的标准。

当权利规则因为保护的法益不同而打架，如何实现帕累托最优，最高标准在于法律价值的理性平衡，在个体自由与他人权利之间找到群己分界；当案情真相扑朔迷离，如何去伪存真，最严要求在于大胆假设、谨慎求证，在规范事实与案件事实之间实现精准匹配；当当事人在吉林、北京两地法院提起 9 次相关诉讼，矛盾持续激化，如何做到案结事了，最好效果在于把思辨、逻辑、经验统摄于法官的人性判断，存天理，明法魂，通人情。

（陈广辉，北京市第二中级人民法院法官）

## 三、专家评析

第一，本案系《民法总则》实施后北京法院首例异议登记不当侵权案，通过解读《民法总则》首次确立的禁止权利滥用规则，为认定异议登记不当

---

① 无论正面界定正当，还是反面论证不当，本质上无实质性区别，更多基于司法传统与法律逻辑不同之结果，毕竟法律之灵魂在于适用。

侵权提供了裁判参考标准。

首先，探究异议登记制度核心价值，认定异议登记属于特殊物权救济方式，申请人行使权利时应遵循《民法总则》确立的禁止权利滥用规则。其次，比较权利滥用和侵权责任构成要件，总结异议登记不当损害责任之内涵，提炼出异议登记不当侵权的关键系申请人主观过错："以损害他人为目的"。最后，对申请人主观过错的判断基准，从主观推定行为人内心意思转向客观考察反应意志状态的事实外观。结合案情，从主体、程序、效力三个要件论证申请人的主观过错。

第二，论证逻辑独特而不失严谨：正面界定，比较权利滥用和侵权责任之异同，提炼出异议登记不当侵权之关键要件：申请人主观过错——"以损害他人为目的"。反弹琵琶，以异议登记构成要件为切入点，从主观推定行为人内心意思转向客观考察反应意志状态的事实外观。

第三，文书融合多种法律解释方法，发掘权利行使和侵权责任之链接点，有效解决了裁判依据缺失问题，卓有创见。释法说理行云流水，精湛、娴熟的法源补充条款构造技术引人入胜、发人深省，具有一定的法学方法论意义。

第四，本案损害后果的特别说明。异议登记虽然旨在保护真实权利人，但其作为实现此目的之手段，并不漠视或不顾第三人利益，而是比较恰当地在真实权利人和第三人之间建构利益平衡机制。主要体现在：异议登记同其他物权登记一样，具有公示性，其将登记物权可能存在瑕疵的信息向社会公众展示出来，产生警示效力，使第三人以该登记物权为对象进行交易时，能够在了解该风险信息的基础上审时度势，依据意思自治进行判断。

本案中，买受人和出卖人 2010 年 7 月 16 日办理房屋过户登记时均已知晓异议登记的事实存在，即应知悉房屋存在交易不能的风险。但此时双方均未采取其他补救措施（如签订补充协议延长买卖合同履行期限或先行解除合同，毕竟此时合同刚签订，对买受人而言，购房的机会成本几乎不存在，亦谈不上实质性损失），以应对可能出现的不利后果；而是放任事态持续，甚至其后出卖人仍向买受人出具《保证书》，保证短期内配合办理房屋过户，此种保证的信心来源令人费解。买受人和出卖人对所谓房屋交易不能造成的损失，并非没有责任。此点分析从一个侧面为本案判决结果提供了常识性的支持。

（点评人：肖荣远，北京市第二中级人民法院行政庭庭长，北京市审判业务专家）

**（2017）京 02 民终 3858 号裁判文书原文**

# 第四节　所有权纠纷

## 7. 丹东保利天赐房地产开发有限公司和东港市恒东建筑安装有限公司、赵某、袁某某所有权纠纷案*

【关键词】

民事　合同效力　以房抵债　债权转让

【裁判要旨】

人民法院应充分尊重当事人意思自治，从鼓励交易的原则出发，认定“以房抵债”协议为诺成性合同，自成立时生效，当事人无正当理由不得主张无效或可变更、可撤销。房屋所有权是否完成变动，房屋是否交付，仅涉及债是否已经获得清偿的问题，不影响“以房抵债”协议的生效。

### 一、简要案情

位于辽宁省丹东市振兴区的丹东锦江林语开发工程由丹东保利天赐房地产开发有限公司（以下简称保利公司）开发建设，部分工程由袁某某挂靠东港市恒东建筑安装有限公司（以下简称恒东公司）进行实际施工。在施工过程中，保利公司按袁某某的施工进度和合同约定，于 2015 年将锦江林语 A 区 A10 号商铺 × 号拨付给袁某某，用于抵顶所欠付的工程款。2015 年 12 月 25 日，袁某某与赵某签订转让协议，双方约定袁某某将案涉房屋转让给赵某。2016 年 2 月 11 日，袁某某收到全部房屋价款。后保利公司在其公司内网系统中将案涉房屋的客户名称变更为赵某。案涉房屋转让给赵某后，一直由赵某占有、使用。该房屋现已由赵某装修完毕，作为办公室使用，无人对此提出异议。

赵某提起诉讼，要求确认赵某、袁某某及保利公司之间签订的关于锦江

---

* （2017）辽 06 民终 1244 号。

林语 A 区 A10 号商铺 × 号房屋转让协议有效，并要求保利公司协助赵某办理案涉房屋的相关手续及房屋所有权的转移登记。

辽宁省丹东市振兴区人民法院于 2017 年 6 月 2 日作出（2017）辽 0603 民初 1088 号民事判决：（1）原告赵某与袁某某就丹东锦江林语 A 区 A10 号商铺 × 号签订的房屋转让协议有效。（2）在涉案房屋符合房屋产权登记条件时，第三人丹东保利天赐房地产开发有限公司立即就上述房屋为原告办理房屋所有权转移登记手续。宣判后，保利公司、恒东公司提出上诉。辽宁省丹东市中级人民法院于 2017 年 12 月 20 日作出（2017）辽 06 民终 1244 号民事判决：驳回上诉，维持原判。

法院生效裁判认为，本案二审期间各方当事人争议的焦点问题是：（1）案涉《工程抵账房确认单》是否合法有效。（2）赵某与袁某某之间是否存在真实有效的房屋买卖合同关系，双方签订的《转让协议》是否合法有效。（3）一审判决判令保利公司协助赵某办理案涉房屋所有权转移登记手续是否有事实及法律依据。

关于案涉《工程抵账房确认单》是否合法有效的问题。从现有证据来看，可以认定案涉《工程抵账房确认单》是保利公司与袁某某之间订立的以房屋抵顶工程款的协议，该协议不违反法律禁止性规定，自成立起生效。理由如下：第一，关于保利公司、恒东公司、袁某某之间法律关系的问题。袁某某系案涉工程的实际施工人，恒东公司系袁某某挂靠或借用资质的建筑单位。第二，关于案涉《工程抵账房确认单》的真实性问题。虽然保利公司以赵某未提供该协议原件为由否认该协议的真实性，但该协议系一审法院依法向保利公司调取，保利公司在提供该协议后又否认该协议的真实性缺乏理据，故对该协议的真实性予以确认。第三，关于该协议未经恒东公司同意是否影响其效力的问题。袁某某与恒东公司之间是挂靠或借用资质的法律关系，袁某某是实际施工人。袁某某与保利公司订立的以房屋抵顶工程款的协议，是实际施工人与开发建设单位达成的拨付工程款的协议。恒东公司作为被挂靠单位无论其是否同意均不影响该协议的效力，亦不损害恒东公司的利益。袁某某与保利公司之间的建设工程施工合同纠纷可另行诉讼解决。因持有该协议的保利公司否认存在协议原件，导致无法对加盖在该协议上的恒东公司印章进行鉴定，故在无法确定恒东公司是否同意签订该协议的情况下，应当认定该协议对恒东公司没有约束力。综合以上几点，本案现有证据足以认定保利公司与袁某某签订的案涉《工程抵账房确认单》合法有效，对双方均具有约束力。

关于赵某与袁某某之间是否存在真实有效的房屋买卖合同关系，双方签订的《转让协议》是否合法有效的问题。因袁某某与赵某签订案涉房屋《转让协议》时，袁某某并未取得案涉房屋的所有权，且案涉房屋《转让协议》仅约定袁某某将案涉房屋转让给赵某，未约定房屋价款、房屋交付条件等内容，袁某某出具的《收款证明》虽认可其收到赵某给付的购房款，但赵某并未提供转账凭证或取款凭证证明其向袁某某实际交付了购房款。因此，从现有证据来看，不足以认定赵某与袁某某之间存在真实有效的房屋买卖关系，但从该《转让协议》订立的目的来看，该《转让协议》可视为赵某与袁某某达成的债权转让协议，即袁某某将其享有的案涉《工程抵账房确认单》的相关债权转让给了赵某。结合保利公司在其内网系统中将案涉房屋客户名称变更为赵某的行为及赵某取得案涉房屋钥匙的事实，可视为保利公司作为债务人已认可赵某成为案涉《工程抵账房确认单》新的债权人。该《转让协议》不违反法律禁止性规定，现有证据亦不能证明该《转让协议》存在法定无效或可变更、可撤销的情形，故应认定该《转让协议》合法有效。

关于保利公司应否协助赵某办理案涉房屋所有权转移登记手续的问题。如前所述，案涉《工程抵账房确认单》《转让协议》合法有效，赵某应视为案涉《工程抵账房确认单》的债权人。现赵某诉请判令保利公司按照协议约定转移案涉房屋的所有权，考虑到赵某已实际入住案涉房屋并交纳了物业费等各项费用，对赵某的诉讼请求应予支持。

## 二、撰写心得

在首届全国百篇优秀文书评选活动中获奖，对笔者而言是荣誉，是对过去近十年审判实践的肯定，更是一种鞭策和鼓励。记得从事审判工作初始，一位笔者非常尊敬的资深法官曾对笔者说，裁判文书最能反映一名法官的法律素养和业务水平。对此笔者一直牢记在心，在工作中不断提高裁判文书质量，尽力打造精品裁判文书。下面就以本篇获奖裁判文书为例，对于民事裁判文书写作粗线地谈一点个人体会。

### （一）对案件事实及法律适用问题充分研判

裁判文书的写作是建立在对案件本身充分研判的基础之上的。在裁判文书写作之前，除对案件事实精准把握之外，对于复杂疑难案件还要对其中涉及的法理、法律规定、类案裁判观点进行一定的归纳整理。本篇获奖文书写作前，笔者通过法信平台、中国裁判文书网查阅了大量司法文件、文献资料及类案判例。对可作为裁判依据或具有参考价值的资料进行了整理，并且写入审理报告供合议庭参考。其中主要资料包括：《第八次全国法院民事商事审判工作会议（民事部分）纪要》、最高人民法院发布的第 72 号指导性案例、《北京市高级人民法院关于审理房屋买卖合同纠纷案件若干疑难问题的会议纪要》、《江苏省高级人民法院关于债权债务案件审理中以物抵债问题的纪要》、《民事审判与参考》（2014 年第 2 辑）、《债务清偿期限届满后当事人间达成以物抵债协议但未履行物权转移手续，该协议效力如何确定》等。在归纳整理的过程中，不但裁判思路愈加清晰，也利于找准说理的角度或者切入点，同时对裁判文书说理也进行了一定的知识储备。对于“以房抵债”协议属于诺成性合同还是实践性合同这一案件核心争点，在现行法律对此没有明确规定的情况下，合议庭通过对上述资料的充分研判，考虑如确定“以房抵债”协议为实践性合同虽能在一定程度上保护第三人合法权益和交易安全，但对债权人保护力度不够，与鼓励交易的原则也不相吻合，削弱了意思自治原则的功效。而维护债权人利益是民法特别是合同法的重要价值取向，在社会生活中存在大量消费者购买“工程抵债房”的现实背景下，合议庭最终采纳了“以房抵债”协议属于诺成性合同的法律观点。

**（二）准确归纳争议焦点**

争议焦点是法官归纳的案件事实和法律适用争议的关键问题，是裁判文书写作的主线。争议焦点归纳到位，裁判文书说理就有了目标和方向。首先，并非所有案件都需要归纳争议焦点，对于庭审中事实清楚、案件简单未形成争议焦点的案件，裁判文书可以不归纳争议焦点。而对于案件复杂、法律适用较为疑难的案件，为了更好地分析说理，则应当列明各方当事人争议的焦点问题。其次，争议焦点要准确，切中要害。既不能将焦点问题归纳过于宽泛，如将“是否支持原告的诉讼请求”作为争议焦点；也要避免将案件细节的争议列为焦点问题。再次，如果案件存在多个争议焦点，还要注意焦点问题在裁判文书中的先后顺序，尽可能使焦点问题之间逻辑关系层层递进，更有利于裁判观点的表达。具体到本篇获奖文书中，在笔者认真梳理案件事实及当事人诉辩意见之后，按照焦点问题之间的内在逻辑关系，分别列出“以房抵债”协议效力、抵债房屋再次转让的协议性质及效力、受让人能否主张房屋开发单位协助办理房屋转移登记手续等 3 个争议焦点，将本案争议的法律适用问题逐个击破，将其中涉及的法理进行充分论述。同时，将当事人对案件事实和证据的争议按照相关度分别归类在 3 个争议焦点下一一分析说明，将案件争议的主线与案件细节的争议结合起来一并论述，既做到层次分明，又做到论证充分，有的放矢，增强了裁判文书说理的针对性。

**（三）裁判理由论理充分、逻辑严密**

裁判理由的论证是裁判文书的核心，是连接案件事实与判决结果的桥梁。一篇好的裁判文书，仅有充分的论据（案件事实、法律依据），正确的论点（结论）还不够，还必须具备严密有序的推理论证过程。论证中一要紧紧围绕争议焦点，增强说理的针对性。不回避争点，敢于与当事人的意见正面交锋。二要注意逻辑性。裁判文书的事实、说理和结论之间应当有严密的逻辑关系。三要注意使用严谨、精练的语言。裁判文书的语言使用既要平实、易懂，做到让任何一个理性的法律外行人都能理解；又要做到文字严谨，避免文字歧义被当事人或社会公众误解、误读，确保言之有物，句句有来历。平时可以多学习最高人民法院公布的指导性案例、公报案例、典型案例，将其中对于学理、释法的经典表述，融会贯通运用到自己的裁判文书写作中，“站在巨人的肩膀上”可以快速提高自身的写作水平。四要尽力做到全面回应当事人的诉求。对于案件的最终处理能否真正做到定分止争，能否让当事人服判息诉，裁判文书起到关键作用。在裁判文书中，对于当事人提出的诉讼主张、抗辩理由、法律观点，应当尽力做到全面回应，阐明法院支持与否的理由，才能使裁判文书更具有公信力和说服力。

在互联网时代，每一份裁判文书都不再是孤立的存在，裁判文书对社会公众行为的指引作用愈发显著。这就对我们裁判文书的写作提出了更高的要求。常怀进步之心，必有进步之行。愿与诸位同仁共勉。

（姜艳艳，辽宁省丹东市中级人民法院法官）

## 三、专家评析

该案主要涉及“以房抵债”协议效力问题。现实中“以房抵债”大体可分为两种情形：一种是当事人双方之间已就“以房抵债”达成了协议，且已办理了房屋过户手续；另一种是只有双方当事人就“以房抵债”达成了协议，但没有办理房屋过户手续，甚至没有现实地交付房屋。审判实践中，存在大量第二种情形的“以房抵债”纠纷案件。其中最常见的就是房屋建设单位以其建设的房屋抵顶其欠付施工单位或实际施工人的工程款，而施工单位或实际施工人自行将抵顶工程款的房屋转让他人的情形，即普通购房者购买“工程抵债房”引发的纠纷。

对于“以房抵债”协议的效力问题，长期以来司法实践中存有争议。一种观点认为，“以房抵债”协议应参照我国台湾地区代物清偿的构成要件和法律效果的有关理论，将其确定为实践性合同。如果当事人在债务清偿期届满后达成“以房抵债”协议并已经办理了产权转移手续，该协议成立并生效。另一种观点认为，“以房抵债”协议属于诺成性合同，不以房屋的交付作为成立要件。最高人民法院的部分判例持此种观点［如（2016）最高法民终484号案例］。直至《全国法院民商事审判工作会议纪要》（2019年9月11日）首次明确了以物抵债协议属于诺成性合同，不以抵债物的交付作为成立条件。《全国法院民商事审判工作会议纪要》第44条规定：“当事人在债务履行期限届满后达成以物抵债协议，抵债物尚未交付债权人，债权人请求债务人交付的，人民法院要着重审查以物抵债协议是否存在恶意损害第三人合法权益等情形，避免虚假诉讼的发生。经审查，不存在以上情况，且无其他无效事由的，人民法院依法予以支持。”

在法律对于“以房抵债”协议属于诺成性合同还是实践性合同没有明确规定的情况下，辽宁省丹东市中级人民法院于2017年作出该案二审判决，采纳“以房抵债”协议属于诺成性合同的法律观点对本案予以裁判极具有前瞻性。裁判结果体现了充分尊重当事人意思自治，注重现实的交易模式和经济社会发展需要的司法理念，符合鼓励交易的合同法原则，切实维护了债权人的合法权益，为依法处理此类纠纷提供了范例。

（点评人：王玉砚，辽宁省高级人民法院二级高级法官）

**（2017）辽06民终1244号裁判文书原文**

# 第五节　劳动争议

## 8. 邱某某和参天制药（中国）有限公司劳动争议案*

【关键词】

劳动合同　客观情况　重大变化　内部组织架构调整　赔偿金

【裁判要旨】

企业为降低运营成本，提高企业效益，通过调整内部组织架构使劳动者原工作岗位不复存在，进而与劳动者解除劳动合同。这种情形不属于《劳动法》《劳动合同法》规定的“劳动合同订立时所依据的客观情况发生重大变化”。在协商不成解除劳动合同时，用人单位应当向劳动者支付赔偿金。

### 一、简要案情

邱某某于2006年8月入职参天制药（中国）有限公司（以下简称参天公司），职务为东北大区销售经理。工资结构由基本工资21 612.00元、奖金、加班费和交通车险补贴等其他应发组成。2014年9月25日，邱某某与参天公司签订了无固定期限劳动合同。2014年下半年开始，参天公司根据某咨询公司作出的方案对公司进行组织架构调整，取消了邱某某任职的东北大区经理岗位，成立了双北大区，经理由原西北大区负责人担任。邱某某的职务由东北大区经理变更为总经理办公室项目协调经理，工作地点由长春市变更至上海市，职务等级和工资待遇保持不变。2015年4月28日至5月5日，邱某某与参天公司双方多次往来邮件，就劳动合同的变更与劳动关系的解除进行商谈，但没有达成一致。参天公司于2015年5月8日发出解除劳动合同通知，以“订立劳动合同时所依据的客观情况发生重大变化”为由与邱某某解除了劳动关系，并且向邱某某支付了经济补偿金116 019.00元。邱某某于2015年

* （2017）吉民再296号。

向长春市朝阳区劳动人事争议仲裁委员会提出仲裁申请，请求参天公司支付违法解除劳动关系经济赔偿金 175 707.00 元，该委于 2015 年 11 月 3 日作出长朝劳人仲裁字 2015 第 69 号仲裁裁决书，对邱某某的仲裁请求不予支持。邱某某提起诉讼，请求判令：（1）参天公司向邱某某支付赔偿金 116 019.00 元；（2）诉讼费用由参天公司负担。一审判决：参天公司向邱某某支付赔偿金 116 019.00 元。二审判决：（1）撤销一审判决；（2）驳回邱某某的诉讼请求。再审判决：（1）撤销二审判决；（2）维持一审判决。

## 二、撰写心得

在企业不断转型的近些年，我们在审判实践中经常看到企业通过裁员的方式来降低运营成本、提高企业效益的情况。这些企业在裁员过程中，为了避免向劳动者支付赔偿金，往往通过对内部组织架构进行调整的方式，把劳动者原来的工作部门进行撤并，使其工作岗位不复存在，进而以企业内部架构调整属于《劳动法》《劳动合同法》规定的"劳动合同订立时所依据的客观情况发生重大变化"情形为由，与劳动者进行协商，协商不成，即解除劳动合同，而且拒绝支付赔偿金。对此，虽然一些劳动者通过法律手段进行了维权，但由于我国现行法律法规对于前述法律规定中的"客观情况发生重大变化"没有作出更加详细的规定，承办案件的法官对于企业内部组织架构进行调整是否属于"客观情况发生重大变化"也会有不同的理解。

在法院审理该案期间，双方当事人继一审、二审之后，就参天公司与邱某某解除劳动合同的理由是否属于《劳动法》《劳动合同法》规定的"劳动合同订立时所依据的客观情况发生重大变化"再次展开了激烈的辩论。参天公司委托诉讼代理人为了支持自己的主张，向法院出示了北京、上海、广东、江苏、浙江等地法院的一些裁判文书，表明我国一些经济发达省份的法院所持观点与之相同。对此，承办人结合之前对此类案件裁判结果不统一的认知，深感此类案件在全国范围内存在较大争议，确有必要加以认真研究，以期通过深入了解相关法律颁布实施的历史背景，掌握立法者作出规定的初衷，探究立法者文字表达的真实意图，从而得出最能尊重立法本意又符合时代核心价值的裁判结果，为全国承办类案的同仁们提供一个比较深刻全面的论证观点，引起各位同仁的深入思考，为统一类案裁判尺度作出一点贡献。

为此，承办人在认真研读了大量的兄弟法院类案裁判文书的基础上，结合我国《劳动法》《劳动合同法》立法当时国有企业占主导地位且鲜有破产、兼并、迁移等受政府宏观调控情形发生的经济环境，对当时的《劳动法》第26条、《劳动合同法》第40条，特别是原劳动部出台的《关于〈中华人民共和国劳动法〉若干条文的说明》中第26条的解释进行了认真分析，运用多维法律解释方法，从历史沿革、文字含义、逻辑结构、立法目的等多个角度进行思考，以法治理念为价值引领，以公平理念为价值追求，以保护诚信原则为裁判要求，以规制市场主体依法经营活动为责任使命，对于存在争议的概念通过限缩解释，理性诠释立法者的初衷。

在撰写该份民事判决书过程中，承办人严格按照最高人民法院民事裁判文书制作规范的基本要求，力求做到叙述事实清楚明了，说理论述充分透彻，语言表述准确精练。特别是在论理部分，针对参天公司与邱某某解除劳动合同的理由是否属于《劳动合同法》第40条第3项规定的“客观情况发生重大变化”这一争议焦点，首先，采取详细列明双方当事人主张，后再表达法院观点的方式，以示对当事人意见的尊重。其次，在本院认为部分通过援引《劳动法》第26条和《劳动合同法》第40条原文，使读者清楚地知晓本案裁判所应当依据的法律规定具体内容。其后指出《劳动法》于1994年7月5日颁布不久，原劳动部办公厅为了帮助地方劳动部门更好地理解和把握《劳动法》的规定，在1994年9月5日下发了《条文说明》，对《劳动法》中表述不够明确具体的条文作了进一步说明，这对人民法院正确适用《劳动法》十分重要，从而引领读者在原劳动部的解释基础上，对争议焦点问题进行进一步探究和思考。再次，通过文字剖析《条文说明》中关于“客观情况发生重大变化”的表述，得出《条文说明》中未能穷尽的其他情形应当与“不可抗力”属于同一层级的结论，让读者知晓不能对现实中的某些情形轻易认定为“客观情况发生重大变化”。最后，承办人从法律渊源、历史背景、立法目的等方面，对“客观情况发生重大变化”这一法律事实进行了全面分析和深入解读，从而可知：前述“客观情况发生重大变化”应当确属企业无法控制或无法改变的外部事实，解除劳动合同也是企业的无奈之举。而本案参天公司与邱某某解除劳动合同的原因是参天公司为了提高公司运营效率，根据咨询公司作出的方案进行组织架构调整时，撤销了邱某某任职的原东北大区经理岗位。所以参天公司进行的企业内部组织架构调整不属于“客观情况发生重大变化”。

本判决作出后，被《人民司法·案例》（2018年第14期）以《用人单位为自身发展改变组织架构不属于“客观情况发生重大变化”》为题进行了刊载。之后，本案裁判观点得到了最高人民法院的首肯，被最高人民法院纳入《劳动合同纠纷裁判规则23条》（第10条，用人单位改变内部组织架构不属于客观情况发生重大变化）之中。对此，承办人深感欣慰的同时，也深切感悟到，作为一名法官，在审判实践中遇到有争议的问题时，应当积极探索，努力钻研，力求通过自己的付出，最终得出更接近于立法本意的裁判结果，以切实保护当事人的合法权益不受侵犯，有效发挥人民法院通过审理案件规范市场主体行为的社会功能。同时，也能为同行们提供一份可以借鉴和思考的裁判文书，便于互相学习，共同提高。

（白金城，吉林省高级人民法院法官）

## 三、专家评析

本判决最突出的亮点在于论理透彻。

劳动争议案件始终是数量高位运行、审理难度较大、企业和劳动者利益平衡困难的一类民事纠纷，且随着经济下行压力加大、企业改制出清等形势的变化，不断出现新情况、新问题，为人民法院妥善化解劳动争议带来挑战。《劳动法》第26条和《劳动合同法》第40条均规定“劳动合同订立时所依据的客观情况发生重大变化”，用人单位可以解除劳动合同。但对于其中何谓“客观情况发生重大变化”，我国现行法律法规没有作出具体细化的规定，而且于1994年颁行的法律不可能把未来可能发生的情形涵盖其中。近年来，用人单位常常以组织结构调整为由解除劳动合同，此种情况是否适用上述法律规定，全国各地法院对此争议较大，适用法律尺度不一。本案一审、二审的裁判结果就不同，把这个适用法律的难题摆在再审法官的面前。

再审判决首先从原劳动部《条文说明》入手，从立法渊源、立法目的、立法背景出发，对“客观情况发生重大变化”的内涵和外延、组织架构调整是否属于“客观情况发生重大变化”情形，运用文字解释、限缩解释等方法，深入分析论证，最终得出更接近立法本意的裁判结论。“用人单位为自身发展改变组织架构不属于‘客观情况发生重大变化’”这一裁判观点得到最高人民法院的肯定，为全省乃至全国此类案件审理提供了规则指引。

本判决依法论理、严谨推理、公开说理，回应了一审和二审的适用法律之争，统一了类似问题的裁判尺度。同时，本案的处理融法理和情理于一体，达到了既规制企业正当经营管理，又充分保护劳动者合法权益的目的，彰显司法的力度与温度。

（点评人：于兵，吉林省高级人民法院副院长）

（2017）吉民再296号裁判文书原文

# 9. 博彦科技（深圳）有限公司、博彦科技股份有限公司和文某劳动争议案*

【关键词】

限制性股票　劳动争议　损失赔偿

【裁判要旨】

劳动者与用人单位之间因绩效考核、劳动关系解除等用人单位行使用工管理权引发的股权激励纠纷，由于股权激励授予目的、条件和收益实现均体现了用人单位对劳动者激励管理的劳动关系典型特征，且此类纠纷审理的关键是对用人单位行使用工管理权是否符合劳动法律进行评判，故应属于劳动争议，在纠纷处理程序选择和实体裁判时应适用劳动法律规定。

## 一、简要案情

文某与博彦科技（深圳）有限公司（以下简称博彦深圳公司）于 2012 年 10 月 25 日签订无固定期限劳动合同，约定：文某司龄自 2003 年 10 月起算；《知识产权、保密以及防止商业利益冲突协议》《博彦科技（深圳）有限公司员工手册》与劳动合同同时生效，若文某违反协议影响公司经营或导致公司利益受损，博彦深圳公司可以不给予通知期或任何补偿立即解除双方劳动合同。文某从 2014 年 1 月起担任博彦深圳公司 SA3 部门总监，应发工资为每月 31 988.31 元。博彦科技股份有限公司（以下简称博彦股份公司）系博彦深圳公司的母公司，属于深交所上市公司。2014 年 7 月，博彦股份公司授予文某 4 万股“博彦科技”限制性股票（代码 002649），授予价格 13.33 元/股，授予日起 12 个月后、24 个月后、36 个月后分三期可分别解锁所获限制性股票总量的 40%、30% 和 30%。2014 年度，文某负责的 SA3 团队奖金系数为 0.8，总额为 1 136 680.54 元，文某个人年终奖为 54 000 元。2015 年 6 月 8 日，博彦股份公司人力资源部（以下简称人资部）征求文某上级领导李某某

* （2017）粤 03 民终 1326 号。

对文某的业绩评核意见，反馈意见为80分，等级为B。同月23日，人资部盖章确认文某绩效考核等级为B。同月26日，人资部告知文某公司考核委员会决议确定文某考核成绩复审评定为C，考核不合格，第一个解锁期股票1.6万股将被回购注销。文某申诉复审结果仍为C。2015年7月23日，博彦深圳公司以文某在博彦Accela项目中的严重失职，给公司造成重大经济损失，同时违反公司规章制度，严重违纪而解除与文某的劳动关系。博彦股份公司因文某被辞退而决定回购注销文某其余两期限制性股票。“博彦科技”股票自2015年5月30日起停牌，停牌前每股价格83.81元，至第一期限制性股票解锁日即2015年8月24日跌至49.49元，文某起诉日前20个交易日的收盘平均价格为52.36元。博彦股份公司2015年度利润未达到规定的解锁条件，所有激励对象的第二期限制性股票均被回购。文某主张博彦深圳公司解除劳动合同违法以及回购限制性股票缺乏事实依据，遂提起劳动仲裁要求支付违法解除劳动合同赔偿金435 888元，赔偿限制性股票回购损失2 831 602.2元等。劳动仲裁裁决支持文某解除劳动合同赔偿金部分申诉请求，但对限制性股票回购损失赔偿不予支持。文某不服遂提起本案诉讼。博彦深圳公司、博彦股份公司则主张根据双方签订的劳动合同附件《知识产权、保密以及防止商业利益冲突协议》约定，文某有任何违反协议，损害公司声誉、影响公司经营或导致公司利益受损，公司可以不给予通知期或其他任何补偿立即解除双方劳动合同。博彦深圳公司提交证据足以证明文某与竞争对手凌云公司进行技术沟通，严重违反劳动合同以及员工手册的规定，博彦深圳公司解除与文某劳动合同合法有据。博彦深圳公司对劳动仲裁裁决其违法解除与文某劳动合同不服，亦提起诉讼，主张其无须支付文某解除劳动合同赔偿金。同时，博彦深圳公司、博彦股份公司主张双方限制性股票的争议属于平等主体之间的民事争议，不属于劳动争议范围，而且公司基于考核回购文某限制性股票属于企业用工自主权利的正当行使，公司无须赔偿文某限制性股票损失。本案的主要争议焦点为博彦深圳公司解除与文某劳动合同是否合法以及双方股权激励纠纷是否属于劳动争议。

## 二、撰写心得

“判决之外，法官无语。”通过裁判文书记载审判活动全过程，理性总结案件证据材料、争议焦点，准确适用法律，鲜明明确立法和司法价值取向，向社会输出规则之治，是法官职责所在和使命之至。在繁忙审判工作中保持打造辨法析理精品裁判文书的耐心、热情以及能力，是法官职业持续力和专业精致度的需要。碰到有精写价值的案件时，非常值得我们撇开繁琐，心无旁骛地研磨精品文书。撰写精品文书体会有三个方面。

**（一）周密做好文书撰写准备工作**

对于新类型和存在争议的案件，在开庭前应当进行相关理论调研以及实务案例检索分析，认真研究和准确把握案件需查明的关键事实、法律适用难点及解决方案。通过认真细致阅卷和庭审，归纳总结案件争议焦点，引导当事人明确诉辩主张、准确认知自身举证责任以及围绕争议焦点充分举证和辩论，防止当事人因诉讼法律知识欠缺遗漏举证，避免因当事人举证质证不充分导致事实认定有误，尽最大可能准确查明和认定案件事实。

**（二）严格遵循裁判文书外在形式要求**

要做到格式规范统一，文书格式、结构、内容编排等方面应严格按照最高人民法院发布的文书制作规范和样式要求制作；做到表达规范专业，遵循国家汉字通则，规范使用文字、语法和标点符号；做到兼顾“法言法语”专业表达与普通公众的理解认知平衡，尽量把握好文书语言专业化与朴素性关系；做到表述结构层次清晰，逻辑严谨流畅；做到行文详略得当，文书用语、叙事、说理、说明等语言表达注意简洁易懂、言简意赅、干净利落、直截了当，当然简明扼要要以内容清晰为前提，不能只简不明，影响表义任务完成。

**（三）努力追求说理透彻、逻辑严谨、裁判正当的文书内容实质效果**

裁判文书释法说理属世界通例，在一定程度上被视为“自然正义”或“最低限度的程序正义”的组成部分，是司法理性原则的重要体现，反映了司法裁判的本质特征——依法判断和理性判断，即摒弃任意的、专横的司法判断。裁判文书应有之内容实质效果包括：

1. 文书内容全面客观，分析公道详尽。全面、客观归纳当事人诉辩请求，全面列举诉辩双方证据并透彻阐述证据采信或不采信理由，全面客观认定有证据支持且与裁判有关的事实，围绕当事人诉辩主张全面准确归纳争议焦点，围绕争议焦点严谨论证已认定的事实与法律规范的涵射关系并作出裁决。

2. 说理逻辑严谨，清晰顺理。逻辑是裁判文书的纽带，逻辑严密、顺理成章是裁判文书的基本要求。裁判文书证据认定、事实认定和法律适用说理均要具有逻辑次序性，要根据案件的共性和审判实践的技巧确定分析说理先后次序。一般要遵循以下次序：一是先固定争议焦点，后剖析是非。争议焦点包括证据、事实争议焦点和法律适用争议焦点，争议焦点是说理分析的统领，是裁判文书说理的主要对象，应放在说理分析前序位置。要针对每一项争议焦点，就事实→理由→论证（本院认为）→结论顺序分析，即按照先摆事实、后讲道理，最终下结论的逻辑顺序构建因果关系逻辑模式。二是先程序，后实体。程序合法是实体审理的前提，证据的合法性审查、程序性事项是否合法、案件是否具有管辖权均应首先审查。三是先确认法律关系，后分析是非，从法律关系确认、案由认定再到案件性质判定和法律适用选择。四是先审查主体，后认定责任。主体适格才可能承担责任，不适格的主体没有分析其责任的必要。五是先证据认定，后事实推定。证据是构建法律事实的首要前提，证据不充分的情况下，现有证据是证据推理的基础和限制，证据充分的情况下则无须事实推定。六是先固定事实，后适用法律。事实是裁判的基础，只有事实清楚才能正确适用法律。裁判文书作为司法活动的重要载体，直接展示司法过程，体现司法结果，只有让公众知晓并明了法律事实的认定和法律适用之间的逻辑关系，才能真正让公众感受公平正义。

3. 说理要法情理融贯，彰显司法公正与温情。裁判文书说理要“五理并茂”，即要综合分析和遵循事理、法理、学理、情理、文理要求，司法裁判不仅要“求真”，更要“求善”，法官需秉持德法相融说理理念，将情理融入文书说理和实体裁判之中。

4. 正当行使司法自由裁量权。裁判要令人信服，树立威信，必须克服司法恣意，规范行使自由裁量权。要树立证据裁判主义与自由裁量相结合的理性裁判理念，由此作出的裁判才是合乎人类理性的裁判。因为法律规则的一般性和抽象性特点，不可能与特定的案件自动连接。受语言和人的认识能力的限制，法律规则常有不确定性，这必然使法官拥有自由裁量的权力。法官应根据自己的经验和阅历，结合具体的社会生活，赋予法律新的正当的意义，这正是霍姆斯大法官“法律的生命不在逻辑而在于经验”的题中之义。

本案属于股权激励争议新类型纠纷，现行法律尚无明确规范，理论和实务对于股权激励争议属于劳动合同纠纷还是普通合同纠纷争论颇多，而其法律属性的确定直接影响到争议处理的程序选择和激励对象的权利救济，准确恰当界定十分必要。因此，本案例具有精写裁判文书的潜质和价值。笔者在撰写本案裁判文书之时，除针对劳动者（激励对象）与用人单位之间因绩效考核、劳动关系解除等用人单位行使用工管理权引发的股权激励纠纷，从股权激励授予目的、条件和收益实现均体现了用人单位对劳动者激励管理的劳动关系典型特征方面，对将本案界定为劳动争议进行详细充分阐述外，还严格遵循精品裁判文书形式和内容实质要求，努力追求裁判文书的规范性、严谨性、逻辑性、说理性、权威性外在和内在要求。

（罗映清，广东省深圳市中级人民法院法官）

## 三、专家点评

“文以载道”，当事人和社会公众通过高质量裁判文书可以更好体会法律规则如何在解决实际纠纷中发生作用，指引更多的潜在“当事人”行公序善良、依法合规之为。可以说，精品裁判文书是很好的法治宣传阵地，承载着顺应公众对于司法民主和公开公正期盼、彰显司法权运行内在逻辑、提升司法公信力的深远价值。因此，近年来裁判文书改革作为全面深化司法改革的关键节点，被予以前所未有的重视。本文书值得肯定之处体现在以下五个方面。

**（一）具有规则探索价值**

股权激励争议属于新类型案件，涉及公司、证券、劳动等法域，性质复杂而模糊。司法实务早期普遍作为合同纠纷处理，近些年作为劳动争议处理的逐渐增多。由于缺乏统一界定标准，存在同案类案裁判结果不一的问题。股权激励争议法律属性确定直接影响到争议处理的程序选择乃至裁判结果。案情相同的案件，选择适用劳动法律较之适用民事法律可能出现截然相反的裁判结果。因此，准确厘清并界定此类纠纷性质十分必要。本案例从股权激励获得条件是基于劳动者特定身份及其对企业的贡献和价值；企业授予目的是建立促进激励对象与企业保持长期劳动关系并积极工作的奖励机制；激励对象获得收益条件除需满足解禁期或行权期时间限制外还需符合绩效考核要求考量，将劳动者（激励对象）与用人单位之间因绩效考核、劳动关系解除等用人单位行使用工管理权引发的股权激励纠纷界定为劳动争议，并依据劳动法律对用人单位用工管理权行使合法正当与否进行评判的基础上对限制性股票收益损失赔偿作出裁决，对此类案件的审理具有参考价值。

**（二）文书外在表达形式规范严谨**

本文书虽然篇幅较长，但样式规范、文字表达严谨、标点符号使用正确、表述流畅严密、行文详略得当，较好地展示了裁判者文字表达能力和水平。

**（三）能够全面客观归纳当事人诉辩主张，并在此基础上准确确定争议焦点**

裁判的形成应是当事人诉辩意见与法官裁判意见不断对抗的过程和结果，本文书全面反映当事人二审各项诉辩意见，而且针对当事人诉辩意见，能抽丝剥茧地进行整理和分析，对当事人间所有实质性争议焦点进行正确归纳总结。

**（四）能够全面列举诉辩双方证据并透彻阐述证据采信或不采信理由**

能针对当事人提交证据的三性以及证明目的能否实现予以详细分析认证，有利于当事人和公众明晰法院认定事实所依据的证据情况，对法院对事实认定是否清楚、全面、无误进行监督。

**（五）能够围绕争议焦点进行透彻充分说理**

由于本案事实和法律关系较为复杂，本文书能够将多个争议焦点分别罗列论述，并注意罗列技巧，将基础性争议焦点先行论述。在分析具体争议焦点时，能够详细归纳罗列双方诉辩主张和举证情况，详细分析诉辩成立与否，并准确援引法律相关规定，针对焦点问题作出裁判。

本文书在本院认为部分归纳当事人诉辩理由十分全面和具体，文书略显冗长，但增加了说理全面性和充分性。

（点评人：王振宏，广东省第三届审判业务专家，广东省高级人民法院民一庭副庭长、三级高级法官）

**（2017）粤 03 民终 1326 号裁判文书原文**

# 第二章 合同类

## 第一节 确认合同效力纠纷

### 10. 海南葫芦娃药业集团股份有限公司和广西科伦制药有限公司确认合同效力纠纷案*

【关键词】

技术指导义务 合同解除

【裁判要旨】

1. 技术转让合同中，技术指导是出让方的一项法定协助义务。在转让技术未完成实施之前，如出让方以技术秘密资料已全部交付完毕，受让方签收确认并付清技术转让款项为由，提出技术秘密转让合同因双方义务已履行完毕而终止的诉讼主张，除合同有特别约定外，人民法院不应认定支持。

2. 鉴于技术转让合同本身的特殊性，技术指导义务违反与否，受让方应首先完成以下举证证明责任：(1) 受让方是否进行了转让技术的实施行为；(2) 技术实施过程中是否因技术指导问题向出让方提出技术指导的请求；(3) 出让方是否存在无故推迟、拒绝提供技术指导的行为。

3.《合同法》第 347 条①规定出让方应当进行技术指导，是为了保证其所转让技术的实用性和可靠性。但技术指导不属于该类合同的主要义

---

* (2018) 桂民终 134 号。

① 对应《民法典》第 886 条。《民法典》第 886 条规定："技术咨询合同和技术服务合同对受托人正常开展工作所需费用的负担没有约定或者约定不明确的，由受托人负担。"

务，人民法院应遵从实践做法和双方约定，不宜作扩大理解，实践中涉及转让技术指导的相关复杂问题应由双方当事人另行约定。在没有充分证据证明的情况下，人民法院不宜将违反技术指导义务认定为根本违约进而判令技术转让合同解除。

## 一、简要案情

2014年10月17日，海南葫芦娃药业集团股份有限公司（以下简称葫芦娃公司）作为出让方（甲方）与作为受让方的广西科伦制药有限公司（以下简称科伦制药公司）（乙方）签订头孢克肟原料药《转让协议书》（合同编号20140926－1）和盐酸头孢吡肟原料药《转让协议书》（合同编号20140926－2）。合同约定甲方将其拥有的头孢克肟原料药技术以及盐酸头孢吡肟原料药技术转让给乙方，其中头孢克肟原料药技术的转让价为人民币298万元、盐酸头孢吡肟原料药技术的转让价为人民币159万元。合同签订后6个工作日内科伦制药公司先付转让价款的70%，剩余价款于批文及所有资料经乙方验收合格后10个工作日内付清。2014年12月12日，葫芦娃公司出具《头孢克肟技术转让资料交接单》及《盐酸头孢吡肟技术转让资料交接单》，科伦制药公司在上述交接单上签字接收，并支付剩余转让款，葫芦娃公司为科伦制药公司开具457万元的增值税发票。双方在交清药品技术资料、付清转让款两年后，科伦公司以葫芦娃公司未对其进行技术指导、所转让药品技术无法实施为由单方行使合同解除权，葫芦娃公司提起诉讼，请求确认科伦公司单方通知的解除合同行为无效，涉案合同因履行完毕已经终止，其不应退还技术转让款457万元。关于涉案协议是否已经履行完毕而终止的问题。法院经审理认为，本案是药品技术转让合同，基于技术转让合同本身的特殊性，技术出让方具有履行技术指导的法定附随义务，关键是配合受让方实现技术转让的目的，即在受让方未成功地完成所转让技术的实施之前，出让方具有根据约定或请求进行技术指导的义务，以保证所转让技术的实用性和可靠性。本案中，涉案药品技术受让方科伦制药公司至今尚未成功实施药品的生产，如科伦制药公司提出请求，葫芦娃公司仍然具有对其所转让技术进行技术指导的义务，因此虽然双方已经按照约定履行完毕药品相关批文及生产技术资料的交接工作，科伦制药公司经验收合格并向葫芦娃公司付清了全部转让款金额，但该履行情况仅能视为双方就涉案合同约定的主要义务履行完毕，而不是合同的全部义务，因此葫芦娃公司主张涉案《转让协议书》及《补充协议》的全部义务已经履行完毕，没有事实和法律依据，不予支持。

关于科伦制药公司单方解除合同行为是否发生效力的问题。法院经审理认为，涉案协议的主要义务双方已经履行完毕，技术指导作为技术转让合同中出让方的一种法定附随义务，是否需要技术指导一般是由双方作出约定，如无明确约定的则根据受让方的需求及请求实施，即使其没有履行，但在没有证据证实所需要的技术指导会导致所转让技术根本无法实施的情况下，一般亦不宜以此认定出让方构成根本性违约。本案中，科伦制药公司对其是否实际进行过样品试制或试生产，是否向被上诉人提出技术指导的请求，以及主张试制出来的药品不合格等，均未能提供证据证实，因此，其认为上诉人构成根本性违约没有依据，不具有《合同法》第 94 条①规定的合同法定解除权，科伦制药公司依据《合同法》第 96 条②规定行使单方解除合同行为，不符合法律规定，应为无效。

## 二、撰写心得

本案是合同当事人依据《民法典》第 565 条（原《合同法》第 96 条）规定行使的单方通知解除行为，因合同相对人有异议而基于该单方解除行为提起的本案确认解除合同效力之诉。审理法官严格按照合同法定解除权行使规则的逻辑思路进行案件审理和裁判文书的撰写，审查科伦制药公司主张葫芦娃公司未履行相应的技术指导义务，导致合同目的不能实现，是否有事实和法律依据。依次审查葫芦娃公司是否存在未履行相应技术指导义务的违约行为；该违约行为是否致使涉案药品技术转让合同的合同目的不能实现。按照审理合同纠纷的思路，首先明确合同双方的权利义务范围，科伦制药公司主张葫芦娃公司负有指导其药品试生产的技术指导义务，葫芦娃公司未履行技术指导义务，构成根本违约；葫芦娃公司主张根据合同的约定，在完成相关药品技术资料交付，科伦制药公司签收确认，其合同义务即履行完毕，科伦制药公司并按约定支付了相应的药品技术转让款，涉案合同因双方权利义务履行完毕而终止。法院裁判认为，涉案的药品技术转让协议属于技术秘密转让合同，根据《民法典》合同编规定，技术秘密转让合同的让与人，应当

---

① 对应《民法典》第 563 条。

② 对应《民法典》第 565 条。

按照约定提供技术资料，进行技术指导，保证技术的实用性可靠性。即技术指导是技术秘密转让合同中出让方的一项法定义务，出让方履行技术指导是为了保证所转让技术的实用性和可靠性。但技术秘密转让合同同时有其特殊性，技术秘密的受让方应具备一定的技术实施能力，因此，在合同双方当事人未对具体技术指导义务进行特别约定的情形下，技术指导不应当属于该类合同的主要义务，技术指导仅是技术秘密转让合同中出让方应当履行的一种法定协助义务。因此，葫芦娃公司主张涉案合同在其完成相关药品技术资料交付义务，科伦制药公司签收确认并支付相应的药品技术转让款之后，涉案合同即因合同权利义务已经履行完毕而终止的主张不能成立；科伦制药公司主张葫芦娃公司未履行相应的技术指导义务，构成根本违约，其有权行使合同解除，亦不能支持。并且本案中科伦制药公司对其是否实际进行过样品试制或试生产，是否向被上诉人提出技术指导的请求，以及试制出来的药品不合格等主张，均未能提供证据证实，根据谁主张谁举证原则，科伦制药公司主张对方构成根本违约而行使的单方解除行为没有事实依据。但鉴于技术秘密转让合同主体、合同内容的特殊性，出让方具有保证技术实用性和可靠性的义务，在受让方尚未成功实施该项转让技术，在技术实施过程中需向出让方提出技术指导的情况下，出让方仍然负有进行技术指导的法定义务。本案审理明确阐释了技术秘密转让合同中技术指导义务的内容与性质，以及合同解除的认定规则，被最高人民法院评选为2018年度全国法院知识产权50件典型案例，实属对本案裁判观点的充分肯定。

通过这个案件的审理，承办法官获得了以下几点审判收获：一是贯穿始终、百变不离其宗的“证据裁判规则”，诉讼讲究的是证据，“谁主张谁举证原则”应贯穿于所有民事诉讼案件的审理全过程。二审法院找准了本案第一个关键点，科伦制药公司对其主张药品试生产中，经发函请求葫芦娃公司前来进行技术指导，葫芦娃公司未派员进行技术指导，导致其不能生产出合格药品，均未能提供证据证实。二是坚持商事审判思维，精准把握商事合同的性质与内容。通过理解合同法对技术秘密转让合同的立法分类背景与法律定义，同时结合技术转让，特别是药品技术转让的行业习惯，药品生产批文的取得条件及有效年限的相关规定，遵从药品技术转让主体和转让行为的营利特性，解释技术秘密转让合同双方的合同权利义务，明确技术指导属于技术转让合同中出让方的合同义务内容，但仅属于一种法定协助义务，不属于该类合同的主要义务。在当事人没有特别约定的情形下，出让方违反技术指导义务，一般不构成根本违约。三是民事裁判应体现诚信的交易原则。《民事诉讼法》第 13 条第 1 款规定，民事诉讼应当遵循诚信原则。一方面，诚信原则保障当事人有权在法律规定的范围内行使和处分自己的民事权利和诉讼权利；另一方面，诚信原则要求当事人应善意、审慎地行使自己的诉讼权利，不能损害他人合法权益和社会公共利益。诚信原则亦要求经营者在经营活动中应讲究信用、诚实不欺，在不损害他人合法利益和社会公共利益的前提下追求自身利益。本案科伦制药公司在 2014 年受让接收药品技术资料后，未及时地进行试生产或药品生产，本案亦没有药品不合格的相关鉴定，时隔 2 年后 2016 年以药品技术不合格单方行使合同解除行为，并起诉请求退还全部技术转让费，有违诚信，亦没有证据证实，对类似违背诚信原则的行为法院不应支持。

（兰丹丹，广西壮族自治区高级人民法院法官）

## 三、专家评析

本判决主旨鲜明、逻辑清晰、论证翔实、说理充分，运用时间顺序、事实分序和综合归纳等方法叙述案件事实，采用事实论证、法理论证和反驳论据论证说理。判决体系性地适用并解释了《合同法》（现为《民法典》合同编）中关于技术合同的订立与解除、技术合同当事人地位以及双方权利义务的相关规定，牢牢把握民商事审判“证据裁判规则”，逐一分析认定案件事实，详细释明法律本意，明确回应当事人主张，说理得当，适用法律正确，是一篇优秀的知识产权裁判文书。

本案的审理涉及“技术秘密转让合同是否履行完毕”和“单方面解除技术秘密转让合同行为是否合法”两个关键问题。判决从明确纠纷中双方当事人的权利义务这一基本点出发，以当事人上诉请求为指引，查明案件事实，提取关键要点，总结论证争议焦点，对立法目的、法律原则与法律规则的内涵进行了体系性的解释，梳理了三者间的内在联系。案情叙述客观全面，重点明确。判决论理逻辑清晰，环环相扣，既有对当事人合意的细致考察，又有对法律规定的详细解读，严谨充分，自成体系，令人信服。

“技术秘密转让合同是否履行完毕”具体包括“技术指导义务的性质与地位”和“违反技术指导义务的判定与举证责任分配”问题。对于“技术指导义务的性质与地位”，本案一审判决根据原《合同法》第 347 条，主张技术指导义务属于技术秘密转让合同中出让人的主要义务，不履行技术指导义务将导致合同目的无法实现。本判决尊重当事人意思自治与商事交易规律，综合涉案《转让协议书》及《补充协议》中的具体约定与《民法典》合同编中的相关规定，充分论证了技术转让合同中技术指导义务应当属于“法定附随义务”，使本判决对一审判决错误的纠正有理有据。对于“违反技术指导义务的判定与举证责任分配”问题，本判决严格遵循民商事审判“谁主张，谁举证”的基本原则，做到认定事实，以实为证，责任分配，以法为据，明确了技术受让方应及时组织生产或测试的义务，肯定了技术转让合同的双方在合同履行过程中可以留存必要证据的做法，清晰地界定各自权利义务范围。本判决充分运用了证据裁判规则，兼具了法律功能与社会功能，不仅解决当事人之间的争议，对于技术交易合同当事人也具有普遍指导意义，发挥了裁判文书的释法作用。

对于“单方面解除技术秘密转让合同行为是否合法”的问题，本判决明确指出引起该类纠纷的普遍原因，结合本案当事人没有就单方解除合同事由作特别约定的事实，根据《合同法》第347条（现为《民法典》第866条）规定，判定出让方违反技术指导义务，但不构成根本违约，事实认定正确，法律适用无误。同时，办案法官致力探寻立法目的，准确阐明技术指导义务的法律地位，指出其不属于该类合同的主要义务，在没有充分证据证明的情况下，本判决未将违反技术指导义务认定为根本违约进而判令技术转让合同未解除，充分尊重当事人意思自治，同时也维护商业实践做法。本判决不仅对同类案件的处理具有参考价值，对于社会公众订立技术交易合同具有现实的指导意义。

本判决全面反映了案件审理过程和审判程序，证据采信准确合法，法律适用正确，实体处理得当。在判决行文上，聚焦且流畅，表达准确且精炼，符合判决书格式规范。在论证说理上，本判决的重点是通过对法律适用所涉及的各相关法律法规和司法解释以及法律基本逻辑进行解释分析，相互对照印证，准确了解法律规定的目的。在此过程中，如果能将其他知识产权相关法律条文的法理进行比对分析，将进一步提升整个判决的理论深度，从而进一步加强法律适用的准确性和说服力度。

（点评人：陈星，博士、副教授，广西民族大学法学院副院长，广西知识产权发展研究院副院长，广西“十百千”知识产权领军人才）

**（2018）桂民终134号裁判文书原文**

# 第二节　悬赏广告纠纷

## 11. 白某和张某悬赏广告纠纷案*

【关键词】

悬赏广告　知识性错误

【裁判要旨】

悬赏广告中悬赏人的意思表示应当真实、明确、具体，对相对人是否完成特定行为的认定，应当受到悬赏人的意思表示的限制，符合悬赏广告要求并完成特定行为的人请求悬赏人支付报酬的，应予支持。《图书编校质量差错认定细则》和《图书编校质量差错判定细则计错表》中对图书中知识性错误的分类具有权威性、客观性和可行性，能够作为认定图书中"知识性错误"的评判标准。在评判图书中是否存在知识性错误时，应当尊重作者的创作自由并结合客观标准综合认定。

### 一、简要案情

原告白某，系山西大学的教授。被告张某，作家，笔名张某某（以下统称张某）。

2012 年 3 月，张某通过南方出版社出版发行其新书《带三只眼看国人》。2012 年 3 月 25 日 11:28:09，张某通过其网址为 http：//t. qq. com/zhangyiyi 的腾讯微博发布如下内容："为推广和普及中国地域文化知识，让 14 亿华人更了解中国各省人不同性格特点，兹郑重承诺凡挑出拙作《带三只眼看国人》1 个错者即奖赏 1001 元，请@ 北晚晓阳@ 潘启雯@ 诗人记者袁毅@ 吴波 1@ 记者吴海虹@ 罗皓菱@ 彭志强@ 蒲荔子@ 羊晚邓琼生活大爆炸各位老师为我作证，绝不像阎某某老头般要无赖不认账！"。2012 年 3 月 27 日 11:54:32，《新

* （2017）京 0105 民初第 2995 号。

华报业网》刊发《作家张某某"一错千金"悬赏不满阎某某"老赖"》一文，该报道中有如下内容："《带三只眼看国人》一书作者张某某于微博公开悬赏，'凡挑出一个错者，即奖赏1001元'。张某某表示，他的悬赏之举是为了'推广和普及中国地域文化知识，让14亿炎黄子孙更为了解我们自己'……对于也曾表态'一字千金'悬赏但'死不认账'的前辈作家阎某某，张某某称其是'敢说不敢当的无赖行为'，并表示自己绝不会步阎某某后尘'当可耻的老赖'。北京著名律师严某某表示，阎某某当年发布的悬赏公告'并非由悬赏者本人或他人经本人授权以本人的名义发出为必要前提'，而张某某的悬赏则是以本人的公开声明方式发出，'前者不具备而后者具有法律效力，较之于阎某某的随口一说，张某某的悬赏更具诚意和法律意义'。"2012年3月27日13:22:39，张某再次通过腾讯微博发布如下内容："作家张某某'一错千金'悬赏不满前辈阎某某'老赖' http：//url.cn/2MX6mk 对于也曾表态'一字千金'悬赏但'死不认账'的前辈作家阎某某，张某某称其是'敢说不敢当的无赖行为'，表示自己绝不步阎某某后尘'当可耻的老赖'，而北京律师严某某也表示，张某某的悬赏更具诚意和法律效力。"点击该微博内容所含的网址可直接跳转至新华报业网《作家张某某"一错千金"悬赏不满阎某某"老赖"》一文。该两则悬赏广告微博在诉讼中仍然可以通过互联网在张某的腾讯微博中查看。

白某知悉上述微博后，购买《带三只眼看国人》一书，并从中挑出认为存在错误的内容172处，包括一般政治性差错1处，叙述不符合事实27处，表述逻辑差错1处，用词不当57处，词语搭配不当1处，错别字19处，病句17处，表述不当24处，标点失误19处，排版失误1处，多出文字2处，漏字1处，汉语拼音书写失误2处。

对于张某是否在微博中对挑错范围进行限定一事，白某认为其挑出的172处错误中，一般政治性差错、叙述不符合事实属于知识性错误，其余属于非知识性错误，但亦严重影响文化传播，白某认为张某在广告中没有限定挑错类型，因此所有错误均应当支付奖励，故，请求法院判令张某按照一个错误1001元的标准向其支付悬赏奖金172 172元。

对此，张某辩称：一是悬赏广告中的错误仅限于知识性错误。二是本案已经超过诉讼时效。三是白某挑出的错误具有主观性，没有客观标准。四是案涉图书是正规出版物，不可能存在172处错误。五是白某主张的报酬过高，应当按照挑错的成本进行相应调整。六是社会鼓励多元创作，应当尊重作家的创作自由。因此，请求法院驳白某的诉讼请求。

根据白某与张某的诉辩意见，本案的争议焦点为：一是张某发布的悬赏广告中对挑错的时间和范围是否进行限制。二是白某挑出的172处错误是否符合悬赏广告规定。

在对张某发布的悬赏广告句式、文义和案涉书籍的特点进行分析之后，法院认可悬赏广告中所说的“挑出一个错者”的“错”是指“知识性错误”。故对于144处非知识性的错误，法院认为不属于悬赏广告的范围，而对于白某主张的28处知识性错误是否实际存在，则应当首先解决两个问题：一是关于认定图书中的知识性错误的标准；二是关于《带三只眼看国人》能否以该标准予以评判。根据权威性、客观性和可行性的原则。法院把《图书编校质量差错认定细则》和《图书编校质量差错判定细则计错表》中对知识性错误的分类确定为评判标准。结合该标准及专家意见，法院认为案涉书籍是以各地的历史、地理、文化等知识为主要内容的书籍，其中涉及的地名、人名、词语内涵、历史故事均有迹可循，有据可查，系通俗的知识性读物，并非一般的文学作品，因此对该书中涉及的知识可以适用法院确定的知识性错误标准予以认定，但当然会尊重作者的创作自由和创新，结合其写作目的、语境等情况综合考量。最终，法院认为白某挑出的172处错误中有18处知识性错误符合悬赏广告要求，判决张某向白某支付18 018元。

## 二、撰写心得

裁判文书作为司法过程的终端产品，其重要性不言而喻。一份好的裁判文书，不仅能够告知当事人裁判结果，更能够通过对事实的准确认定，对法律的正确适用和对正当性的捍卫，让当事人及案外人均能获知法律如何规定，法官如何思考，从而具有更广泛的参考和指引作用。写作裁判文书是法官不断理清思路，把逻辑思辨以看得见的方式逐步呈现出来的过程。金庸的武侠世界中，左右互搏的功夫最难练，殊不知，法官的脑海里其实每天都在操练，在文书写作过程中，如何取舍事实认定和法律适用中的不同意见，就像脑子里有两个小人儿在不停地打架，在说服他人之前，首先需要让自己思维中的矛盾之处得以融洽。

而本案中，至少需要解决好三个争点。争点一：错误范围之争，悬赏的错到底是什么错？法官都知晓逻辑三段论，但如何运用并得出清晰正确的结论，对法官而言是日常但持久的考验，需要让目光不断往返于法律和事实之间。与悬赏广告直接相关的法律规范有且仅有《最高人民法院关于适用〈中华人民共和国合同法〉若干问题的解释（二）》[①] 第3条，这是本案根本的法律依据，据此可知，该类纠纷的逻辑起点系悬赏广告，因此悬赏人的意思表示真实、明确、具体是案件审理的基础。根据上述法律规定，在对张某发布的悬赏广告从句式、文义和案涉图书的特点进行分析之后，张某悬赏广告中所说的“挑出一个错者”的“错”是指“知识性错误”，进而将白某挑出的172处错误中需要进一步予以认定的范围确定为28处。但需要额外说明的是，在该争点涉及的事实认定中，本案的文书基本按照时间顺序对事实进行了罗列，这是基于本案的事实特点所决定。实际上，法律适用是逻辑的集中体现，即使是事实的整理，也应当渗透法官的深入思考，需要围绕争点完整、必要并且有序地呈现事实，更需要在说理时清晰揭示事实与法律的关联及推演过程。争点二：认定标准之争，“知识性错误”有标准吗？作为案件审理的关键，确立的标准应当具有权威性、客观性和可行性。本案中，白某主张的错误分类依据给了笔者一些启发，根据《图书质量管理规定》的附件《图书编校质量差错率计算方法》指向的“知识性差错”分类，以及中国出版工作者协会校对委员会据此牵头拟制的《图书编校质量差错认定细则》和《图书编校质量差错判定细则计错表》，笔者认为以上述文件中对知识性错误的分类符合“三性”要求，能够作为基本的评判标准。而通过对这一标准的发现和确立，意味着本案中的裁判方法和裁判规则，也同样适用于其他案件。由此也说明，一份裁判文书，固然可以仅就事论事，但在法律规定与具体的事实之间尚有广阔的空间，通过对具体案情进行适当的抽象和提炼，可以在法律规定与具体事实之间发现或建立裁判规则，为其他案件提供参考和指引。争论三：创作自由之争。知识的严肃性与创作自由如何平衡？在这个争点背后或者其他案件中都会遇到同样的问题，即法官裁判案件时涉及的不止是合法性问题，更有合理性之争，需要法官在法律规范之外，结合生活经验、价值评判充分说理，从而作出一个更具正当性的结论，让当事人和裁判文书的所有读者感到信服。本案审理过程中，张某极力主张其所创作的系文学作品，不具有可鉴定性，不能以相关规范或细则等对其独创性的表达进行评判。但经过分析张某本人在悬赏广告中的宣称以及阅读比对案涉图书的内容，法院认定该书是以各地的历史、地理、文化等知识为主要内容的书籍，其中涉及的

① 该解释已于2021年1月1日失效。

地名、人名、词语内涵、历史故事均有迹可循、有据可查，系通俗的知识性读物，并非一般的文学作品，因此对其中涉及的知识可以适用上述确定的知识性错误标准予以认定，但是考虑到作家的创作是具有创新性和开放性的思想活动，不应当过度苛求，更不希望因本案的裁判对作家的创作自由产生禁锢效应，因此在评判时结合了作者的创作背景、语言环境，在尊重作者的审美体验和个性表达的基础上，综合认定符合悬赏广告要求的知识性错误共计18处。

当所有混沌无序的思考最终沉淀成为一份简洁通晓的判决书，读起来会觉得水到渠成、理所当然。然而，在写作的过程中，因为定错技术标准的选择，与原文、字典、古籍等交互核对的繁琐，对作者创作自由的保护以及具体错误的归类等问题，困惑之时，领导、师长、同事都给予了很多宝贵的意见，多次修改之后裁判文书得以诞生，当真有众里寻他千百度之感，期待她能传播一点法律之真、法律之善、法律之美。

（李默菡，北京市朝阳区人民法院法官）

## 三、专家评析

该裁判文书事实认定清楚，适用法律正确，结构严谨，逻辑清晰，写作规范。首先，该裁判文书在悬赏广告纠纷的法律适用中充分体现了要件分析的特点，对悬赏广告的悬赏人、悬赏的时效、悬赏范围及相对人是否完成特定行为逐一认定，概念清晰，定义准确，裁判思路完整严谨。其次，该判决书合理而巧妙地解决了“知识性错误”认定标准这一疑难问题，对一般文学作品与知识性读物作出区分，并综合专家意见、《图书编校差错编校质量差错判定细则记错表》，对案涉出版物中的“知识性错误”进行了客观、全面和具操作性的认定，较好地把握了“证据呈现、事实认定、适用法律”三者之间的有机统一和逻辑关系，具有说服力。再次，该裁判文书需要对案涉出版物中相关历史、地理和文化知识是否存在错误进行评判，所涉信息量较大，案情疑难复杂，该文书引经据典，层层深入，用专业而活泼的语言对本案进行了详实而精彩的分析，文笔如行云流水，释法与说理相得益彰，兼具趣味性与可读性。最后，该裁判文书充分体现了尊重作家创作自由与恪守知识严肃性的平衡，并维护了诚信的价值观，符合中国传统文化对言出必行、一诺千金的价值认同，受到国内新闻媒体和公众的广泛关注及赞同，“人民日报”微信公众号对该案的报道阅读量超过10万次，具有引领和示范效果。此外，本案中原告诉求的标的额并不是太大，一处错误1000多元，但难能可贵的是法官的这种认真负责的精神，对相关细节逐一核实，是一篇既见法官法律实务功力，又见法官知识储备、敬业操守的判决。

［点评人：周佑勇，中共中央党校（国家行政学院）政治和法律教研部主任、教授、博士生导师、长江学者］

**（2017）京0105民初第2995号裁判文书原文**

# 第三节　买卖合同纠纷

## 12. 西安东艾贸易有限公司和西安中田实业有限公司、世达工具（上海）有限公司买卖合同纠纷案*

【关键词】

民事法律关系　经销模式　买卖合同　民事责任　诚信

【裁判要旨】

1. 当事人签订的协议虽已到期，但仍按交易习惯履行，法律关系仍然存在。

2. 民事法律关系的性质应按权利义务具体内容，结合实际履行情况综合判断。经销协议与买卖协议是相互交叉的法律关系，当事人约定在特定期限内，一方销售他方商品，且每单需经下单确认，属于经销模式下买卖合同关系。

3. 诚信原则要求人们在市场活动中诚实不欺，当事人在特殊时期按以往的交易模式确认网络客户订单，致客户的需求不能满足，由此造成的损失自行承担。

### 一、简要案情

西安东艾贸易有限公司（以下简称东艾公司）经营劳保用品；西安中田实业有限公司（以下简称中田公司）系世达工具（上海）有限公司（以下简称世达公司）在陕西地区的分销商。2017 年 3 月起东艾公司作为中田公司的经销商在西安销售世达产品，并经世达公司授权在网店上架世达公司的产品链接。2019 年 3 月，中田公司与东艾公司就年度销售目标及返利达成经销协

* （2020）陕 0102 民初 2132 号。

议约定：中田公司以世达工具标价的6.5折供货；东艾公司销售价格不低于标价的8.5折，并规定了销售奖励方式；世达公司是协议见证方，但未在协议上签章。双方交易模式为东艾公司下单，库存有货中田公司则确认；无货则告知东艾公司。2020年东艾公司、中田公司经销协议虽到期，但有业务往来。2020年1月，因出现新冠肺炎疫情，中田公司和世达公司通知包括东艾公司在内的经销商，涉疫情所需物资口罩、防护镜、防护服无货可供。东艾公司在疫情期间持续接收口罩、防护镜、防护服等大批量订单，因中田公司、世达公司未向其供货，导致其不能及时向客户供货，引发纠纷，遂要求中田公司、世达公司承担赔偿责任。

法院审理后对双方的争议焦点进行了分析。首先，关于东艾公司与中田公司、世达公司之间的民事法律关系的主体问题。根据查明的事实，世达公司仅是中田公司与东艾公司约定的协议见证方，并非争讼之民事法律关系的主体；2019年12月31日，中田公司与东艾公司签订的世达工具经销商补充协议虽已到期，但2020年因新冠肺炎疫情的影响，东艾公司与中田公司仍然进行业务往来，双方之间的民事法律关系并未结束。世达公司与东艾公司之间也存在一定的民事法律关系，但并非中田公司与东艾公司之间签订的世达工具经销商补充协议的法律关系主体。其次，关于东艾公司与中田公司、世达公司之间的民事法律关系的性质问题。东艾公司与中田公司之间的法律关系性质应按照合同当事人约定的权利义务具体内容，结合协议的实际履行情况进行综合判断。根据查明的事实可以证明，东艾公司与中田公司的单笔交易模式符合买卖合同的法律特征，但根据双方签订的协议及实际履行合同的情况看，东艾公司向中田公司发出订单、收货和付款，对于合同履行中出现的问题均以对方为合同相对方进行沟通和协商，双方的交易模式符合经销模式下的买卖合同关系的特征，此与通常意义上的买卖协议有所区别；东艾公司与世达公司之间仅存在世达品牌授权经销的法律关系，不产生买卖合同的法律关系。最后，关于中田公司、世达公司是否存在违约行为的问题。根据查明事实，东艾公司并未按照双方多年形成的交易习惯下单并经中田公司确认是否有货，且忽略了新冠肺炎疫情影响，在明知新冠肺炎疫情防控物资被统一调配后，将京东网店设置的货物库存量为无限大，盲目在京东平台售卖世达品牌口罩、防护服等。虽然东艾公司、中田公司之间存在经销模式下的买卖合同关系，但按照交易习惯，双方仅约定年度进货目标为100万元，对月、季度进货目标并无特别约定；如东艾公司诉状所言，东艾公司联系中田公司负责人告知其所售订单量及金额并要求订货，中田公司负责人回复待复工后第一时间帮东艾公司安排订货。东艾公司又联系世达公司陕西业务代表被通知世达公司因被国家管控目前无法发货；加之新冠肺炎疫情期间，防控物资紧缺是众所周知的事实，作为企业对市场需求进行合理判断是基本常识，而东艾公司在非常时期未能对新冠肺炎疫情影响市场供应正确评估，对因此造成的损失应由其自己承担。简言之，中田公司在履行经销模式下的买卖合同期间，主观上并不存在过错，也无违反合同行为，对东艾公司因自身原因引发的损害后果不应赔偿。世达公司因与东艾公司之间不存在东艾公司请求的民事法律关系，故同样不存在违约行为。

因中田公司不存在违约行为，世达公司并非本案民事法律关系主体，故东艾公司请求中田公司、世达公司赔偿损失，没有事实依据，法院依法不予支持。最终判决驳回东艾公司的诉讼请求。

## 二、撰写心得

正义不仅要实现，而且要让人们以看得见的方式实现。法律的价值在于公平、公正，法律要给人以公平、公正，就要证明公平、公正在何处。众所周知，法官的天职在于裁判案件，法院的审判活动能否做到司法公正，归根到底都要反映到对案件的处理上，而案件处理最终的载体则是通过裁判文书反映出来的。裁判文书的写作对笔者而言既是一种挑战，也是一种快乐。笔者期待承办的每一起案件，都能让当事人信服，让当事人感受到法律的公正。

为了写好每一份裁判文书，在承办案件后，笔者都会提前做好前期准备工作，认真阅读当事人的起诉状、答辩状，注重当事人提交的每一份证据，注重每一次证据交换，注重每一次庭审，注重控辩双方的代理意见，注重与案件事实有关的每一个细节，并结合当事人诉讼请求进行思考，根据当事人诉辩主张，在研究案件时围绕双方争议的焦点，认真听取每位法官的评议意见，由此为撰写裁判文书打下良好的基础。撰写本案裁判文书时，笔者对当事人的诉辩主张并非简单地复制，而是进行了文字修改归纳，将其所表达的内容全部展示；对当事人的举证、质证意见全部予以表述，并在此基础上进行了认证，最终在认证的基础上查明了案件事实，在裁判文书中认定的每一个事实都能寻找到对应的证据，做到裁判论理有的放矢，最终得出富有理性的裁判结论。

人常说，裁判文书不仅是审判活动的最终载体，更是法官最靓丽的“名片”。“法律的生命不在于逻辑，而在于经验”，而“经验论”的提出正是对于司法逻辑与经验纯熟理解后的升华，司法丰富经验与严谨逻辑是司法“活”的灵魂。《最高人民法院关于加强和规范裁判文书释法说理的指导意见》指出：裁判文书释法说理的目的是通过阐明裁判结论的形成过程和正当性理由，提高裁判的可接受性，实现法律效果和社会效果的有机统一；其主要价值体现在增强裁判行为公正度、透明度，规范审判权行使，提升司法公信力和司法权威，发挥裁判的定分止争和价值引领作用，弘扬社会主义核心价值观，努力让人民群众在每一个司法案件中感受到公平正义，切实维护诉讼当事人的合法权益，促进社会和谐稳定。由此规定表明，裁判文书释法说理是法官专业素养与审判智慧的结晶，在某种意义上讲，裁判文书的说理是裁判文书的核心。

在撰写裁判文书时，要紧扣当事人的请求，案件争议的焦点，从法律概念、法律规定着手，结合案件事实、法律适用进行说理，做到层次分明。此外，对于当事人在诉讼中提及的观点，在裁判文书中逐一论述，不要避而不谈。在承办东艾公司与中田公司、世达公司买卖合同纠纷案时，正值新冠肺炎疫情防护期，本案系因新冠肺炎疫情期间防控物资暂时短缺引发的纠纷。初看本案，感觉简单明了，但在审理中，当事人争议大，尤其对法律关系的定性认识不一。细读双方合同约定内容，感觉就是一定期限内代销产品，但从双方交易习惯看，每单交易又符合买卖合同的法律特征。如何给包含两种法律关系的案件定性成为本案的关键所在。简单的说理无法让当事人遵判息诉，因而说理成为本案的关键所在。在本案的论理中，一是注重针对性，紧扣案件事实和争议焦点，对证据审查认定，案件事实认定以及解释法律根据和案件事实具有法律上逻辑关系的理由进行了充分论证。为了增强说理性，首先对当事人之间的民事法律关系进行了充分论证。如解读了民事法律关系的内涵和构成要素，进而结合查明的案件事实得出世达公司作为协议的见证方，并非本案民事法律关系的主体。对于本案的法律关系性质，也同样进行了法理分析，并从协议约定的当事人之间权利义务和实际履行情况得出了本案系经销协议模式下的买卖合同。当然，对本案中田公司是否存在违约行为及损失赔偿问题同样采取了与第一个焦点问题相同的论证方式。二是注重法理情的融合，通过在裁判文书中引入社会主义核心价值观，生动形象地让人民群众感受到法律的真谛所在，以社会公认的原理、道理、事理为说理基础，将法律适用与社会整体的法治理念、价值取向、生活规律协调起来，共同指向合理的裁判结果。裁判文书是司法裁判的“最终产品”，其说理是否恰当、充分、透彻，直接关涉司法裁判的公信力和透明度，关涉人民群众对司法裁判的接受度和满意度。在裁判论理中深入阐释法律的社会价值取向，让司法有力量、有是非、有温度，让群众有温暖、有遵循、有保障。人民法院作出的司法裁判具有既定的法律效力，在一定程度上发挥着维护社会秩序、保证社会团结与和谐的重要功能。本案中，将双方争议的焦点论述完成后，笔者并未就案办案，而是将社会主义核心价值观融入裁判文书的释法说理中，目的是以情感人，让当事人信服。本案裁判论理指出：诚信原则是一切市场活动参与者均应遵循的基本原则，其要求人们在市场活动中秉持诚实，讲究信用，恪守诺言，善意行使权利和履行义务，从事民事活动时不应将实现自己利益建立在损害他人利益的基础上。诚信原则鼓励和支持人们通过诚实劳动创造社会价值，并保护在此基础上形成的财产性权益，它又要求人们在市场活动中诚实不欺，在不损害他人合法利益和市场秩序的前提下追求自己的利益。考虑到东艾公司与中田公司合作期间较长，虽受新冠肺炎疫情影响，导致双方之间的买卖合同交易未能实现，但并不应影响双方继续履行经销模式下的买卖合同关系的合作，期待双方互谅互让、尊重事实、重新协商、继续合作，这样才能统筹推进新冠肺炎疫情防控和经济发展，取得双方共赢的结果。该案的裁判释理将社会主义核心价值观融入其中，这或许是当事人对争议较大案件，裁判结果一审生效的缘由所在。

《司法过程的性质》一书中指出：一份判决应当是客观上正确的判决，并且没有主观和随意的看法，是一个裁断而不只是一个个人性的命令。每个判决都有一种生殖力，按照自己的面目再生产，每个先例对未来的同类或类似性质的案件都具有某种指导力量，可能出现一些新的原则或规范并影响后世的判决。如此而言，裁判的说理乃是一件恒久流传的“说理”作品，不仅是“此案”的说理结果，还是“乃案”的说理范本。最高人民法院为发挥司法裁判在国家治理、社会治理中的规则引领和价值导向作用，进一步增强司法裁判的公信力和权威性，发布了《关于深入推进社会主义核心价值观融入裁判文书释法说理的指导意见》，这既是人民法院贯彻落实党的十九届五中全会和“法治社会建设实施纲要”精神，以公正裁判树立行为规则、引领社会风尚的重要举措，也是人民法院进一步规范和加强裁判文书释法说理，有效回应人民群众司法需求，规范自由裁量权，提升司法裁判公信力和透明度的有效途径。

一直以来，笔者始终坚持通过裁判文书向人民群众传递核心价值，力争将每一份裁判文书都作为最生动的法治教材。在裁判文书中融入社会主义核心价值观去进行释法说理，不仅能够实现情、理、法的高度统一，更重要的是，公众可以自然地从裁判文书中捕捉到裁判机关所释放的崇法向善的价值取向，从而转化为相应的自觉行动。有人说，“每一份判决都是法治宣传单”。将社会主义核心价值观融入本案裁判文书释法说理中，有利于化解社会矛盾，实现案结事了，为社会树立行为规则。

（姚建军，陕西省西安市新城区人民法院法官）

## 三、专家评析

这是一起涉新冠肺炎疫情的买卖合同案件，这是一篇优秀的裁判文书。

首先，该案裁判坚持了正确的审判理念，充分体现出“司法是善良的艺术”。人民法院为更好实现社会公平正义，坚持尽可能促进新冠肺炎疫情期间的合同履行、交易安全，通过合同稳定促进交易稳定，进而促进经济和社会稳定的大局观。本案系与新冠肺炎疫情有关的商事纠纷，法官在审理案件中不仅关注裁判的法律效果，同时注重判后的社会效果。裁判文书突破了一般的传统思维，对双方争议较大的合作性质不是简单看书面证据，而是注重实际行为，明确了当事人签订的协议虽已到期，但仍按交易习惯履行即可证明法律关系存在；当事人约定在特定期限内，一方销售他方商品，且每单需经下单＋确认，属于经销模式下买卖合同关系，对双方因新冠肺炎疫情影响虽未能按时签订合同但法律关系存在给出了肯定答案，通过司法裁判助推企业不受新冠肺炎疫情影响，继续合作，复工经营，为稳定社会经济秩序提供司法保障。法院在裁判文书中明确期望当事人通过裁判，握手言和，展示了司法保障经济发展的决心和担当，让当事人通过司法裁判感受到法律的温度和力度，向社会传递出司法的出发点和归宿是追求社会公平正义。裁判很好地诠释了“法治是最好的营商环境”，裁判文书说理修辞值得推崇，很好地展示了中国法院的追求和担当，展现了中国法官的智慧和力量。

其次，该判决书形式完整、说理充分，体现出司法的美与力。一是展现形式美。裁判文书结构完整，格式规范，语言表达准确，记录了案件的发展过程，对当事人的诉辩主张进行了高度概括。二是体现法之力。裁判文书回放了当事人对“证据开示”“证据质证”的过程；展示了法官对“认定证据”“事实叙述”“焦点归纳”“判词说理”“适用法律”“作出裁判”的心证过程，其中判词说理充分反映了法官的思维逻辑，记录了庭审过程，对当事人提出的证据及诉辩主张，逐一评述，将“法律规范”和“案件事实”恰当地结合起来，全文引用法律条文，通过富有理性的论理和逻辑推理得出判决主文，充分体现以事实为依据、以法律为准绳的司法原则，增强了裁判的权威性。

最后，略有不足的是，该判决书对于事实的认定如果可以类似于本院认为的写法，对事实分类归纳出小标题，会更加直观，也方便读者对事实的了解一目了然。

（点评人：孙海龙，全国审判业务专家，重庆市高级人民法院副院长）

**（2020）陕 0102 民初 2132 号裁判文书原文**

# 13. 洛某和天津盛世宝鑫汽车贸易有限公司、王某某、闫某某、刘某某买卖合同纠纷案*

【关键词】

未取得合法进口手续车辆　消费欺诈

【裁判要旨】

销售未取得入境我国合法手续的车辆，且销售时对消费者隐瞒该重大权利瑕疵时，销售商对消费者构成欺诈。

## 一、简要案情

2016年8月27日，洛某的委托代理人贡某某参与天津盛世宝鑫汽车贸易有限公司（以下简称盛世宝鑫公司）签订《订车合同》约定：车辆型号为2016款中东版雷克萨斯570，总价为人民币158.5万元，订金为20万元整，并约定“甲方提供的手续（关单，商检，一致性证书，发票，电子信息表）真实有效。交车地点：天津；交车日期：2016年8月29日，尾款于提车日全部交清”。

签订《订车合同》后，盛世宝鑫公司先后出具两张《收款收据》载明：贡某某参以刷卡方式先后向该公司交纳了订金20万元和购车款138.5万元。盛世宝鑫公司向贡某某参交付车辆时，一并交付了案涉车辆的《车辆一致性证书》《货物进口证明书》《进口机动车辆随车检验单》《车辆购置税征管系统专用进口车辆电子信息》。

2016年9月，洛某到拉萨市公安局交警支队车辆管理所办理上牌手续时，车辆管理所发现涉案车辆“货物进口证明”编号有异。2018年6月21日，拉萨市公安局交警支队车辆管理所致函拉萨海关对该涉案车辆的《货物进口证明书》真伪进行协查。拉萨海关函询天津海关，天津海关确认：“编号为H02160035682及XIX9019834货物进口证明书扫描件收悉，经以

---

* （2019）藏民终54号。

H02160035682 为索引查询 H2010 系统电子数据，查询结果与扫描件不符；以 XIX9019834 为索引查询 H2010 系统电子数据，查询结果与扫描件不符。”后拉萨市公安局交警支队车辆管理所于 2018 年 8 月 18 日将该案件线索移交拉萨海关。同日，拉萨关依法对该案进行立案调查，并扣留了涉案车辆。此后拉萨海关函询天津海关，天津东疆保税港区海关反馈核查结果：原天津东疆出入境检验检疫局未出具过编号为“120010103014011 - 8 进口机动车辆随车检验单”。之后，拉萨海关委托拉萨市公安局交警支队车辆管理所对涉案车辆的车架号“JTJHY00W0G4201803”在全国被盗抢机动车信息资源库中进行查询，反馈结果：无相关盗抢记录。拉萨海关还委托丰田汽车（中国）投资有限公司对涉案车辆的出厂日期、车辆型号和销往国家进行协查，该公司反馈：涉案车辆出厂日期为 2016 年 1 月 23 日，车辆型号为 LX570 URJ201L - GNZGKV，销往国家为巴林。拉萨海关还委托广东康怡司法鉴定中心对该涉案的雷克萨斯越野车进行司法痕迹鉴定，该司法鉴定中心出具司法鉴定意见：未发现送检的无号牌白色雷克萨斯越野车的车架号码及发动机号码存在凿改痕迹。

据此，2018 年 10 月 11 日拉萨海关对洛某作出行政处罚：没收车架号为 JTJHY00W0G4201803、发动机号为 3UR3272808 的雷克萨斯牌越野车。

随后，洛某将销售商盛世宝鑫公司以及发现所购车辆进口手续存在问题后向其出具《承诺书》的王某某、闫某某、刘某某作为第三人一并诉至法院，请求：（1）判令盛世宝鑫公司向洛某退还购买雷克萨斯 1X570 型号越野车价款 158.5 万元；（2）判令盛世宝鑫公司向洛某赔偿购买雷克萨斯 1X570 型号越野车的三倍价款 475.5 万元；（3）判令第三人对上述债务承担共同赔偿责任；（4）本案诉讼费由盛世宝鑫公司、第三人共同承担。

二审中，本案的争议焦点为：本案按买卖合同纠纷审理还是按合同法律关系审理更恰当；洛某与盛世宝鑫公司车辆买卖合同中，盛世宝鑫公司是否对洛某构成欺诈及盛世宝鑫公司是否应当向洛某赔偿案涉车款的三倍；王某某、闫某某、刘某某是否应当共同对洛某承担赔偿责任。

## 二、撰写心得

鉴于本案属西藏自治区首例标的额较大的消费欺诈纠纷案件，本案裁判将可能对西藏自治区法院审理类似案件产生指导效应。因此，准确确定本案法律关系以及是否构成消费欺诈进而是否应当判令销售商对消费者“退一赔三”极为重要。为此，笔者检索了全国法院审理有关汽车销售纠纷的类案裁判，以帮助笔者及合议庭对本案作出准确裁判，但未搜索到与本案事实类似的案件。网上检索到的判例都是销售商销售车辆外观或机械等方面存在质量问题车辆而引发纠纷的案件，而本案则系所售车辆没有合法进口手续这一重要权利凭证存在问题，导致消费者购车后无法上牌照甚至被海关没收。为此，为了尽可能作出一份观点正确、辨法析理的裁判，法官一方面前往海关咨询相关车辆进口业务方面的知识，另一方面检索类案裁判、学习消费欺诈相关法律规定等。一审法院以“本案现有证据不足以认定盛世宝鑫公司存在故意隐瞒车辆信息的欺诈行为”为由，未支持洛某请求盛世宝鑫公司赔偿购车款3倍价款诉请似不当。在二审合议庭对于认定盛世宝鑫公司对洛某构成消费欺诈形成一致意见后，为了慎重起见，就此拟处意见还提交法院民事专业法官会进行了讨论把关。民事专业法官会多数同意合议庭的处理意见后，最终本判决对一审判决进行了改判：在一审判令盛世宝鑫公司向洛某“退一”（退还购车款）基础上，依法判令盛世宝鑫公司向洛某“赔三”（3倍赔偿购车款）。

另外，承办法官及合议庭在阅卷及庭前准备工作过程中认为，一审判决确定本案案由为侵权责任纠纷欠当，本案按合同之诉法律关系进行审理更恰当，故二审判决将本案案由调整为买卖合同纠纷。其理由前面已述及，在此不再赘述。

此外，关于案件进入实体审理阶段后案件法律关系的认定变化或案由的变更是否影响案件的诉讼管辖这一问题。二审庭审中，被上诉人王某某的委托诉讼代理人提出，如果本案法律关系确定为买卖合同关系，则一审法院对本案没有管辖权。为此，承办人也向其他法官进行了咨询。最终，（2019）藏民终54号判决的裁判观点为：依据《民事诉讼法》第127条[①]“人民法院受理案件后，当事人对管辖权有异议的，应当在提交答辩状期间提出。人民法院对当事人提出的异议，应当审查。异议成立的，裁定将案件移送有管辖权的人民法院；异议不成立的，裁定驳回。当事人未提出管辖异议，并应诉答辩的，视为受诉人民法院有管辖权，但违反级别管辖和专属管辖规定的除外”的规定，一审法院受理本案后，原审第三人王某某及刘某某在提交答辩状期间未提出管辖异议并应诉答辩。而被告盛世宝鑫公司及闫某某经一审法院合

① 对应《民事诉讼法》（2021年修正）第130条。

法传唤未应诉，一审法院依法缺席审理，应视为盛世宝鑫公司及闫某某放弃相关诉讼权利。故，在本案进入实体审理阶段后因案件管辖法院已确定，无论案件的法律关系或案由是否变更，均应视为当事人对案件管辖无异议。二审将本案法律关系变更为买卖合同法律关系后，为有效化解纠纷，不宜再按买卖合同纠纷确定并移送管辖，否则既增加当事人的诉累，亦浪费审判资源。

最后，对于王某某、闫某某、刘某某是否应当共同向洛某承担赔偿责任问题，本判决根据几份《承诺书》所载内容反映的真实意思表示，从合同责任和侵权责任角度都进行充分分析阐述后得出评判结论：洛某要求王某某、闫某某、刘某某共同向其承担赔偿责任的上诉请求，无事实及法律依据，不予支持。从而达到了辨法析理，胜败皆明的较强裁判说理标准。

（琼巴，西藏自治区高级人民法院法官）

## 三、专家评析

（2019）藏民终 54 号案件属西藏自治区首例标的额较大的消费欺诈纠纷案件，本判决的裁判观点即“销售未取得入境我国合法手续的车辆，且销售时对消费者隐瞒该重大权利瑕疵时，销售商对消费者构成欺诈”“将本案案由由侵权责任纠纷变更为买卖合同纠纷更恰当”“在案件进入实体审理阶段后因案件管辖已确定，故无论案件的法律关系或案由变更与否，均应视为当事人对案件管辖无异议”，以及对此观点的说理阐述，均对审理类似案件具有很好的借鉴和指导意义。

本判决的典型意义在于，本案所涉汽车买卖纠纷不同于通常发生的销售商所售车辆外观、机械等方面存在质量问题，而是所售车辆的进口手续这一重要权利凭证存在问题。对此问题，本判决作出了精炼的辨析评判：对于汽车销售商向消费者销售未取得入境我国的合法手续之车辆，且在销售时对消费者隐瞒该重大权利瑕疵案件中，评判销售商是否对消费者构成欺诈时，应当从交易标的物应具备的产品权利凭证之客观标准，来判断销售者的主观状态，即销售商是否存在消费欺诈故意。

司法裁判的功能不仅仅是定分止争，还具有指引社会正向价值观的功能。法官要通过司法裁判指引社会，我们的法律提倡什么，反对什么，保护什么，制裁什么。本判决很好地体现了定分止争的同时指引社会正向价值观的司法功能：依法保护了受欺诈消费者的合法权益，制裁了不诚信商品经营者，从而指引社会诚信经营，公平交易。因此，本判决是一篇裁判观点体现社会主义核心价值观，明断是非，划清责任，辨法析理的优秀裁判。

（点评人：边巴拉姆，西藏自治区高级人民法院党组成员、一级高级法官）

（2019）藏民终 54 号裁判文书原文

# 14. 杨某某和贵州新贵兴汽车销售服务有限责任公司、大众汽车（中国）销售有限公司买卖合同纠纷案*

【关键词】

轻微瑕疵 消费者知情权 欺诈

【裁判要旨】

汽车经销商未将相关信息告知消费者是否构成《消费者权益保护法》第55条第2款下的“欺诈”，相应责任如何承担，应根据信息未予告知是否违背消费者签约的根本目的，以及经销商是否存在隐瞒的故意等事实，综合予以判断。关于消费者签约的根本目的，可综合考查当事人之间是否存在专门约定，所涉问题及处理措施对整车而言是否显著轻微，是否危及车辆安全性能、主要功能、基本用途，是否给消费者造成较大不利影响等因素。

## 一、简要案情

杨某某诉称：杨某某与贵州新贵兴汽车销售服务有限责任公司（以下简称新贵兴公司）于2014年6月24日签订《销售合同》，约定新贵兴公司向杨某某销售一台全新英国进口宾利慕尚汽车，售价5 500 000元，车辆购置税470 085.47元。购车后，杨某某在使用过程中车辆毛病不断，屡次向新贵兴公司询问均未获满意答复。2016年，杨某某对车辆进行日常保养，无意中发现该车交车之前即有过大修记录，新贵兴公司出售的系问题车但未告知杨某某。新贵兴公司、大众汽车销售公司的欺诈性销售行为给杨某某带来了巨大的损失，请求依照《消费者权益保护法》等相关法律的规定，判令：（1）撤销新贵兴公司与杨某某签订的案涉《销售合同》；（2）新贵兴公司退还杨某某购车款5 500 000元、车辆购置税470 085.47元，共计5 970 085.47元；

---

* （2018）最高法民终12号。

（3）新贵兴公司向杨某某支付车辆价款三倍的惩罚性赔偿金 16 500 000 元；（4）大众汽车销售公司对第 2 项和第 3 项诉请承担连带责任；（5）本案涉诉费用由新贵兴公司、大众汽车销售公司承担。

新贵兴公司辩称：本案车辆在销售过程中并无欺诈隐瞒行为。案涉车辆并非经大修的车辆，而是产自英国的全新进口车辆。杨某某要求退车的请求已经超过 7 天，依据《消费者权益保护法》相关规定，其不享有撤销权利，其关于退车及 3 倍赔偿的请求亦无事实和法律依据。

大众汽车销售公司辩称：（1）案涉车辆系全新进口车辆，销售期间无任何维修记录。杨某某主张的所谓大修，实系经销商进行例行检测时，发现车辆左前门漆面轻微瑕疵和右后窗帘问题，遂对漆面的显著轻微瑕疵作了抛光打蜡处理，对于窗帘向厂家申报后更换了原部件。上述问题均不属于对车辆的大修，处理方式符合流程。问题妥善解决后，并不影响杨某某对车辆的正常使用。杨某某以车辆使用三年后公开查询到的信息为依据提起诉讼，夸大了车辆的问题。（2）案涉销售合同签订于 2014 年 6 月，合同签订时车辆并未到店，经销商并不知道相关的情况，经销商的行为不属于隐瞒和故意告知虚假情况，不构成欺诈。（3）大众汽车销售公司只负责分销，并非案涉合同的销售方，也不具有欺诈的行为，不应承担连带责任。

法院经审理查明：2014 年 3 月 20 日，大众汽车销售公司从英国进口一辆宾利慕尚汽车，进口手续齐全。2014 年 6 月 24 日，杨某某与新贵兴公司签订《销售合同》，约定新贵兴公司向杨某某销售尊贵版宾利慕尚汽车一台，单价 5 500 000 元。新贵兴公司保证所售车辆具有合法手续，符合国家商检部门检验标准，车辆的质量标准和保修期限按厂家规定。预计交车日期为 2014 年 7 月 30 日，以杨某某全部车款到达新贵兴公司账户为前提，最终交车日期以新贵兴公司的通知为准。杨某某在交车地点现场验收车辆，新贵兴公司将车辆交由杨某某实际支配并向杨某某交付车辆相关文件。车辆交接书的签订视为车辆的正式交付。《销售合同》对所售车辆的发动机号、车架号等未作约定。随后新贵兴公司从大众汽车销售公司购入前述进口宾利慕尚汽车。

2014 年 7 月 30 日，该车辆运抵新贵兴公司。同日，新贵兴公司进行车辆移交检查时发现车辆左前门下有漆面损伤，通过抛光打蜡清除了漆面损伤，这一处理操作记载于该车辆的维修记录中。2014 年 10 月 8 日，因汽车右后窗帘存在异响，新贵兴公司更换了窗帘总成，该操作亦记载于车辆的维修记录中。2014 年 10 月 30 日，杨某某为所购车辆办理了机动车登记手续。2016 年

5 月 31 日，杨某某通过 WWW. CHEJIANDING. COM 即车鉴定网查询所购车辆的维修保养记录时，查询到案涉车辆的前述处理、维修记录，遂以新贵兴公司和大众汽车销售公司在车辆交付之时未向其告知前述情形构成欺诈、给其造成巨大损失为由提起本案诉讼。

本案争议焦点在于：汽车经销商未将相关信息告知消费者是否一律构成《消费者权益保护法》第 55 条第 2 款下的欺诈，相应责任应如何承担。

## 二、撰写心得

### （一）切实做到以事实为基础

当事人诉称的事实是案件事实查明的方向。如果当事人诉称的事实无证据支持，或者与常识明显不符，可能承担不利法律后果。

本案中，购车者起诉称，其购买的是英国全新进口新车，但经销商在交车前对油漆和窗帘的处理未予告知。经销商销售的是一辆大修过的问题车，给其造成了巨大损失，遂诉至法院，请求法院判令退还价值 550 万元的车辆，并 3 倍赔偿 1650 万元。合议庭经审理，认为购车者关于车漆抛光打蜡和窗帘更换属于“大修”的主张，与公众对于“大修”的合理认知明显不符。经销商提供了车辆的全套正式进口手续，车辆未被他人使用过，经销商提供的车辆符合合同约定。购车者称车辆经过前述处理后，车辆价值降低了约 90 万元，但对此未提供任何证据；购车者还称，经销商的行为给其造成了心理损害，因销售过程中并不存在经营者有侮辱诽谤、搜查身体、侵犯人身自由等侵害消费者或者其他受害人人身权益的行为，依据《消费者权益保护法》第 51 条的规定，购车者的该主张未能获得法院的支持。经销商称购车者对窗帘问题完全知情，处理要求是购车者提车时提出，但因经销商未提供证据，该主张亦未获法院支持。

在涉及相对弱势群体（例如消费者、劳动者等）权益保护的案件时，以事实为基础具有相当的重要性。在注意侧重保护弱势群体权益的同时，也应避免先入为主，有意忽略相关事实。

### （二）是否构成“欺诈”应综合案件具体事实进行认定

本案终审之前，就类似轻微瑕疵或问题的处理，未告知是否构成《消费者权益保护法》下的“欺诈”，认识上存在不一致。有的法院完全支持了购车者“退一赔三”的请求，有的法院完全驳回了购车者的诉讼请求。这种“非黑即白”过于刚性的裁判路径引发了争议。如果认定经销商的行为构成欺诈，应适用《消费者权益保护法》第55条的规定，判决“退一赔三”，这是法律的明确规定。但如果经销商未告知的信息对购车者实质影响不大，特别是在经销商并无明显隐瞒意图的情况下，是否仍应一律认定为《消费者权益保护法》规定的“欺诈”，是该案判决值得关注的重点之一。

早在2008年，北京市第二中级人民法院曾认定经销商因未将有关信息告知购车者，构成欺诈。最高人民法院2013年将该案作为指导性案例发布。该案例涉及的是一辆价值13万元的轿车，经销商交车前对右前叶子板喷漆、右前门喷漆、右后叶子板喷漆、右前门钣金、右后叶子板钣金、右前叶子板钣金，更换过底大边卡扣、油箱门及前叶子板灯总成，经销商未向购车者告知修理项目。而本案中，车漆瑕疵仅有车辆左前门下方一处，面积不大，其处理不涉及钣金，不涉及喷漆，仅经抛光打蜡即得到妥善处理。前述案例案情与本案存在较大不同。

关于窗帘问题，虽然不属于车辆的重要配件，但因涉及配件的更换，配件价值数额并非显著偏低，因此，即使更换的是进口原装件，对该类信息经销商仍应如实告知购车者。至于该轻微措施未告知是否构成欺诈，则应结合案件的相关事实进行详尽地分析和说理。

本案考虑的主要因素包括：（1）是否影响到购车者缔约的根本目的。判决分析了合同中的相关条款、相关问题及处理的轻微程度，以及是否危及车辆安全性能、主要功能和基本用途，是否给购车者的日常用车造成不利影响、是否影响到购车者一定的财产利益等因素。根据案件事实，合议庭认定本案中并不存在影响购车者缔约根本目的的情形。（2）经销商是否存在隐瞒相关信息的主观故意。因经销商签订合同将该车销售给购车者时，对于车漆瑕疵和窗帘问题并不知晓。在交付购车者之前，经销商对存在的瑕疵和问题处理后进行了记载，并将信息上传至购车者可以通过一定途径查询的网络平台，表明经销商并不存在隐瞒信息的明显意图。综合相关事实，最终认定虽然经销商的行为对购车者的知情权产生了一定的影响，但尚不构成欺诈，不应适用“退一赔三”的惩罚性赔偿规定。

总之，在欺诈的认定上，在对消费者权益倾斜保护的同时，也应注意比例原则。比例原则几乎贯穿于各个审判领域的裁判过程和结果。例如，刑事审判中的罪责相适应、行政审判中的合理原则、民事审判中的“承担相应的责任”等，都包含着比例原则的缩影。如果忽视这一原则，不在一般人的基础上对信息的实质重要性问题作合理判断，将任何未告知信息的行为一律认定为欺诈，适用“退一赔三”的惩罚性规则，不仅不利于相关行业的发展，也不利于消费者群体整体利益的保护。

**（三）警醒经销商诚信经营，尊重购车者的知情权**

依据终审判决，虽然窗帘总成并不属于车辆的重要部件，经销商也以一定方式披露了信息，但经销商毕竟未以更直接、更明确、更便捷的方式向购车者告知，侵犯了购车者的知情权，故其仍应承担相应的赔偿责任。法院已明确提醒经销商，对于应告知的信息，仅即时记载和网络上传仍有所不够，经销商应当面、当场直接告知购车者，否则仍会被判承担相应赔偿责任。

终审判决提及，兼顾对消费者认知能力和消费心理的保护，以及对经营者即时记载并上传相关信息这一行为的鼓励和引导，酌定经销商向购车者赔偿 11 万元。所表达的意思在于，即使是窗帘这一不重要的配件，即使是以进口原装件免费更换，如果经营者未对相关信息即时记载并上传，经销商应承担的赔偿责任也可能远比 11 万元要高。

需要注意的是，分析窗帘问题是否属于重要信息时，该问题不涉及车辆的动力系统如发动机和变速器等，不涉及车辆的转向系统、制动系统、悬架系统、安全系统，不涉及前后桥的主要零件及全车的主线束，不危及车辆安全性能、主要功能和基本用途。相应修复措施轻微，花费时间较短，故与此相关的信息并不属于影响购车者缔约根本目的的重要信息。这从另一方面给经销商发出了明确的警示信号，如果未告知的信息属于前述信息，而且存在隐瞒的情形，经销商应被认定为构成欺诈，进而承担“退一赔三”的赔偿责任。

**（四）注重购车者权益保护，支持购车者理性维权**

《消费者权益保护法》第 2 条规定，消费者为生活消费需要购买、使用商品的，其权益受该法保护。本案车辆属于“豪车”，在被购车者使用的三年中，常用于接待生意伙伴。“豪车”以及被用于与工作有关的车是否属于“生活消费需要”之列，是否应被纳入《消费者权益保护法》保护范围，实践中存在不同看法，经销商也对此提出了上诉。合议庭认为，价格较高的车辆，以及将车辆同时用于生活与工作的个人用车，如果不是直接用于生产经营，仍属于“生活消费需要”的范畴，否则将导致大量购买车辆的消费者被排除在消法的保障范围之外，不利于保护广大购车消费者的权益。

经销商上诉认为，只有在合同签订阶段未将信息告知购车者的才构成欺诈，合同签订之后、车辆交付之前经销商才得知有关信息的，未告知不构成欺诈，仅属于合同履行是否构成违约、是否适用“三包”规定的问题。实践中这种观点具有一定的代表性。合议庭认为，经营者在商品信息的获取上明显处于优势，购车者难以区分经营者对相关信息的获取是在缔约之前还是缔约之后。若经营者将其缔约之后、交付之前知悉的不利于购车者的信息不告知购车者，将此仅作为违约行为处理，不利于充分保护购车者的知情权。判决强调，即使经营者在缔约阶段对不利于购车者的相关商品信息不知情，但在交付购车者之前已经知悉的，其仍负有及时告知购车者的义务。

依据国务院制定的《诉讼费用交纳办法》，当事人提起诉讼应当交纳案件受理费，交纳费用的高低取决于案件的性质和当事人诉讼请求的金额。案件受理费的最终承担，一般依据当事人的请求获法院支持的比例来分担。本案中，购车者所提赔偿请求的金额超过 2000 万元，但最终获得支持的金额不高，合议庭按比例对诉讼费的承担进行了划分。有专家认为，这也是适度提醒当事人，诉讼有成本。购车者以“大修记录的问题车”“给其造成巨大损失”为起诉的逻辑起点并提出巨额赔偿请求，最终导致其获赔金额低于其应承担的诉讼费金额。

该案判决还厘清了其他一些问题。判决明确指出，本案的标的物并不涉及食品和药品。意味着对于涉及食品和药品的消费者权益保护案件，经销商应承担更严苛的告知义务。针对一审法院关于“豪车”不同于一般的汽车商品，其品牌溢价高，更轻微的质量问题亦会严重影响车辆价值的观点，合议庭认为，“豪车”并非具有独特特征而无法代替的物（例如艺术品等），仍属于可以依型号、规格、质量等加以确定的种类物，不应与一般车辆予以区分而作特别保护。

汽车销售欺诈类案件，个案事实细节不一，而细节事实在欺诈的认定上所产生的影响不可忽略。机动车技术专业人士通过法定程序进入法庭，就相关技术问题发表专业意见，对于法庭判断未告知的信息是否构成欺诈，将提供一定的支撑。

（郭载宇，最高人民法院法官）

**（2018）最高法民终 12 号裁判文书原文**

# 15. 佛山聚阳新能源有限公司和邬某及杭州阿里巴巴广告有限公司买卖合同纠纷案*

【关键词】

意思表示　真意保留　交易安全　信赖保护

【裁判要旨】

我国现行民法规范未对真意保留作出规定，在合同一方存在真意保留的情形，判断合同是否成立和生效，应在现有法律框架下，从交易安全、信赖保护等角度，区分买受人是否明知或应知对方存在真意保留行为，作出不同处理。

## 一、简要案情

杭州阿里巴巴广告有限公司（以下简称阿里巴巴公司）是1688网络交易平台（www.1688.com）的经营者。佛山聚阳新能源有限公司（以下简称聚阳公司）是1688网络交易平台的商户，销售产品为空气能热水器。自2015年4月21日起，聚阳公司在1688网络交易平台上将其销售的空气能热水器单价标注为1元、40元、50元、80元和99元从事刷单行为。2015年6月1日，邬某在线下单购买上述5P空气能热水器4台，在线支付货款4元（免运费）。聚阳公司登记该商品于2015年7月6日已发货，但并未实际发货。后邬某分别于2015年7月18日在线购买5P空气能热水器4台，支付货款4元（免运费）；7月19日在线购买10P空气能热水器4台，支付货款4元和运费1元；7月23日在线购买10P空气能热水器8台，支付货款8元（免运费）。上述交易均系邬某直接在线生成订单，聚阳公司均登记“已发货”，但均未实际向邬某交付商品。2015年8月8日，聚阳公司以“产品已经停产”为由，向邬某的支付宝账户退回货款20元和运费1元。2016年9月7日，邬某向聚阳公司支付宝账户退回上述21元。

---

* （2018）苏13民终2202号。

经法院调查，1688网络交易平台和淘宝网对规格5P的类似商品价格在9000元左右至15 400元左右不等，规格10P的类似商品价格在12 500元左右至25 000元左右不等。

原告邬某诉称：1688. com是被告阿里巴巴公司经营的网络交易平台。被告聚阳公司通过该网络交易平台公开发布销售信息，并承诺网上交易、网下送货。2015年6月1日至2015年7月23日，原告因打算开公共浴室，分4次购买共计20台空气能热水器设备，支付价款及运费21元。被告聚阳公司未按承诺交付上述设备，原告多次交涉未果。被告阿里巴巴公司作为网络交易平台管理方，有义务督促聚阳公司履行义务并承担履约保证，根据《消费者权益保护法》第44条，其应对佛山聚阳公司的债务承担连带责任。被告聚阳公司拒绝履行合同，合同目的已无法实现，故原告诉至法院，请求判令：解除原告邬某与被告聚阳公司之间的买卖合同，判决被告聚阳公司赔偿因不能交货对原告造成的损失429 180元，被告阿里巴巴公司承担连带责任。

被告聚阳公司辩称：聚阳公司将价值万元的商品标价为1元是基于刷单需要，被告并无以该价格订立合同的真实意思。原告根据日常生活经验应知以20元不可能买到20台空气能热水器，仍然恶意下单，其主观目的是谋取不正当利益，违反诚信原则。被告聚阳公司已解除与原告的买卖合同并通过网络平台将货款全部退还给原告，原告无任何经济损失，请求驳回原告对被告聚阳公司的诉讼请求。

被告阿里巴巴公司辩称：阿里巴巴公司只是网络销售平台的提供者，不参与原告和聚阳公司之间的交易。原告要求阿里巴巴公司承担连带责任不符合法律规定，请求驳回原告对阿里巴巴公司的诉讼请求。

本案争议焦点：（1）聚阳公司与邬某之间的买卖合同是否成立及生效；（2）聚阳公司在本案中应如何向邬某承担合同责任，邬某在本案中的损失如何认定。

## 二、撰写心得

现实经济生活中，随着淘宝网等网络交易平台的兴起和网络交易的发展，部分电商为达到虚增销量、积累信誉的目的，从事刷单行为，买家借此“薅羊毛”，由此引发纠纷，人民法院需要根据相关法律条款对某意思表示是否构成真意保留及其处理规则作出判断。

本案是一起典型的电商为刷单需要而对商品价格进行虚假发布的行为。此类行为中，电商为了串谋他人进行刷单，往往在网络交易平台上以较低的价格标注销售信息，实则其内心缺乏以该价格订立真实买卖合同的真实意思。不知情的普通网购者下单，电商往往以缺货为由联系网购者要求取消订单，易产生纠纷。就本案而言，聚阳公司在销售平台上将其空气能热水器价格标注为1 元/台，实则是以该价格进行刷单，易言之，其心理上并不愿意接受以1 元价格与客户订立买卖合同的法律后果。当然需要提出的是，聚阳公司与他人合谋进行刷单，双方构成通谋虚伪表示。但聚阳公司在从事刷单行为过程中，理应明知其发布的价格信息极易被并非与该公司串谋刷单的真实网购者获取，存在非刷单者以“刷单价格”下单购买的风险，仍基于刷单需要，在网络销售平台上将其空气能热水器价格标注为 1 元，向不特定对象发布 1 元价格销售空气能热水器的虚假要约信息，该行为符合真意保留的构成要件。因此，本案中仅需针对聚阳公司在网络销售平台上以 1 元虚假价格销售空气能热水器的行为进行分析，认定其行为构成真意保留。至于聚阳公司与他人通谋刷单的行为，与本案中发出的虚假表示虽存在一定关联性，但二者定性互不影响。

就真意保留行为的法律适用规则而言，在理论和司法实践中，一种思维是直接导入《民法典》（原《民法总则》）第 143 条规定，以意思表示不真实为由认定该行为无效。如此处理的弊端在于，故意作出虚伪表示的行为人反而可以基于其虚伪表示不受自身表示的制约，对于善意相对人而言无法给予应有的保护，难谓公平合理。再者，即便是意思表示不真实，现有民法理论和法律条文也并非一概认定意思表示不真实作出的缔约行为无效，而是以是否损害公共利益和第三人利益作出区分处理，对于损害公共利益和第三人利益的合同认定无效，仅损害当事人自身利益的合同通过合同撤销权保护受害一方。因此直接以《民法典》（原《民法总则》）第 143 条规定认定真意保留行为无效在逻辑上并不周延。另一种思维是认为表意人可以诉请撤销其行为或者基于虚伪表示订立的合同。这一思维的缺陷在于合同撤销权的设立初衷是为了维护意思表示不自由和意思表示错误一方的利益，真意保留系表意人故意作出虚伪表示，于此情形仍赋予其撤销权，无异于将虚伪表示的表意人视同为意思表示的受害方，不符合合同撤销权的立法目的。

作为意思表示解释规则的普遍适用的原则性条款，《民法典》第 142 条

（《民法总则》同一条款）分别在第 1 款和第 2 款中作出了不同的取舍。该条第 1 款规定，有相对人的意思表示的解释，应当按照所使用的词句，结合相关条款、行为的性质和目的、习惯以及诚信原则，确定意思表示的含义；第 2 款规定，无相对人的意思表示的解释，不能完全拘泥于所使用的词句，而应当结合相关条款、行为的性质和目的、习惯以及诚信原则，确定行为人的真实意思。可见，《民法典》第 142 条确立的意思表示解释规则，针对是否有相对人的意思表示进行了区分，赋予自我决定和信赖保护不同的价值权重。对于有相对人的意思表示，解释的目标显然在于表示出来的意思，更侧重于相对人的信赖保护；相较而言，对于无相对人的意思表示，则是探求表意人的真实意思，尊重表意人的自我决定。换言之，相较于无相对人的意思表示解释，有相对人的意思表示解释是以表示主义为原则，意思主义为例外，相对人不知悉或不应当知悉表意人真意的，应当按照表示主义解释意思表示，以此保护相对人合理信赖，维护交易安全。具体在真意保留情形下，相对人不知悉或不应当知悉表意人真实意思的，表意人的意思表示不因真意保留而不生效力；但在相对人知悉或者应当知悉表意人内心保留情况下，应按照表意人真意解释意思表示，由于表意人真意是不欲发生表示出的法律效果，对此表示的解释结果便应是意思表示不存在。从利益衡量出发，因相对人此时并没有需要予以保护的合理信赖，故认定意思表示不存在也不会损及相对人利益以及交易安全。由此可以归纳出真意保留情形下的法律适用规则：一是相对人不知悉或不应当知悉表意人内心保留的，应当以表示意思解释表意人的意思表示；二是相对人知悉或应当知悉表示人内心保留的，应当按照表意人真意解释其意思表示。

具体在本案中，应按《民法典》第 142 条第 1 款的规定对聚阳公司的意思表示进行解释（因本案二审判决系在 2019 年作出，故判决援引《民法总则》第 142 条第 1 款规定）。本案中应区分邬某在首次交易和后续批次交易中的不同情况，判断其是否明知或应知聚阳公司标注的 1 元单价销售信息是否为虚伪表示。在邬某第一次下单时，从保护期信赖利益、维护网络交易安全角度出发，应认定双方第一次合同成立。第一次合同订立后，聚阳公司并未实际发货，时隔一个半月后，邬某不仅不与对方沟通、确认、催促发货，反而又分三次以在线生成订单的方式购买货物，其明知对方不存在订立合同的真实意思而乘此机会“薅羊毛”的主观心理是明显的，此时应以聚阳公司的真实意思解释其意思表示，则该公司标注的价格信息是为了刷单，并无以 1 元价格销售空气能热水器的意思表示，因此之后的 3 笔订单因双方并未形成以 1 元价格订立合同的一致意思表示，合同不成立。

（朱庚，江苏省宿迁市中级人民法院法官）

## 三、专家评析

本案系在网络交易过程中，因出卖人“刷单”、买受人“薅羊毛”行为引发的纠纷，具有新颖性、典型性。合同以双方当事人意思表示一致为成立要件，而在民事法律行为中，行为人的意思表示与真实意思不一致时，应当如何判断行为人的真实意思表示，涉及“真意保留”这一民法基础理论问题。在《民法总则》对真意保留未作相关规定的情况下，该判决根据《民法总则》中关于意思表示解释的规定，结合相对人合理信赖保护，维护交易安全等因素，探索确立“相对人明知行为人存在真意保留的，应当以行为人的真实意思解释其意思表示”这一规则，为类似网络纠纷的处理提供了参考，对民法基础理论的司法适用和立法完善亦具有一定价值。需要注意的是，本案的裁判是以出卖人恶意刷单为前提，排除了出卖人构成重大误解从而行使撤销权的可能，对于今后电商交易模式下经营者权益的合理保护以及相应规则的完善，预留了一定的空间。

该判决书比较突出的优点在于：（1）诉辩主张归纳准确，无论是原告诉讼请求及基于的事实和理由，或是被告的抗辩主张，都体现出较强的逻辑性和层次性，诉辩主张的对应性、对抗性较为明显。（2）在事实认定方面，简明扼要但叙事清楚，能够客观分析当事人所举证据，妥善运用高度盖然性规则认定案件关键事实。逻辑清晰，认定事实客观、全面、准确无误。（3）争议焦点归纳准确、科学。本案中的争议焦点是逐层递进或者深入的关系，第一个争议焦点即合同是否成立或生效的问题，与第二个争议焦点损失认定问题是前提和结果的关系，即第一个问题直接决定了第二个问题的处理。（4）论述透彻，说理充分，层层递进，逻辑性强。我国现有的法律条文对真意保留问题并未作出明确规定，在适用法律时就涉及对现有法律框架下对相关法律条文进行解释和论证的问题。该判决书基于《民法总则》第 142 条关于意思表示的解释规则的相关规定，以该条文为出发点，得出有相对人的意思表示和无相对人的意思表示的不同解释规则，进而以相对人是否明知或应知真意保留情形为标准，结合维护交易安全、保护相对人的合理信赖的价值取向，对真意保留行为的法律后果作出不同处理，无疑是科学的、准确的。

（点评人：耿辉，江苏省宿迁市中级人民法院审判委员会专职委员，第四届江苏省审判业务专家）

（2018）苏13民终2202号裁判文书原文

# 16. 深圳市比克动力电池有限公司和荣成华泰汽车有限公司、华泰汽车集团有限公司、天津华泰汽车车身制造有限公司、鄂尔多斯市华泰汽车车身有限公司买卖合同纠纷案*

【关键词】

过度控制　独立人格　财产独立

【裁判要旨】

1. 子公司对外签订协议，但实际履行均由母公司掌握，子公司在管理经营、对外签订及履行协议、财务上均受母公司过度控制的，子公司实际已丧失法人独立人格，无法独立承担民事责任。

2. 一人有限公司的股东证明公司财产独立于股东自己的财产，应当就股东与公司之间的款项往来情况进行专项审计。

## 一、简要案情

深圳市比克动力电池有限公司（以下简称比克公司）（乙方）与荣成华泰汽车有限公司（以下简称荣成华泰）（甲方）签署《量产产品价格合同》，约定由荣成华泰向比克公司采购车用锂电池系统。后双方又签署《质量协议》，约定货到甲方仓库 15 个工作日内完成验收入库，如 15 个工作日未反馈，则视为验收合格。量产情况下，甲方在接到乙方产品时，按所确定的进货检验抽样方案进行接收检验，从乙方交付产品中抽取不同样本进行检验，甲方进货检验的合格判定不能免除乙方产品在后续生产或使用中出现质量问题时应承担的质量责任。整车可靠性试验发现的因供方责任造成故障，按照致命故障、严重故障、一般故障、轻微故障分类，经双方确认后乙方应按照实际损失进行赔偿。其中致命质量问题包括：（1）涉及安全隐患，会导致安全事故；（2）直接影响产品的寿命与可靠性；（3）造成直接经济损失 10 万元

* （2018）鲁民初 174 号。

以上。考核金额20 000元/缺陷。严重质量问题包括：（1）可能涉及安全隐患，可能导致安全事故；（2）影响产品的主要功能，引起用户的不满意；（3）可能影响产品的寿命与可靠性，影响功能的发挥；（4）造成直接经济损失5万元以上，10万元以下。考核金额10 000元/缺陷。重大质量问题包括：（1）可能对安全性有影响，但不会导致发生事故；（2）影响产品一般功能；（3）对产品寿命与可靠性可能会有轻微影响；（4）造成直接经济损失1万元以上，5万元以下；（5）批量性或重复发生的质量问题。考核金额5000元/缺陷。一般质量问题包括：（1）对产品的安全性、可靠性、功能没有影响，但达不到有关规定的要求；（2）顾客会介意的外观缺陷和包装缺陷；（3）造成直接经济损失2000元以上，10 000元以下。考核金额2000元/缺陷。

合同及协议签订后，比克公司依约向荣成华泰供货，对于供货数量，比克公司主张供货3661台；荣成华泰主张供货3659台。荣成华泰在协议约定的检验期内并未就产品质量提出异议。2016年10月13日至2017年2月28日期间，比克公司向荣成华泰开具了《增值税专用发票》共331张，开票金额共362 055 396元。比克公司主张荣成华泰应支付货款总额364 246 176.80元，已支付货款共100 806 600元，尚欠货款263 439 576.80元。荣成华泰主张应付货款总额应为发票数额362 055 396元，减去已支付的100 806 600元及火灾事故索赔款1 013 800元，尚欠货款金额为260 234 996元。

在涉案协议磋商、签订及履行过程中，均是华泰汽车集团有限公司（以下简称华泰集团）采购中心汪某、申某等与比克公司联系，相关合同比克公司盖章后邮寄到华泰集团。在公司人员上，苗某某既是华泰集团法定代表人，也于合同履行期间担任过荣成华泰法定代表人，两公司的监事均为张某。在财务管理上，荣成华泰提供的2016年财务报表显示其曾根据集团要求调整报表年初数，将对华泰集团的应收账款336 050 871.08元调整为12 635元。该账目调整发生在2016年底也即本案协议履行期间。

华泰汽车官方网站显示，华泰创新管理模式，实施“总部+事业部”模式，实现华泰汽车集团和事业部两级管理，总部作为战略管控中心，事业部为业务运营核心。华泰汽车集团下属职能单位（包括人力行政中心、财务管理中心、经营管理中心、采购管理中心、质量管理中心等11个部门）、业务单位（包括工程研究总院、营销公司、国际集团公司、鄂尔多斯基地、荣成基地、天津基地）、战略业务单位（天津基地）、单一业务集团（天津基地）、多业务集团（天津基地）。

2017 年 1 月至 2018 年 7 月 31 日，比克公司提供的电池发生故障 13 起，表现为车辆无法行驶、充不进电等，上述故障均已维修解决，维修金额 1000 元左右。

2017 年 9 月 14 日至 9 月 18 日，2018 年 8 月 16 日至 8 月 17 日，华泰集团新能源研究院对比克公司提供的电池系统（A25EV－46. 8KWh）进行了充放电试验。荣成华泰据此认为电池实测电量低于合同值；比克公司认为该组证据可以证明华泰集团具备在合同期限内进行检验的条件，华泰集团在收货后近两年后作出，由于电池的物理特性，已经不可能检验出原始交货时的数据。

比克公司起诉请求判令：（1）荣成华泰支付拖欠的货款本金 263 439 576. 80 元及利息；（2）荣成华泰赔偿比克公司备货损失 15 285 410 元；（3）华泰集团、天津华泰、鄂尔多斯华泰对上述两项诉讼请求承担连带清偿责任。

荣成华泰反诉请求判令：（1）尚未装车的电池退货；（2）已装车的电池就电量不足部分减价 10 357 169. 20 元；（3）比克公司赔偿因电池质量问题而遭受的其他各项损失暂计 5 549 000 元。

本案双方主要围绕荣成华泰应付比克公司的货款本金及利息，比克公司的备货损失，华泰集团、天津华泰、鄂尔多斯华泰应否承担连带清偿责任，退货问题，电池电量不足应否减价以及电池质量问题导致的损失认定发生争议。

## 二、撰写心得

裁判文书就如同法官的名片，透过裁判文书，可以洞悉法官的法学理论素养、法律适用水平、分析研判能力乃至工作的严谨细致程度等。一篇好的裁判文书，往往需要经过若干遍的修改、打磨和雕琢，可以说凝结了法官的大量付出和心血。拿民事判决书来说，虽然文书有固定的格式要求，但是在诉辩意见的整理、证据的分析认定以及诉争焦点的辨法析理等方面，法官还是大有可为、可以充分展现自己的法学功底和文字水准的。以本篇文书为例，笔者有以下几点撰写心得与大家共同分享和探讨。

### （一）诉辩意见需要归纳整理简明扼要

民事判决书中，除去开头的当事人列明和案件由来，我们最先需要撰写的是当事人的诉辩主张。因为当事人或代理人的水平参差不齐，其提交的起诉状和答辩状内容也是形形色色，可能因为案多人少因素，一些法官往往无暇进行归纳整理，而是直接复制粘贴，导致一些错字错词错句以及一些重复内容原生态出现在判决书中，甚至出现低级错误，这无疑会大大影响文书质量，使当事人对司法应有的严谨性权威性产生怀疑。对此，笔者一贯的做法是边归纳整理，边纠错去重，边熟悉案情，最终使诉辩主张既简洁明了、条理清楚，又不失全面客观、重点突出，如此，也能使当事人感觉到，法官已经充分全面细致地了解了其诉辩主张，对司法的信任度也会相应上升。

**（二）证据分析认定需要论证充分客观公正**

证据的分析认定和采纳是决定诉讼成败的关键因素，老百姓常说打官司打的就是证据无疑是对证据重要性的鲜明写照。为此，法官在对证据进行分析认定时，务必要本着公平公正之心，全面客观地分析证据的来源、形式以及与案件事实的关联关系，辅之以法官的内心确信和司法良知，从而决定证据的采纳与否。同时，不同案件当事人提交的证据也繁简不一，有的甚至达成千上万页，此种情况下法官不可能也没有必要一一予以列明。笔者通常的做法是对当事人无异议的证据或者虽有争议但与案件关联不大的证据简要概述，对当事人争议较大且对案件事实影响重大的证据则予以全面详尽的分析认定，效果上要达到让当事人明白为什么采纳、为什么不采纳，理由要详尽充分，要尽量避免生硬地以与本案缺乏关联关系为由不予采纳证据，因为此时分析认定的不仅仅是证据，更是对案件事实的认定和还原，也直接决定着裁判结果的走向。

**（三）事实认定需要繁简得当重点突出**

案件事实是法官据以作出裁判的依据，而案件事实的认定又来源于对证据的认定，为了在诉讼中获得优势，当事人往往会竭尽所能地提交证据，尽管经过法官的分析认证后剔除了一些不合格证据，但剩余证据对应的事实往往也是纷繁复杂，此时我们不可能也没有必要将所有事实一一列举，而是需要对列举事实作出选择和甄别，对此，笔者通常掌握以下几个原则：（1）所列举的事实一定是对案件分析和裁判说理有用的，无用的无须列举；（2）合同条款无须全部摘抄，只列重点关键条款；（3）要对事实进行分类列举，时间由远及近，做到条理清楚、一目了然。

**（四）焦点归纳需要切中要害一语中的**

争议焦点的准确归纳是明晰审判思路、提高庭审质效、快速查明事实、准确作出裁判的先决条件。顾名思义，争议焦点也即诉讼各方之间存在的具有争议性的、与案件相关联的、重要的争议，笔者看来，争议焦点的归纳应当注意以下几点：（1）尽量避免机械地将诉讼请求直接作为争议焦点，如“原告的某某诉讼请求应否予以支持”等。（2）争议焦点应当综合全案突出重点，避免将所有争议都作为争议焦点，一些细枝末节的具体问题可以在归纳的主要诉争焦点中一并予以调查而无须单独作为争议焦点。(3) 争议焦点可以随着案件调查的进展随时作出调整，如当事人一开始不认可某重要案件事实，但在庭审调查过程中又认可的，此时对该事实的认定就不应再作为争议焦点；同理，当事人在庭审中提出新的抗辩理由的，我们也应当根据需要随时增加争议焦点。(4) 对于法律或司法解释已经有明确规定的法律适用问题，可以直接向当事人进行释明，并不再作为案件争议焦点。

**(五) 文书说理需要情法并重通俗易懂**

裁判文书是司法审判的最终产品，也是法官向各方当事人交出的最终“答卷”，而说理部分无疑又是整个裁判文书的精髓，是法官智慧和裁判过程的集中体现。笔者以为，好的说理应该具备以下几方面因素：(1) 争议焦点应当个个有回应。全面准确地回应当事人的诉争焦点问题是裁判文书的核心功能，也是实现胜败皆服，解开当事人心结的重要途径。如果当事人重点纠结的争点得不到回应，心中自然不会服气，更别提息诉罢访。(2) 当繁则繁、当简则简。对争议较大的重点问题应当予以着重论证，把道理讲透彻，把法律依据引明确；对虽有争议但权利义务明晰的，则简要写明即可。(3) 要实现情理法的有机融合。准确适用法律是裁判文书最基础最根本的要求，但一份好的裁判文书做到这些还远远不够，要善于用最浅显易懂的语言，把案件中所蕴含的基本道德价值和老百姓朴素的情感诉求表达出来，从而为裁判文书的公信力和执行力奠定坚实的社会基础，真正实现法律效果和社会效果的统一。(4) 需要有点睛之笔。撰写裁判文书其实和写文章是一样的，如果法官依靠自身深厚的法学功底、丰富的社会经验以及较高的文字水平，能够结合案情在裁判文书中引入一些经典语句、谚语成语等，则无疑会成为整篇文书的点睛之笔，更加容易让社会公众记住和接受，成为大家口口相传的经典文书。

(张亮，山东省高级人民法院法官)

## 三、专家评析

(2018) 鲁民初 174 号案件是山东省高级人民法院审理的一起具有较大影响的买卖合同纠纷案。该案的裁判文书认定事实准确分明，说理论证深入透彻，内容表达详略得当，格式规范层次清晰，是一篇不可多得的优秀裁判文书。

认定事实准确分明。本案是一起涉及动力锂电池系统的买卖合同纠纷案件，双方均是国内的知名企业。本案争议较大，不仅原告起诉要求支付所欠货款，同时被告亦提起反诉要求就原告产品的质量问题进行索赔，故案件涉及的事实较多，也较为复杂。该案判决书在对双方有争议的证据进行详细分析论证的基础上准确地认定了本案的事实。而为了能让案件事实更为清晰明确地呈现在公众面前，该判决书创新性地采用了“时间轴” + “版块式”相结合的陈述方式，既遵循了按时间顺序叙事的基本规则，又将关键事实按版块分项写明，案件事实既清晰准确，又一目了然。

说理论证深入透彻。本案因有本诉和反诉，且双方各执一词，争议较大。该案判决书在本院认为部分中，对双方争议焦点进行系统梳理后分六个部分进行了详细的分析论证。尤其是对于其中的重点内容即第二被告华泰集团承担连带清偿责任的问题，判决书进行了非常细致的论证说理。既从一人有限责任公司股东不能证明公司财产独立于股东财产的角度进行了分析，又从公司股东滥用公司法人独立地位和股东有限责任的角度进行了分析。上述两方面的论证均是事实证据和法律适用紧密结合，从而充分论证了华泰集团应当对荣成华泰的债务承担连带责任，说理透彻，认定正确，具有很强的指导意义。

内容表达详略得当。因案件事实较为复杂，该案判决书的总体篇幅较长，整个文书多达40页。但即便如此，该裁判文书从整体上看，在内容表达上仍很好地做到了详略得当。例如，在对双方有争议的证据的分析论证部分中，对于单方制作的证据和系复印件的证据的认定均简明扼要，但对于审计报告等复杂的关键性证据，则在充分总结双方意见的基础上进行详细分析论证。再如，在本院认为部分中，对于原告主张的备货损失等简单的争议焦点仅简要性通过举证责任即论述清楚，而对于前述的华泰集团等应否承担连带责任的问题，因涉及更为复杂的事实和法律认定，则不吝篇幅地进行了详细充分的论证。这种详略得当的内容表述也使裁判文书在整体上重点突出，层次分明。

格式规范层次清晰。作为一篇优秀的裁判文书，格式规范必不可少。该案判决书在具体制作上严格遵循了最高人民法院公布的民事裁判文书样式，具有很强的规范性。在此基础上，该裁判文书非常注重表述时的分段与分层，使得整个文书显得层次清晰有序。

综上，（2018）鲁民初174号民事判决书说理环环相扣、逻辑缜密、深入浅出，结果正确且格式规范，是一篇不可多得的优秀裁判文书。

（点评人：孟祥刚，山东省潍坊市中级人民法院院长，全国审判业务专家）

（2018）鲁民初 174 号裁判文书原文

# 第四节　采矿权转让合同纠纷

## 17. 察右前旗三犇铁矿、杨某某和察右前旗晶华矿业有限责任公司采矿权转让合同纠纷案*

【关键词】

矿业权转让　合同效力　先合同义务

【裁判要旨】

矿业权转让合同未经国土资源主管部门批准并办理矿业权变更登记手续，不发生矿业权物权变动的效力，此时矿业权转让合同并非无效合同，而是尚未生效的合同。矿业权转让合同中约定的报批义务应按照法定的先合同义务处理，其效力不受转让合同未经审批的影响。在转让合同不具有法定无效情形且报批义务具备履行条件的情况下，相对人有权请求报批义务人履行报批义务，人民法院应依法认定报批义务条款自合同成立时即具有法律效力，并依据案件事实和相对人的请求，可以由相对人自行办理报批手续。

### 一、简要案情

2007 年 1 月 31 日，郝某某与杨某某订立《内蒙古察右前旗三羊铁矿股东协议》，约定：郝某某出资 25.5 万元，杨某某以自己的各种资产及尾号为 058 号探矿权转为采矿权后形成的资产共作价 24.5 万元，注册成立合伙企业“察右前旗三羊铁矿”，郝某某股份 51%，杨某某股份 49%。2008 年 4 月 18 日，包钢宁远公司与三羊铁矿股东郝某某、杨某某签订《合作协议书》约定：三羊铁矿与包钢宁远公司在协议签订后合资成立有限责任公司，其中三羊铁矿出资 400 万元，占合资公司 80% 股份，包钢宁远公司出资 100 万元，占合资

* （2018）内民终 159 号。

公司 20% 股份；将三羊铁矿所拥有的资产、资产性收益以及已经取得或正在取得的行政许可权益等均作为重组资产纳入重组后的合资公司资产范围，包钢宁远公司再向合资公司投入 4900 万元，用于合资公司扩大再生产；协议还约定，由合资公司抓紧办理采矿权证。该协议订立时，杨某某隐瞒了 2007 年 10 月 25 日注册成立个人独资企业“察右前旗三羴铁矿”。协议签订后，三羊铁矿与包钢宁远公司按约注册成立晶华公司，包钢宁远公司按约向晶华公司投入 4900 万元。2008 年 4 月 20 日，三羊铁矿合伙人郝某某与杨某某签署决议，决定增加注册资本，由原 50 万元增加到 450 万元，净增注册资本 400 万元，投资比例分别为 49% 和 51%，并一致通过 2008 年 4 月 20 日重新修订的合伙协议。晶华公司成立后，按照合作协议约定，在办理登记杨某某名下的三羊铁矿探矿权变更为晶华公司名下采矿权相关转让事宜中，因杨某某在 2007 年 10 月 25 日已注册成立个人独资企业三羴铁矿，并于 2017 年 12 月 6 日将杨某某名下探矿权变更至三羴铁矿，经协商，杨某某、三羴铁矿与晶华公司于 2008 年 6 月 6 日分别签订《探、采矿权变更（转让）协议》（以下简称《转让协议》），约定将以三羴铁矿名义办理案涉采矿权，采矿权人变更为晶华公司，同时约定未经各方同意，协议不得终止或解除。上述协议签订后，杨某某及三羴铁矿于 2008 年 10 月 28 日授权郝某某办理探转采前期准备相关事宜。2009 年 4 月 8 日，杨某某向郝某某及国土资源部门发函，撤销对郝某某的授权，明确三羴铁矿的一切事宜只能由杨某某本人亲自办理。之后，晶华公司要求三羴铁矿及杨某某按照转让协议约定，将三羴铁矿名下的采矿权转移至晶华公司名下未果，提起诉讼。该授权文件中，附有探矿证复印件，该探矿权与尾号为 058 号探矿权证的探矿坐标、面积均一致，且探矿权人均为杨某某。对于案涉探矿权和采矿权，杨某某于 2006 年 6 月 28 日取得该矿区探矿权，证号为 1526000630062；2007 年 6 月 28 日探矿权证号变更为 1500000731058；同年 12 月 6 日该探矿权变更至三羴铁矿名下，探矿权证号变更为 1500000722704。2009 年 5 月 12 日，三羴铁矿将该探矿权转采矿权，采矿权证号为 C1500002009052110016218，2009 年 12 月 4 日三羴铁矿投资人由杨某某变更为侯某某。在（2011）乌民初字第 13 号案件中，晶华公司诉讼请求为“依法确认《转让协议》有效；依法确认晶华公司是证号为 C1500002009052110016218 采矿许可证的合法采矿权人”。一审认为该协议未经有关部门批准，尚未生效，判决驳回晶华公司的诉讼请求。晶华公司提起上诉，理由为“三羴铁矿与晶华公司向国土资源行政主管部门申请办理采矿权转让事宜”，二审认为该上诉理由超出原审诉讼请求可另行主张。之后，晶华公司提起本案诉讼，请求：依法判决三犇铁矿和杨某某在30日内与其一起办理将三犇铁矿名下的采矿权转让给晶华公司的申请审批手续，同时判决如果不在指定期限内与晶华公司共同办理审批手续时，晶华公司自行办理申请批准的有关手续。

本案的争议焦点为：（1）本案争议是否属于重复起诉问题；（2）双方签订两份《转让协议》的效力问题；（3）三羊铁矿与包钢宁远公司订立合作协议所约定出资中是否包含察右前旗大西沟矿区的探矿权问题；（4）三犇铁矿和杨某某是否应履行三犇铁矿名下的采矿权转让给晶华公司的报批义务。

## 二、撰写心得

本案涉及矿业权纠纷案件中的一系列实体和程序问题，围绕争议焦点，在对重复诉讼、合同效力、矿业权的权属及范围等问题进行准确认定后，进一步对报批义务定位和定性，指出报批义务属于法定的先合同义务，其效力不受转让合同未经审批的影响。本案的典型性在于，在查明事实的基础上，从合同内容、矿产品的占有、处分权利的归属、矿山企业的经营管理、名义采矿权人等方面认定案涉合同属于采矿权的转让合同，进而确定采矿权转让合同在未经审批尚未完全生效的情形下，当事人主张继续履行双方合同中约定的转让采矿权报批义务，应予支持。这种根据多方面事实认定合同性质及效力后，依法处理纠纷，体现了裁判者对当事人真实意思表示的尊重与保护。

### （一）关于重复起诉问题

本案晶华公司提起诉讼请求为办理采矿权转让的申请审批手续，之前的请求为确认《转让协议》有效，并确认晶华公司是案涉采矿许可证的合法采矿权人，晶华公司两次提起诉讼的具体请求不同，不属于重复诉讼。晶华公司有权提起继续履行双方合同中约定转让采矿权报批义务的诉讼请求。

### （二）关于转让协议的效力问题

矿业权民事纠纷案件中，合同效力之争较为常见，尤其在当事人主张和人民法院认定不一致的情况下，人民法院应根据诉讼经济和利益衡平原则，结合具体案件事实和诉讼请求，准确界定合同性质、正确评价合同效力。本案中，协议约定将三犇铁矿名义办理并获得采矿权的采矿权人变更为晶华矿业公司。该协议内容是双方当事人的真实意思表示，但因两份转让合同均未经审批管理机关作出准予转让或不准转让的决定，故两份协议应为成立但未生效的合同。且两份协议签订后，三犇铁矿和杨某某于 2008 年 10 月 28 日授权郝某某办理探转采前期准备的相关事宜，并将三犇铁矿和杨某某的企业营业执照、公章、税务登记证、财务章等交给了晶华公司保存，证明合同双方已经实际履行了合同约定的具体义务。根据《合同法》第 8 条[①]规定及《最高人民法院关于审理矿业权纠纷案件适用法律若干问题的解释》（2017 年）第 6 条规定，两份《转让协议》对双方当事人均具有法律约束力，三犇铁矿和杨某某以该矿业权转让申请未经国土资源主管部门批准为由，主张两份协议无效的理由没有法律依据。关于杨某某及三犇铁矿认为两份协议违反国务院《关于探矿权采矿权转让管理办法》第 6 条规定的转让采矿权，应当具备矿山企业投入采矿生产满 1 年的条件，属无效协议。鉴于探矿权、采矿权变更是否批准属于政府相关职能部门的审查范围，且为该规定不属于效力性强制性规定，两份协议并不具有法定无效情形。

**（三）关于三羊铁矿与包钢宁远公司订立合作协议所约定出资中是否包含察右前旗大西沟矿区的探矿权问题**

2007 年 1 月 31 日，郝某某与杨某某订立《三羊铁矿股东协议》，证明杨某某明确要以该探矿权作为合伙出资。尾号为 062 号、058 号探矿权证只是编号不同，实质是同一探矿权，因该协议是探矿权人杨某某本人所签，足以证明其以该探矿权作为合伙出资的意思表示真实。2008 年 4 月 18 日，三羊铁矿与包钢宁远公司签订《合作协议书》，杨某某作为该探矿权的登记权利人在《合作协议书》中以三羊铁矿股东的身份签字，再次确认三羊铁矿实际享有大西沟铁矿探矿权的事实。在合同双方因该探矿权变更为三犇公司名下而发生争议后，三犇铁矿和杨某某又与晶华公司签订了两份《转让协议》，并授权郝某某负责办理探矿权转采矿权的全部相关事宜。上述事实相互印证，足以证明本案所涉大西沟探矿权，虽登记在杨某某名下，实际上属于合伙企业三羊铁矿的事实。三羊铁矿与包钢宁远公司签订《合作协议书》内容反映出各方投资一部分是在工商机关登记的注册资金，另一部分是注册资金之外各方纳入的资产，包括包钢宁远公司追加投资 4900 万元，三羊铁矿是以探矿权及未来形成的采矿权纳入晶华公司的资产范围。

**（四）三犇铁矿和杨某某应当按照《转让协议》约定履行协助报批义务**

《最高人民法院关于审理矿业权纠纷案件适用法律若干问题的解释》

---

① 对应《民法典》第 465 条。《民法典》第 465 条规定："依法成立的合同，受法律保护。依法成立的合同，仅对当事人具有法律约束力，但是法律另有规定的除外。"

(2017 年) 第 7 条规定：矿业权转让合同依法成立后，在不具有法定无效情形下，受让人请求转让人履行报批义务或者转让人请求受让人履行协助报批义务的，人民法院应予支持，但法律上或者事实上不具备履行条件的除外。《最高人民法院关于适用〈中华人民共和国合同法〉解释（二）》[①] 第 8 条规定：依照法律、行政法规的规定经批准或者登记生效的合同成立后，有义务办理申请批准或者申请登记等手续的一方当事人未按照法律规定或者合同约定办理申请批准或者未申请登记的，属于《合同法》第 42 条第 3 款规定的“其他违背诚实信用原则的行为”，人民法院可以根据案件的具体情况和相对人的请求，判决相对人自己办理有关手续。本案中，转让协议各方均同意将采矿权变更到晶华公司名下，该合同作为依法成立的合同，对各方当事人均具有法律约束力，三鼐铁矿和杨某某应当按照上述协议约定履行协助报批义务。虽然三鼐铁矿投资人于 2009 年 12 月 4 日由杨某某变更为侯某某，但投资人的变更并不影响三鼐铁矿履行合同义务。

（孙晓磊，内蒙古自治区高级人民法院法官）

## 三、专家评析

矿业权转让合同的性质认定与效力评价一直是司法实践中的难题，对矿业权的转让进行审批，是国家规范矿业权有序流转，实现矿产资源科学保护、合理开发的重要制度。矿业权转让合同未经国土资源主管部门批准并办理矿业权变更登记手续，不发生矿业权物权变动的效力，但应确认转让合同中的报批义务条款自合同成立时即具有法律效力，报批义务人应依约履行。在转让合同不具有法定无效情形且报批义务具备履行条件的情况下，相对人有权请求报批义务人履行报批义务。本案涉及矿业权纠纷案件中的一系列实体和程序问题，涵盖了合同性质、合同效力、探矿权实际权属及范围、采矿权纳入合作关系的出资范围、报批义务的履行、重复诉讼、能否适用审理矿业权案件司法解释等诸多问题，在对程序问题、合同效力等案件前提性问题进行准确判定后，进一步对报批义务定位和定性，指出报批义务属于法定的先合同义务，其效力不受转让合同未经审批的影响。上述问题有序衔接、层层推进、适用法律准确、辨法析理透彻。

本判决书严格按照现行民事判决书制作的统一要求，格式规范，结构完

① 该解释已于 2021 年 1 月 1 日失效。

整。尤其在法院二审期间突出双方当事人对二审争议事实的补充质证意见，繁简得当，用语准确，是一篇质量较高的裁判文书。本案的亮点在于人民法院依据案件事实和相对人的诉请，可以判决由相对人自行办理报批手续，这样既符合诚信和鼓励交易的原则，也有利于衡平双方当事人的利益，为司法实务中如何处理矿业权设立环节的物权归属问题，起到良好的示范作用。

（点评人：吴学东，内蒙古自治区高级人民法院环资庭庭长）

**（2018）内民终 159 号裁判文书原文**

# 第五节　房屋买卖合同纠纷

## 18. 尹某某和云南丰源房地产开发有限公司商品房购销合同纠纷案*

【关键词】

善意取得　恶意串通　虚假诉讼

【裁判要旨】

人民法院应根据全案事实和证据综合判断当事人之间是否存在恶意串通，企图通过诉讼侵害他人合法权益，构成虚假诉讼的，应根据《民事诉讼法》（2017 年修正）第 112 条①之规定，驳回当事人的请求，并根据情节轻重予以罚款、拘留；构成犯罪的，依法追究刑事责任。

### 一、简要案情

2006 年 7 月 6 日，案外人闫某某、刘某 2 与本案第三人朱某某投资成立被告云南丰源房地产开发有限公司（以下简称丰源公司），共同开发曲靖市馨源现代城房地产项目。2007 年 1 月 18 日，闫某某将其持有的丰源公司股份转让给朱某某后，朱某某占股 57%，刘某 2 占股 43%，刘某 2 任法定代表人。

2008 年 1 月 15 日，刘某 2 的姐姐刘某 1（丰源公司现法定代表人）担任法定代表人的昆明市三林经贸有限责任公司向云南省安宁市人民法院起诉朱某某之夫孙某 1（本案第三人）担任法定代表人的曲靖食品王国有限公司、本案第三人孙某 2 担任法定代表人的曲靖锦怡酒店有限责任公司钢材买卖合同纠纷等案。在此批案件再审过程中，丰源公司、昆明市三林经贸有限责任公司、曲靖食品王国有限公司、曲靖锦怡酒店有限责任公司、刘某 1、朱某

* （2018）云民再 17 号。

① 对应《民事诉讼法》（2021 年修正）第 115 条。

某、刘某2、孙某1、昆明锦雄物资有限公司、向某等10方经协商，于2009年7月13日达成协议书（以下简称十方协议），对各方合作经营丰源公司期间形成的各项问题进行处理。其中与本案有关的约定内容是：由朱某某将其持有的丰源公司57%股份以1300万元转让给刘某1，刘某2放弃优先购买权；朱某某购买丰源公司开发的曲靖馨源现代城价值1300万元的房产，并将对刘某1享有的1300万元债权转让给丰源公司，作为支付其购买馨源现代城1300万元房产的对价。同日，丰源公司办理了变更登记，将丰源公司在册股东变更为刘某2、刘某1。2009年7月15日，丰源公司与朱某某及朱某某指定的购房人孙某1、孙某2、符某某、孙某3、孙某4、颜某某、杨某某等人签订了多份《商品房购销合同》，并出具了34套房屋和12个车位的《云南省收款专用发票》。

2011年5月11日，朱某某等人向云南省曲靖市麒麟区人民法院（以下简称麒麟区法院）起诉，要求丰源公司履行34套商品房购销合同义务，并申请对涉案财产保全，麒麟区法院于2011年5月25日裁定查封丰源公司坐落于曲靖市麒麟区馨源现代城涉案34套房屋至今。诉讼中，朱某某等人提交了合同及购房发票复印件，称原件被丰源公司以办理合同备案为由“骗走”，麒麟区法院一审裁定驳回起诉，云南省曲靖市中级人民法院（以下简称曲靖中院）二审指令麒麟区法院审理，麒麟区法院于2014年10月17日作出（2011）麒民初字第2571号等8份民事判决，确认朱某某等人与丰源公司签订了涉及34套房屋的《商品房购销合同》，合同有效，判决丰源公司于判决生效后30日内交付房屋、协助办理房屋相关手续。丰源公司上诉后，曲靖中院于2015年9月10日裁定中止审理至今。

2013年11月4日（朱某某等人向麒麟区法院起诉丰源公司34套房屋案件一审期间），朱某某、孙某1、曲靖锦怡酒店有限责任公司共同向云南省昆明市中级人民法院（以下简称昆明中院）起诉刘某2、刘某1和丰源公司，认为被告违反十方协议约定，未履行交付商品房的义务，并将房屋转卖他人，构成违约，要求被告根据十方协议承担违约责任，连带赔偿违约金400万元，并支付律师费55万元。昆明中院于2015年1月27日作出（2013）昆民一初字第205号民事判决，确认十方协议合法有效，并认为股权转让已经成立并生效，且已履行完毕，但丰源公司拒绝交房、拒绝办理产权变更手续，构成违约，判决丰源公司向朱某某支付违约金400万元及律师费55万元。该判决已经发生法律效力。

2014年12月30日（朱某某等人向麒麟区法院起诉丰源公司34套房屋案件二审期间），本案原告尹某某向曲靖中院提起本案诉讼，称其与丰源公司签订有19套馨源现代城房屋的商品房买卖合同，并已全额支付房款，丰源公司未交房，请求判令丰源公司继续履行合同约定的19套商品房的交房义务，办理产权登记，并支付违约金265.88万元。2015年3月26日，曲靖中院作出（2015）曲中民初字第22号民事判决（本案原审判决），判令丰源公司立即向尹某某交付其购买的19套商品房并办理产权登记；双倍返还定金231.2万元。该判决未上诉。2016年5月27日，朱某某等人向曲靖中院提出第三人撤销之诉，认为（2015）曲中民初字第22号案件是虚假诉讼，请求撤销该判决，重新作出公正判决。曲靖中院经审查，认为朱某某等人提出第三人撤销之诉时已经超过起诉期限，但（2015）曲中民初字第22号民事判决确有错误，故于2016年12月6日作出（2016）云03民监4号民事裁定书，依职权对（2015）曲中民初字第22号案件再审，并于2016年12月15日作出（2016）云03民撤3号民事裁定书，驳回朱某某等人第三人撤销之诉的起诉。再审中，曲靖中院追加朱某某、孙某1、孙某2、孙某3为第三人参加诉讼，经该院审判委员会讨论作出再审判决，尹某某和丰源公司向本院提出上诉，形成本案。

另，本案现有证据不能证明尹某某向丰源公司支付了本案19套商品房的购房款。尹某某提交的19份《商品房购销合同备案登记表》系在曲靖市房地产管理局明确提出对涉案34套房屋不允许销售和备案后，丰源公司自行作出。丰源公司和尹某某关于涉案19套房屋已经交付的上诉主张与其一审诉辩主张矛盾，且缺乏证据证明，不能成立。尹某某和刘某1是多年好友，二人在本案发生前即存在经济上的联系和合作关系。

曲靖中院再审认为：丰源公司与朱某某等人签订的《商品房购销合同》属于以房抵债。本案在合同签订时间、购房款的支付等方面存在诸多疑点和不合常理之处，现有的相关证据不足以证实尹某某是善意第三人。根据举证责任分配规则，结合日常生活经验，商品交易习惯等因素，推定尹某某与丰源公司存在恶意串通，损害了第三人的合法权益，双方签订的《商品房购销合同》无效。本案不符合移送公安机关的相关法律规定，第三人认为本案涉嫌犯罪，可自行报案。判决：（1）撤销曲靖中院（2015）曲中民初字第22号民事判决。（2）驳回尹某某的诉讼请求。本案经合议庭评议及主审法官会议讨论，认为本案构成虚假诉讼，曲靖中院再审未对朱某某等人关于本案属虚假诉讼的主张进行审查认定，但“驳回尹某某诉讼请求”之判决结果并无不当，法院二审在认定本案构成虚假诉讼后，对再审判决结果予以维持，另结合本案双方实施虚假诉讼的情节、危害程度和后果，另行制作决定书对相关当事人依法予以罚款。

## 二、撰写心得

本案涉及虚假诉讼认定，是云南省高级人民法院首例未经公安机关、检察机关侦查手段介入，完全通过民事裁判规则认定的虚假诉讼案件。本判决认定，本案系丰源公司与尹某某恶意串通，虚构事实，以损害他人合法权益为目的实施的虚假诉讼。承办法官在撰写判决书时重点把握两点：(1)《最高人民法院关于防范和制裁虚假诉讼的指导意见》规定，在虚假诉讼高发领域的案件审理中，要加大证据审查力度，对可能存在虚假诉讼的，要适当加大依职权调查取证力度；涉嫌虚假诉讼的，应当传唤当事人本人到庭，就有关案件事实接受询问；诉讼中，一方对另一方提出的于己不利的事实明确表示承认，且不符合常理的，要作进一步查明，慎重认定，查明的事实与自认的事实不符的，不予确认。此为审理虚假诉讼案件的基本思路。(2) 虚假诉讼案件的事实查明包括案件事实的查明和当事人实施虚假诉讼的事实查明两方面。审理中传唤当事人本人到庭，注意固定当事人的诉讼主张和相关证据，从当事人的诉讼表现中找到突破口，同时加大依职权调查取证的力度，依法综合认定。

### （一）尹某某对本案争议的 19 套房屋不构成善意取得

根据《物权法》第 106 条[①]之规定，构成善意取得的法定条件为：受让人受让该不动产或动产时是善意的；以合理的价格转让；转让的不动产或者动产依照法律规定应当登记的已经登记，不需要登记的已经交付给受让人。本案中，尹某某虽提交了其与丰源公司签订的《商品房认购协议》《商品房购销合同》等证据，但双方主张的合同已经备案、房款已经支付、房屋已经交付的事实均缺乏有效证据证实。一方面，无有效证据证明丰源公司和尹某某之间存在卖方出售并交付房屋、买方支付价款的真实的商品房买卖关系；另一方面，有证据证明丰源公司对其主张已经销售并交付给尹某某的房屋并未失去控制和处分权，且在尹某某的配合下将其中一套房屋抵给案外人冲抵自身

① 对应《民法典》第 311 条。

债务。综上，本案不符合法律规定的善意取得构成要件，尹某某对本案争议的 19 套房屋不构成善意取得。

**（二）本案符合虚假诉讼的认定标准**

根据《最高人民法院关于防范和制裁虚假诉讼的指导意见》第 1 条之规定，虚假诉讼一般包含以下要素：（1）以规避法律、法规或国家政策谋取非法利益为目的；（2）当事人双方存在恶意串通；（3）虚构事实；（4）借用合法的民事程序；（5）侵害国家利益、社会公共利益或者案外人的合法权益。首先，本案证据已经达到法律规定的“恶意串通”的认定标准。《最高人民法院关于适用〈中华人民共和国民事诉讼法〉的解释》第 109 条规定：“当事人对欺诈、胁迫、恶意串通事实的证明，以及对口头遗嘱或者赠与事实的证明，人民法院确信该待证事实存在的可能性能够排除合理怀疑的，应当认定该事实存在。”本案审理中，原被告之间缺乏诉讼对抗，双方对合同签订、款项支付、合同备案等重要案件事实均陈述一致，丰源公司对尹某某主张的对己不利的事实一概承认，甚至当尹某某就同一事实作出前后矛盾且无有效证据证实的陈述时，丰源公司对矛盾的陈述也均一概承认，有悖常理。本案中，尹某某提交了其与丰源公司签订的《商品房认购协议》《商品房购销合同》等证据，并一致主张合同已经备案、房款已经支付、房屋已经交付，但根据法院查明事实，以上主张均缺乏证据证明，合同真实性无相应证据证实。且法院二审进一步查明丰源公司对其主张已经销售并交付给尹某某的房屋并未失去控制和处分权，并在尹某某的配合下将其中一套房屋抵给案外人冲抵自身债务。综上，法院认为，朱某某等人提交的证据和法院依职权调取的证据所证明的事实能够使法院确认丰源公司、尹某某存在恶意串通，并能排除合理怀疑，依法应当认定双方构成恶意串通。其次，丰源公司、尹某某有共同实施虚假诉讼的行为动机及具体行为，且侵害了案外人朱某某等人的合法权益。本案中，朱某某根据十方协议的约定购买馨源现代城价值 1300 万元的房产，并将对刘某 1 享有的 1300 万元股权转让款债权转移给丰源公司，作为其购买约定房产的对价。丰源公司在本案中主张十方协议无效，但其在本案中关于该协议无效的理由不能成立，且该协议的效力已经昆明中院（2013）昆民一初字第 205 号生效民事判决审理确认。十方协议签订后，各方按照十方协议约定履行，刘某 1 依约取得朱某某在丰源公司的股权，并已完成股权变更登记，朱某某及其指定购房人与丰源公司签订了馨源现代城 34 套商品房和 12 个地下车位的《商品房购销合同》，但丰源公司未履行根据十方协议订立的

《商品房购销合同》约定的义务，导致朱某某等人向麒麟区法院起诉并一审胜诉。在该案二审期间，尹某某以丰源公司为被告提起本案诉讼，要求丰源公司交付包含在朱某某等人在前起诉的 34 套房屋之内的 19 套房屋。根据法院二审查明事实，尹某某与丰源公司法定代表人刘某 1 是多年好友，二人在诉前即存在经济上的联系和合作关系，在本案原审中，丰源公司隐瞒了朱某某等人与其就争议的房屋另有未决诉讼的真实情况，与尹某某共同作出不实陈述，使得原审法院在缺乏诉讼对抗的情况下作出支持尹某某诉讼请求的判决，并在无人上诉的情况下一审生效，在程序上导致朱某某等人与丰源公司的案件自 2015 年 9 月 10 日裁定中止审理至今，权利长期处于冲突和不确定状态。本案进入再审程序后，丰源公司、尹某某继续共同作出不实陈述，在云南省曲靖市中级人民法院再审认定双方恶意串通，合同无效，判决驳回尹某某诉讼请求后，又向法院提出上诉，在法院已充分提示虚假诉讼的法律后果的情况下，仍藐视法律尊严和司法权威，继续共同作出虚假陈述。丰源公司与尹某某恶意串通共同实施虚假诉讼的目的，就是为了对抗朱某某等人诉丰源公司交付 34 套商品房之诉可能出现的不利裁判结果，乃至对抗该案的诉讼保全及执行，该行为侵害了朱某某等人的合法权益。

综上所述，本案系丰源公司与尹某某恶意串通，虚构事实，借用合法的民事程序，以损害他人合法权益为目的实施的虚假诉讼。《民事诉讼法》（2017 年修正）第 112 条规定："当事人之间恶意串通，企图通过诉讼、调解等方式侵害他人合法权益的，人民法院应当驳回其请求，并根据情节轻重予以罚款、拘留；构成犯罪的，依法追究刑事责任。"曲靖中院再审认定事实及判决理由存在瑕疵，但"驳回尹某某诉讼请求"之判决结果并无不当，法院二审在纠正瑕疵后对判决结果依法予以维持。另结合本案双方实施虚假诉讼的情节、危害程度和后果，另行制作决定书对尹某某处以罚款 3 万元，对丰源公司处以罚款 30 万元。

（包靖秋，云南省高级人民法院法官）

## 三、专家评析

本案历经原审、再审、再审上诉等多个审判程序，涉及多个已决或未决民事诉讼，案情复杂，当事人实施虚假诉讼的动机和手段隐蔽，审理难度大。承办法官和合议庭准确把握本案审理范围，认真查明案件事实及当事人实施虚假诉讼的事实，正确适用法律，并注意防止虚假诉讼的认定对相关未决诉讼可能造成障碍。判决格式规范，语言通顺流畅，逻辑层次清晰，辨法析理透彻。在对争议事实的审查认定部分语言简洁准确，证据归纳层次清晰。判决理由针对性强，说理充分，判决结果正确。本案有力打击虚假诉讼行为，有效维护法律权威和司法公信力，切实保护案外人的合法权益，取得了良好法律效果和社会效果。

（点评人：金霞，昆明理工大学法学院副教授，硕士生导师）

**（2018）云民再17号裁判文书原文**

# 第六节　借款合同纠纷

## 19. 席某某和重庆铭嘉实业有限公司民间借贷纠纷案*

【关键词】

虚假诉讼　诚信原则　处罚

【裁判要旨】

对可能存在虚假诉讼的案件审理中，原告提出撤诉申请，人民法院应依法裁定不准许原告撤诉，判决驳回原告的诉讼请求，并对虚假诉讼参与人和相关人员的行为进行处罚，将犯罪线索移送公安机关。

### 一、简要案情

2019 年春节，重庆铭嘉公司法定代表人王某 1 与刘某商量如何解决公司资金困境，刘某提出通过诉讼方式可以取回公司抵押给其他公司的林地使用权以便融资，王某 1 表示同意并让其在春节后推动落实。同时，王某 1 安排公司财务人员王某 2 听从刘某安排调用资金。之后，刘某虚构了其母亲席某某与重庆铭嘉公司的借贷关系，伪造了《借款合同》《收条》，加盖了重庆铭嘉公司公章，并将席某某的中国农业银行卡交给公司财务王某 2 制作银行交易流水。王某 2 在席某某、刘某 1、谭某、王某 2、李某的银行账户之间来回转账，形成 2019 年 3 月 5 日至 3 月 8 日期间席某某银行账户共计转账 19 700 000 元到《借款合同》中指定收款人李某银行账户的银行交易流水。之后，刘某找律师拟好起诉状和保全申请书，并让其母亲席某某在《借款合同》、起诉状、保全申请书上签字后，于 2019 年 5 月 13 日起诉到法院。

法院在审理过程中，发现诸多异常情况：第一，原告作为 86 岁高龄的普通居民，出借巨额资金给外省公司，且借款要素事项约定极为详尽，与原告

---

* （2019）川 0322 民初 1591 号。

认知和财产条件明显不符；第二，在借款方为公司的情况下，所借款项却指定由自然人账户收取，不符合一般公司财务管理规定；第三，国家企业信用信息公示系统显示被告工商登记信息为吊销未注销状态，且已被列入经营异常名录，从事借款开展经营活动的真实性存疑。

针对上述情况，根据《最高人民法院关于防范和制裁虚假诉讼的指导意见》第4条“在民间借贷、离婚析产、以物抵债、劳动争议、公司分立（合并）、企业破产等虚假诉讼高发领域的案件审理中，要加大证据审查力度。对可能存在虚假诉讼的，要适当加大依职权调查取证力度”的规定，法院于2019年5月22日依职权调取了自2019年1月1日起至查询当日止原告席某某案涉账户的银行交易明细，以及其资金来源方刘某1账户、谭某账户的银行交易明细。通过对银行交易明细的整理的核查发现：第一，自2019年1月1日起，原告席某某案涉银行账户仅在2019年3月4日至3月8日期间才频繁出现跟刘某1、谭某、王某2、李某之间的大额转账交易，在此前后均无明显资金变动情况，且除去上述大额转账交易之外，该账户余额均在300元以下；第二，2019年3月5日至3月8日，刘某1、谭某、王某2账户向原告席某某账户转账共计19 700 000元，席某某账户向李某账户转账共计19 700 000元，而李某账户又将上述款项全部转回刘某1、谭某账户，且上述银行交易流水也系在席某某、刘某1、谭某、王某2、李某的账户之间不断来回转账所形成。

2019年5月27日，原告委托诉讼代理人向法院提交了原告签字的撤诉申请书。2019年5月28日，法院依法对原告席某某进行了询问，席某某陈述：自己年老不会办卡转账，是儿子刘某在操作，本案起诉状是自己签的名字，但没有细看，不清楚起诉的是谁。

2019年7月8日，法院根据《民事诉讼法》第145条第1款①和《最高人民法院关于适用〈中华人民共和国民事诉讼法〉的解释》第238条第1款的规定，认为本案有违反法律的行为需要依法处理，遂作出（2019）川0322民初1591号之二民事裁定，不准许原告席某某撤诉。并于2019年7月26日、10月22日对本案进行了开庭审理。

一审法院对原告提出的诉讼请求，予以驳回。重庆铭嘉公司的行为严重违反法律规定、违背社会诚信、扰乱正常司法秩序，对该公司及相关人员实

① 对应《民事诉讼法》（2021年修正）第148条第1款。

施的违法行为，法院将另行予以处罚。

## 二、撰写心得

裁判文书的日常写作，应当注重说理，做到三个“说清楚”。一是将抽象的法律规则说清楚。法律规则是指与具体的事实状态所引起的法律后果相联系的规范，其内在逻辑结构包括假定条件、行为模式和法律后果。撰写裁判文书，既要呈现出严谨的逻辑规则，又要让法律精神为人所知，让公平正义被实实在在地感知。简单来说，就是要将法律规则的内在逻辑结构即法律适用过程展示清楚。二是将证据、事实认定过程说清楚。撰写文书，应当对当事人有争议的证据进行分析认定，并据此认定法律事实，再在认定事实的基础上，结合法律规定对当事人的争议焦点进行回应，通过层层递进、抽丝剥茧，将证据、事实和法律相结合，进而使裁判结果顺理成章得以呈现。三是将争议焦点说清楚。对当事人争议的焦点都要有所回应，非基于特殊情况，尽量不要回避，讲明白支持或不支持的理由，至少让当事人看到文书时，能够了解法官已经充分考虑了他的主张以及被支持与否的具体原因。

优秀裁判文书的打造，最好具备三个意识：一是对案件的嗅觉意识。二是争先评优的打造意识。三是虚心请教的团队意识。一篇优秀的裁判文书，除了要具备前面所述的“三个说清楚”基本条件外，还需要具备三个要素：第一，也是最基本的要素，即裁判结果、法律适用要绝对正确，要遵循法律法规和公序良俗，判决结果无可争议，经得住历史的考验。第二，案件要够典型，有示范和推广的价值。案件的审判效果既要实现定分止争，又要发挥出法律评价、指引、预测、教育的功能，通过司法行为对社会起到价值引领和行为指引的作用。因此，要选取具有重大影响力、疑难复杂、新类型或是其他具有积极意义的案件。第三，文字要精练，逻辑要清晰，说理要透彻。裁判文书主要还是通过讲事实、摆道理，最终表达观点，且事实、道理和观点都来源于法规法理，所以语言不能过于生活化，要体现基本的庄重，因此文书格式要规范，文字要准确、精练，但也不能过于晦涩难懂，毕竟法律的精神是要易于为人所知。而逻辑是一篇文章的骨架，串联起了论点、论据和论证的整个过程，因此逻辑一定要清晰。

总的来说，打造裁判文书要语言言简意赅，逻辑严谨缜密，说理鞭辟入里，结论水到渠成，同时又亮点突出、意义深远，一般需要反复修改打磨。

本案判决书是一篇很特殊的裁判文书，针对的是虚假民事诉讼。除了具备上述要素，因为案件的特殊性，文书还突破了传统文书格式，写作的重点也放在了如何发现、查证、处理民事虚假诉讼的全过程。具体来说，阐明了人民法院受理案件后，通过日常生活经验法则和办案经验，发现的不符常理的地方，并根据《最高人民法院关于防范和制裁虚假诉讼的指导意见》第4条“在民间借贷、离婚析产、以物抵债、劳动争议、公司分立（合并）、企业破产等虚假诉讼高发领域的案件审理中，要加大证据审查力度。对可能存在虚假诉讼的，要适当加大依职权调查取证力度”的规定，加大了对当事人所提交证据的审查分析，着重对人民法院依职权调查取证的证据进行分析论证，最终得出本案系虚假诉讼的结论，判决驳回了原告的诉讼请求。说理部分开宗明义倡导当事人在民事诉讼活动中应当遵循诚信原则，对法律和司法权威心怀敬畏，任何试图通过虚假诉讼等方式达到非法目的的行为，都不能得到法律的支持。该篇文书充分展示了人民法院查证处理虚假诉讼的全过程，彰显了人民法院对虚假诉讼行为绝不姑息、严厉打击的决心，对维护正常司法秩序，捍卫法律和司法权威，弘扬社会主义核心价值体系具有重要意义；对广大人民群众也起到要诚信、尊重司法、敬畏法律，否则将受到法律严惩的警示教育作用。

（邹宇，四川省富顺县人民法院法官）

## 三、专家评析

该篇裁判文书是针对虚假诉讼的一篇民事判决书，因为案件的特殊性，在传统文书内容的基础上稍有突破。先是阐明了人民法院受理案件后，通过日常生活经验法则和办案经验，发现的不符常理的地方。然后加大了对证据材料的审查分析，并着重对人民法院依职权调查取证的证据进行分析论证，理清了虚假民间借贷行为的“出借资金”走向，从而得出本案系虚假诉讼的结论。审理查明案件事实部分，以时间为线，不仅清晰地反映出当事人进行虚假诉讼的事实和过程，还鲜明地展现出人民法院对于虚假诉讼的处理态度和处理方式。说理部分既简洁明了又立意高远。既表明了人民法院捍卫正常司法秩序、维护司法公信力的决心，起到警示教育作用；又强调了诚信原则是当事人在民事诉讼活动中的基本遵循，弘扬了社会主义核心价值观。整篇文书语言言简意赅，案件事实清楚，逻辑严谨缜密，说理鞭辟入里，结论水到渠成，同时又亮点突出，意义深远，具有非常典型和积极的价值引领意义。

（点评人：李庆华，四川省富顺县人民法院副院长）

**（2019）川 0322 民初 1591 号裁判文书原文**

# 20. 广发银行股份有限公司、中山证券有限责任公司等和中国城市建设控股集团安徽有限公司等金融借款合同纠纷案*

【关键词】

应收账款收益权　转让及回购　借款

【裁判要旨】

1. 受让人支付转让款后并非通过行使收益权本身获取收益而是要求转让方支付回购价款，且回购价款是转让款加一定期限投资溢价组成，符合借款合同借款人收取借款本金及固定利息的本质特征，应认定为借款合同。

2. 应收账款质押具有特殊性，债务人直接清偿应收账款即可获得现金用于优先受偿权，而无须通过拍卖变卖，故债权人可直接向应收账款债务人主张向其偿还应收账款。

## 一、简要案情

2015年11月25日，中国城市建设控股集团安徽有限公司（以下简称中城建安徽公司）与中山证券公司（代表中山广发3号定向资产管理计划及其委托人）签订《应收账款收益权转让及回购合同》，约定转让方拟向受让方中山证券公司转让其合法拥有的应收账款收益权，并承诺按本合同约定进行回购；标的应收转款收益权的转让价款总额为5亿元；转让方有义务按照约定向受让方回购标的应收账款收益权，并向受让方支付应收账款收益权回购价款；转让方应向受让方支付的回购价款等于投资本金与投资溢价之和，投资本金的金额等于应收账款收益权转让价款的金额，转让价款的投资溢价按照每年投资溢价率6%计算，该合同附件一标的应收账款基本情况载明：债务人

* （2018）皖民初35号。

为淮南城投公司，金额为65 642万元，承诺支付日期为2018年11月23日。2015年11月，中山证券公司与中城建安徽公司签订《应收账款质押合同》，约定中城建安徽公司以其依据《淮南市东西部第二通道项目投资代建合同》享有65 642万元应收账款为该公司在《应收账款收益权转让及回购合同》项下的全部义务设定质押担保。2015年11月，案涉应收账款质押在中国人民银行征信中心办理质押登记。2015年12月1日，中山证券公司向中城建安徽公司转款5亿元。中城建安徽公司合计还款444 717 372.5元。2014年8月26日，淮南城投公司、中城建公司及中城建安徽公司签订《对账确认函》，载明：经审理淮南城投尚欠淮南东西部第二通道工程款656 425 536.76元。2015年7月20日，淮南城投公司向广发银行合肥分行出具一份《承诺函》，载明该公司已知悉中城建安徽公司在贵公司通过非标准化债务融资工作，淮南城投公司承诺中城建安徽公司在广发银行合肥分行开立的专户为该公司支付应付账款的唯一账户；本次业务项下全部剩余应付账款真实存在并不存在任何限制转让条件；按照相关约定及时、足额将应付款项支付给中城建安徽公司。

本案争议焦点有：（1）关于本案合同性质。合同性质的认定不能仅凭合同名称确定，而应当根据合同有关当事人权利义务的约定及其他能够反映当事人真实意思表示的文件来确定合同的性质。本案中，广发银行、中山证券公司、广发银行合肥分行诉请中城建安徽公司偿还款项所依据的是《应收账款收益权转让及回购合同》。根据该合同有关回购的约定，中山证券公司在支付5亿元后，其权益实现方式并不是通过应收账款收益权本身，而是通过要求中城建安徽公司回购该应收账款，并分期支付回购价款的方式实现。该合同约定的应收账款收益权转让目的并不是让中山证券公司取得该收益权，而是以该应收账款收益权转让及回购的方式实现向中城建安徽公司提供5亿元融资的目的。此外，该合同约定的回购价款不是根据应收账款本身价值确定，而是根据投资本金加投资溢价之和确定，且投资溢价是按照投资本金余额乘以投资溢价率及投资期限计算得来。该投资溢价的计算方式与借款利息计算方式并无二致。该合同还对应收账款收益权转让价款用途作出约定，该项约定不应成为转让合同的要素，反而符合借款合同对借款用途约定的典型特征。2015年11月2日，中山证券公司向广发银行合肥分行出具的《委托函》载明委托该行代为履行案涉非标融资的资金用途监控、融资存续期间的风险管理、贷后管理等。因此，从案涉《应收账款收益权转让及回购合同》的内容及当事人在相关证据材料中的意思表示来看，本案《应收账款收益权转让及回购合同》应认定为借款合同，本案案由应确定为借款合同纠纷。该合同中转让价款及投资本金实为借款本金的约定，投资溢价实为利息的约定，投资溢价率实为借款利率的约定。（2）案涉应收账款质权是否设立，广发银行请求淮南城投公司直接向其支付应收账款的主张能否成立。2015 年 11 月 26 日，广发银行合肥分行根据中山证券公司委托在中国人民银行征信中心办理了质押登记，案涉应收账款质押设立。在本案借款发放之前，淮南城投公司即已知晓中城建安徽公司以应收账款融资 5 亿元，且该公司为中城建安徽公司顺利实现融资，向中山证券公司承诺其拖欠的案涉 65 642 万元应收账款是真实的，并与中城建安徽公司再次签订确认函予以确认。中山证券公司及其委托人广发银行亦是基于该应收账款真实存在及办理应收账款质押登记才向中城建安徽公司出借 5 亿元借款。因此，案涉质押的 65 642 万元应收账款应当认定为真实有效的债权。在淮南城投公司于 2017 年 5 月 2 日依约支付 431 103 747. 84 元后，该笔应收账款余额为 223 877 752. 16 元。中山证券公司及其委托人广发银行对中城建安徽公司在《淮南市东西部第二通道项目代建合同》项下应收账款余额 223 877 752. 16 元享有优先受偿权。应收账款性质上属于债权，其可直接向债务人主张清偿即可获得金钱用于清偿质押债务，而无须通过拍卖、变卖形式才能获得现金价款。对于债务人清偿而取得的现金价款，质权人可直接主张优先受偿。因此，中山证券公司及其委托人广发银行诉请由淮南城投公司直接向广发银行支付应收账款具有事实和法律依据，应予支持。淮南城投公司向广发银行偿还应收账款后，淮南城投公司与中城建安徽公司之间债权债务以及中城建安徽公司与广发银行之间的债权债务等额消灭。

## 二、撰写心得

民事裁判文书是人民法院在审理民事案件完成时制作的包括当事人主体身份、案件由来、当事人诉辩意见、案件查明事实、争议焦点及裁判理由、裁判结果等内容的法律文书。民事裁判文书作为人民法院民事审判工作的最终产品，其不仅是对当事人相关权利义务作出最终判定、实现定分止争，也是法律的公平正义在社会生活得以最终实现的重要载体。笔者认为一篇优秀的裁判文书除了在形式上符合诉讼法律文书规范之外，内容上至少具备以下要素。

**（一）对当事人诉辩意见归纳简练、全面、准确**

首先，对当事人的诉辩意见应当进行必要删减归纳。虽然当事人的诉辩意见内容来自其提交的起诉状、上诉状、答辩状等书面材料以及其庭审陈述的内容，但裁判文书毕竟是人民法院的司法作品，代表人民法院良好司法形象，其文书内容应当表达简练、层次分明、言简意赅。实践中，当事人提交的诉辩意见不仅文风迥异、长短不一、表达参差不齐，有的甚至啰唆重复。有必要根据其意见内容及文书篇幅，对当事人提交的材料予以归纳提炼，确保行文流畅、前后一致、布局合理、语言表达精炼。以本案为例，有的被告提交答辩状有数十页，不可能也不应直接复制，必须删减归纳至适当篇幅。其次，对当事人诉辩意见的归纳应当做到全面，不遗漏当事人重要观点。让当事人心服口服的前提条件之一即是让其感受到被尊重、被认真对待、其发表的意见没有被忽视。当事人的诉辩意见主要体现在起诉状、上诉状、答辩状等材料当中，而对于其庭审陈述或其庭后提交代理词中提出的重要观点，也应收集并写入文书。全面载明当事人主要观点也是裁判理由部分有针对性进行说理的基础。最后，对当事人诉辩意见的归纳应当做到准确无误。在当事人提交的材料表达冗长、欠缺逻辑性之时，法官往往需要用自己的语言来表达当事人的意思。此时即需要注意归纳当事人意思应当准确无误。对于当事人诉请中不够明确的地方，也需要在诉讼中引导当事人予以明确，并在裁判文书中直接写清当事人具体的诉讼请求。本案中，三位原告起诉状载明的诉讼请求是要求被告向其给付回购款及利息等，但具体接受款项的对象并不明确。在法院释明之后，三位原告共同明确由各被告直接向广发银行履行债务。裁判文书即载明三原告最终明确的诉讼请求。

**（二）案件事实查明全面、准确、有据**

查清与案件相关的事实是人民法院案件审理工作重中之重，抛开案件事实谈论法律适用毫无意义。人民法院应当围绕案件事实的查明展开审判活动，裁判文书亦应当将案件事实完整有序的阐述作为核心内容。首先，裁判文书记载的案件事实应当全面，所有裁判理由部分需要使用的案件事实均应在查明事实部分予以记载。当然与案件争议无关的事实，不应写在文书当中，避免文书冗长。同时，对于当事人有争议但无充分证据证明，需要通过证明责任分配最终认定的事实应当在裁判理由部分予以论证阐述。其次，对案件事实的描述应当以证据客观反映的内容为准，对证据内容尽量避免归纳简写，确保“原汁原味”，使上级法院或其他读者通过阅读即可了解证据的准确内容。最后，除自然规律以及定理、定律等当事人无须举证证明的事实之外，人民法院查明的事实必须要有证据支持，应当杜绝将猜测性意见、缺乏依据的推理作为查明事实写入裁判文书。

**（三）裁判理由论证充分有力**

裁判文书中裁判理由部分是向当事人讲清法理、讲明事理、讲透情理的主阵地，也是一篇优秀裁判文书的精华所在。首先，正确认定合同性质是案件审理的基础，裁判理由部分应当首先对案件进行准确定性。本案双方当事人订立的主合同虽然名为应收账款收益权转让及回购合同，但合同主要权利义务的约定符合借款合同本质特征，且双方当事人在其他文件中均表示双方系借款关系，本案判决认定主合同性质属于借款合同，理清了本案审理思路，为整个裁判理由论述奠定基础。其次，裁判理由的说理要对当事人的每一诉求作出有针对性的正面回应，对案件重要细节展现出应有的关注，而非选择性忽略或视而不见。本案审理过程中，各被告对原告的诉请提出全方位的抗辩。本案一审判决书对各方当事人各项争议焦点逐一进行全面细致分析，详尽说明裁判理由。一审判决作出后，各方均服判息诉，应收账款债务人亦主动履行全部义务，得到案结事了。最后，裁判理由评述应当限于处理本案纠纷需要，避免不必要的阐述对后续案件处理造成不好影响。审慎判断本案处理边界，断所能断之处，不具备条件和不宜涉及的问题要保持谦抑，小心触碰。

**（四）裁判主文明确具体、无歧义**

裁判主文是对当事人权利义务作出终局性裁判，避免需要对裁判主文需要再说明的情况。例如，有的法院在审理借款类裁判文书中对于借款的利息、复利、违约金等笼统载明按照合同约定执行；执行中当事人往往对合同条款的理解不一致导致产生新的纠纷。对于此类案件，应当明确写明利息、复利、违约金等计算基数、计算标准及起止时间确保执行中不再产生争议。

（洪平，安徽省高级人民法院法官）

## 三、专家评析

本案是商业银行非标准化融资业务中债务人违约引发的纠纷，属于新类型案件，且涉及多方主体，多重法律关系，存在多项疑难法律适用问题。本判决在展示、分析、认定各方当事人所举证据后，全面准确查清了相关事实，在此基础上首先透过现象看本质将本案主合同定性为借款合同，并对本案所涉疑难复杂法律适用问题逐一进行全面细致充分的阐述。整体上，本判决事实查明清楚，逻辑清晰，说理充分，论证有理有据。判决后，各方均服判息诉。

（点评人：余昕波，安徽省高级人民法院民事审判二庭副庭长）

**（2018）皖民初 35 号裁判文书原文**

# 21. 华北制药股份有限公司物资供应分公司、华北制药股份有限公司和中国建设银行股份有限公司邯郸滏东支行及河北裕泰化工有限公司、河北裕泰实业集团有限公司、邯郸市裕隆化工有限公司、李某、潘某某金融借款合同纠纷案*

【关键词】

保理　应收账款　债务人　书面确认　免责抗辩

【裁判要旨】

在债务人对应收账款金额、收货情况已经书面确认的情况下，即使确认金额与真实金额不符，在无证据证明保理商对此知道或应当知道情况下，对债务人提出的免责或减轻责任抗辩，人民法院不予支持。

## 一、简要案情

2015年6月30日，中国建设银行股份有限公司邯郸滏东支行（以下简称建行滏东支行）与河北裕泰化工有限公司（以下简称裕泰化工公司）签订《有追索权国内保理合同》《应收账款质押/转让登记协议》各一份，约定裕泰化工公司将对华北制药股份有限公司物资供应分公司（以下简称华药物资分公司）享有的50 000 014.75元应收账款债权转让给建行滏东支行，核定的保理预付款额度为3470万元。同日，建行滏东支行向华药物资分公司发出《应收账款转让通知书》、对账单，华药物资分公司向建行滏东支行出具书面《回执》《收货证明》，并在对账单回执联签字盖章，确认已收到裕泰化工公司发出的货物并验收合格，50 000 014.75元应收账款的数额真实准确，知悉应收账款转让事宜，承诺向指定银行账户履行后续支付货款义务。依据上述《有追索权国内保理合同》，建行滏东支行于当日向裕泰化工公司发放保理贷款3470万元，并与河北裕泰实业集团有限公司（以下简称裕泰实业公司）、

---

* （2017）冀民终528号。

邯郸市裕隆化工有限公司（以下简称裕隆化工公司）各签订《保证合同》一份，与李某、潘某某各签订《自然人保证合同》一份，约定四保证人为裕泰化工公司的债务提供连带保证。保理合同到期后，裕泰化工公司未按照合同约定归还 3470 万元保理贷款，建行滏东支行向法院提起诉讼，请求法院判令裕泰化工公司、华药物资分公司、华北制药股份有限公司（以下简称华药公司）偿还保理贷款 3470 万元及利息，裕泰实业公司、裕隆化工公司、李某、潘某某作为保证人承担连带偿还责任。一审法院经审理认为，建行滏东支行与裕泰化工有限公司签订的《有追索权国内保理合同》合法有效，裕泰化工应依约履行偿还贷款本息义务，华药物资分公司应在 50 000 014.75 元应收账款数额内承担给付责任，华药公司作为华药物资分公司设立单位应承担共同清偿责任，裕泰实业公司、裕隆化工公司、李某、潘某某应依约承担连带保证责任。

一审判决后，华药公司、华药物资分公司不服提起上诉，主要上诉理由是：涉案保理合同项下的 50 000 014.75 元应收账款不真实，华药物资分公司并未实际收到相应货物，也不拖欠裕泰化工公司任何货款，系应建行滏东支行、裕泰化工公司、裕泰实业公司、裕隆化工公司四方的要求，虚构了相关保理业务资料为原来贷款续期。

二审法院经审理认为，案件审理争议焦点问题主要有两个：（1）2015 年 6 月 30 日，裕泰化工公司转让给建设滏东支行的应收账款债权是否真实存在；（2）两上诉人对裕泰化工公司欠付的 3470 万元保理款本息是否应承担偿还责任。关于第一个争议焦点问题。保理是以贸易中形成的应收账款转让为基础的融资，其法律关系涉及保理商（建行滏东支行）、债权人（裕泰化工公司）和债务人（华药公司物资分公司）等三方民事主体。被上诉人建行滏东支行主张保理合同项下的 50 000 014.75 元应收账款真实存在，并提交了《产品采购合同》、增值税发票、《应收账款转让通知书》及回执、《对账单》及回执、《收货证明》等证据。从上述证据尤其是上诉人华药公司物资分公司盖章、法定代表人林某某签字的两份回执看，上诉人华药公司物资分公司于 2015 年 6 月 30 日即保理合同签订之时，作为债务人，以书面文件方式向保理商即建行滏东支行确认了应收账款的金额，同时知悉该笔应收账款债权已经转让。因上诉人华药公司物资分公司与原审被告裕泰化工公司之间存在多笔大额交易，资金来往频繁且数额较大，故内部应收账款金额变动情况只有双方最为清楚。根据诚信原则，上诉人华药公司物资分公司对应收账款金额、收货情况都已进行了书面确认，即使在2015年6月30日这个时间节点，上诉人华药公司物资分公司欠付的货款金额不足50 000 014. 75元（或不存在欠款），在尚无证据证明被上诉人建行滏东支行对此知道或应当知道的情况下，对于上诉人华药公司物资分公司诉讼中提出的应收账款虚假的抗辩二审法院不予支持，其主张的基础合同项下的抗辩权亦不能成立。关于第二个争议焦点问题。根据案涉保理合同第34条的约定，在原审被告裕泰化工公司未依约及时归还保理预付款的情况下，被上诉人建行滏东支行有权向买方即上诉人华药公司物资分公司进行货款追索。根据上诉人华药公司物资分公司签收的《应收账款转让通知书》，其承诺将货款转至裕泰化工公司在建行邯郸分行开设的保理收款专户，未经建行滏东支行书面同意不得撤销和变更。根据已查明事实，上诉人华药公司物资分公司未向保理收款专户转入任何款项，故即使其在2015年6月30日后已通过其他途径陆续偿还了裕泰化工公司货款，也不能对被上诉人建行滏东支行产生清偿效果，仍应履行给付义务。同时，一审法院根据《公司法》第14条规定，判令上诉人华药公司对华药公司物资分公司债务承担共同清偿责任适用法律正确，上诉人华药公司的主张于法无据，二审法院不予支持。综上，二审法院认为，一审判决认定事实清楚，适用法律正确，依据《民事诉讼法》第170条第1款第1项①之规定，判决驳回上诉，维持原判。

## 二、撰写心得

对于优秀裁判文书的评判标准及撰写经验技巧这个话题，大家可能既有共同的认识，也有自己独特的体会。裁判文书是对诉讼各方权利义务的决断，是反映诉讼争议和裁判结果的最终载体，案件事实认定是否有偏差、法律适用是否有偏颇、裁判说理是否能接受，都要经受各方当事人尤其是败诉方的检验。笔者认为，一篇优秀裁判文书起码应满足认定事实清楚、适用法律准确、裁判说理充分三个基本要求。当然，就如同一篇好的文学作品一样，优秀裁判文书在一定程度上也反映了法官良好的文字功底，文书整体上必须做到格式规范、用语专业、逻辑严谨、层次分明。

首先，事实是据以裁判的依据，民商事案件审判首先是通过客观证据审查、严密逻辑推理、社会常识认知等手段，去伪存真、去粗取精，逐步形成

① 对应《民事诉讼法》（2021年修正）第177条。

最大程度接近客观事实的法律事实的过程，是一个逐步解决“是什么”问题的“求真”过程。在最终形成的裁判文书中，应对案件事实特别是当事人争议的事实进行判断、认定，完整、客观、准确、规范地载明各方当事人主张的案件事实、提交的证据及质证意见、争议事实的认定结果及理由，简明扼要、重点突出，让人一目了然。不能掺杂丝毫个人感情因素，不能对相关案件事实任意取舍，否则就丧失了结果公平公正的前提，更何谈成为优秀裁判文书。本案二审中，双方当事人争议的一个核心事实是保理业务中 50 000 014.75 元应收账款是否真实存在，建设滏东支行作为主张权利的一方负有举证责任，除一审中提交的证据外，其在二审中提交了《对账单》《收货证明》两份新证据，证据名称、主要内容、证明目的和质证意见在二审裁判文书查明事实部分均有完整、客观、准确、规范的记载。当然，对于案件事实的认定一审判决打下了一个很好的基础，涉案保理合同的签订履行过程、合同的主要内容及从合同即保证合同的签订情况，在一审判决“认定事实”部分有清晰、完整的描述，与二审判决认定的事实相结合，就能让所有人对本案的基本事实、争议事实一目了然。

其次，法律是据以裁判的准绳，在准确认定相关法律事实基础上，要根据相关法律、司法解释对当事人诉请或抗辩是否成立进行评析、认定，裁判理由的论证即“本院认为”部分是裁判文书的核心和精华所在，也是评判裁判文书质量高低优劣的关键。对此，首先应基于当事人诉辩情况，正确界定案件法律关系性质，准确归纳当事人争议焦点，围绕争议焦点问题逐一展开裁判论理。本案二审中，当事人争议焦点问题主要有两个：一是 2015 年 6 月 30 日裕泰化工公司转让给建设滏东支行的应收账款债权是否真实存在；二是两上诉人对裕泰化工公司欠付的 3470 万元保理款本息是否应承担偿还责任。在裁判文书“本院认为”部分，围绕两个争议焦点问题逐一展开论述，首先，界定本案法律关系的性质为保理合同，涉及保理商、债权人、债务人三方民事主体。围绕应收账款的形成、转让、确认等相关事实，对两上诉人的上诉理由是否成立进行评判，重点阐明本案的裁判要旨，即在债务人对应收账款金额、收货情况已经书面确认的情况下，即使确认金额与真实金额不符，在无证据证明保理商对此知道或应当知道情况下，对债务人提出的免责或减轻责任抗辩也不应予以支持。其次，对两上诉人是否应承担偿还责任及承担责任的方式问题展开论述，主要依据《有追索权国内保理合同》《应收账款转让通知书》相关约定，论证华药公司物资分公司应承担支付应收账款的责任，根据《公司法》第14条论证华药公司应承担共同还款责任。最终形成的结论是两上诉人的上诉理由均不能成立，一审判决认定事实清楚、适用法律正确，判决驳回上诉维持原判。在裁判论理过程中，整体上根据“大前提”“小前提”“结论”三段论模式展开，要注重案件事实、裁判论理、裁判结果之间的逻辑关系，保持事实认定与法律适用之间衔接流畅性，清楚反映和还原法官判决结果的推导过程。

古语言，业精于勤而荒于嬉，优秀的裁判文书是法官最好的名片，是审判业务能力的集中体现。优秀裁判文书的产生，离不开审判经验的长期积累和沉淀，离不开对文书质量的不懈追求，离不开对杰出法律前辈的学习借鉴，也许机会只留给那些准备好的人。

（宣建新，河北省高级人民法院法官）

## 三、专家评析

通读这篇裁判文书，给人总体印象是裁判样式规范、争议焦点归纳准确、裁判论理充分严谨、裁判结果公平公正，且裁判要旨有一定的指导意义，可以称之为一篇优秀的裁判文书。本案涉及银行保理业务，早些年这类案件属于新型案件，诸如有追索权的保理合同中，保理银行有无权利同时向应收账款债务人和应收账款债权人主张求偿权和追索权，应收账款债权转让通知书的效力及与保理合同的关系等法律适用问题，相关裁判规则也在不断摸索完善过程中。本案中，承办法官首先准确界定了本案法律关系性质及各方基本权利义务，基于原告诉请、被告抗辩、庭审陈述、相关证据及质证意见对相关案件事实进行了认定，语言简明扼要、层次分明，让当事人或旁观者能够迅速了解本案的基本事实和当事人的争议所在。其中一个关键的事实就是被告华药公司物资分公司作为应收账款债务人在确认函、对账单上签字盖章确认应收账款的数额，出具收货证明认可收货验收情况，裁判文书对相关证据、案件事实进行了完整、客观、准确、规范的记载。紧接着，在裁判文书“本院认为”部分，承办法官准确归纳了本案的争议焦点问题，一个是如何看待华药公司物资分公司在诉讼中否认应收账款真实性的抗辩，另一个是如何认定华药公司物资分公司及其设立单位华药公司的法律责任。围绕这两个争议焦点问题，阐述了法院据以裁判的法律依据和论理过程，逻辑严谨、论理充分，并归纳出本案核心的裁判要旨，即在债务人对应收账款金额、收货情况已经书面确认的情况下，即使确认金额与真实金额不符，在无证据证明保理商对此知道或应当知道情况下，对债务人提出的免责或减轻责任抗辩也不应予以支持。

（点评人：赵倩，河北省邢台市中级人民法院院长，河北省审判业务专家）

**（2017）冀民终 528 号裁判文书原文**

# 22. 贵州建工集团有限公司和杨某1、肖某1、肖某2、陈某、肖某3、李某某、薛某1、蒋某某民间借贷纠纷案*

【关键词】

民间借贷　建设工程施工合同　承包人　实际施工人

【裁判要旨】

实际施工人在建设工程项目施工过程中以个人名义对外借款，且在借款凭证上无承包人的签字、盖章或者其他足以使第三人相信实际施工人有承包人授权的行为的，应当认定该借款是实际施工人的个人借款。

## 一、简要案情

贵州建工集团有限公司（以下简称贵州建司）于2013年12月17日与四川省大英监狱签订《合同协议书》，承包了四川省大英监狱建设工程。2014年1月21日，贵州建司与肖某1签订《施工管理责任书》。杨某1与胡某某系夫妻关系。2013年11月15日，胡某某通过隆昌县农村信用合作联社分别向杨某2转款80万元、薛某2转款80万元、张某某转款80万元、兰某某转款80万元、薛某3转款400万元；杨某1分别于2013年12月19日、12月23日，2014年1月12日、1月24日、1月26日、2月26日、3月7日、6月5日通过工行向薛某2转款分别为60万元、140万元、300万元、250万元、100万元、200万元、100万元、200万元；上述款项共计2070万元。2014年2月27日，薛某2将上述款项中的1209万元通过工行转账到贵州建司的账户内，并注明该款用于交纳履约保证金，贵州建司将该款转入到了四川省大英监狱工程建设指挥部。2014年12月25日，肖某1返还杨某1借款本金500万元。2015年2月16日，肖某1向杨某1出具承诺一份，该承诺载明“我肖

* （2017）川民再531号。

某 1 尚欠杨某 1、胡某某 2014 年至 2015 年 2 月底借款利息 200 万元整（以实际结算为最终数据），所欠利息本人承诺于 2015 年 6 月 30 日前一次性付清。承诺人：肖某 1，2015 年 2 月 16 日”。2015 年 2 月 17 日，肖某 1 向杨某 1 出具借条一张，该借条载明“兹有肖某 1 于 2013 年 11 月 15 日起至 2014 年期间杨某 1、胡某某按照我的要求先后分别打款给杨某 2、薛某 2、兰某某、薛某 3 共计人民币 2000 万元，此款系肖某 1 借款，经结算，至今肖某 1 尚欠杨某 1、胡某某人民币 1500 万元本金未归还，现协议如下：（1）从 2015 年 3 月 1 日起按月利率 2.5% 计付利息，按月结清；（2）肖某 1 于 2015 年 3 月 31 日归还本金 400 万元，2015 年 12 月 30 日前还清剩余本金及利息，肖某 1 必须按约定偿还本息，否则视为违约，出借人杨某 1、胡某某即可主张全额债权；（3）担保肖某 1 借款由下属签字担保，担保责任为连带担保责任；（4）管辖此借条若发生纠纷，向杨某 1 住所地人民法院提起诉讼。借款人：肖某 1，担保人：肖某 2、肖某 3，2015 年 2 月 17 日”，肖某 2、肖某 3 在该借条担保人处签字。2015 年 10 月 14 日，肖某 1 支付杨某 1 共计 270 万元。2016 年 1 月 21 日，杨某 1（甲方）与乙方（肖某 1）、丙方（肖某 2、肖某 3、陈某、李某某）、丁方（肖某 3、陈某、肖某 1、李某某、薛某 1、蒋某某）签订《担保借款合同》。该合同主要内容为：“甲方杨某 1 于 2013 年 11 月至 2014 年 9 月期间通过杨某 1、胡某某账户按照借款人肖某 1 的要求先后分别打款给杨某 2、薛某 2、张某某、兰某某、薛某 3 共计人民币 2000 万元，此款系肖某 1 向杨某 1 借款，用途为资金周转。经决算，截至 2015 年 2 月 17 日之前利息已结清，自 2015 年 2 月 17 日起，乙方尚欠甲方本金 1500 万元，至 2016 年 1 月 20 日止尚欠利息 417 万元，经协商，甲乙丙丁达成如下协议：（1）还款计划：乙方承诺 2016 年 6 月 30 日前归还本金 600 万元，2016 年 12 月 31 日前归还 400 万元本金，剩余本息于 2017 年 9 月 30 日前全部结清，期间乙方可提前归还，但乙方未按期归还，视为违约，甲方可全部主张债权。（2）利率：自 2016 年 1 月 21 日起借款本金按月息 2% 计算。（3）保证担保：所有借款本息由丙方夫妻承担连带担保责任，担保期间为该笔借款到期二年。（4）抵押担保：为保证甲方债权实现，丁方自愿以位于成都市高新区天府大道北段某号 1 栋 1 单元 19 层 5、6、7、8、9 号房产作为借款本息的补充抵押物，抵押物的最终价值以抵押权实现时实际处理抵押物的净收入为准，抵押期间为该笔借款到期后二年。（5）特别约定，乙方违约，甲方可根据需要，可向借款人、保证人、抵押人任选一种或者全部方式向法院主张实现债权。（6）催收及送达，甲方催收函及相关文件，通过邮寄到借款人、保证人、抵押人住所地视为签收送达。（7）管辖及争议处理：发生纠纷，积极协商处理，协商不成，可向甲方住所地人民法院起诉。（8）协议签字生效”。杨某1在甲方处签字，肖某1在乙方处签字，李某某、肖某3、陈某在丙方处签字，肖某2未在丙方处签字，肖某1、陈某、李某某、肖某3、薛某1、蒋某某在丁方处签字。肖某1于2016年1月21日向杨某1出具情况说明：“杨某1于2013年11月至2014年9月期间通过杨某1、胡某某账户按照借款人肖某1的要求，先后分别打款给杨某2、薛某2、张某某、兰某某、薛某3等人共计人民币2000万元，该系列借款用于贵州建司承建的四川大英监狱建设工程，本人是该项目的项目经理，其中1209万元借款以薛某2名义汇入贵州建司有限公司成都分公司的账户用于工程的履约保证金。”2016年1月26日，杨某1与肖某3、李某某、蒋某某、薛某1、陈某、肖某1到成都市房屋产权登记中心对坐落于高新区天府大道北段×号1栋1单元19楼5号、6号、7号、8号、9号房屋作了他项权利人登记。他项权登记附记上记载为此次抵押为后顺位抵押权2320915、权2320910、权2382375、权2321266、权2321261共同担保1500万元整。杨某某与肖某1还有其他经济往来。

## 二、撰写心得

裁判文书是国家司法权的书面载体，是司法尊严的具体体现，具有极强的法定性和严肃性，这就要求裁判文书在形式上具有严格的规范性，在内容上具有严密的逻辑性。

在形式上，主要包括三个方面的内容。第一，认真学习，吃透《民事诉讼文书样式》。最高人民法院修改后民事诉讼法贯彻实施工作领导小组编的《民事诉讼文书样式》一书囊括了近600个文书样式，系统全面地涵盖了管辖、证据、一审普通程序、简易程序、二审程序、审判监督程序、执行程序等民事诉讼的各个环节，是我国民事诉讼多年来集体智慧的结晶，得到广大法官、检察官、律师、人民群众的认可。因此，作为一名民事法官必须学懂、吃透《民事诉讼文书样式》，严格按照《民事诉讼文书样式》制作民事诉讼裁判文书，做到裁判文书形式上的统一、权威。第二，归纳总结，准确提炼当事人的观点。由于多方面的原因，部分当事人甚至是律师，无论是在口头还是书面陈述事实和辩论时，往往把只要自己认为与案件有关的就一股脑地丢出来，而部分法官是照单全收，裁判文书中的当事人陈述和辩论显得语无伦次，甚至矛盾错误。因此，法官在制作裁判文书时，应该根据案件事实和争议焦点，对当事人的陈述和辩论进行归纳总结，提炼出其观点，舍弃与案件事实和争议焦点无关的陈述和辩论，做到精炼简洁。第三，法言法语，避免裁判文书的口语化。裁判文书是人民法院诉讼活动的最终体现，是当事人的权利凭证，这就需要法官在制作裁判文书时，采用正规、专业的法言法语，尽量不用或者少用口语化的语言，通过裁判文书的语言形式来体现其法定性、权威性。当然，由于大量与普通老百姓息息相关的民事案件在基层，基层人民法院应当结合实际需求，做到普通老百姓看得懂与法言法语正规性、专业性的平衡，在使用法言法语的基础上确保普通老百姓看得懂裁判文书。

在内容上，主要包括四个方面的内容。第一，对证据的认证。打官司就是打证据，证据是整个民事诉讼活动的基础，因此对证据的认证是裁判文书的重要内容。总体来看，相当部分的法官不重视裁判文书中对证据的认证，仅仅简单地从证据三性来判断证据的采信与否，即仅从证据资格上对证据进行认证，对证据证明力的有无、大小避而不谈。证据的认证实质上是裁判文书说理的前提，对证据的认证详实充分，将极大地增强裁判文书的说理，提升整篇裁判文书的质量和权威，因此法官在制作裁判文书时，必须高度重视对证据的认证，不仅要从证据资格上对证据进行认证，更要在证据资格认证的基础上充分论证证据证明力的有无、大小，全面阐明对证据采信与否的具体理由，尽量避免对证据认证的简单化。第二，对事实的认定。在裁判文书中对事实的认定，不是对客观事实的认定，而是对法律事实的认定，而法律事实的认定是以证据为基础的，通过证据呈现在法官面前的。由于民事诉讼实行的“谁主张，谁举证”的举证规则和“高度盖然性”的证明标准，法官对事实的认定必须以证据为基础，通过当事人的举证质证，做到每一个事实要素都有证据来证明；对于真伪不明的事实，则应当按照证据规则分配举证责任，应当完成举证责任的当事人没有完成相应的举证责任，则承担不利的事实认定；当事人的证据都不能证明待证事实存在与否的，则判断谁的证据力更大，作出对事实的认定。第三，对争议焦点的归纳。争议焦点是当事人之间争议的核心问题，整个诉讼活动都是围绕着争议焦点进行的，一个归纳到位的争议焦点，将使整个诉讼活动紧凑、有序，达到事半功倍的效果，相反归纳不到位的争议焦点，将整个诉讼活动尤其是庭审活动变得松散、混乱，不利于查明事实，作出公正裁判。因此，法官在庭审前应当审阅卷宗，初步了解案件事实和相关证据，在庭审认真听取当事人的陈述、辩论，并在征求当事人意见的基础上，找到整个案件争议的焦点所在，引导当事人在法庭调查、法庭辩论围绕争议焦点进行，为高质量制作裁判文书打下坚实的基础。第四，对本院认为的论证。本院认为部分是裁判文书的核心和精华，一篇好的裁判文书在本院认为部分都是以事实为依据，以法律为准绳，再加上严密的逻辑论证，整个本院认为部分浑然天成。在司法实践中，裁判文书的本院认为部分普遍是采用三段论的经典结构，分为案件事实、法律依据、判决主文三大部分，三部分之间是三段论的逻辑推理关系，即案件事实是小前提，法律依据是大前提，判决主文是结论，法官在制作裁判文书时，要以法律的相关规定作为三段论的大前提，将案件事实作为小前提，从而推导出一个司法结论，即判决结果。

（唐嘉君，四川省高级人民法院法官）

## 三、专家评析

在司法实践中，建设工程施工合同纠纷往往与民间借贷纠纷交织在一起，实际施工人既有建设工程项目负责人的身份，又有借款人的身份，实际施工人在建设工程项目施工过程中对外借款性质的认定，在法律适用上成为困扰各地法院审判实践的疑难问题。

该判决书以司法实践中存在的问题为导向，围绕实际施工人在建设工程项目施工过程中对外借款性质这一争议焦点，在双方当事人举证、质证的基础上，从证据资格的有无、证据证明力的大小等方面，全面阐明对案涉证据采信与否的具体理由；在本院认为部分，该判决采用了经典的三段论结构，从表见代理的构成要件、金钱的种类物属性、合同相对性三个方面进行严密论证，论点突出，论证严密，归纳出审理此类案件如何准确适用法律的裁判规则，即实际施工人在建设工程项目施工过程中以个人名义对外借款，且在借款凭证上无承包人的签字、盖章或者其他足以使第三人相信实际施工人有承包人授权的行为的，应当认定该借款是实际施工人的个人借款。另外，该判决严格按照《民事诉讼文书样式》的要求制作，对当事人陈述和辩论的观点归纳精炼准确，整篇判决书非常的规范和权威。

总体而言，该判决书通过对双方当事人证据的充分评判，在查明案件事实的基础上，对争议焦点进行了详细、周密的分析，解决了实际施工人在建设工程项目施工过程中对外借款性质的认定问题，归纳出了具体的裁判规则，全文详略得当、逻辑严密、说理充分、适法准确，对于审判实践有较好的引导意义。

（点评人：袁均，四川省高级人民法院审判监督第二庭庭长、三级高级法官）

**（2017）川民再 531 号裁判文书原文**

# 23. 新华信托股份有限公司和镇江冠城房地产开发有限公司、上海冠城投资集团有限公司、仇某某借款合同纠纷案*

【关键词】

信托合同　借款合同　信托报酬　抵充顺序

【裁判要旨】

1. 信托公司与相对人签订信托融资合同或某权利转让回购合同，但按固定比例收回投资本金及投资收益的，应当认定信托公司与相对人之间建立的是借款合同关系。

2. 债务人的给付不足以清偿其对同一债权人所负的数笔相同种类的全部债务的，应当按照《最高人民法院关于适用〈中华人民共和国合同法〉若干问题的解释（二）》第20条①或《民法典》第560条规定的顺序进行抵充。

## 一、简要案情

2012年10月24日，新华信托股份有限公司（以下简称新华信托公司）与镇江冠城房地产开发有限公司（以下简称镇江冠城公司）签订《信托融资合同》《项目收益权转让合同》，约定镇江冠城公司将其项目收益权转让给新华信托公司，转让价款2.2亿元，并由镇江冠城公司在之后的两年内分批次对项目收益权进行回购，并按固定比例支付回购溢价款。

为担保镇江冠城公司履行前述合同，上海冠城投资集团有限公司（以下简称上海冠城公司）、仇某某先后分别与新华信托公司签订《保证合同》，对前述合同的履行承担连带保证责任；镇江冠城公司与新华信托公司签订《抵押合同》并办理了抵押登记，对前述合同的履行承担抵押担保责任。

---

* （2016）渝民终592号。

① 该解释已于2021年1月1日失效。

2012 年 10 月 31 日、2012 年 12 月 27 日、2013 年 1 月 6 日，新华信托公司先后三次向镇江冠城公司支付了 1 亿元、7480 万元、4520 万元，共计 2.2 亿元。

2012 年 11 月 7 日至 2015 年 6 月 23 日，镇江冠城公司分多次陆续向新华信托公司归还款项共计 205 833 396.71 元。

法院认为，虽然新华信托公司与镇江冠城公司签订了《项目收益权转让合同》《信托融资合同》两份合同，但同时约定《项目收益权转让合同》为《信托融资合同》的组成部分，《项目收益权转让合同》与《信托融资合同》约定不一致的，以《信托融资合同》为准，而根据《信托融资合同》第 5 条的约定，新华信托公司是按固定比例收回投资本金及投资收益，故新华信托公司与镇江冠城公司之间建立的是借款法律关系，借款利率以回购溢价款的约定为准。

因新华信托公司的款项分三次出借，利息起算时间不一致；借款期间分三类，每类的期内利率约定也不一致。而镇江冠城公司的还款也分多次，每次还款的金额并不足以清偿全部债务。故法院根据款项的出借及归还情况，按照先息后本及《最高人民法院关于适用〈中华人民共和国合同法〉若干问题的解释（二）》第 20 条规定的顺序，依次进行抵充，计算得出镇江冠城公司尚欠的借款本息金额。

最终判决镇江冠城公司于判决生效后十五日内向新华信托公司支付借款本金 68 520 656.13 元、逾期罚息 1 589 274.82 元及自 2015 年 6 月 24 起至付清之日止的逾期罚息（以 4000 万元为基数按年利率 11.7% 计算，以 28 520 656.13 元为基数按年利率 14.04% 计算），利随本清；上海冠城公司、仇某某对前述债务承担连带清偿责任；新华信托公司有权在前述债权的范围内就抵押物优先受偿。

## 二、撰写心得

笔者认为，一篇优秀的裁判文书应当至少具有以下四个方面的素质，即程序正义、实体正义、格式完备、文字精准。

### （一）程序正义

裁判文书从一定角度来讲是对整个诉讼的归纳和总结，不管是当事人或案外人看了裁判文书，应该是对整个案件有清晰的思路。从立案和裁判文书确定的时间可以知道案件审理的周期，体现审判效率的高低。裁判文书需要对庭前是否交换证据、双方举证的意见及是否提出延期举证、是否申请法院调取相关证据等问题进行表述，这些叙述涉及对证据的审核与认定，是在裁判文书中反映司法程序性公正的主要体现。公布有关审判程序的内容，让程序有较强的透明度，即使当事人通过了解程序是否公正，从而增加对裁判结果的信任度，又使法官强化依法高效审判的意识。不仅仅是在裁判文书中有所体现，还需要在整个审理过程中严格坚持。不仅仅需要熟悉诉讼法律制度，更需要时时刻刻不忘初心、牢记使命，以严谨的审理程序保障当事人的诉讼权利。

### （二）实体正义

实体正义是指实体处理是否公正，责任认定是否正确等。合法公正是裁判的生命线，是判决的灵魂，是将事实和判决结果有机联系的纽带。裁判文书如果缺乏论理或论证不充分，其公正性就会令人产生怀疑。一篇好的裁判文书在论理上应是层次清晰的，说理充分透彻。详细说明当事人请求支持的理由，不支持的原因，引“法”讲“理”，使赢的当事人清清楚楚，输的当事人明明白白。撰写优秀的裁判文书，就需要法官不断进行知识更新，掌握好法学理论。可以通过以下方式学习新的法学知识：（1）每隔一段时间要进行业务学习，学习法律知识，包括复习和学习新的知识；（2）认真结合办案中遇到的问题阅读相关法律书籍或与法学界人士进行探讨；（3）订阅法律类报刊，尤其是法学前沿方面的期刊，从中掌握了解法学的最新动态；（4）在每一部新的法律法规出台时，学习其内容，可以与旧有规定进行对比分析；（5）收集阅读最新的法学论文，从中学习新的知识；（6）到法学院旁听授课；（7）定期购买新书，计划一个阅读时间，在时间紧张的情况下，阅读其核心内容或法官所关心的内容。

### （三）格式完备

格式完备就是看裁判文书的格式是否规范，内容要素是否齐全。格式规范，结构合理，内容要素齐全，符合最高人民法院公布的诉讼文书样式的要求，对同类型案件裁判文书的撰写具有一定的指导价值和示范作用。笔者作为初任法官，结合当初做书记员的经历及身边其他法官助理的一些经验，认为提高裁判文书撰写技能的一大捷径即是阅读与模仿。第一步是阅读，第二步是模仿。只有通过正确阅读，才能了解裁判文书的基本写作方法。一般情况下阅读模仿应当采取以下步骤：（1）从自己接触的具体案件开始，阅读案件的全部材料，旁听案件的庭审，确认自己的裁判思路。（2）将自己的裁判思路与他人尤其是审理该案的法官探索，以求证自己的思路的正确与否。（3）在心中打腹稿，使用三段论的方式论证裁判结果。（4）阅读承办法官写的判决，先从其写作格式、体例开始，然后阅读其论证方式、段落、词句运用。（5）阅读其他法官的裁判文书，尤其是其中优秀的裁判文书要反复研究其写作论证方式。（6）阅读公开的公报、裁判文书选上的裁判文书，使自己的眼界进一步开阔。（7）从能够听庭审和看案卷材料的案卷中，选择一类案件，自己模仿撰写裁判文书，将自己撰写文书与资深法官撰写文书内容进行比较。（8）阅读和模仿是一个不断的过程，法官在做法官助理阶段就应当注意开始培养自己未来成为法官的能力，初任法官在任职后更是一个加强学习形成自己裁判文书写作风格的时期。

**（四）文字精准**

撰写裁判文书，不仅要有一定的法学理论基础，实践中往往更需要一定的语言文字功底和较强的逻辑思维能力。撰写判决书，首先要把审理查明的案件事实叙述清楚、准确、恰当，这就要有一定的书面语言表达能力；判决书中的语言，一般不宜使用方言俚语，而要使用“法言法语”，要紧紧依据法律规定来组织文书语言，这就要有一定的法学理论修养；判决书的案件事实叙述以及论证的层次性、逻辑性等，又需要作者具有较强的逻辑思维能力。因此，一篇好的判决书，就是一篇好的论文。文字是否精准的关键在于案件事实叙述是否层次分明、繁简适当，是否能够较好地处理事实叙述和引述证据之间的关系。裁判文书的写作能力是在认真写好每一份文书的基础上逐步提高的，而优秀的裁判文书常是经过反复修改而成的。学会修改，学会在运用文字语言表达的过程中不断比较、斟酌和调整，都是提升一份裁判文书质量的重要环节。承办人在平时的裁判文书写作中，主要运用到以下几种修改方法。（1）阅读法：对于自己写的裁判文书，无论是一气呵成，还是多次写成，要进行修改就需要通过阅读发现问题，所以修改的前提是发现问题，发现问题最好的方法就是阅读，有时甚至是宣读。在阅读或宣读的过程中，将不通顺的地方，前后矛盾或逻辑有问题的地方，进行标注，然后确定修改思路，进而加以修改，修改后再次前后贯通起来阅读，以避免还有问题。（2）放置法：将自己撰写的裁判文书搁置一段时间，然后再拿出来进行阅读修改。这种方法的目的在于跳出自己写作时固有的思维。因为以人的思维方式而言，一旦形成某种观点，在短期内会重复同一种思考方式，很难改变。所以，放置法就是在头脑冷静时，理性地以旁观者的角度去评判自己的裁判文书，从而客观地发现问题，改正问题，调高文书质量。（3）讨论法：请别人看自己的裁判文书，或者将自己的观点与他人进行讨论，从而通过他人的视角发现自己的问题。写裁判文书的人应当多征求他人意见，不要仅循着自己的思路进行，或在听取意见后急于解释。也许通过交换想法进行讨论后，他人并没有说服你，但这也检验了你所持有观点的正确。

（冯衍昭，重庆市高级人民法院法官）

## 三、专家评析

本案案由为借款合同，但当事人陈述与信托融资有关，审判人员必须厘清相应的关系。本案二审结果为“部分改判”，因此，二审判决书不但要能说服双方当事人，还要能说服下级法院。这对二审判决书作者提出了更高的要求。

从本案二审判决书来看，事实表述言简意赅，详略得当；根据当事人上诉理由归纳焦点准确；说理部分以“信托”与“普通借款”两种法律关系的区别为重点，语言表述要言不烦，逻辑层次分明；在纠正一审法院利息计算失误的前提下，列出分类分期本金利息计算过程，使各项金额透明度展示出来，充分表现出审判组织对案件的把控力，以及作者对案件吃透的程度。

本案最明显的特点表现在：是否为“信托融资关系”表述清晰准确。正如前面所述，全国法院审理的此类案件比较少，确认法律关系有一定难度。本案一审判决虽然将案件定性为“双方当事人的真实意思应为《信托融资合同》载明的借贷行为，本案应为借款合同纠纷”，但二审判决书将“信托融资”与“普通借款”两种法律关系进行了详细阐述和辨别，从而得出“借款”才是本案法律关系。

第一，“信托融资关系”基本含义（大前提）—本案实际呈现出的状况（小前提）—不是信托融资关系（结论）。

尤其是“本案中，是新华信托公司将募集的2.2亿元信托资金划付给镇江冠城公司，而非镇江冠城公司将资金委托给新华信托公司进行管理或处分。故信托法律关系是在众投资人（投资金额为2.2亿元——笔者注）与新华信托公司之间建立，而非镇江冠城公司（作为投资人——笔者注）与新华信托公司之间”。这部分表述看似仅当事人名称来回调换，但实际上顺序调换后则意义完全改变，此处的表述非常必要，说理透彻又通俗易懂。

第二，“借款法律关系”基本含义（大前提）—本案实际呈现出的状况

（小前提）—以主合同约定判断为借款关系（结论）。

如此，无论是法律界同行，还是双方当事人，或者普通的阅读者，都能从作者表述中得出“信托融资关系”的准确意思。审理查明部分将合同约定要言不烦剔出，后面计算项目遥相呼应。

确定案件法律关系后，法官即从双方当事人合同的约定中找出了最关键的部分：“期限分三类”“利率分四类”“逾期罚息约定不明由法院酌定”。从这部分的表述可见，虽然法律关系确定为借款，但并非普通的借款本息计算方式。主合同作为基础，同时要参考其他约定，这部分的阐述也是后面计算项目方式的铺垫。

第三，语言精练，表述平易近人。整篇判决书的语言表达平实，文字简练、并无艰深晦涩词句。无论作为同行，还是当事人，或是普通阅读者，均能从自己角度准确理解文书表达的含义。

（点评人：杜丹，重庆市高级人民法院民二庭庭长、三级高级法官）

**（2016）渝民终 592 号裁判文书原文**

# 第七节　保证合同纠纷

## 24. 黑龙江北大荒投资担保股份有限公司、黑龙江省建三江农垦七星粮油工贸有限责任公司保证合同纠纷案*

【关键词】

混合担保　质权未设立　保证人的保证责任

【裁判要旨】

同一债权上既有人的担保，又有债务人提供的物的担保，债权人与债务人的共同过错致使本应依法设立的质权未设立，保证人对此并无过错，债权人应对质权未设立承担不利后果。《物权法》第 176 条①对债务人提供的物保与第三人提供的人保并存时的债权实现顺序有明文规定，保证人对先以债务人的质物清偿债务存在合理信赖，债权人放弃质权损害了保证人的顺位信赖利益，保证人应依《物权法》第 218 条②的规定在质权人丧失优先受偿权益的范围内免除保证责任。

### 一、简要案情

2013 年 11 月 15 日，黑龙江省建三江农垦三江缘米业有限责任公司（以下简称三江缘公司）向农垦建行贷款 1000 万元并签订《借款合同》，2013 年 11 月 17 日，为降低黑龙江北大荒投资担保股份有限公司（以下简称北大荒担保公司）的担保风险，三江缘公司及其法定代表人邵某某、股东徐某某向北大荒担保公司提供反担保，约定：（1）三江缘公司以其机械设备提供抵押；（2）三江缘公司提供 4560 吨水稻的质押；（3）邵某某、徐某某提供连带保证；（4）邵某某、徐某某以其自有房产提供抵押；（5）邵某某、徐某某以其

* （2017）最高法民申 925 号。

① 对应《民法典》第 392 条。

② 对应《民法典》第 435 条。

在三江缘公司的股权提供质押。其后，黑龙江省建三江农垦七星粮油工贸有限责任公司（以下简称七星公司）、黑龙江省建三江农垦宏达粮油工贸有限公司（以下简称宏达公司）、黑龙江省建三江农垦华龙粮油工贸有限责任公司（以下简称华龙公司）黑龙江省建三江农垦稻福米业有限公司（以下简称稻福公司）作为保证人与三江缘公司、北大荒担保公司签订《保证合同》，向北大荒担保公司提供连带保证。以上设立的所有的担保物权及连带保证中除了三江缘公司提供的4560吨水稻质押未实际交付外，其他担保物权及连带保证都有效设立。后三江缘公司到期未能偿借款利息，北大荒担保公司代其偿还了本息。

另查明，三江缘公司与七星公司、宏达公司、华龙公司、稻福公司为五户联保关系，五家公司相互之间存在与本案反担保形式相同的债权债务关系。

2014年6月，保证人七星公司法定代表人、保证人宏达公司法定代表人和北大荒担保公司的法律顾问发现三江缘公司院内的4560吨水稻不当减少，遂向公安机关报案。

其后，北大荒担保公司起诉要求七星公司、宏达公司、华龙公司、稻福公司承担连带保证责任，四保证人要求在4560吨水稻质押成立的范围内免除保证责任。

黑龙江农垦市中级人民法院一审认为，案涉质押合同自签订时成立并生效，而质物4560吨水稻并未转移占有，质权不能成立。另三江缘公司作为质押合同履行义务一方，因怠于履行合同义务给质权人北大荒担保公司造成的损失应根据其过错承担赔偿责任，同时北大荒担保公司对质物的交付未进行有效的督促，扩大了四保证人的担保责任也存在过错。故担保人七星公司、宏达公司、华龙公司及稻福公司应在4560吨水稻质权未成立价值的50%范围之外承担连带保证责任。

黑龙江省高级人民法院二审认为，本案中，北大荒担保公司所享有的债权上既有债务人三江缘公司自己提供的物的担保，又有四保证人提供的连带保证，《保证合同》并未约定债权实现的顺序，根据《物权法》第176条“被担保债权既有物的担保又有人的担保的，债务人不履行到期债务或者发生当事人约定的实现担保物权的情形，债权人应当按照约定实现债权；没有约定或者约定不明确，债务人自己提供物的担保的，债权人应当先就该物的担保实现债权……”的规定，四保证人应在债权人北大荒担保公司所提供的物的担保之后承担保证责任，北大荒担保公司作为专业的担保公司，应该明知此法定的债权实现的顺序，又怠于行使合同权利，致使质物灭失，质权人北大荒担保公司和出质人三江缘公司对此均有过错，且四保证人与三江缘公司之间系五户联保，四保证人对三江缘公司向北大荒担保公司提供水稻质押存在合理信赖。因此，二审改判四保证人在案涉4560吨水稻价值范围内免责。

北大荒担保公司不服二审判决，向最高人民法院申请再审。该公司认为，质物的交付是质权设立和质押合同生效的要件，北大荒担保公司与三江缘公司所建立的水稻质押合同关系成立未生效，四保证人应对案涉借款债务承担连带保证责任，几家公司虽为联保关系，但反担保形式不同，四保证人并不知道三江缘水稻的质押，也并非因三江缘提供有水稻质押而提供的连带保证，并不产生所谓“合理信赖”。

最高人民法院经再审审查，裁定驳回北大荒担保公司的再审申请。

## 二、撰写心得

本案作为一个民事申请再审案件，因案件的法律适用存在一定争议，一、二审法院审理结果存在差异，最高人民法院在进行再审审查时，有必要充分发挥审判监督和法律适用指导职能，通过裁判文书说理对本案的法律适用进行指导。因此，尽管此案的审查结果是驳回再审申请，但承办人在书写裁判文书时，并不是简单重复二审的说理，而是将争议法律问题进行了更为透彻的分析。

《物权法》第218条关于债务人以自己的财产出质，质权人放弃该质权时保证人免责的规定，是否适用于质押合同成立生效但质权未设立的情形，并不明确。司法实践中对混合担保中质权未设立时保证人应否免责、免责范围的问题存在不同观点。无论是本案一、二审，还是最高人民法院进行再审审查，对此问题都存在两种意见：

第一种意见认为，本案质押合同成立生效，对双方当事人均有约束力，北大荒担保公司作为职业的担保公司没有监督和督促质物的交付，应承担相应的过错责任。诉争反担保债权上既有物的担保又有人的保证，当事人对担保债权的实现顺序没有约定的，应按《物权法》第176条的规定实现债权，即债务人自己提供物的担保的，债权人应当先就该物的担保实现债权，因此四保证人对担保债权实现顺位存在信赖利益。并且债务人三江缘公司与其他四保证人存在五户联保关系，联保形式与本案反担保形式完全一致，也表明四保证人信赖先以案涉水稻的价值承担担保责任。北大荒担保公司是专业的担保公司，明知质物未交付的法律后果，基于诚信原则和公平原则，四保证人可以在质押担保的债权范围内免责。

第二种意见认为，四保证人与债权人北大荒担保公司签订《保证合同》，双方意思表示真实，符合法律、法规的效力性强制性规定，属于合法成立生效的合同，双方当事人应当受其约束，且本案存在多个担保情形，在没有特别充分的证据证明质押合同的成立与保证合同的成立互为条件时，仅以债权人和债务人在质押未设立的问题上存在过错为由，认定保证人免责，缺乏法律依据。

本案经合议庭评议和最高人民法院第二巡回法庭法官会议研究，包括承办人在内的多数意见是同意上述第一种意见。混合担保中，债务人和债权人存在过错，致使债务人提供的担保物权未设立，其他保证人可否在担保物权担保的债权范围内免责，应当结合债权人和担保人的过错情况，保护保证人的信赖利益。

首先，担保行为具有债物二分性，担保合同的成立生效是前提，办理登记、交付质物等使担保物特定化的行为，才是担保物权设立的必备条件。在此过程中，由债务人自己提供物保，债务人和债权人怠于履行合同约定的义务，致使担保物权未设立，担保人和债权人均有过错，应承担相应的责任。

其次，在混合担保中，债务人提供物保时，在没有约定债权实现顺序的情况下，如果担保物权正常设立，保证人只对物的担保以外的债权承担保证责任。债权人一般为了最大限度地维护自身利益，会积极设立担保物权，进而保证人也可在担保物的范围内免除保证责任，对债权人、债务人和保证人均是无害的。而因债权人不履行合同义务导致担保物权未设立，债权人自己的利益不会遭受损失，其还有向保证人主张的权利，但保证人的信赖利益却受到了严重的侵犯，违反了债务人承担最终责任的原则，不符合公平原则与诚信原则。因此要求保证人只对物的担保以外的债权承担保证责任，是对债权人怠于履行义务的惩罚，也符合公平原则。当质权所担保的债权有保证人时，质权人有关质权的任何处分行为，将直接影响保证人的利益，从诚信原则出发，保证人的利益不应因质权人在质权设立阶段的过错行为而受损害，且由于债务人是本位上的债务承担者，其他的物的担保人及保证人仅是代替其承担责任，在他们承担责任后仍然对债务人享有求偿权，债务人在自己出质的情况下，若先处理该质押财产清偿债务，就可以避免日后的求偿权诉讼，同时，在质权人放弃质权时，其通常会丧失优先受偿权，无疑会加重其他担保人的担保责任，这显然不公平。

在厘清上述法律问题的基础上，承办人结合具体案情作出分析论述。本案中，北大荒担保公司于同日分别与债务人、第三人签订的质押合同、抵押合同及保证合同均系当事人的真实意思表示，不违反法律、行政法规的强制性规定，应依法认定为有效合同。北大荒担保公司与三江缘公司未能诚实守信积极履行生效的质押合同义务，双方的共同过错造成质权未设立，使本应依法设立的质权未能发挥物的担保效用，而保证人对此并无过错，北大荒担保公司应对其怠于保障债权利益的消极行为承担不利后果。保证合同中虽未明确约定债务人提供水稻质押是保证人提供保证的条件，但《物权法》对债务人提供的物保与第三人提供的人保并存时的债权实现顺序有明确规定，保证人对先以债务人的质物清偿债务存在合理的信赖利益，从保证人七星公司法定代表人刘某 1、保证人宏达公司法定代表人刘某 2 在得知三江缘公司处分质物后，立即向公安部门报案的情况来看，也能证明保证人存在此种信赖，由此产生的信赖利益受法律保护。北大荒担保公司怠于行使质物交付请求权损害了保证人的顺位信赖利益，保证人应在质物优先受偿价值范围内免责。

（潘杰，最高人民法院法官）

## 三、专家评析

本案是最高人民法院第二巡回法庭发挥审判指导职能的一个重要案件。承办人潘杰法官及其他合议庭同志深刻学习领会习近平总书记深入推进东北振兴重要讲话精神，正确把握最高人民法院党组对最高人民法院第二巡回法庭的角色定位，在审判工作中自觉将服务东北振兴、优化东北营商环境、保障粮食生态能源产业安全、促进民生发展作为审判工作的指挥棒。北大荒公司粮食担保合同纠纷申请再审案，涉及在债务人恶意转卖质物、债权人怠于监管和行使质权情形下，无过错联保粮食企业应否承担保证责任的问题。由于《物权法》第 218 条是关于质权人放弃质权时保证人免责的规定，该条规定是否适用于质押合同成立生效但质权未设立的情形，并不明确，审判实践中也存在一定争议，故此案的正确审理对统一类案法律适用、规范金融信贷、保障粮食产业安全具有十分重要的意义。本篇裁判文书格式规范、语言洗练、逻辑清晰、论理充分，裁判思路与法理分析对正确理解适用《物权法》第

218 条质权的放弃对其他担保人的影响的规定、第 212 条[1]质权生效时间的规定以及第 176 条人保与物保并存时担保权实现规则的规定，具有较强的指导意义。同时，裁判文书说理还注重发挥司法裁判对社会主义核心价值观的引领作用，依法惩戒不诚信的、躺在权利上睡大觉的当事人，激励债权人积极主张权利，合理保护担保人的正当信赖利益，为粮食主产区规范金融信贷业务发挥司法服务和保障作用。因此，该篇裁判文书实现了政治效果、法律效果和社会效果的有机统一，入选《最高人民法院公报》，经层层筛选被评选为最高人民法院首届百篇优秀裁判文书一等奖，是实至名归。

（点评人：冯小光，最高人民检察院检察委员会委员、第六检察厅厅长、原最高人民法院第二巡回法庭副庭长、审判业务专家）

**（2017）最高法民申 925 号裁判文书原文**

① 对应《民法典》第 429 条。

# 25. 张某和南京金榜麒麟家居股份有限公司、陈某、陶某某担保合同纠纷案*

【关键词】

担保债务　借款利率　利率

【裁判要旨】

1. 担保人以公司股权为债务人债务提供让与担保的，担保合同有效，但不发生担保物权的效力。

2. 人民法院审查主债务的同时，对于担保债务也应一并审查。借款合同中约定符合法律规定的借款利率，但出借人又要求借款人与第三人签订信息咨询服务合同，对于该合同不能机械认定与借款合同无关，要判断是否借信息咨询之名行回避高利之实。若出借人按高利进行了清偿，超过法律规定的利息可冲抵本金，若实际冲抵完毕，应视为债务清偿完毕。

## 一、简要案情

2011年8月12日，张某与陈某签订借款合同，约定：陈某向张某借款8500万元，借款期限自2011年8月12日起到2012年2月11日止；借款利息按月利率2%。借用资金款项清偿后，双方的债权债务消灭；金榜公司将其在金榜吉山公司拥有的42.88%股权以人民币1000元的价格过户变更至张某或其指定的个人、公司名下作为上述借款的担保，双方另行签订股权转让协议；金榜房地产公司对上述借款提供连带责任保证。

同日，陈某与陶某某（系汉唐公司股东）签订咨询服务协议，约定：陈某有偿委托陶某某为其融资8500万元，有效期自2011年8月12日起至陈某还清融资额本息止；咨询服务费按融资总额和使用时间（2011年8月12日至2012年2月11日），由陈某向陶某某每月支付一次，标准为融资额的月3%；

* （2017）苏01民终8741号。

陈某将融资本息全部清偿后应立即书面通知陶某某结束委托。

同日，张某与金榜房地产公司签订保证合同，约定：金榜房地产公司对张某与陈某的上述资金借用合同提供连带责任保证，保证期间为主合同项下债务履行期届满之日后两年止；保证范围为本合同所述主债权。其中对于主债权合同约定为借款合同以及相关的咨询服务协议、股权转让协议等。

同日，金榜公司、张某签订了股权转让协议，约定：金榜公司将其在金榜吉山公司所持有的1286.4万元股权转让给张某。

2011年8月15日，双方办理股权变更登记手续，张某持有了金榜公司转让的占金榜吉山公司注册资金42.88%的股权（对应的出资额为1286.4万元），但张某未支付股权转让对价。同日，陈某出具委托书要求张某将出借的8500万元付至金榜吉山公司。张某以其个人名义向招商银行申请本票两张，收款人均为金榜吉山公司，金额分别为900万元和2000万元；委托兴亘源公司向中国银行申请本票一张，收款人为金榜吉山公司，金额为700万元。陈某收到上述三张银行本票后，向张某出具借条，借款期限为2011年8月15日至2011年9月14日止，到期一次性还清。

次日，张某委托兴亘源公司向中国银行申请本票一张，收款人为金榜吉山公司，金额为900万元；委托汉唐公司向交通银行申请本票两张，收款人均为金榜吉山公司，金额分别为3000万元、1000万元。同日，陈某在收到本票后向张某出具借条称，借款期限为2011年8月16日至2011年9月16日止，到期一次性还清。

上述款项出借后，陈某自2011年9月14日起委托案外人金榜集团公司按约向张某、陶某某支付利息、咨询服务费，其中2011年9月14日向张某账户付款425万元，2011年10月14日、11月14日、12月14日和2012年1月16日、2月15日、3月19日分别向张某账户付款170万元、向陶某某账户付款255万元。

2013年1月22日，张某、陶某某共同与陈某指派的见证律师国浩律师（南京）事务所华某某律师签订确认函，称：关于借款合同和咨询服务协议项下，自2012年4月至2013年1月15日所产生的利息及违约金、陶某某的咨询服务费共计3995万元，三方予以确认。张某和陶某某承诺，三方关于上述两份合同项下截至2013年1月15日的利息及违约金、陶某某的咨询服务费已经全部结清。同时张某确认2012年10月29日在《陈某的账务明细》中确认的第一部分“一、借款8500万元利息”项下4月份至10月份利息已包含在上文所述的已支付的资金中。同日，陈某委托金榜集团公司分两笔向亚源公司汇款2115万元、向煌朝公司分两笔汇款1880万元，合计支付3995万元。

2013年1月23日，陈某委托金榜吉山公司向亚源公司付款3000万元。张某、陶某某在华某某律师的见证下，分别与陈某签订确认书各一份，其中与张某的确认书称：双方关于借款合同项下借款，陈某于2013年1月23日归还本金3000万元，尚欠本金5500万元，自2013年1月16日，合同项下5500万元借款所产生的利息、咨询服务费双方确认按每月3%计算。与陶某某的确认书称：双方关于咨询服务协议自2013年1月23日起终止，陶某某确认关于协议书项下的咨询服务费，陈某已经全部付清。

2013年5月7日，陈某委托金榜吉山公司向亚源公司付款616万元。张某与陈某在华某某律师见证下签订《确认书（一）》称：双方借款合同项下借款，截至2013年1月23日尚欠本金5500万元，现张某在2013年5月7日收到陈某归还的欠款本金1000万元、利息616万元后，双方共同确认，自2013年5月8日起，陈某尚欠张某借款本金4500万元，此前利息已全部结清。同年5月27日，陈某委托金榜吉山公司向新紫立公司付款1000万元。

2014年5月30日，陈某委托金榜集团公司向亚源公司付款150万元。2015年4月28日，陈某委托金榜集团公司向案外人谢某借款1390万元和1500万元支付给张某，案外人谢某分别于2015年6月24日和7月2日向新紫立公司汇款800万元和590万元。

2015年9月7日，张某与陈某在华某某律师的见证下签订《确认书（二）》称：双方借款合同项下借款，截至2015年9月7日尚欠本金4500万元、利息540万元，双方确认本金4500万元利息仍然按照此前约定的月息3%计算至实际给付之日，陈某承诺以上款项及自2015年9月8日以后的利息在2015年12月8日前还清。

据此计算，张某及陶某某认可陈某实际向张某和陶某某合计付款14 826万元，其中向张某及其指定账户付款11416万元，向陶某某及指定账户付款3410万元。

## 二、撰写心得

裁判文书要事理明晰。撰写裁判文书，应以当事人的争议焦点为主线，分条逐项写明诉辩理由和案件事实。一方面，在叙述当事人的诉辩主张和理由时，既要客观、完整地概括其基本主张，不能有所遗漏和篡改，又要突出重点、精准归纳，为认定事实作好铺垫。本案判决书中，对于上诉人请求、被上诉人辩称、原审第三人述称均作了归纳与概括，达到纲举目张、一目了然的效果。另一方面，凡是当事人庭审中所举的证据，无论是本证还是反证，无论是否符合证据的“三性”，均应在裁判文书上明确反映。当事人无争议的证据，可直接列举确认；有争议的证据，应当逐一明确是否采信，并说明采信或不采信的理由。本案判决书中，对于金榜公司向法院提交的银行交易记录、公证书、股权转让协议，都写明是否采信及具体理由。

裁判文书要法理透彻。裁判理由是裁判文书的灵魂，裁判说理要立足具体的案情展开，不能千篇一律，也切忌不会说理、不愿说理或说理不足。裁判说理可以有统有分、统分结合，对于总的争议焦点先进行论证，然后对每个争议焦点进行逐层递进式的分析。本案判决书中，首先阐明立场，针对形式上表现为当事人意思自治、实质却违反强制性规定的商事交易，应当加以规范。而后针对案件过程中形成的多个有争议的问题，即让与担保合同效力、能否依让与担保协议主张股权返还、担保债务的清偿事实是否应在本案查明、让与担保合同担保的主债务是否清偿完毕、《担保法》第 24 条①在本案中的适用，均一一加以阐述，分段、分层展开法理分析，力求逻辑严密、循序渐进、丝丝入扣。

裁判文书要文理信达。寻常之处见真功，细微之处见真章，要树立标准化意识，参照最高人民法院的文书规范，统一裁判文书基本要素，对于标点符号、阿拉伯数字以及助动词“的”“地”“得”的使用方法，都应心中有数、准确把握，本案判决书对上述事项都格外注意。可以针对文书撰写中常见的、多发的、有共性的差错，制作《裁判文书差错检查备考表》，有效减少裁判文书的瑕疵。与此同时，正所谓“汝果欲学诗，工夫在诗外”，要在日常工作中对文书撰写逻辑、整体谋篇布局、文书撰写技巧加强学习，对自身的逻辑思维能力、文字表达能力加强培养，从而较快提升文书写作水平。

（黄德清，江苏省南京市中级人民法院法官）

## 三、专家评析

民商事行为虽有复杂之处，但其背后的经济、社会原理必有来源；与之相关的法律法规虽有抽象之处，但其所规制引导的民商事原理都能对应生活

① 对应《民法典》第 695 条。《民法典》第 695 条规定：“债权人和债务人未经保证人书面同意，协商变更主债权债务合同内容，减轻债务的，保证人仍对变更后的债务承担保证责任；加重债务的，保证人对加重的部分不承担保证责任。债权人和债务人变更主债权债务合同的履行期限，未经保证人书面同意的，保证期间不受影响。”

中的原型。判决书就是应当让法律的精神易于为人所知晓，正义不是神秘的，而应当是实实在在被看懂的。正如本案看似是一起围绕股权转让产生的纠纷，实则是以股权转让作为借贷担保之实。虽然围绕股权变动有借款合同、咨询服务协议、保证合同、股权转让协议等“乱花渐欲迷人眼”，但若要直达本案利益核心要害，需要抽丝剥茧，将当事人之间争议的关键剖析清楚，方能达到直指矛盾源头、一线牵而解除所有症结的目的。

本案文书经过一、二审细致审理，直指本案实质问题在于解决非典型性担保效力问题、查明借贷合同履行情况以及对以“合法形式”（经济咨询服务费）收取高息的行为的法律定性。

该案文书开宗明义指出，商事交易中，应尊重当事人意思自治原则，以促进交易，保障交易安全，但当商事交易形式上表现为当事人意思自治，其实质或结果却违反了法律、行政法规强制性规定，或显失公平时，这种交易不但是对当事人意思自治原则的破坏，也会直接破坏交易秩序，危害交易安全。对于此种情形的商事交易，法院不但不应支持，还应进行防范和规范。其后，针对上文归纳的核心问题，进行了全面详细的分析，层次清楚，逻辑严谨，说理有力。其中对于让与担保合同效力的分析完全符合之后召开的全国民商事审判工作会议精神，对于担保合同与借贷合同履行的关系问题，分析了担保合同与借贷合同之间的法律性质，清晰得出“担保合同的履行，必须要以借款合同的履行情况作为依据”的结论，驳斥了当事人关于担保合同的审理不能涉及借贷合同审理的观点。关键是该判决书，从咨询服务协议的性质及履行、借款合同与咨询服务协议之间关系出发，认定咨询服务协议约定的咨询服务费实则是出借人收取高额利息的一种方式，从而进行了否定，这种认证方式和裁判结果，较早地解决了类似本案经济咨询协议等协议的法律争议问题，具有鲜明的规则指引作用，对于规范借贷秩序起到了积极的作用。

（点评人：黄伟峰，江苏省南京市中级人民法院金融借贷庭庭长，全国法院办案标兵，江苏省审判业务专家）

**（2017）苏01民终8741号裁判文书原文**

# 第八节　租赁合同纠纷

## 26. 北京嘉泰风尚投资有限责任公司和北京市昌平区霍营街道霍家营社区居民委员会房屋租赁合同纠纷案*

【关键词】

违约责任　可得利益损失　限制性规则

【裁判要旨】

1. 可得利益损失赔偿中的可预见性规则，要求违约方当事人在合同订立时能够预见或理应预见到可得利益损失的性质或类型，不要求违约方能够预见到损失的具体程度或数额。

2. 在守约方对于可得利益的具体数额举证不足的情况下，应当分别运用可预见性规则、减损规则、损益相抵规则对于可得利益的边界进行界定，并在此基础上明确与规则相对应的具体事实，以确保对可得利益损失数额作出的酌定具有较为充分的依据。

## 一、简要案情

2012 年 12 月，北京嘉泰风尚投资有限责任公司（以下简称嘉泰风尚公司）（乙方）与北京市昌平区霍营街道霍家营社区居民委员会（以下简称霍家营居委会）签订《房屋租赁合同》，约定乙方承租涉案商业楼，租期 20 年，租金为 1.8 元/日/平方米。起租日为 2013 年 1 月 1 日，若甲方未及时交付房屋，租期相应顺延，具体交房日期以甲方书面通知为准。违约责任：任何一方不履行或不完全履行合同给对方造成损失的，违约方应当赔偿守约方的全部经济损失，包括间接经济损失以及守约方的律师费、诉讼费等。合同签订

* （2017）京 01 民初 93 号。

前，嘉泰风尚公司向霍家营居委会支付保证金200万元。

2011年12月，嘉泰风尚公司与北京永辉超市有限公司（以下简称永辉超市）签订租赁合同，将涉案商业楼中的16 300平方米房屋出租给永辉超市。永辉超市于2012年4月向嘉泰风尚公司支付了180万元保证金。2013年12月，嘉泰风尚公司与北京万盛天地购物广场有限公司（以下简称万盛公司）签订租赁合同，将涉案商业楼中约31 000平方米出租给万盛公司。两份合同另对于租金标准、房屋交付时间、违约责任等事项作出了约定。

霍家营居委会与北京市昌平科技园发展有限公司（以下简称科技园公司）于2016年签订租赁合同，将涉案商业楼出租给科技园公司。霍家营居委会未向嘉泰风尚公司交付涉案商业楼。2016年2月，霍家营居委会向嘉泰风尚公司发出通知，载明："由于我方无法交纳购房款，导致房屋三年不能交付使用，相应损失由双方协商解决。"同年11月17日，嘉泰风尚公司向霍家营居委会发出解除合同通知，载明因霍家营居委会拒绝交付房屋，并于2016年将房屋另行出租他人，故解除房屋租赁合同。该通知即日送达霍家营居委会。

永辉超市于2016年起诉，请求解除与嘉泰风尚公司之间的租赁合同、嘉泰风尚公司双倍返还保证金360万元，并赔偿可得利益损失5000余万元。北京市第一中级人民法院作出（2016）京01民初50号民事判决，认定嘉泰风尚公司与永辉超市签订的租赁合同合法有效。因嘉泰风尚公司逾期交付租赁物已经超过3年，且已经没有继续履行合同的可能，双方约定的解除合同的条件已经成就，双方之间的租赁合同应当解除。判决结果为：一、解除永辉超市与嘉泰风尚公司签订的《租赁合同》；二、嘉泰风尚公司于判决生效后七日内双倍返还保证金360万元；三、嘉泰风尚公司于判决生效后七日内赔偿永辉超市经济损失320万元；四、驳回永辉超市的其他诉讼请求。该判决已生效。在该案一审、二审中，嘉泰风尚公司共负担诉讼费用881 900元。

嘉泰风尚公司系为了履行《房屋租赁合同》而成立，成立后未运行过其他商业租赁项目。

嘉泰风尚公司诉讼请求：(1）霍家营居委会赔偿可得利益损失102 828 137元（应收租金减去应付租金之差，乘以利润率52%）；(2）霍家营居委会赔偿直接损失7 681 900元（向次承租人的赔偿及另案诉讼费）；(3）霍家营居委会赔偿律师费180万元；(4）霍家营居委会赔偿我公司购买、加工钢材产生的损失6 194 000元；(5）返还保证金200万元。

霍家营居委会辩称：(1）可得利益损失应当受到可预见性规则的限制，

本案中嘉泰风尚公司主张的可得利益损失超出了我方订立合同时可预见到的范围；（2）在租赁标的物不具备交付条件的情况下，嘉泰风尚公司与次承租人签订租赁合同而未提示履行风险，此后对于合同履行进行盲目承诺，使次承租人产生不合理期待，因嘉泰风尚公司的过错造成及扩大的损失应当由其自行承担；（3）在计算和认定可得利益损失时，应当综合运用可预见规则、减损规则、损益相抵规则以及过失相抵规则等，嘉泰风尚公司依据租金差价主张可得利益损失没有依据。

基于本案事实和双方诉辩意见可以看出，本案是一起因出租人未交付租赁物引起的房屋租赁合同纠纷。承租人以出租人构成根本违约为由，要求出租人赔偿实际损失及可得利益损失。对于承租人主张的可得利益损失，出租人提出了不具有可预见性、违反减损义务、承租人有过错且未实际投入等意见。本案需在明确损失类型的基础上，通过运用各项规则确定可得利益的范围，进而通过事实证明基础上有限度的自由裁量，确定可得利益的具体数额。

北京市第一中级人民法院于2018年7月24日作出（2017）京01民初93号民事判决：一、霍家营居委会于本判决生效后七日内返还嘉泰风尚公司保证金200万元；二、霍家营居委会于本判决生效后七日内支付嘉泰风尚公司实际损失及律师费损失6 081 900元；三、霍家营居委会于本判决生效后七日内支付嘉泰风尚公司可得利益损失2000万元；四、驳回嘉泰风尚公司的其他诉讼请求。

霍家营居委会不服原审判决提起上诉。北京市高级人民法院于2018年12月28日作出（2018）京民终520号民事判决：驳回上诉，维持原判。

## 二、撰写心得

### （一）裁判文书是当事人争议的句点

裁判文书是否圆满，除了与法官的法律知识、推理水平、文字功底等专业素养相关，更取决于法官对待裁判文书的态度，这决定了法官撰写时的内心动力。笔者对于为什么要努力写好判决书，有以下三点理解：

第一，裁判文书是法官职业魅力最直接的体现。裁判文书是法官的产品，是名片，也是法官的档案。一个庭审的生命是短暂的，其是否高效、简洁、流畅，除了庭审参与人外，不能不会受到过多地关注或评价。但裁判文书则不同，它会长久地带着法官的名字存在于这个世界上。法官的思考方式、表达过程、文字功底，都会凝固下来展示并供人评判。想到裁判文书可能会穿越时空、经久弥新，甚至有可能牵引时代、传承理想，这种法官职业自身的魅力让笔者充满了为之努力的不竭动力。

第二，裁判文书是公平正义实现的过程。公平正义是司法的首要价值，也是每一名法官的终极信仰。在我们手中完成的每一份裁判文书都承载着定分止争、确立规则的使命，是公平正义最直接的体现。那么撰写裁判文书的过程，就是用个人学识来追求、接近信仰的机会，值得我们认真对待。

胡云腾大法官曾经说“司法公正必须是法官和当事人的共识，而不是法官个人的一厢情愿”。所以，裁判文书不是法官的自说自话、自娱自乐，而是与当事人的互动、与社会的共振。我们要以一种看得见的方式来展示公正实现的过程，让当事人能够感受到公平正义，也要让社会上的大多数读者产生信服、遵守法律的意愿。心怀这样的希望，我们就能生产出更高质量的公正。

第三，裁判文书是一场与当事人的对话。对于法官而言，最好的司法伦理是“判决之外，法官无言”。裁判文书应当是法官就这个案件要对当事人讲的全部，是写给当事人的答案。它应该完整的记载整个案件的事实过程、法律依据以及法官的推理过程。通过裁判文书的“辨法析理”，即使做不到“胜败皆服”，也能够实现“胜败皆明”。

**（二）裁判说理与争议焦点的关系**

提到说理，通常的理解就是司法三段论的适用。即通过确定法律规范大前提、事实小前提向大前提的涵射，得出结论。但是在大部分的案件中，三段论是最后一步的结果，而不是说理本身，说理面对的真正难题是适用三段论的前提问题。我们需要重点解决的，是当事人有争议证据的采信、关于一个事实是否存在的认定、某一法律规定是否适用于这个案件以及法院行使自由裁量权的量化。在这些问题确定之后，自然而然就会有三段论的运用。所以笔者认为，对于裁判文书说理而言，真正重要的是争议焦点，是当事人关于决定案件处理结果的问题的争议。解决每一个争议焦点，就是回应当事人争议的过程，这个过程的本质是证明，要遵守证明的基本规律。即首先点明待证明的问题，然后给出已知条件以及证明过程，最后得出结论。

在裁判文书中充分说理，有以下几个步骤：首先是对于争议焦点的归纳、梳理。如果争议焦点表述模糊，说理就只能轻描淡写、大而化之，或者含糊其辞、遮遮掩掩，不能针对各方主张逐一充分评判。其次是论证过程要有针对性。不能用空话、套话，要针对具体问题具体论证，论证过程要注意逻辑是不是严密，有没有漏洞，层次是不是清晰。要善于运用因果关系、矛盾律、排中律等基本的逻辑规律，指出争议问题的根源。最后是对于观点没有被采纳的一方当事人的回应。只是说明为什么支持一方的观点还是不够的，容易陷入自说自话的境地。要把文书当成跟当事人的对话，就需要对反对观点进行全面的回应。

**（三）整理争议焦点的技巧**

争议焦点贯穿了庭前准备直至裁判文书写作的全过程。《人民法院民事裁判文书制作规范》规定，围绕争议焦点、逐一进行分析论证，属于裁判文书写作的规范要求。可以说，整个案件审理的质量包括裁判文书的质量，都取决于法官对于争议焦点的把握是否准确。

在众多整理争议焦点的方法之中，按照法律规范的构成要件来整理争点，是一种规范化、程序化、可复制的方法。以法律规范的构成要件为中心归纳争议焦点，可以采用以下步骤：

第一步，固定诉讼请求、答辩意见。第二步，将诉讼请求、答辩意见与请求权、抗辩权基础法律规范相对应。每一个诉讼请求或抗辩权都会指向一个具体的基础法律规范，法官通过寻找请求权和抗辩权的基础法律规范来锁定案件争议的法律范围。第三步，分析法律规范的构成要件。确定请求权基础后，需要分析原被告的请求权、抗辩权基础规范涵盖了哪几项构成要件。在分析法律规范的要件时，不要忽略法条中没有明确规定的、作为法条适用预设前提的隐含要件。随着当事人争议的不断细化，请求权基础的构成要件可能会指向下一个法律规范，因此，规范要件也可能是多个层次逐步深入的。第四步，整理法律争点。法律争点是因为当事人对法律规范内容的理解和填补、法条冲突的选择、事实或行为的法律效力和法律效果等事项经过争执而产生的争点。在拆分出规范要件的基础上，我们就能够针对每一个规范要件来检查，原告是否对相关要件进行了全面地主张，被告对原告主张的要件的意见，进而从中梳理出双方在构成要件层面存在的关于法律规范能否适用的法律争点。第五步，将规范要件与案件事实对应。分析法律规范的构成要件，是把每一个法律要件向案件事实投射的前提。确定规范要件，也就确定了案件事实的查明范围，这也是事实认定的基础工作。第六步，整理事实争点。这一步中要按照当事人的意见对每一个要件事实进行梳理，如果当事人就某一要件事实是否存在作出不一致的主张或陈述，就可以将这个要件事实是否具备，确定为事实争点。

过程可图示如下：

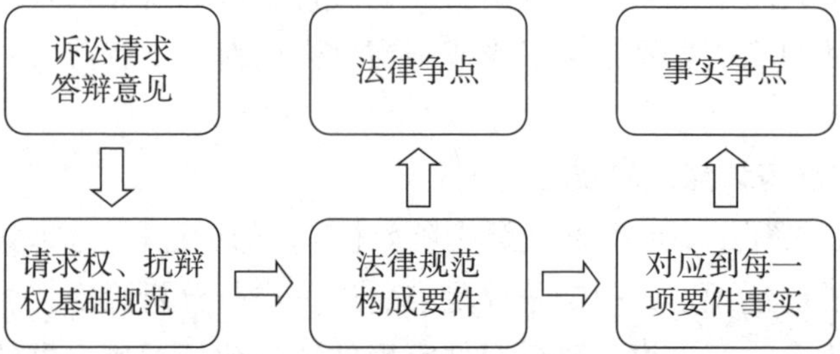


下面以对嘉泰风尚公司第 1 项诉讼请求——可得利益损失的分析为例加以说明：

可得利益损失请求权的基础法律规范是：《合同法》第 113 条第 1 款①。该款规定："当事人一方不履行合同义务或者履行合同义务不符合约定，给对方造成损失的，损失赔偿额应当相当于因违约所造成的损失，包括合同履行后可以获得的利益，但不得超过违反合同一方订立合同时预见到或者应当预见到的因违反合同可能造成的损失。"该法条的第一层法律规范要件可拆分为：(1) 合同成立并生效（隐含前提）；(2) 一方构成违约；(3) 守约方存在损失；(4) 损失不超出可预见范围。

被告霍家营居委会抗辩意见：合同未生效、不可抗力（阻却违约）、损失超出预见。可见，被告针对要件 (1)、(2)、(4) 提出了争议。

首先来分析要件 (1)，合同是否生效。被告提出，合同约定以支付第一笔租金作为生效条件，原告没有支付租金，故生效条件尚未成就。

根据被告的抗辩，我们可以找到第二层法律规范：《合同法》第 45 条②。该条规定："附生效条件的合同，自条件成就时生效。"该规范有两个要件：(1) 约定有生效条件；(2) 条件成就。再来寻找双方对哪一个要件存在争议。

原告意见：村委会主任曾经发出一份告知书，表示合同签订后即生效，告知书已经对原约定的生效条件已变更。根据原告意见，可以发现双方对于

---

① 对应《民法典》第 584 条。

② 对应《民法典》第 158 条。该条规定："民事法律行为可以附条件，但是根据其性质不得附条件的除外。附生效条件的民事法律行为，自条件成就时生效。附解除条件的民事法律行为，自条件成就时失效。"

第二层规范的争议在于要件（1），原约定的生效条件是否已经变更。被告对此的抗辩意见为：合同生效条件的变更需要经过村民会议决议，村委会主任签字不能发生变更的效力。

根据被告意见，我们能够找到第三层法律规范：《村民委员会组织法》第24条①。这一条文是关于哪些涉及村民利益的事项是需要经过村民会议讨论决定才可以办理的规定。第三层规范要件：特定事项属于《村民委员会组织法》第24条第1项到第9项规定的事项范围。原告对此意见为：变更合同生效条件，不属于必须经过村民会议决议的事项。

如此，最终找到针对合同生效问题的法律争点是：变更合同的生效条件，是否属于《村民委员会组织法》第24条规定的，必须经过村民会议或村民代表会议决议的事项。

针对该项诉讼请求的其他的争议事项，以及其他诉讼请求和答辩意见，可以重复上述步骤，即可将全部的争议焦点逐一找到，从而避免遗漏争议焦点。这也是按照规范要件归纳争议焦点的第一个优点。

按照法律规范的要件来确定争议焦点的第二个优点，是可以解决归纳争议焦点过于笼统或过于琐碎的问题。

按照刚才对于合同是否生效的争议的分析过程，我们找到的争议焦点是，变更合同的生效条件，是否属于《村民委员会组织法》第24条规定的，必须经过村民会议或村民代表会议决议的事项。此时如果将争议焦点归纳为可得利益损失是否应当支持，或合同是否生效，就会过于笼统。

同时，霍家营居委会还针对村委会主任出具的告知书提出了证据方面的争议，霍家营居委会主张该告知书内容不合常理、不认可真实性。但关于证据的质证意见，可以通过对证据的认证解决，无须作为争议焦点交给当事人单独辩论。如果将村委会主任签署的告知书的真实性也作为争点，就会过于琐碎了。

（徐冰，北京市第一中级人民法院法官）

① 《村民委员会组织法》第24条规定：“涉及村民利益的下列事项，经村民会议讨论决定方可办理：（一）本村享受误工补贴的人员及补贴标准；（二）从村集体经济所得收益的使用；（三）本村公益事业的兴办和筹资筹劳方案及建设承包方案；（四）土地承包经营方案；（五）村集体经济项目的立项、承包方案；（六）宅基地的使用方案；（七）征地补偿费的使用、分配方案；（八）以借贷、租赁或者其他方式处分村集体财产；（九）村民会议认为应当由村民会议讨论决定的涉及村民利益的其他事项。村民会议可以授权村民代表会议讨论决定前款规定的事项。法律对讨论决定村集体经济组织财产和成员权益的事项另有规定的，依照其规定。”

## 三、专家评析

市场主体签订合同的目的在于获取利润，而利润的实现依赖于对方当事人对合同的全面履行。保护市场主体对于交易相对方的信赖利益和合理预期，是鼓励其提前进行下一步交易安排、促进经济发展的前提。使无过错的当事人有权就其预期的损失要求全部赔偿，也被认为是合同法的重要目的之一。

《合同法》第 113 条确定了可得利益赔偿的法律依据，并同时确立了可预见性规则。2009 年的《最高人民法院关于当前形势下审理民商事合同纠纷案件若干问题的指导意见》，用 3 个条文对可得利益损失的类型、认定规则、举证责任作出了较为详细的说明。特别是在可得利益的限制性规则上，在可预见性规则外，又明确了减损规则、损益相抵规则、过失相抵规则，这些规则丰富了界定可得利益范围的依据，对于指导审判实践具有重大意义。但由于可得利益损失系于未来发生，且隐藏于生活事实的因果关系链条背后，具体认定十分困难。如何将可得利益认定的抽象规则运用到具体案件，是司法实践中处理合同违约损失赔偿的难题之一。同时，由未来性决定的不确定性，导致具体数额的确定通常落入法官自由裁量权的范围内，《最高人民法院关于当前形势下审理民商事合同纠纷案件若干问题的指导意见》第 11 条也认可了法官自由裁量的空间。

在裁判文书中对于法官自由裁量权的行使给出明确、充分的依据，确定自由裁量权的限度和依据，是法官确定可得利益损失的同时需要完成的审判任务。也是打消当事人对于裁判公正的怀疑、提高裁判结果的可接受性、增强裁判行为公正度、透明度的重要保障。本判决即以“说得出”“看得见”的方式将对自由裁量权的规范进行了呈现。本案是一起因出租人未交付商业用途的租赁物引起的房屋租赁合同纠纷，争议标的大，涉及问题多且繁杂。判决书很好地处理了各项争议问题。针对原告的诉讼理由与被告的抗辩意见，对合同是否生效、被告是否违反合同约定、是否存在不可抗力免责等问题进行了繁简适度的论述，论证过程层次清晰，逻辑严密，对于被告违约的认定具有坚实的基础。在违约责任承担方面，针对原告主张的每一项损失均进行了透彻、缜密的说理和论证。本判决最为精彩之处在于对可得利益损失的释法说理，法官完成了从法律条文到抽象规则再到具体的案件事实的映射过程，在此基础上合理确定了自由裁量权的边界，详细阐明了裁判结论的形成过程和正当性理由。

（点评人：单国钧，北京市第一中级人民法院副院长，全国审判业务专家）

（2017）京 01 民初 93 号裁判文书原文

# 第九节　保理合同纠纷

## 27. 中央储备粮长春直属库有限公司和前郭县阳光村镇银行股份有限公司、松原市隆瑞祥贸易有限公司合同纠纷案*

【关键词】

保理合同　债权转让　合同效力　缔约过错　责任承担

【裁判要旨】

1. 保理合同中既包含债权转让法律关系，也包含金融借款、应收账款催收等法律关系，并非单一的债权转让，此类案件不应定性为债权转让合同纠纷。

2. 保理合同中的基础债权是否真实，属于是否能够履行合同问题，与保理合同效力无关。

3. 保理商不存在缔约过错，且没有违反合同约定，不能以未尽到审慎义务而判令其承担责任。

## 一、简要案情

2014 年 7 月 12 日，长春直属库与隆瑞祥公司签订《中储粮粮食采购合同》一份。约定长春直属库向隆瑞祥公司采购 2013 年产水稻，合同总价款为 20 092 800.00 元，同时约定长春直属库在收到隆瑞祥公司开具的增值税专用发票后，六个月内支付货款给隆瑞祥公司。7 月 25 日，长春直属库向隆瑞祥公司出具一份《发票收妥确认函》。确认函中载明："本公司于2014 年7 月22 日至2014 年7 月22 日共计收到贵公司销售的货物价值2009. 28 万元，我公司尚未付款。现本公司收到如下发票。"下面附表格，表格内列明编号为

* （2018）吉民再 111 号。

001155536、00155538～00155556、00155558 号发票共 21 张，发票总金额为 20 092 800.00 元。同日，阳光村镇银行与隆瑞祥公司签订《国内保理业务合同》一份。约定由阳光村镇银行向隆瑞祥公司提供保理融资 500 万元，融资额以应收账款 20 092 800.00 元为基础，融资比例为 24.89%，该保理业务为有追索权的明保理业务。也在同一天，隆瑞祥公司与阳光村镇银行签订《流动资金借款合同》一份。约定隆瑞祥公司向阳光村镇银行借款 500 万元，借款期限为自 2014 年 7 月 25 日起至 2014 年 12 月 24 日止。借款利率为月利率 11.6‰，"贷款人对逾期借款从逾期之日起在本合同约定的借款执行利率基础上上浮百分之伍拾（大写）计收罚息，直至本息清偿为止"。阳光村镇银行在《流动资金借款合同》签订当日，向隆瑞祥公司发放了贷款 500 万元。还是同一天，隆瑞祥公司向长春直属库发出了一份加盖其公章的《应收账款转让通知书》，将隆瑞祥公司与阳光村镇银行签订的《国内保理业务合同》和把其在长春直属库总计 20 092 800.00 元应收账款及该部分应收账款所享有的权利转让给阳光村镇银行的事实通知给了长春直属库。长春直属库和阳光村镇银行均在该《应收账款转让通知书》上加盖了公章。截至起诉之日，阳光村镇银行尚有本金 795 130.08 元及相应利息、罚息未得到清偿。隆瑞祥公司由吉林市万隆粮食有限公司独资设立。李某某为隆瑞祥公司执行董事兼经理，系法定代表人，卢某为公司监事。卢某系吉林市万隆粮食有限公司法定代表人。因长春直属库控告卢某、阳光村镇银行涉嫌诈骗，吉林市公安局于 2015 年 10 月 26 日受案，并于 2015 年 11 月 2 日对卢某涉嫌合同诈骗案予以立案侦查，未对阳光村镇银行进行立案侦查。在再审审理过程中，阳光村镇银行承认一审、二审判决在利息及罚息的表述上存在错误，罚息中不应该包括正常利息，应为 50% 的正常利息。

阳光村镇银行起诉请求：（1）长春直属库支付给阳光村镇银行欠款共计 795 130.08 元，并自 2014 年 8 月 5 日起按月利率 11.6‰给付利息，自 2015 年 1 月 4 日起按月利率上浮 50% 计算罚息；（2）隆瑞祥公司在 500 万元融资本金范围内对长春直属库的 795 130.08 元应收账款承担回购责任；（3）长春直属库及隆瑞祥公司负担诉讼费用。一审法院判决：（1）合同编号为 30002140725122678 号的《国内保理业务合同》无效；（2）隆瑞祥公司于本判决生效后十日内返还阳光村镇银行贷款 795 130.08 元及赔偿相应利息、罚息（利息按月利率 11.6‰自 2014 年 8 月 5 日起计算至实际给付之日，罚息按月利率 11.6‰上浮 50% 自 2015 年 1 月 4 日起计算至实际给付之日）；（3）对上述第（2）项隆瑞祥公司不能清偿的部分，长春直属库承担赔偿责任。案件受理费46 800.00元由长春直属库、隆瑞祥公司负担。

长春直属库不服一审判决，上诉请求：（1）撤销一审判决第（3）项，判令长春直属库不承担赔偿责任；（2）判令一、二审诉讼费由阳光村镇银行、隆瑞祥公司负担。二审法院判决：驳回上诉，维持原判。

长春直属库不服二审判决，申请再审。再审法院提审后，作出判决：（1）撤销二审判决；（2）撤销一审判决第一项；（3）变更一审判决第二项为隆瑞祥公司于判决生效后十日内偿还阳光村镇银行贷款795 130.08元及赔偿相应利息、罚息［利息按月利率11.6‰自2014年8月5日起计算至实际给付之日，罚息按月利率5.8‰（11.6‰×50%）自2015年1月4日起计算至实际给付之日］；（4）变更一审判决第三项为对隆瑞祥公司不能清偿的部分，由长春直属库承担赔偿责任；（5）驳回阳光村镇银行的其他诉讼请求。

## 二、撰写心得

因保理合同而产生的纠纷案件，往往涵盖着多重法律关系，在审判实践中容易重视其一而忽视其他，出现案由错误、审理方向错误等问题。同时，对于基于并不真实存在的应收账款而订立的保理合同效力及责任承担问题，当事人的争议较大，部分法院对此也存在不同的意见。所以，法官在承办该案件过程中，力求通过裁判文书这一载体，详尽地阐明保理合同法律关系的属性、构成要件、所隐含的各种法律关系及它们之间的联系，重点强调认定保理合同效力的基本原则，提出在没有约定义务的情况下，保理商未尽实质审查义务不应当承担违约责任的裁判观点，以此规制各方民事主体在社会经济交往中，要严格管控风险，依法经营，否则就要承担相应民事责任。

本案中，作为再审申请人的长春直属库，主要是针对生效判决没有判令阳光村镇银行承担部分责任而申请再审。但法官在案件审理过程中发现，本案生效判决存在案由概括不准确、合同效力认定不正确、多个判项存在瑕疵等实体和程序问题，所以在双方当事人未能达成调解协议的情况下，承办人决定通过这份裁判文书不仅要尽可能全面地阐述本案涉及的法律关系性质，正面回应当事人存在争议的焦点问题，比如对保理合同法律关系背后涵盖的多个法律关系进行剖析，对于案涉三方成立保理合同法律关系的基础债权真实存在与否，以及阳光村镇银行违反中国银监会下发的《商业银行保理业务管理暂行办法》《村镇银行管理暂行规定》中的相关规定是否导致保理合同无效问题，进行深入解读，对于阳光村镇银行未履行应收账款真实性、合法性审查义务能否认定其构成违约行为从而承担相关责任，进行认真分析，而且还要认真履行上级法院的审判监督职责，指导下级法院正确判定合同纠纷案件中的合同效力、违约责任，严格把握诉讼请求与判项关系，准确表述判决主文等。

在撰写该份民事判决书过程中，承办人针对生效裁判存在的诸多问题进行了全面论述。首先，案由确定不准确问题，承办人认为，案由系一个案件的灵魂，是法官审理案件的基本方向。只有准确确定民事案件的案由，才能够合理分配举证责任，全面查清案件事实，正确适用相关法律，从而更加有针对性地解决当事人的纠纷，避免出现以偏概全、导向错误的问题。所以，在评判本案争议焦点之前，在认真分析本案基本事实和当事人的主张基础上，对本案具体法律关系的性质（案由）进行了重新概括和界定，将“债权转让合同纠纷”更改为“合同纠纷”。其次，在合同效力认定方面，严格按照最高人民法院相关司法解释的规定，阐释人民法院认定合同效力应当秉持的基本原则，即合同内容只有违反全国人大及其常委会制定的法律和国务院制定的行政法规所作出的强制性规定，合同才无效。同时指出，基础债权是否真实，只是产生保理合同能否实际履行的法律后果，属于是否违约范畴，其与合同效力无关。再次，重点阐述了该笔保理业务中包含的买卖合同、借款合同和债权转让三个法律关系，以及三个法律关系中各方当事人订立合同的表象目的和真实目的，厘清了各方当事人的权利义务，从而为认定长春直属库构成违约，进而判定其应当承担偿还隆瑞祥公司保理融资款本息责任奠定了基础。针对阳光村镇银行是否应当承担相关责任问题，从本案为合同之债而非侵权之债的逻辑思维起点出发，强调在合同纠纷案件中，不存在除缔约过错责任之外的其他过错责任问题。在本案保理合同合法有效的情况下，保理商违反银行业内部的管理性规定，并不产生域外效力，也不能因此而产生域外责任。在合同没有明确约定的情况下，保理商未尽审慎注意义务、违法发放贷款，不能由此分担贷款损失责任。最后，在纠正双方无异议的利息、罚息表述的基础上，为切实履行上级法院对下级法院做好业务指导的责任，对双方当事人均未主张但判决主文中存在的实体和程序问题逐一进行了指出或纠正。一是原告诉讼请求中并不包括要求确认合同效力，但在判决主文中却作出了合同无效的判项；二是原告有请求判令被告对应收账款承担回购责任的诉讼请求，但判决主文中却没有体现是否保护；三是原告基于债权转让的事实要求债务受让方承担还款责任，但生效判决却判令原债务人直接偿还借款本息，使案件性质转变成了借款合同纠纷，判决结果错误。在裁判文书中提出和纠正前述问题，目的在于使下级法院在今后承办类似案件中汲取教训，减少案件裁判中不应出现的错误和瑕疵，全面提升全省民事案件的审判质量，提高裁判文书制作水平。

本判决作出后，被《人民司法·案例》（2019 年第 17 期）以《保理商是否尽到审慎义务与承担保理合同责任无关》为题进行了刊载，也得到了一些同仁的关注。对此，承办人深切感受到，在承办案件过程中，在有可能的情况下，对于一个或者多个新型复杂的法律关系交织在一起的案件，要多付出一些时间和精力进行钻研和探讨，努力找出各种法律关系之间的联系，提出约束各方当事人权利义务的主要脉络，在查清案件事实的基础上，根据当事人的诉辩意见，分清哪些事实能够导致其承担相应责任，哪些事实与合同责任无关，最终得出更加符合案件性质、更能全面保护当事人合法诉求的裁判结果。

（白金城，吉林省高级人民法院法官）

## 三、专家评析

一份优秀的判决应当全面展示案件审理的思路和过程。本案判决书具备优秀判决的基本要素：制作样式规范，叙述事实清晰，适用法律准确，论理透彻、夹叙夹议、由事到理、由理而断。更有三点尤其值得学习借鉴。

**（一）从改变案由入手，逐一回应当事人的再审申请**

本案再审审理时，改原审案由债权转让合同纠纷为合同纠纷，以审理保理合同纠纷的思路，综合分析隆瑞祥公司与阳光银行签订的《国内保理业务合同》所包含的债权转让、金融借款、应收账款催收等多种法律关系。厘清各方当事人权利义务，鲜明指出保理合同中的基础债权是否真实，属于合同履行问题，不影响保理合同效力；保理商未尽实质审查义务不应当承担违约责任等裁判观点。阐明了部分再审申请理由不能成立的原因，发挥裁判文书释法明理的功能，取得当事人息诉服判的裁判效果。

**（二）通过再审进一步梳理事实，一一指出原审程序和实体上存在的问题和疏漏，并依法予以纠正**

如本案再审纠正了超出当事人诉讼请求范围判决保理合同无效的问题，支持了申请人关于原审确定的计息方式错误的主张，而对一审判决判项顺序错误、内容存在瑕疵的问题，则因阳光村镇银行并未提出上诉和申请再审，而维持一审判决结论。充分体现了再审过程中全案审理的法律价值，切实发挥了审判监督程序依法纠错的功能。

**（三）结合本案实际情况，诠释了严格适用合同无效制度的价值导向**

本案原审判决以阳光村镇银行、隆瑞祥公司、长春直属库之间成立保理合同法律关系的基础债权并不存在为由，认定阳光村镇银行与龙瑞祥公司签订的保理合同无效，不符合《合同法》第 52 条的规定，不符合《最高人民法院关于适用〈中华人民共和国合同法〉若干问题的解释（二）》[①] 对《合同法》第 52 条作出的限缩性解释。再审判决对此予以纠正，充分体现了合同法尊重当事人意思自治、维护交易安全的立法精神，发挥了人民法院生效裁判的引领示范作用。

综上，在这份再审判决中不仅能够学习制作裁判文书的各种规范，而且能够领悟正确审理合同纠纷的方法和准确适用审判监督程序的理念，这正是一份优秀的再审判决所应完成的使命。

（点评人：于兵，吉林省高级人民法院副院长）

**（2018）吉民再 111 号裁判文书原文**

① 该解释已于 2021 年 1 月 1 日失效。

# 第十节　承揽合同纠纷

## 28. 太重集团机械企业公司机器设备制造厂和山西武圣新材料有限公司合同纠纷案*

【关键词】

合同变更　根本违约

【裁判要旨】

承揽人通知定作人对承揽标的物的技术参数进行变更，如定作人收到通知后未提出异议，应认定双方对该项变更达成了合意；定作人对标的物性能未提出具体要求，承揽人对标的物部分功能进行变更后，不影响标的物的正常使用，承揽人不构成根本违约。

### 一、简要案情

2007 年 9 月 28 日，山西武圣新材料有限公司（以下简称武圣公司）与太重集团机械企业公司机器设备制造厂（以下简称太重设备厂）签订购销合同及技术协议，向太重设备厂定购煤气发生炉及净化设备煤气站，双方约定设备规格及主要技术参数为：TGM－Φ3. 2M 二段煤气发生炉，仪表原件为上仪 1151 系列，DCS 为浙大中自主机、美国戴尔显示器 22 寸液晶。合同签订后，太重设备厂即向武圣公司提供煤气站工程设备并进行安装，但将原合同约定的 Φ3. 2M 煤气发生炉变更为 Φ3M 煤气发生炉，将原合同约定的仪表控制浙大中自 DCS 变更为我国台湾地区研华生产的主控机。2008 年 5 月设备安装完毕。武圣公司自 2007 年 9 月 29 日至 2008 年 6 月 5 日共向太重设备厂支付货款 713 万元，剩余 277 万元未付。经司法鉴定，太重设备厂设计、组装的煤气站监视、控制系统由于缺少构成 DCS 的主要硬件、相关应用软件及各种操

* （2017）晋民终 149 号。

作控制功能，该系统不是DCS分散控制系统。武圣公司以太重设备厂根本违约为由起诉请求解除合同，要求太重设备厂退货退款并赔偿损失。太重设备厂则反诉请求武圣公司支付剩余货款。双方争议焦点集中于煤气发生炉内径和控制系统的变更是否达成合意、变更是否构成根本违约以及设备安装完毕后是否经过了验收。

## 二、撰写心得

汝果欲学诗，工夫在诗外。

好的裁判文书是全部庭审工作的总结，不但能告知当事人裁判结果和裁判理由，也能向社会公众展示整个庭审过程，还能展现法官办理案件的经验和技巧，能真正发挥“指引、评价、预测、教育、强制”的作用。但是，如同作家创作需要知识的积累、生活的积累、思考的积累一样，法官写作裁判文书不仅仅依靠写作技巧，更多地要依靠法学理论和实践经验的积累，以庭审工作为基础。“且夫水之积也不厚，则其负大舟也无力。”没有扎实的基础，不可能创作出优秀的裁判文书。

### （一）庭前阅卷归纳总结，让争议焦点像花瓣一样绽放

请求权基础与争议焦点是裁判文书的两大支柱，争议焦点是裁判文书的灵魂。近年来，请求权基础理论在各级人民法院基本普及，但对争议焦点的总结并未引起重视。实践中有些法官习惯于把当事人的诉讼请求直接作为争议焦点，争议焦点过于宽泛，不仅在庭审调查过程中无法发现当事人矛盾的根源，裁判文书也无法集中笔墨针对焦点充分说理。

曾有法官将当事人的争议比喻为一朵花。针对一方当事人的诉讼请求，对方当然会有异议，但随着诉讼进程，双方的争议会像“花瓣”一样层层展开，最后，将争议焦点集中在“花蕊”。法官的工作就是要引导双方当事人让争议的“花瓣”层层绽放，最终找到双方争议的焦点。实践证明，争议焦点总结得越具体明确，裁判文书的写作越有针对性。为了能顺利找准争议焦点，法官在庭前阅卷时就应当对争议焦点进行初步的归纳总结，庭审过程中再根据当事人的诉辩情况及时调整，使最终的争议焦点精准、完整。

本案双方当事人争议较大，期间对案涉设备还委托了司法鉴定。庭前通过阅卷，发现双方的争议焦点集中于煤气发生炉内径和控制系统的变更是否达成合意、变更是否构成根本违约以及设备安装完毕后是否经过了验收。初步总结出三个争议焦点后，又将全部卷宗中涉及争议焦点的证据、历次庭审

笔录、询问笔录中的相关内容整理排序。对裁判文书围绕争议焦点可能会引用的证据、论述的问题，如果卷宗中未涉及或调查得不够充分，也进行了整理，以便庭审时详细调查。如此，开庭前就已经初步掌握了双方可能会围绕焦点提出的观点，有助于理清思路，把控庭审节奏。

**（二）围绕焦点展开调查，拨开迷雾，掌控方向**

法官是庭审之舟的“舵手”，对庭审工作能否顺利完成，能否达到庭审目的，起着至关重要的作用。有些当事人能够围绕争议焦点提交证据，发表清晰准确的意见，而有些当事人会提交大量与案件貌似有关实则无关的证据，发表意见时也会提及案件背后的琐碎事实，甚至在细枝末节的问题上花费大量时间和精力来阐述，有些庭审时间过于冗长往往是因这些“题外话”所致。这时，法官应当保持清醒，不被当事人的话题带偏思路，适时将当事人的注意力拉回到争议焦点上，提醒当事人围绕争议焦点发表的意见才是有效意见，才可能体现在裁判文书中，影响裁判结果。

本案庭审过程中，双方当事人提供的大量证据均为会议纪要、往来函件。因为在庭审前已经将相关的证据围绕争议焦点进行了整理、分类，庭审时能够有条理地引导当事人针对每一个焦点，提出证据，发表意见，因本案历时较长，有些提交过的证据当事人自己已经忽略，有些在之前庭审中发表过的意见，当事人自己也已经忘记，法官根据庭前准备工作列出的提纲及时为当事人指出，询问其意见。如此，针对争议焦点完成了充分的调查工作，当事人围绕争议焦点也充分发表了意见。虽然双方争议较大，证据较多，本案庭审时间并未过于拖沓。

**（三）通过认证过程的写作，用证据图片拼出案件事实**

再审审查案件中，再审申请人申请再审的理由大量集中在《民事诉讼法》第200条第2项①规定：原判决认定的基本事实缺乏证据证明，因为法官只采信对方的证据，未采信己方的证据。但经过审查这些案件，原审判决认定的事实并不缺乏证据证明，判决结果也并没有错。导致当事人申请再审的原因，很大程度上是因为有些裁判文书不重视举证、质证、认证过程的写作，对双方当事人有争议的证据，不仅举证、质证过程一笔带过，对认证过程也能省则省。

裁判文书的认证过程就是在告诉当事人和社会公众，为什么某些证据能

① 对应《民事诉讼法》（2021年修正）第207条第2项。

够采信，某些证据不能采信，判决书如何根据这些证据认定得出事实。某种意义上，举证、质证、认证过程的写作，类似于拼图游戏，案件事实是双方当事人试图向法庭展现的一幅拼图，双方当事人提出的证据类似于拼图中一块块零散的图片。为还原案件事实，双方当事人举证时分别拿出各自的零散图片，对方当事人对证据的三性进行质证的过程，是其力图排除对方图片的过程。认证过程是法官根据证据规则向双方当事人说明，哪些图片可以留下，哪些需要排除，理由是什么，是对证据的取舍过程。假定待证事实是一幅长城拼图，而当事人却拿出了一块故宫的图片，证据与本案待证事实没有关联性，必须排除；或者当事人虽然拿出了一块长城的图片，但这块图片的取得方式违法，必须排除；或者当事人拿出的这块长城图片是伪造的，也必须排除。认证完成之后，剩余的证据图片拼在一起形成的图案，就是证据所能证明的案件事实。如果图片缺损太多，拼装后完全不能看出是什么图案，当事人没有完成举证证明责任；如果图片虽有缺损，但拼装后基本能够看得出图案，当事人的证据就已经达到了高度盖然性的证明标准。案件基本事实是裁判说理的基础，而基本事实的认定依靠证据，所以对举证、质证、认证过程的写作应当不吝笔墨，为裁判文书后续的说理打好基础。

**（四）以子之矛，攻彼之盾，不偏不倚，居中裁判**

本案原审所作的举证、质证、认证工作比较扎实，本篇文书在写作“本院认为”部分时，可以水到渠成直接引用已经采信的相关证据。但鉴于双方当事人争议较大，所以围绕争议焦点展开论述时，先列举了双方对该焦点提出的证据和观点，通过比较双方的证据，能够明显对比出哪一方的证据对于证明待证事实更有优势，再由法官对双方证据进行评述，总结出法庭对争议焦点的意见。例如，针对武圣公司是否认可煤气发生炉内径的变更问题。先列举双方的证据：武圣公司主张其未认可，提交了《Φ3.2M 二段式煤气站工程购销合同》、2007 年 10 月 8 日太重设备厂提供的 3.2 米煤气发生炉图纸、2008 年 4 月 28 日太重设备厂发给武圣公司的《山西武圣铝业有限公司 Φ3.2 米两段炉点火用材》及 2008 年 6 月《交工验收书》为证，以证明武圣公司认为其接收的是内径 3.2 米的煤气发生炉。而太重设备厂为证明武圣公司明知并认可其接收的煤气发生炉内径已变更为 3 米，提供了《Φ3.2M 二段式煤气站工程购销合同》、3 米煤气发生炉图纸、2008 年 3 月 14 日《煤气炉电器仪表会议纪要》、2008 年 4 月 7 日武圣公司工程例会记录、2008 年 5 月 11 日太重设备厂致武圣公司的函、2008 年 6 月 5 日武圣公司的付款凭证、2008 年 6

月8日武圣公司提供的《焙烧炉投产煤气车间需完善项目》、2008年6月9日武圣公司《焙烧、煤气系统启动安排会议纪要》、2008年6月19日武圣公司李某某签收的太重设备厂移交给武圣公司的书面材料、2008年6月30日太重设备厂与武圣公司双方负责人签字的《设备安装工程交工验收书》、2008年9月6日武圣公司致太重设备厂的两份函、2008年9月10日武圣公司致太重设备厂关于煤气发生炉故障及问题情况的函为证。法官对双方的证据进行评述：双方在《Φ3.2M二段式煤气站工程购销合同》第10条约定，煤气发生炉安装前，太重设备厂提出整个项目的安装施工方案，经武圣公司认可后，太重设备厂按安装施工方案进行施工。第11条约定，在设备制造过程中，武圣公司可根据情况派员到太重设备厂现场进行监造和检验，太重设备厂应积极配合。在《技术协议》第4条约定，进入武圣公司工厂的一切设备、电气、仪表、材料等，必须经武圣公司人员按合同要求及国家的相关规定进行验收，验收合格认可后方可安装与使用。根据上述约定，3米煤气发生炉制造过程中，武圣公司有权进行监造、检验，煤气发生炉进入武圣公司前，武圣公司有权验收，如武圣公司不认可煤气发生炉内径的变更，则太重设备厂不能安装。煤气发生炉安装完成后，2008年4月7日武圣公司工程例会记录中，武圣公司煤气车间主任朱某称“太重的设备说明书、外协设备的说明书都到了”，2008年6月19日武圣公司电仪负责人李某某签收的太重设备厂移交给武圣公司的书面材料中包括3米煤气发生炉各部分的合格证，2008年9月10日武圣公司致太重设备厂关于煤气发生炉故障及问题情况的函中武圣公司承认收到的是3米煤气发生炉的产品合格证，上述证据互相印证武圣公司收到太重设备厂的3米煤气发生炉及其合格证。2008年5月11日，太重设备厂在致武圣公司的函中明确告知武圣公司为其安装的是五台套3米煤气发生炉，并要求武圣公司按合同约定付款。2008年6月5日，武圣公司的付款凭证显示武圣公司支付给太重设备厂20万元货款。即武圣公司在明知煤气发生炉内径变更后仍向太重设备厂支付了部分货款。2008年6月30日，双方负责人签字的《设备安装工程交工验收书》明确工程名称为“Φ3M二段混合煤气发生炉及净化设备煤气站”，武圣公司煤气车间负责人朱某签字，并未对煤气发生炉内径的变更提出异议。此后双方在往来的函件中武圣公司仅提到煤气发生炉的故障、注册登记手续等，也未就煤气发生炉内径的变更提出异议。由此可知，武圣公司明知并认可煤气发生炉内径的变更。武圣公司虽然提出太重设备厂提供的是3.2米煤气发生炉图纸，但该图纸显示的日期为2007年10月

8 日，先于煤气发生炉安装时间。武圣公司提交的 2008 年 6 月《交工验收书》上仅有太重设备厂一方的签字，无武圣公司的签字，验收意见、验收人等均为空白。与太重设备厂提供的证据相比，证明力明显弱于太重设备厂提供的各项证据的证明力。最后对该焦点得出结论：太重设备厂对煤气发生炉内径的变更经过了武圣公司的认可。

本案的三个争议焦点均采用了这种“以子之矛，攻彼之盾”的写作方法，全景展示诉辩双方的攻防，让双方的证据、观点进行交锋，法官居中客观评论双方当事人各自的主张是否成立，以及成立与否的原因。这种写作方法，使胜诉者知道自己为何胜诉，败诉者也明白自己为何败诉，并非法官决定了案件的裁判结果，是证据决定了案件的裁判结果。

本案庭审过程中，双方当事人均向合议庭施加了群体上访的压力，但收到裁判文书后，案件得到了平稳处理。

（程庆华，山西省高级人民法院法官）

## 三、专家评析

本案此前已历经 7 次诉讼，事实和争议错综复杂，本诉与反诉相互交织，当事人各执一词，矛盾日益扩大。承办法官全面准确概括了双方当事人诉讼请求和答辩意见，真实客观地还原当事人主张的事实理由，基于合同实质解析基本法律关系，将案由定性为承揽合同纠纷，为后续审理框定了明确路径。

本案之所以演变为旷日持久的诉讼长跑，与原审审理方向和审理重点出现偏差关系较大。在此次审理过程中，承办法官综合诉辩意见、举证质证、法庭调查和辩论，剥离 DCS 系统技术之争的细枝末节，正确界定审理范围，准确归纳出三个争议焦点：其一，煤气发生炉内径规格及控制系统变更是单方行为还是双方认可行为；其二，煤气站设备安装工程是否经过验收；其三，煤气发生炉内径及控制系统变更是否导致合同目的不能实现。争议焦点层层递进，精准把握住争议本质和问题核心，反映出法官去伪存真、直击要害、定分止争的深厚功底。

在事实认定方面，该文书紧密围绕纠纷发展过程，按照合同履行顺序，全面客观阐述事实，认定清晰，层次分明，详略得当，为判决说理奠定了坚实基础。在文书论理部分，承办法官格外用心，既全面展现了事实论证过程，又充分展示了法官心证和思维过程。在论证合同实际履行中的变更属于单方意思表示还是双方认可行为时，不机械地求诸双方签字同意的形式化证据，而是紧密围绕查明事实，结合合同权利义务、系统用途、履行过程以及日常经验法则进行判断，通过严密的逻辑分析，得出武圣公司对煤气发生炉内径规格变更应当明知，但对 DCS 系统变更并未认可的结论，论证合理，结论公正，足以令人信服。在论证案涉设备安装工程是否经过验收时，承办法官从煤气发生炉冷态运行、气密性试验、热态运行环节，以及双方提交的交工验收书的效力比对着力展开说理，通过详细的事实论证和说理分析，娓娓道来，形成工程实际经过验收的结论。在是否导致合同目的不能实现这一关键争议焦点论证中，承办法官从当事人争议事实出发，又能摆脱当事人关于控制系统的细节之争，紧紧把住煤气发生炉工程实际产能和最终用途，从整体和全局角度考量合同目的实现，最终完整得出武圣公司关于合同目的不能实现的理由不能成立的结论。值得一提的是，案件终要涉及当事人承担责任金额具体分配，考虑到本案历时已久，当事人均已不堪重负，合议庭没有简单地将价款确认付诸鉴定，而是根据双方过错责任和各自询价合理确定了支付价款数额，体现了法官为民司法的情怀。

综上，该判决书全文体例规范，要素齐全，结构完整，文字简洁，行文流畅，事实认定清楚，法律适用准确，裁判结果正确，尤其是文书说理逻辑缜密，论证严谨，一气呵成，读来有酣畅淋漓之感。当然，审判实践中，关于合同目的能否实现向来属于难点问题，该文书在理论辅助说理方面稍有欠缺，但整体来看，该文书仍不失为一篇优秀的裁判文书。

（点评人：张建康，山西省晋城市中级人民法院院长）

**（2017）晋民终 149 号裁判文书原文**

# 第十一节　建设工程合同纠纷

## 29. 新疆兵团建工昆鹏建筑装饰工程有限公司和新疆国际大巴扎文化旅游产业有限公司建设工程施工合同纠纷案*

【关键词】

非夜间施工照明费　质量保证金

【裁判要旨】

人民法院应依据各方提供的证据及合同约定，认定涉案工程中的非夜间施工照明费、施工配合费的计取，税金的负担及质量保证金的返还等争议问题。

### 一、简要案情

新疆国际大巴扎文化旅游产业有限公司（以下简称大巴扎旅游公司）与新疆兵团建工昆鹏建筑装饰工程有限公司（以下简称昆鹏建筑公司）经过招投标程序于2017年4月13日签订《建设工程施工合同》，约定："发包人（大巴扎旅游公司）将位于新疆国际大巴扎丝绸之路文化体验式输出平台项目——三、四号楼四层特色餐饮街市室内装饰装修工程发包给承包人（昆鹏建筑公司）施工，承包范围全套施工图纸范围、工程量清单及招标文件约定所有内容（消防、空调、地暖不在本次招标范围），开工日期2017年4月13日，竣工日期2017年7月20日，签约合同价6 204 500元；发包人代表乔某某，承包人项目经理徐某某，承包人在合同签订之后7日内提交合同总价10%履约保证金直至工程竣工验收合格、合同履约完成后解除；因发包人原因导致工期延误的情形包括，发包人未按合同规定支付工程款并确实影响施

---

* （2019）新01民终3031号。

工进度的，重大设计变更而影响施工进度，政策处理问题影响施工进度，此延误工程需在发生后 7 天内办理签证，逾期不予认可；因承包人原因造成工期延误，逾期竣工违约金的计算方法为每推延 1 天，赔偿 20 000 元；合同价格形式固定综合单价；双方约定中标单位合同签订后须向建设单位提交材料总计划，结合市场询价，确定总材料费用，本工程不设预付款，投标人中标后根据工程材料总计划对应工期节点分批次进行材料分配，确定每批次材料款数额，首次除备料款外建设单位依据核定的投标标价，按照现场经费、临时设施费、辅助材料费和以下必要的杂支，原则上不得突破合同总价的 20%，随后按每期现场实际进度面貌申报月进度产值，经核定后，抵扣上期已付备料款，衔接当期材料备料款进行支付工程月进度款，以此类推。依据每期核定的月进度产值进行汇总，对原承包合同金额进行修订、调整，竣工验收后按调整后的工程价款付至 80%，进入结算阶段，结算后付至结算价款的 95%，留 5% 的质保金，质保期满无质量问题一次性付清质保金，承包方在收取除质保金外的结算款项前 5 日，应向发包方出具足额的增值税专用发票，发包方见票后付款；缺陷责任期限 24 个月，质保金为经审定的竣工结算总价款 5% 的工程款，工程竣工结算时一次性扣留质量保证金。”同日，双方又签订《建设工程施工合同》，约定大巴扎旅游公司将新疆国际大巴扎丝绸之路文化体验式输出平台四号楼五层特色民族包厢室内装饰装修工程分包给昆鹏建筑公司施工，工期自 2017 年 4 月 13 日至 2017 年 7 月 20 日，签约合同价 2 618 480. 61 元，其他合同内容与上一合同一致。合同签订后，昆鹏建筑公司组织人员进场施工。2017 年 4 月 24 日，昆鹏建筑公司向大巴扎旅游公司缴纳履约保证金 620 450 元；2017 年 4 月 26 日，昆鹏建筑公司向大巴扎旅游公司缴纳履约保证金 261 848. 06 元。2017 年 11 月 4 日，双方形成会议纪要，载明：“昆鹏公司同意终止合同，放弃四层 A、B 区施工，双方做合同变更备案，并在 2017 年 1 月 5 日申报四层 C 区和五层包厢的竣工资料和结算书；合同之外的如地暖、客用卫生间、后厨砌体等，已认价的需落实工程量后补签合同；四层 A、B 区昆鹏公司已购材料的交接时间放在竣工资料提交后，双方一期清点数量，进行交接。”2017 年 12 月 8 日，双方补签《国际大巴扎三号楼四层厨房砌隔墙补充协议书》，约定大巴扎旅游公司在上述两份合同外将三号楼四层厨房砌加气块隔墙工程发包给昆鹏建筑公司施工，工期自 2017 年 7 月 1 日至 2017 年 7 月 10 日，协议结算价 83 100. 33 元，质保期 1 年。同日，双方补签《国际大巴扎四号楼四层公共卫生间装修补充协议书》，约定大巴扎旅游公司将四号楼四层公共卫生间装修工程发包给昆鹏建筑公司施工，工期自2017年7月12日至2017年8月10日，协议价款166 850.4元，质保期一年。三号楼四层厨房砌隔墙工程及四号楼四层公共卫生间装修工程在补签协议时已完工。同日，双方补签《低温热水地板辐射采暖工程施工补充协议书》，约定增加三、四号楼四层局部、五层包厢地暖工程，合同总价290 499.55元，地暖施工完毕后，双方共同核定地暖实际施工面积2081.81平方米，单价55元/平方米，地暖施工总价款114 499.55元，四层、五层地暖主、立管供回水系统包干价176 000元，工期40天，留工程总造价3%作为质保金，两个采暖期结束后无质量问题及时付清质量保证金。该工程实际开工时间为2017年5月。2017年6月1日，昆鹏建筑公司就项目进度及合同未约定项目的若干问题向大巴扎旅游公司发函，2017年6月3日，大巴扎旅游公司回函载明："施工配合费用按照分包合同价款的2%取费；白天施工增加照明费以日光照射不到的施工项目现场核定后计取该部分工程量，以定额人工增加2.2元/工日计取白天施工照明费。"2017年8月，涉案工程投入使用。2017年9月28日，大巴扎旅游公司向昆鹏建筑公司发出工作联系函，载明"四号楼五层25樘门因你单位油漆加工不畅，导致我单位工程延期，经双方友好协商，由你单位委托乌鲁木齐星易升装饰装修有限公司进行喷漆处理，单价800元/樘，25樘门合计20 000元，此项目款项将在你单位后厨砌筑墙体工程项目中扣除"，昆鹏建筑公司对该联系单批注"认可"。2018年1月27日，双方对石材、墙地砖材料进行汇总，合计材料费441 056.05元，大巴扎旅游公司的乔某某批注："君支石业、昊元石业的材料款项系我公司实际付款金额，峰易瓷砖款系我公司购买由兵一建施工的材料给款（不含税）。"2018年1月31日，昆鹏建筑公司将A、B区内价值127 387.92元的剩余材料移交给后续施工单位乌鲁木齐星易升装饰装修有限公司，在移交清单中，大巴扎旅游公司均在接收单位处盖章并签字确认，其中价值6700元材料系甲供材，备注为只做移交不计价，在亚鑫达电缆的移交清单中，大巴扎旅游公司的经理严某某批注："因工程变更后续状态未最终确定，鉴于大巴扎未设工程施工库房及库管，该往来转星易升直接实施保管义务，以上费用计兵团一建往来计入结算，转扣星易升往来，妥否，请公司领导批示。"2018年2月9日，大巴扎旅游公司返还昆鹏建筑公司履约保证金240 000元。2018年6月6日，涉案工程竣工验收。一审庭审中，经昆鹏建筑公司申请，一审法院委托新疆有色冶金设计研究院有限公司对昆鹏建筑公司施工的工程造价进行鉴定，2019 年 5 月 14 日，新疆有色冶金设计研究院有限公司作出工程造价鉴定报告书，鉴定意见为：工程造价 6 205 777. 65 元，非夜间施工照明费用 25 664. 65 元，配合费 127 210 元，剩余材料费 127 387. 92 元，樘门与宴会大厅双开门喷漆 24 500 元。鉴定报告送达双方当事人后，大巴扎旅游公司提出异议，新疆有色冶金设计研究院有限公司对异议进行了答复，调整工程造价为 6 015 655. 4 元，其中甲供材税金为 48 516. 17 元。双方对已付工程款 5 652 335 元均不持异议。

## 二、撰写心得

建设工程施工合同的内容一般包括工程范围、建设工期、中间交工工程的开工时间、工程质量、工程造价、基数资料交付时间、材料和设备供应责任、拨款和结算、竣工验收、质量保修范围和质量保证期、相互协作等条款。双方当事人应当严格按照合同内容全面履行义务，在施工过程中出现的变更、增加工程量的情形，应当及时通过经济签证及往来函件的方式确认工程量及工程价款，如产生争议，承包人应当对施工内容及施工量承担举证责任。双方合同约定材料和设备供应责任由发包方负责的，双方应当对相应的材料设备提供情况及时确认，如产生争议，发包方应当对施工过程中提供的材料及设备承担举证责任。质量保证期届满的，发包人应当及时向承包人返还质量保证金，如出现质量问题，应当通过合同约定的方式积极向承包人主张质量保修责任。

大巴扎旅游公司与昆鹏建筑公司签订《建设工程施工合同》，合同中对于承包范围、开工日期、竣工日期、质量保修责任等进行了约定。涉案工程竣工验收后，双方因工程款结算及工程款支付等问题产生争议。昆鹏建筑公司诉请法院判令大巴扎旅游公司支付工程款、工程款利息、材料款；返还履约保证金。大巴扎旅游公司抗辩认为涉案工程竣工时间严重逾期，昆鹏建筑公司存在违约行为，履约保证金中应当扣除违约金；涉案工程的质保期未届满，质保金不应返还；涉案工程中的喷漆工程是由第三方施工，该部分费应当从总工程款中扣除；工程款存在超付情形，应当驳回昆鹏建筑公司的诉请。本案经审理后，法院支持了昆鹏建筑公司的部分诉讼请求。

本案中双方的主要争议在于涉案工程中的非夜间施工照明费、施工配合费的计取，甲供材的税金的负担及质量保证金的返还问题。双方约定了关于非夜间施工费、配合费的计取方式，但昆鹏建筑公司未提供经双方确认的工程量，故非夜间施工照明费的诉讼请求，不应予以支持。关于配合费的计取及质保金的返还时间则应按照双方的合同约定及施工情况予以认定。建设工程施工合同中建筑材料应当由承包方购买，甲供材税金的负担的问题主要依据双方约定，该问题的举证责任在于发包方，因大巴扎旅游公司未举证证明双方约定甲供材税金应由昆鹏建筑公司承担，故昆鹏建筑公司不应承担甲供材税金。

建设工程施工合同案件包含的内容虽比较繁杂，双方争议的问题也比较多，但审理建设工程施工合同的基本思路仍是依据各方提供的证据以及当事人陈述来认定案件基本事实，梳理基本的法律关系，从而依法作出裁判。实践中，建设工程施工合同中涉及的当事人及法律关系较多，我们在审理该类案件时，首先要将发包人、承包人、分包人、违法转包人与实际施工人之间的纷繁复杂的法律关系梳理清楚，同时将工程的施工周期、完成情况、付款情况等基本事实审理清楚，从而确定双方无争议的事实，归纳总结双方争议的问题，使审判过程有一个清晰的脉络。在查清案件基本情况、理清案件基本脉络的情况下，再有针对性地对当事人争议的问题进行审理，对关键证据进行审理认证，就能在繁杂的证据和事实中，确定案件的审理重点，从而作出裁判。

大多数建设工程施工合同案件需要对工程造价进行评估鉴定，可以说工程造价的鉴定意见是审理建设工程施工合同案件时最重要的证据，所以在评估鉴定的过程中我们要将关键节点把握好。首先，要明确评估鉴定的范围。在开展鉴定工作之前，尽量让当事人对无争议的部分核对清楚，形成确定的造价数额，将该部分排除到鉴定范围之外。这样做，既可以缩小工程的鉴定范围，降低当事人支出的鉴定费用，同时进一步明确双方的争议范围，突出鉴定重点问题。其次，要把握好鉴定证据的举证质证。工程造价鉴定的证据较多，往往包括多套图纸、经济签证、设计变更、工程日志等，我们要将上述证据梳理清楚，由各方当事人明确对图纸、经济签证的意见，对重点问题梳理出来，不能将证据一股脑地交给鉴定公司，导致鉴定程序代替审判程序，从而造成鉴定程序上存在一定瑕疵。清晰明确的鉴定证据对于认定鉴定意见也有所助益。再次，要把控好鉴定的时间、流程。在鉴定过程中，给鉴定公司、各方当事人明确各时间节点，释明相应法律后果，提高各个环节的效率，缩短鉴定时间，从而缩短审理时间。最后，要注重鉴定人对鉴定意见的解释说明。鉴定意见出具后，鉴定人应当到庭接受各方的质询，解释说明鉴定意见，对于当事人争议的问题进一步解释说明，从而帮助法院对争议问题予以认定。建设工程施工合同案件将上述情况查明后，处理起来就可以由繁杂变得清晰，裁判文书就会逻辑清晰，说理充分。

（高茜，新疆维吾尔自治区乌鲁木齐市中级人民法院法官）

## 三、专家评析

该裁判文书查明事实清楚，适用法律正确，逻辑清晰明了，说理确实充分。本案中，涉案工程竣工验收后，发包方与承包方就工程款结算及工程款支付等问题产生争议。承包方要求发包方支付工程款及利息、履约保证金以及材料税金等，同时认为质保期限已届满，应当退还质量保证金。而发包方认为涉案工程竣工时间严重逾期，承包方存在违约行为，履约保证金中应当扣除违约金；涉案工程的质保期未届满，质保金不应返还；同时应当扣除由第三方施工的工程款。通过审理本案的主要争议在于涉案工程中的非夜间施工照明费、施工配合费的计取，甲供材的税金的负担及质量保证金的返还问题。该判决对上述争议问题的认定清楚，适用法律正确，裁判结果恰当。裁判文书是人民法院与社会公众联系的纽带，它不仅反映案件的全貌，还是由法官向当事人表明国家意志和司法态度的一种重要语言形式。裁判文书质量的高低，对于增强人民法院办案严肃性，提高透明度和公信度，维护法律尊严和人民法院的形象具有重要作用。提高裁判文书的制作水平，也是司法公正的需要。因此，要强化法官责任，提高裁判文书的制作水平，保证裁判文书质量。制作裁判文书时应当注重裁判文书的格式以及制作规范，要求审判人员具备精准而厚实的法律功底，将审理查明的事实、证据以及法律法规说透。同时，审判人员应当具备较高的写作能力以及综合分析能力，最重要的是，审判人员要具备高度的责任感，让当事人分清是非，承担相应的责任，使当事人的合法权益受到保护。审判人员在日常学习过程中应当注重逻辑学基本知识的学习和掌握，法官的职业技能是基于法律形式的逻辑推论，运用逻辑学的基本原理从法律的角度依法认定证据，从而推断、认定案件事实，穷尽已有的法律手段，尽可能地使认定的法律事实和客观事实相统一，并将这一过程用裁判文书的形成表现出来，这是每一位审判人员的日常工作。因此，在裁判文书的制作过程中，要充分体现出诉讼过程的逻辑性和裁判文书的逻辑性。总之，一篇优秀的裁判文书，肯定是一篇具有高度逻辑性的裁判文书，审判人员在日常学习和提高的过程中一定要注重这方面能力的培养。

（点评人：蒋新华，新疆维吾尔自治区高级人民法院党副院长、一级高级法官，全国法院审判业务专家，法学博士）

**（2019）新 01 民终 3031 号裁判文书原文**

# 30. 陕西中豪建设集团有限公司和西安世城置业有限责任公司建设工程施工合同纠纷案*

【关键词】

建设工程　鉴定意见审查　违约责任认定

【裁判要旨】

1. 对建设工程造价的鉴定意见，在当事人提出异议的情况下，可从是否擅自扩大申请鉴定范围、鉴定机构是否超越资质鉴定、所依据的证据材料是否进行全面有效质证、鉴定的计价方法是否违反当事人合同约定内容等进行审查。

2. 对于建设工程施工合同违约责任的认定，要围绕单方违约还是双方违约的问题，在依据生效合同所约定的工程进度款等款项支付条件、审核程序、付款期限和工程施工节点完工要求、顺延工期条件及审核程序等内容，结合能够证明双方履行情况的工作联系单、停工通知、索赔通知、监理资料、文件签收记录等施工日志材料，对违约行为作出准确判断。

## 一、简要案情

2013 年 3 月 24 日，西安世城置业有限责任公司（以下简称世城公司）与陕西中豪建设集团有限公司（以下简称中豪公司）就案涉项目签订《施工协议》，明确项目占地约 84.57 亩，包括 9 栋地上 33 层（局部 13 层）、地下 1 层高层建筑等，约定世城公司将案涉工程发包给中豪公司，由中豪公司按照图纸在约定的时间内完成施工并进行竣工验收后移交世城公司，世城公司按照约定的节点和比例向中豪公司支付工程款；协议签订后 2 个月双方需依据本协议签订建设工程施工合同，工程施工合同不可违背本协议之基本约定。中豪公司于 2013 年 3 月 24 日向世城公司交纳履约保证金 1200 万元，5 月进

* （2019）陕民终 1021 号。

场施工。2013年9月，中豪公司与世城公司签订《施工合同》，就案涉工程1#－4#楼、10#楼（售楼部）及相应附属商业用房和一期地下车库作出约定，竣工日期为2015年8月22日，合同总价23 774.444 207万元，并对各自的权利义务、违约责任及案涉工程有关事项进行了全面约定。2014年12月19日，案涉工程2#、3#、4#楼主体工程全面封顶，10#楼全面完工，在合同履约过程中，因对预算对量、进度付款、材料认价、村民协调、工期、现场配合等存在分歧，双方签订《补充协议》，对前期工程量所涉工程款支付和履约保证金返还的时间节点、具体数额等予以明确，约定后期工程量核对确认的程序及进度款支付条件等内容，前期关于工期事宜双方互不追究责任，竣工时间顺延至2015年9月30日，并对延期支付工程款和未按照节点完成工程进度、工期拖延的违约责任予以明确细化。补充协议签订后，双方对已完成案涉工程进度产值进行确认，合计7320.64万元。截至2015年2月23日，世城公司共计向中豪公司支付工程款5700万元。此后，世城公司和中豪公司对有关工程量的确认核定及工程进度款的支付数额等有争议，世城公司认为中豪公司虚报工程量，中豪公司认为世城公司拖延审核和不按照实际工程量支付工程进度款，双方存在分歧，案涉工程停工，未在约定时间竣工。

中豪公司向一审法院起诉，认为世城公司违约，提出解除施工合同，请求判令世城公司向其支付工程款7445.5229万元及违约金3570.3559万元（暂算至2017年11月30日，请求判至实际给付之日）、总承包服务费20万元、劳保统筹费用480.5608万元；退还履约保证金200万元、逾期利息201万元（暂计算至2018年12月31日，请求判至实际给付日）及迟延退还1000万元保证金的延期利息43.3万元；返还强占涉案工程的物资设备并赔偿财产损失143.61万元，赔偿违约损失2256.7962万元（包括停窝工损失463.47万元，资金占用损失1310.9761万元，可得利益损失482.3501万元）；就涉案工程项目享有建设工程优先受偿权，由世城公司负担诉讼费等8项诉讼请求。世城公司予以反诉，提出请求判令中豪公司移交工程资料及竣工验收报告并配合完成竣工验收，赔偿经济损失5842.224 14万元、间接经济损失1244.8512万元、拖延工期违约金1040.203 15万元（从2015年9月30日计算至2016年12月12日），支付工程罚款及世城公司垫付的维修费、水电费、混凝土货款559.872 006万元，由中豪公司承担诉讼费等6项反诉请求。

一审审理过程中，双方经过协商，确认无争议工程款数额为12 556.99万元，世城公司已付工程款为6760万元。由于双方对中豪公司已报预算而世城公司未审定部分的工程价款存在争议，中豪公司向一审法院提出申请，要求对上述内容进行司法鉴定。一审法院认为申请鉴定部分的工程与整体工程无法剥离，即委托对已施工的工程造价进行鉴定。经华信公司鉴定和补充鉴定，确认已施工工程总造价为13 961.342 39万元。世城公司不服，申请重新鉴定，一审法院未准许。主要争议问题是工程价款确定和违约责任认定。根据一审查明的事实，认为系世城公司单方违约，并将鉴定意见作为认定工程款的根据，据此判决解除合同，并支持了中豪公司要求世城公司支付相应工程款、违约金，返还相应履约保证金等部分诉讼请求，驳回了世城公司关于判令中豪公司支付违约金和赔偿损失等反诉请求。

一审宣判后，双方均提出上诉。二审主要争议涉及案涉工程款的认定、合同主要义务履行和违约责任认定以及其他合同义务确定和履行问题等，其中，对于鉴定意见的采信和各自违约行为的认定争议较大。二审法院根据双方签订的相关施工合同和合同履行中形成的施工文件资料等证据，对于与确定双方的合同主要义务、其他义务、履行程序及违约责任等有关的事实，以及实际履行中各自的违约行为等情况作出了补充认定，并对一审认定工程款数额所依据的鉴定意见进行了全面审查，发现存在擅自扩大申请鉴定范围、鉴定机构超越资质鉴定、所依据的证据材料没有进行全面有效质证、鉴定计价方法违反当事人合同约定等问题，并补充查明双方有关合同约定内容及履行情况，认定双方当事人在合同履行中均存在违约行为。据此，二审法院对鉴定意见不予采信，经释明，由于中豪公司不同意在二审重新鉴定，为了防止诉讼周期过长影响材料款、农民工工资支付等予以改判，二审法院按照双方在一审期间无争议确认的工程款数额予以改判，并综合考虑双方违约等情况，对违约金标准予以调整，并按照约定内容对中豪公司、世城公司的违约责任分别予以确定。同时，对于双方有争议且无证据支持的工程款部分发回重审。

## 二、撰写心得

### （一）充分认识裁判文书的重要价值意义，提高制作优秀文书的思想认识和行动自觉

实践中，有观点认为，办案的关键是裁判结果正确、程序合法，只要不出现错别字和表述错误等问题，裁判文书的其他内容并不重要，无须花气力去雕龙绣花；还有的认为，只要公正裁判、内心无愧，不需要通过裁判文书向当事人及公众展现自己的裁判思路和法律逻辑思维。上述片面性认识，主

要是对裁判文书的重要价值意义认识不够深刻。实际上，裁判文书不仅是司法公文，全面记载了法律应用于具体纷争的过程和集中展现司法评判的理念、逻辑和结果，也是法官的重要“司法产品”，凝结了法律工作者的思想智慧。写好裁判文书，加强释法说理，不仅是深化司法公开、主动接受社会监督的具体实践，也是提高当事人对裁判结果认同的重要途径，更是发挥法律教育评价、规范指引功能，弘扬法治精神的关键环节。作为法官，不仅要公正高效裁判案件，更要树立精品意识，通过提高文书质量和加强裁判说理，形成能够全面充分反映高水平司法的优秀裁判文书，让当事人和社会公众充分感受到法律的力量和司法的尺度、温度，最终让司法实践成为促进司法公正、推进法治进步的不竭动力。

**（二）牢固树立精品意识和质量观念，努力输出高水平的“司法产品”**

裁判文书是人民法院和法官的重要“司法产品”，是反映司法水平和法官能力的重要载体。裁判文书的网络公开，将“司法产品”的受众从当事人个体扩展至社会公众群体。可以说，裁判文书完全置于阳光的检视之下，在更大广度的关注监督和更有力的横向对比评价下，其价值得以广泛传播，同时质量瑕疵和裁判说理的充分性问题亦容易被暴露发现，继而产生较大不良影响。因此，牢固树立精品意识，努力向社会输出高水平的“司法产品”就显得尤为重要。在撰写裁判文书过程中，既要符合规范标准的形式要求，更要注重分析推理、认定论理等内容需要，真正将法官的裁判思路和逻辑思维向当事人和社会公众公开，实现主动接受监督、提高裁判接受度和宣传法治的功效。要注意正确方法，对于事实的认定和证据的分析要按照证据规则作出分析，对于诉请的回应和法律适用的阐述，要按照法律大前提、事实小前提的基本逻辑去展开。在文字的表述运用上，要符合文字使用规范，字斟句酌、反复推敲，力争简洁明了、精准适当，不仅仅是判决论理部分，对于当事人的意见，也不能简单照抄照搬，要在符合当事人意思表达原意的前提下，进行必要的概括归纳。

**（三）全面有效回应当事人关切和充分展现法律评价的依据逻辑，提高裁判文书的针对性和可接受度**

裁判文书的首要功能是解决当事人的诉争，在此基础上通过文书的公开宣传等途径，向社会传递法律的价值导向和产生规范指引效果，对社会行为产生影响，以实现良好秩序要求和维护基本社会价值观。因此，制作裁判文书不仅要注重裁判结果的正确性，更要注重在回应当事人关切的基础上，对法律运用于现实生活的过程进行全面深刻阐述，让当事人知晓为什么自己的诉请、意见被支持、被采纳或者被驳回、被认定不成立，也让公众明白法律对具体的事件行为如何定性并作出评判，强化各类主体的守法观念和依法办事的意识。以本案所涉纠纷类型为例，建设工程施工合同纠纷案件具有较强专业性，涉及行业规范、技术标准、计价依据、履行惯例等领域相关知识，法院在审理过程中，为了准确认定案件的关键事实即工程造价和工程款数额，一般会根据当事人申请，对双方争议较大尚未结算的工程款数额，委托有关机构进行鉴定，而对于鉴定意见，通常会出现一方甚至双方均不认可的情况。对于鉴定意见的审查问题，就成为建设工程施工合同纠纷案件审理的难点重点之一。建设工程施工合同是双务合同，双方履行合同义务的节点多、持续性长，可能还存在先履行抗辩、同时履行抗辩的问题，正确认定违约行为和判定违约责任也是建设工程施工合同中的重要问题，需要对合同权利义务和合同履行情况进行全面审查，尤其应在判决书全面反映法官的裁判思路和裁判依据，但是在实践中，有的判决书对合同约定内容的查明不全面不清晰，与判定违约行为密切相关的各自合同权利义务没有作出体系化的认定。本案的焦点主要涉及上述问题，双方当事人争议较大，本诉反诉交织，相关诉请达 10 余项，各自观点严重对立，对有关问题的认识观点截然相反，一审判决后双方还均提起上诉。为了正确裁判，二审判决首先对涉及上述两个方面问题的有关证据事实进行了全面审查和补充认定，对涉及工程造价认定和工程款数额的有关证据，尤其是涉及鉴定意见合法性的相关事实，以及确定双方当事人权利义务的有关合同内容予以查明，并以此为基础，对发包人是否按照约定及时支付工程进度款和返还履约保证金，以及承包人是否按照约定按时完工等事实作出了补充认定，继而对鉴定意见和违约责任认定的问题在论理部分进行了全面阐述。为了确保当事人和公众看得明白，在撰写判决书过程中注重裁判说理的逻辑性、条理性、层次性，在每个焦点之下分为几个不同方面的问题，在每个问题之下再区分几个层次逐一详实说明，力争做到裁判逻辑清晰，体例排列要素齐全、内容重点突出，证据论证透彻、事实认定全面准确，裁判论理清晰严密，语言准确流畅、样式标准规范。

（王琪轩，陕西省高级人民法院法官）

## 三、专家评析

本案是涉及本诉、反诉，且双方当事人均提出上诉的建设施工合同纠纷二审案件，诉请项目多，意见分歧大，事实认定较为复杂，法律适用涉及问题较多，二审审理和判决书制作难度较大。该判决书在总体上裁判逻辑清晰，体例排列要素齐全、内容重点突出，证据论证透彻、事实认定全面准确，裁判论理清晰严密，语言准确流畅、样式标准规范，做到了“说得清楚、论理透彻、看得明白”。

**（一）体例重点突出、内容详略得当**

按照二审判决文书规范样式要素排列，既做到不漏项、客观全面展现审判过程，又突出二审审理焦点，做到详略得当、重点突出。对双方二审的诉辩主张和原判审理情况进行了精准概括，没有照抄照搬当事人意见和一审判决内容。突出二审重点，对二审争议的焦点问题，全面详细地分析论述了与双方二审分歧相关的事实认定及法律适用问题，全面回应了当事人关切和有效解决了二审诉争，具有很强的针对性。

**（二）裁判层次清晰、论理分析透彻**

针对当事人二审诉争，在事实认定部分，对于涉及二审争议焦点的合同履行、工程造价等事实，在全面分析判断和认证证据的基础上作出了准确认定，做到了证明对象和证据认证逐项逐笔对应，逻辑层次清晰，认证分析深入。在裁判说理部分，在每个大问题项下细分数个小问题，按照不同层次分别进行分析论证。按照法律大前提和本案事实小前提的论证思路，进行了全面深入的评判。

**（三）样式规范完整、语言准确流畅**

在罗列当事人诉辩意见部分，在尊重当事人意思的前提下，对当事人意见进行了准确归纳，既纠正了不当用语，又体现了当事人意思。在事实认定和裁判论理部分，按照证据认证规则，结合有关法律法规规定和法学基本理论，兼顾一般社会群体的可读性需要，确保用语准确、恰当，意见表达完整、清晰，既规范使用法言法语，又善于使用通俗易懂的大众语言，实现了法理、情理、常理的有机统一。整体而言，该裁判文书条分缕析、说理充分、事实认定清楚、适用法律正确，是一篇高质量的裁判文书。

（点评人：陈玺，西北政法大学法治学院院长、教授、博士生导师）

**（2019）陕民终 1021 号裁判文书原文**

# 31. 湖南华兴工程建设有限公司和衡阳市尚邦房地产开发有限公司、李某某、莫某某建设工程施工合同纠纷案*

【关键词】

建设工程优先受偿权　司法确认调解协议

【裁判要旨】

1. 案涉合同系没有资质的实际施工人借用有资质的建筑施工企业名义所签订，因违反法律禁止性规定而导致无效。

2. 建设工程价款优先受偿权不宜通过调解书予以确认，当事人在庭外就建设工程价款优先受偿权及优先受偿金额等自行达成调解协议，请求法院确认的，不予支持。

## 一、简要案情

第三人李某某作为实际施工人，借用原告湖南华兴工程建设有限公司（以下简称华兴公司）资质与被告衡阳市尚邦房地产开发有限公司（以下简称尚邦公司）签订《施工承包合同》，承建尚邦公司开发的案涉工程。李某某按合同约定完成了施工内容，因尚邦公司水电安装材料无法按期提供以及资金未按合同及时到位，案涉工程未能及时组织综合验收，但已由尚邦公司实际控制并擅自使用。李某某将部分工程款债权转让给第三人莫某某。李某某与莫某某以华兴公司名义与尚邦公司就案涉项目已完工部分的工程款及欠付工程款进行了结算，因多次催收未果，华兴公司诉至法院，李某某、莫某某申请作为有独立请求权第三人参加本案诉讼。

本案争议焦点：（1）关于案涉合同的效力问题；（2）关于本案是否符合工程款支付条件以及欠付工程款、利息的具体数额；（3）关于华兴公司、李

* （2018）湘04民初274号。

某某、莫某某对案涉工程是否享有建设工程价款优先受偿权及享有优先受偿权的范围。

## 二、撰写心得

法庭审理和裁判文书的制作，是体现人民法院司法公信力的两个主要环节，而裁判文书更是法官的个人名片。2017 年 3 月，笔者离开工作 8 年的执行综合岗位调整来到民事审判一线，迄今共审结各类案件 515 件。三年来，笔者投入大量的时间精力提升自己的司法实务能力，尤其是注重提高裁判文书写作水平。好的裁判文书都是打磨出来的，司法改革后，当事人和代理人对裁判文书的水平特别是裁判文书说理有了更多的期待，笔者也尝试在自己的每一篇文书中将论证过程尽量地公开，结果发现基本上都能够得到当事人的认可。

(2018) 湘 04 民初 274 号一审民事判决书，案由是建设工程施工合同纠纷，案涉工程承包方（原告）起诉发包方（被告），实际施工人申请作为有独立请求权的第三人参加诉讼，诉讼请求主要包括支付拖欠工程款、确认建设工程价款优先受偿权等内容，案涉标的额近 4000 万元。建设工程施工合同纠纷由于案情复杂，证据繁多，当事人往往存在诸多争议，矛盾较为激烈。但在本案庭前质证及开庭审理中，发现被告对原告、第三人主张的工程款支付条件、欠付工程款及利息、建设工程价款优先受偿权范围等明确表示认可，各方当事人几乎没有实质性民事权益争议，且庭后不久就主动、迅速地达成调解协议，并书面申请法院出具民事调解书。对此，笔者并未因一审案件可以调解结案而欣喜，而是立即上网查询，果然发现被告被诉纠纷众多。经过慎重思考并向合议庭说明前述情况后，经合议庭评议决定采用以下思路对案件进行裁判：

首先，以建设工程价款优先受偿权优于抵押权，存在侵害其他债权人实现担保物权的可能，不宜通过调解书予以确认为由，对本案当事人在庭外就建设工程价款优先受偿权及优先受偿金额等自行达成调解协议，请求法院确认的，不予支持。其次，对当事人具体诉讼请求进行实体裁判。一方面，对于当事人无异议的工程造价、欠付工程款及利息等事实予以支持；另一方面，从签订结算补充协议目的、双方结算的先前做法、款项是否实际投入建筑物、建筑行业结算惯例等四个方面进行了充分阐述，确认原、被告双方在结算补充协议中约定的 6 971 105 元“工程材料费和人工费调增额”不属于工程款的范畴，而应当属于违约金的范畴，并依据《最高人民法院关于建设工程价款优先受偿权问题的批复》第 3 条规定，判决原告及第三人对该部分款项不享有建设工程价款优先受偿权。

该案判决书说理篇幅约占全文的三分之一，论证环环相扣，逻辑较为严密。案件宣判后，虽然原告、第三人的诉讼目的未能全部实现，但各方当事人均没有提起上诉，这是司法的力量，也是说理充分的魅力。

司法改革后，民事审判法官所面临的案多人少的压力仍未得到彻底缓解，法官人均办案数量逐年攀升。为有效确保审判质量效率，湖南省法院各项绩效考核指标管理非常严格，为及时充分掌握自己所办案件的质效情况，笔者用 excel 制作了个人办案进度管理表，表格中对每一件案件的结案时间进行了提前计划，力争按时完成每周、每月的工作任务，表格还对结案方式及再审情况进行了及时登记，这样有利于随时、全面地了解所承办案件的整体情况。笔者还有另一个坚持多年的书写工作日志的习惯，记录每天工作事项和工作心得，反省自身。一是利用碎片时间关注并阅看一些法律类公众号，如民事法律参考、庭前独角兽、法盏等，紧跟司法最前沿，确保知识持续更新；二是针对本庭审理案件范围收集最高人民法院以及各地高级法院的裁判规则，并分门别类收藏建档；三是有效利用中国裁判文书网的高级检索功能，注重类案和关联案件的检索，确保裁判尺度的相对统一；四是定期将最高人民法院制作的建设工程施工合同等各类裁判文书下载装订成册，系统学习。

对于裁判文书的制作，无论是一审还是二审案件，笔者习惯分四步走，第一步，庭前书写好当事人基本情况、诉辩主张及理由；第二步，庭后立即将证据、事实、争议焦点及预判观点及时记录；第三步，检索类案和关联案件的裁判规则；第四步，经合议庭评议后迅速完成判决书的说理部分。

好的裁判文书的前提在于法官的责任心。具体而言应注意如下几点：第一，庭审质量直接影响文书质量。要把控好庭审指挥权，尊重和正确引导每一个当事人在庭审过程中表达自己的诉求与观点，使当事人的诉求变得清晰，而且纳入法律框架之中。第二，文书结构要条理清晰、逻辑严密，建议采用分级标题或其他提示结构的标识，有利于理清思路，逻辑上也可以更加清楚。第三，对解释判决确有必要的事实进行准确提示，所有案情叙述都应真实客观。第四，在合理推论和逻辑推演基础上进行法理分析，有时可以先列出诉辩双方的观点，再论证采纳及驳回各方观点的理由，但应避免长篇大论。第五，法律文字必须客观、严谨、精确及合乎法理，避免各种猜测或者根据生活常识而进行的推断。第六，严格按照最高人民法院印发的《民事诉讼文书样式》《人民法院民事裁判文书制作规范》进行规范表述，认真校对，反复核查，尽最大可能避免出现文字、标点符号等低级错误。

（杨丽萍，湖南省衡阳市中级人民法院法官）

## 三、专家评析

该获奖文书是一起建设工程施工合同纠纷案件的一审民事判决书。建设工程施工合同履行期间长，影响因素多，所涉及的管理性规定繁杂，又因诉讼结果关系农民工权益保护，当事人争议激烈，案件事实认定和法律适用难度大，服判息诉难度大。制作一份符合当事人和社会公众期待的建设工程施工纠纷案件裁判文书，法官所需花费的心力不言而喻。

整体而言，该文书呈现了格式规范、公开充分、逻辑清晰、说理透彻、繁简适当的风格，相关的司法观点具有参考意义，具备一份优秀裁判文书的必备因素。该文书通过对案件证据、事实以及各争议焦点法律适用的分析和论证，将裁判的全过程及法官的心证历程展示给社会公众，契合了裁判文书应当充分公开的司法要求。

在建设工程价款优先受偿权的相关法律适用方面，该文书的裁判观点亦具有一定的参考意义。建设工程价款优先受偿权作为一种法定的优先权，是一项极具中国特色的制度安排，其目的既是保障承包人依法收取工程价款、保障建筑业农民工获得劳动报酬的合法权益，同时也要平衡其他权利主体、债权人的合法利益。实践中对于如何把握该权利的行使标准，发挥其制度效能，实现立法目的，存在诸多争议。该文书围绕是否应依据当事人调解达成的工程价款优先受偿权范围进行司法确认，以及如何将当事人主张的工程价款与逾期支付工程款的利息、违约金、损害赔偿金予以区分，从而界定工程价款优先受偿权的范围等问题，进行了层层分析论述，作出了不宜通过调解书确认当事人在庭外就建设工程价款优先受偿权及优先受偿金额等自行达成调解协议，以及当事人就项目建设延期导致施工成本增加所进行的人工费和材料费调差，系对延期导致的违约金的约定，不属于享有优先受偿权的工程价款的范畴等司法认定，在准确把握立法原意的基础上，充分表达了裁判理由，处理结果准确公正，为建设工程价款优先受偿权的法律适用提供了生动的实践。裁判说理部分思路清晰，透彻深入，删繁就简，有理有据，同时又保持了流畅自然，通俗易懂的语言风格，具有较强的说服力。该案当事人的诉讼请求虽然未能全部实现，但各方当事人均服判息诉，实现了法律效果与社会效果的有机统一，也体现出裁判说理在促进案件定分止争中所发挥的重要力量。

（点评人：闫伟，湖南省高级人民法院民三庭副庭长）

（2018）湘04民初274号裁判文书原文

# 32. 中建四局第三建筑工程有限公司和贵州广明阳光置业有限公司、贵州乌蒙山生物医药产业有限公司建设工程施工合同纠纷案*

【关键词】

工程结算　竣工验收　混同

【裁判要旨】

1. 承包方与发包方就工程价款达成结算的，应当以结算为准，对工程造价鉴定不予准许。

2. 两公司法定代表人及股东相同，在案涉工程中分别履行义务即支付工程款，也在行使权利，应共同认定为建设工程施工合同的一方当事人，向发包方承担连带责任。

## 一、简要案情

原告中建四局第三建筑工程有限公司（以下简称中建四局三公司）起诉请求：（1）判决被告贵州广明阳光置业有限公司（以下简称广明阳光公司）、贵州乌蒙山生物医药产业有限公司（以下简称乌蒙山生物医药公司）连带向原告中建四局三公司支付工程款 50 116 160 元；（2）支付工程款从 2015 年 3 月 31 日至款项付清之日止的利息（截至 2017 年 7 月 31 日利息为 11 078 005.46 元，此后的利息按中国人民银行同期贷款利率的两倍计算）；（3）诉讼费用由被告承担。

2014 年，中建四局三公司就本案涉案“阳光·新城”项目与被告广明阳光公司签订《建设工程施工合同》，约定广明阳光公司将“阳光·新城”项目发包给原告承建。合同就工期、工程质量、工程价款等内容进行了约定。其中，合同专用条款第 12.4.1 约定：“付款周期。关于付款周期的约定：（1）工程施工至 ±0.00 以后按月进度支付 80% 的工程款；（2）工程竣工验收

* （2017）黔 05 民初 163 号。

合格，按已完工程量款的90%支付；（3）待结算审核结束且按规定完成工程档案存档工作后支付到审定价的95%；（4）剩余5%留作工程质量保修金。”第16.1.2（2）约定：“因发包人原因未能按合同约定支付合同价款的违约责任：承发包双方认定工程款后，发包人在10天内支付工程款，若超过30天未支付工程款，双方又未达成延期付款协议时，经发包人签证后工期顺延，同时逾期部分工程款发包人按同期银行贷款利息承担利息。”合同附件《工程质量保修书》第6条规定：“双方约定的其他工程质量保修事项：土建2年保修期满后无质量问题14天内支付保修金90%，水电2年保修期满后支付保修金的10%。”合同签订后，中建四局三公司进场施工。2015年3月19日，中建四局三公司（乙方）和乌蒙山医药公司（甲方）签订《关于乌蒙山·万树公园城项目暂缓施工/阳光·新城/园区研发楼相关事宜备忘录》，其第二部分约定：“阳光·新城。（1）甲方同意该项目2014年所欠乙方工程款定于2015年3月31日前付清，剩余工程款按合同约定执行，若因甲方原因不能及时支付，甲方同意按银行同期双倍利息支付，并承担一切由此造成的责任。（2）在甲方确保工程款支付的情况下，乙方必须在2015年4月15日完成E、H区前期施工整改及甩项工程。（3）工程款按时支付的前提下，B、D区外架拆除时间为2015年4月30日，室外总平完成时间为2015年5月15日。”该备忘录由其法定代表人卢某某签字，并加盖了乌蒙山医药公司公章。2016年4月12日，被告广明阳光公司组织相关单位对涉案工程分栋完成了竣工验收。2016年3月，被告广明阳光公司已将涉案工程投入使用。2016年6月17日，原告和被告广明阳光公司对涉案工程进行了结算，结算总价为：6 4241 849元。2016年9月8日，原告向被告广明阳光公司移交了2套竣工资料。另，二被告（其中乌蒙山医药公司也向原告支付涉案工程款）至今共计向原告支付了14 125 689.37元工程款。二被告的法定代表人均为卢某某，二被告的股东均为卢某某和邓某。案件争议焦点：（1）对原告方主张工程款应当如何认定；（2）对原告方主张的利息应当如何认定；（3）二被告对原告主张款项应否承担连带责任。

## 二、撰写心得

判决书是一个案件审理的最后结晶的载体，其质量好坏事关当事人能否真正感受到公平正义。写好判决书意义重大。

撰写判决书不是搞文学创作，撰写判决书必须严格依据证据、事实和法律。撰写判决书是在客观事实及法律规定的基础上对案件审理过程进行简明、客观地再现，是依法、客观、公正、准确地体现裁判意见。要做到文书内容繁简有度，该“简”的部分简明扼要，该“繁”的部分详尽充分。

**（一）把握好庭审核心内容是写好裁判文书的基础**

裁判文书不是空中楼阁，故能否写好判决书，基础在于审理过程。首先，要及时审查当事人的诉讼请求及理由，如发现当事人诉讼请求不明确或者表述有歧义的，要在审理过程中要求当事人明确。本案中，原告起诉时要求“二被告共同给付工程款”，何为“共同给付”不明确，是按份给付还是连带给付不明确。在诉讼过程中，经承办人释明，原告明确要求二被告承担连带责任。本案若未向原告释明要求其明确，则判决二被告承担连带责任有超越诉讼请求范围之嫌。其次，在庭审前要明确当事人的诉讼请求所对应的法律要件事实，在庭审中围绕当事人诉讼请求所对应的事实组织当事人逐一进行举证质证。如果在庭审过程中，未就法律要件事实逐一进行举证质证并审查查明，则撰写判决如无源之水、无本之木。

**（二）把握好文书内容“繁简有度”是写好裁判文书的重要方式**

1. 就裁判文书事实部分。关于合同内容叙述的把握，该“简”的部分要简明扼要。本案案涉的建设工程施工合同内容上百页，摘录合同全部内容既无意义，也不现实，应当简略处理。第一，将与诉讼请求无关的合同内容省略，不摘录。例如，施工合同中的术语定义、通用条款中的一般性规定、施工方面的通用规定、质量保修的通用规定、通用条款以及专用条款中与双方诉争无关的约定，前述合同内容与诉讼请求无关且不影响案件事实的叙述，应当省略。第二，将与事实经过相关的合同内容归纳后简要写明。例如，本案判决书事实部分“2014 年，原告就本案涉案‘阳光·新城项目’与被告广明阳光公司签订《建设工程施工合同》，约定被告广明阳光公司将阳光·新城项目发包给原告承建。合同就工期、工程质量、工程价款等内容进行了约定”。第三，将与诉讼请求直接相关的合同内容和事实详细写明。如合同中的付款条款、违约责任条款，这些条款关系原告诉讼请求是否成立，应当按原文摘录，不能归纳简写。归纳简写不仅容易引发争议和歧义，还可能没有全面、准确反映原合同条文本意，不利于后续对双方的权利义务的裁判说理。例如，本案中的《关于乌蒙山·万树公园城项目暂缓施工/阳光·新城/园区研发楼相关事宜备忘录》，其内容与原告的诉讼请求紧密相关，应当原文摘录。关于对当事人事实行为的叙述，其与对合同内容的叙述不同。事实行为的叙述应当准确、简练、客观，完整表述清楚人物、时间、地点、事件，其中事件的叙述应当简明扼要表明事件的核心内容。如该判决叙述“2016 年 4 月 12 日，被告广明阳光公司组织相关单位对涉案工程分栋完成了竣工验收”，在这一事实中，完成竣工验收是核心内容，至于如何验收以及验收程序等其他细节不是核心内容，无须详细叙述。撰写判决书的事实部分，要合理衔接合同内容的叙述和事实行为的叙述。通常按照发生时间的先后顺序进行叙述，有利于讲清楚事实经过，便于当事人阅读理解判决书。对于不便于按时间顺序叙述的事实，可以在判决书中事实认定的最后单独叙述。如本案判决书中的“二被告（其中乌蒙山医药公司也向原告支付涉案工程工程款）至今共计向原告支付了 14 125 689. 37 元工程款。二被告的法定代表人均为卢某某，二被告的股东均为卢某某和邓某。”

2. 就裁判理由部分。双方未发生争议但法院须主动依职权作出评价的问题，不能遗漏，要简明扼要写明理由和结论。例如，本案中关于建设工程施工合同的效力问题，双方无争议，可以简要写明认定合同效力的理由。就双方有争议的部分，要详尽、充分地阐述理由。

**（三）统筹回应双方的核心诉辩意见是写好裁判文书的重要方法**

裁判理由是表达裁判观点，解决当事人争议的核心所在。第一，裁判文书的说理，不能自说自话，要充分回应当事人的核心诉辩意见。如在用“三段论”说理得出结论的情况下，要相应地对相反的诉辩意见作出评价，指出其不成立的依据，如本判决中对被告提出的质量抗辩意见的回应。第二，要避免遗漏当事人的核心诉辩意见。当事人除以起诉状、答辩状阐述核心意见，还能以举证质证、辩论阐述核心意见。在回应当事人的诉辩意见时，要统筹回应当事人在举证质证、辩论中提出的诉辩意见。本案中，被告要求通过工程造价鉴定确定工程款就是在举证质证过程中提出的，应当予以回应。

（徐洪，贵州省毕节市中级人民法院法官）

## 三、专家评析

第一，工程情况与本案相似的建设工程施工合同纠纷案件较多，此类案件通常因工程验收问题、工程质量问题、工程价款结算问题、工程款支付问题、质量保修问题发生纠纷。该裁判文书就前述普遍存在的纠纷问题，准确引用法律、司法解释，说理透彻，充分阐明了结算的性质和效力；充分阐明了在工程未经验收而投入使用的情况下如何处理工程质量纠纷和工程竣工间题；充分阐明了在工程竣工验收合格后发生的工程质量问题与质保责任、工程款支付责任之间的关系。

第二，商事纠纷案件中，经常出现如该案中二被告这样的关联公司，在对外交易中，获取利益时混用公司名义、混同行为，而对外承担责任时往往又以公司具有独立法人人格为由规避其责任。该裁判文书将有前述行为的关联公司认定为合同同一方当事人的处理方式，有一定的法理支撑，有效避免了关联公司利用关联关系获取利益的同时利用公司独立法人人格逃避责任。这一处理方式也避免了权利人为证明关联公司人格混同而承担过重的举证责任。

（点评人：李可，贵州省毕节市中级人民法院民事审判第一庭庭长，四级高级法官）

**（2017）黔 05 民初 163 号裁判文书原文**

# 第十二节　委托合同纠纷

## 33. 中金国瑞（北京）投资有限公司和佳木斯技师学院、黑龙江省机构编制委员会办公室、黑龙江省人力资源和社会保障厅委托经营合同纠纷案*

【关键词】

可得利益损失　间接损失　可预见规则　减损规则　损益相抵规则

【裁判要旨】

1. 解除合同后的可得利益损失属于间接损失的范畴，其数额应当结合民法基础理论规定的可预见规则、减损规则、损益相抵规则等综合确定。

2. 双方当事人协议解除合同后，损失方有义务且亦应当及时采取合理措施防止损失扩大，否则不得就扩大部分的损害要求赔偿。

3. 如将合同未履行期间作为可得利益损失赔偿期间，则超出双方协议解除合同时能够预见或者应当预见的损失范围。

### 一、简要案情

黑龙江省人社厅、省编办委托佳木斯技师学院（以下简称技师学院）经营乐业大厦。2011 年 9 月 28 日，技师学院与国瑞公司签订了《委托经营协议二》，又将乐业大厦委托给国瑞公司经营。2014 年 12 月 17 日，黑龙江省政府协调会议纪要（第三十九次）决定，将乐业大厦收回转化为高新技术产业投融资服务孵化基地。2015 年 3 月 20 日，省人社厅向技师学院发出黑人社函（2015）100 号《关于做好乐业大厦转化为高新技术产业投融资服务孵化基地相关工作的函》，要求技师学院于 2015 年 3 月 30 日前完成对账、清算及《委托经营协议二》的解除等相关工作。2015 年 5 月 5 日，技师学院与国瑞公司

* （2019）黑民终 387 号。

签订了《乐业大厦解除员工劳动合同经济补偿预借款的协议书》，技师学院预先借给国瑞公司 200 万元作为国瑞公司解除劳动合同的经济补偿。

2015 年 11 月 6 日，技师学院与国瑞公司签订《解除合同协议书》，约定双方解除《委托经营协议二》，技师学院同意对解除协议给国瑞公司造成的经济损失进行赔偿，全部赔偿包括：国瑞公司在委托经营期间投资购买的设备、设施及房屋装修的费用，未履行《委托经营协议二》期间国瑞公司的预期可得利益，解除委托经营期间国瑞公司聘用在乐业大厦工作职工劳动关系的赔偿费用，解除委托经营期间国瑞公司与他人签订出租合同的赔偿费用，延迟交付房屋和未予交付房屋的赔偿费用。国瑞公司在委托经营期间投资购买的用于乐业大厦经营设备、设施及房屋装修的费用，由双方共同委托具有资质的评估机构按照现有价值进行评估。未履行《委托经营协议二》期间国瑞公司的预期可得利益，双方共同委托具有资质的评估机构进行评估。解除委托经营期间国瑞公司聘用在乐业大厦工作职工劳动关系的赔偿费用，以双方共同委托评估机构评估的结果为准，评估机构无法进行评估的，以实际发生额为准，赔偿费用由国瑞公司先行支付给职工。解除委托经营期间国瑞公司将大厦部分房屋出租与他人签订的租赁合同的赔偿费用，由国瑞公司与承租人协商，技师学院配合并签字确认，在法律法规规定的范围内共同确定赔偿数额，并由国瑞公司先行将赔偿费用支付给承租人。技师学院延迟交付房屋和未予交付房屋的赔偿费用以 2014 年 10 月以后国瑞公司应当向技师学院交纳的管理费用抵偿。技师学院赔偿给国瑞公司的上述费用为提前解除乐业大厦委托经营协议的全部赔偿费用，国瑞公司保证不再因乐业大厦委托经营协议提前解除向技师学院及其他政府机关主张任何权利。国瑞公司在委托经营期间使用技师学院投入的 500 万元和技师学院预借给国瑞公司解除职工劳动合同赔偿费用 200 万元，国瑞公司应当按照约定期限返还给技师学院。双方应在评估机构出具评估报告之日起 10 个工作日内结清相关费用，并于结清之日起 15 个工作日之内支付赔偿费用。

2015 年 12 月 25 日，黑龙江城源资产评估有限公司根据黑龙江省财政厅国有资产管理处的委托，出具黑城评报字（2015）第 A012 号《资产评估报告书》，评估结论为：委估资产评估值为 13 086 953 元。哈尔滨公立资产评估有限公司（以下简称公立评估公司）评估结论分别为：按补偿期限 24 个月计算可得利益为 2 492 400 元；资产评估值为 13 273 968.49 元。

2016 年 1 月 9 日、10 日，黑龙江省财政厅行政事业资产监督管理局分别向技师学院、国瑞公司发出《关于乐业大厦转为高科技产业孵化基地赔偿事宜的函》，其内容均为：根据省政府2015年第56次协调会议要求，经省领导批准，解除乐业大厦委托经营协议赔偿费用合计1750万元，明细如下：（1）乐业大厦装修、设备设施及资产评估为1318万元；（2）预期利益测算为255万元；（3）员工提前解除合同赔偿实际支出费用112万元；（4）解除其他七家单位协议赔偿费用65万元；（5）延迟交付房屋和未予交付房屋的赔偿费以2014年10月以后国瑞公司交纳管理费用抵偿。2016年7月25日，技师学院向国瑞公司出具一份《结算函》，其内容为：总赔偿款为1750万元，应扣除910万元（技师学院投入的500万元、技师学院借给国瑞公司解除员工劳务关系的200万元、2010年至2014年未支付管理费210万元），技师学院未结清的住宿等费用结清后按实际发生支付所有费用。国瑞公司于2016年8月2日接收840万元。

## 二、撰写心得

本案主要涉及协商解除合同后可得利益损失赔偿范围如何确定的问题。民法基础理论确立了合理预见规则、过失相抵规则、减损规则和损益相抵规则来对合同解除后的可得利益损失赔偿范围进行限制，目的是通过合理确定赔偿范围，维护守约方合法权益，减少交易风险，鼓励交易活动，促进社会经济发展。本案中，国瑞公司主张按合同未履行期间作为可得利益损失赔偿期间。国瑞公司与技师学院系协议解除合同，其对“合同尚未履行的，终止履行”已经具有预期，应当预见到期望通过合同履行取得的利益因双方合意解除合同而终止，所期待的可得利益已失去转化为现实利益的基础和条件，此时，国瑞公司有义务且亦应当及时采取合理措施防止损失扩大。鉴定机构亦综合考虑国瑞公司原餐饮和宾馆规模重新选址、设计装修等因素，按24个月确定可得利益损失，已经给予了国瑞公司合理期间，以便其采取合理措施防止损失扩大，如技师学院再对未履行期间的其余77个月可得利益予以赔偿，加上已经获赔的24个月可得利益，则相当于达到合同如期履行的一般状态，已经超出双方协议解除合同时能够预见或者应当预见的损失范围，与及时采取合理措施防止损失扩大的减损规则相悖，与损益相抵的一般规则亦不相符。

（马莎，黑龙江省高级人民法院法官）

## 三、专家评析

该篇裁判文书格式规范，要素齐全，结构完整，繁简得当，逻辑严密，用语准确，符合人民法院民事裁判文书制作规范要求。

该篇裁判文书能够完整地反映案件的全部审理过程，案由定性准确，对当事人的诉辩主张的归纳客观、完整。在认定事实部分，能够按照案件事实的发展经过及时间顺序客观、完整地表达和认定的事实，逻辑结构严谨，叙事清晰。做到了程序公开，事实公开。

该篇文书的优点在于能够紧紧围绕当事人的诉辩主张提炼和总结焦点问题，并按照各焦点问题的逻辑顺序逐一展开论理，重点突出，说理性强。在论理部分，首先能够围绕当事人诉讼请求对案涉合同效力作出准确认定，简明扼要，观点鲜明。在确定案涉合同有效对双方具有约束力的同时，引出该案的争议焦点，即当事人主张的可得利益如何确定。该部分论理为该篇裁判文书的最为精彩的内容。可得利益的确定问题一直是民事审判实践中的难点问题，该篇裁判文书的优点在于其并没有简单化地得出支持或否定当事人可得利益请求的结论，而是结合民法基础理论及审判实践对可得利益的计算规则即可预见规则、减损规则及损益相抵规则进行了完整细致的梳理，并结合所认定的案件事实对可得利益计算所涉的可预见规则、减损规则及损益相抵规则的适用条件及适用范围、标准都进行了全面分析，同时结合案件双方当事人在诉讼发生前，自行协商解除合同并对合同解除后损害赔偿范围达成的合意，通过逐项分析，确定了双方当事人对合意的条款理解的争议所在，并通过对当事人关于可得利益的各项主张的分析，明确了该案可得利益的计算规则，即该案双方在解除合同时，对损害赔偿范围及可得利益已经具有预期，该预期的特别之处在于该案双方当事人在解除合同时，就应当预见到双方期望通过合同履行取得的利益已经通过合同的解除而终止，所期待的可得利益已失去转化为现实利益的基础和条件，在此情况下，当事人有义务且应当积极采取措施避免损失扩大，否则不得就扩大的损失要求赔偿。

该篇裁判文书确立了双方当事人解除合同后可得利益的确定规则和标准，对审判实践中该类案件的审理具有重要的指导意义。同时，该篇裁判文书通过对当事人每一个诉讼主张的分析、论证，能够让当事人更好地理解裁判结果的由来及原因，公开透明，说理透彻，亦具有较强的普法宣传作用。

（点评人：才桂平，黑龙江省高级人民法院审判委员会委员、二级高级法官）

（2019）黑民终387号裁判文书原文

# 第十三节 服务合同纠纷

## 34. 杨某某和中国东方航空股份有限公司服务合同纠纷案*

【关键词】

服务合同 会员服务 合同效力 诚信

【裁判要旨】

1. 航空公司的常旅客计划合同性质属双务合同，内容合法有效，相对人可以通过使用会员卡等实际行为方式成立合同。

2. 会员在未有效履行合同义务的情形下大量、频繁购退票，该行为不符合同主要目的，有违诚信原则，构成会员手册约定的不当行为。

3. 会员积分具有财产属性，航空公司在行使约定解除权、取消会员资格、没收积分与关闭会员账户时，应当依约履行提前告知义务。

### 一、简要案情

杨某接受东方航空公司的会员卡片并开通会员服务应用，于 2016 年 7 月成为“东方万里行”白金卡会员。东方航空公司向杨某发放的会员手册载明：“如有滥用‘东方万里行’常旅客积分奖励计划的情况出现，均会导致取消会员账户及该会员继续参加本计划的资格，已累积的积分及先前已开立但尚未使用的奖励机票也将失效。”

东方航空公司针对网络购票并成行的旅客还推出“达人计划”，即按比例获取优惠券（即“达人券”），以便在下次购买机票时使用“达人券”享受相应的折扣。《〈达人计划〉用户须知》规定：该优惠券有效期为航班成行后 180 个自然日内，请您遵照本须知、用户说明和使用政策善意地参与东方航空公司达人计划，保护系统的安全，不恶意利用、滥用此计划给予您的优惠。

---

* （2019）沪 01 民终 11751 号。

杨某购买并乘坐东方航空公司的航班，获取了大量的“达人券”。为延长“达人券”的使用期限，杨某以使用“达人券”购买可能迟延的航班，再予以退票的方式达到己方目的（退票时“达人券”可全部退回杨某账户，且“达人券”使用期限可自动顺延一个月，航班迟延可全额退票）。2017 年 1 月—2019 年 1 月，杨某本人购买机票 1118 张，退票 830 张，已使用的客票为 161 张。退票率达到了 74.24%，正常使用率仅为 14.40%，其中杨某个人购买同一航班多张机票又全部退票的情况有 30 起。

东方航空公司发现杨某存在上述行为后，于 2018 年 11 月 27 日、12 月 4 日通过电邮两次向杨某发出通知，内容为：“杨某先生：会员卡号：640××××××314，截至 2018 年 12 月 3 日，实体消费积分：432 999。经核查发现您有多次利用‘东方万里行’白金卡会员身份干扰东方航空公司正常生产、损害公司利益的情况，根据《会员手册》法律条款第四条规定，我司认为您存在呈报错误资料，违反航空公司规定，干扰东方航空公司正常工作等多种不当行为，已将您的会员账户降级为普卡；同时您的‘东方万里行’会员账户将于 2018 年 12 月 31 日关闭。鉴于您账户中仍有未使用的消费积分 432 999 点，如您需要继续使用账户内的消费积分，请提前七个工作日致电会员服务热线申请，之后您的账户将自动关闭。”

截至 2018 年 12 月 3 日，杨某共有消费积分 432 999，另有因退票尚未到账的积分 547 000。

杨某认为：其购、退票系合理利用规则且支付了相应费用，并非滥用权利。《会员手册》属于格式合同，航空公司未尽到合理提示义务，涉案相关条款应无效或作有利于会员解释。航空公司作出的处理损害其正当权益，起诉请求判令：（1）航空公司继续履行合同，恢复杨某白金卡会员等级及享有的会员权利；（2）航空公司恢复杨某上述会员卡内 979 999 积分、“达人券”220 张；（3）航空公司赔偿杨某因会员卡降级以及会员卡关闭所导致的各项损失。

东方航空公司辩称：杨某利用会员身份频繁大量购买机票后又大量退票，严重影响航空公司机票的正常销售，造成航空公司经济损失并损害其他旅客权益，其行为不具有正当性，航空公司依照《会员手册》相关约定采取关闭会员账户、清空会员积分等举措，完全合理合法。

一审法院审理后判决：驳回杨某的全部诉讼请求。

二审法院确认争议焦点为：（1）《会员手册》涉案条款的效力；（2）杨

某是否存在不当行为；（3）航空公司是否有权取消杨某会员积分。

首先，航空公司推出常旅客积分奖励计划，通过邀请参加、邮寄会员卡等方式发出要约，会员卡背面及随寄的《会员手册》文字内容系会员服务合同的全部条款，相应条款不存在免除合同提供方义务、加重相对方责任、排除相对方主要权利等情形，杨某以使用会员卡等实际行为就履行《会员手册》合同与东方航空公司达成了合意，双方合同关系依法成立并生效，会员服务合同的内容合法、有效，对双方均具有约束力。其次，依照全面履行及诚信原则的要求，合同双方应以善意的方式行使权利、履行义务，保护对方的合理期待与信赖，尊重他人的合法权益，尊重社会公共利益，不得滥用权利。杨某在未搭乘特定航班或有效消费的前提下，其频繁购退票行为不仅给航空公司机票销售和正常运营带来不利影响，而且损害其他旅客的合法利益，该行为有违合同诚信和信赖义务，亦与《会员手册》确定的合同主要目的相悖，构成不当行为。最后，航空公司依约行使解除权关闭会员账户时，应严格依据《会员手册》有关“至少提前 6 个月通知会员以尽量降低会员因积分无效造成的损失”内容执行。会员积分具有财产属性，杨某的会员账户内尚有未使用的消费积分 432 999 点，对于航空公司未提前 6 个月通知即关闭账户导致无法使用的积分应当恢复。据此，二审改判航空股份有限公司应返还杨某积分 432 999 点，驳回杨某其余诉讼请求。

## 二、撰写心得

航空公司的常旅客积分奖励计划，是航空公司以邀请参加等方式发出要约，相对人以使用会员卡等实际行为与航空公司成立服务合同的一种行业市场手段。会员服务属于双务合同，一般通过航空公司制定《会员手册》明确航空公司与旅客的权利义务，主要内容为会员搭乘特定航班或有效消费的方式换取航空公司积分奖励及会员专项权益。考虑到航空运输业的特殊性及会员服务内容较多，航空公司要约方式符合行业惯例，亦不违反合同法之规定，然受此方式限制，《会员手册》的格式条款往往内容不详尽、意思不明确，发生争议就需立足合同目的、双方的权利义务、诚信、公共利益等方面准确解释和依法裁判。

杨某和东航是签订会员服务合同的民事主体，双方在履行合同中不仅要遵守合同约定，也应遵循民事活动的基本原则。杨某系“东方万里行”会员，通过多次乘坐东航航班，于 2016 年 7 月升级为白金卡会员。但其利用白金卡会员权利、大量购票再退票，行为目的在于延长购票优惠券使用期限，结果损害了航空公司和其他航空旅客的合法利益，其行为不应被肯定且应承担相应责任。航空公司作为格式合同的提供方，应尽可能完善合同条款，避免争议和类似纠纷的发生。同时，在行使合同权利时也应严格依照法律和相关约定，平衡好航空公司和旅客之间的权利义务。

本案争议主要集中在航空公司提供的会员手册条款的效力、杨某履行合同中是否存在不当行为、航空公司是否有权取消杨某具有财产属性的会员积分。这些争议不仅是案件当事人的诉辩焦点，也为航空旅客运输行业及旅客群体所高度关注，同时，案件发生地上海在航运中心建设中也需要进一步规范航空公司和消费者合法权益。故在案件裁判文书写作中，侧重从文字表达和价值表达两方面入手，以案件事实为基础，结合证据分析，围绕争议焦点展开说理论证，将抽象法律与具体事例相结合，呈现裁判过程和传递价值导向。具体来说：（1）对于涉案条款的效力，通过对法律规定的合同形式、成立方式及效力排除等分析，得出双方民事行为产生的后果和效力。（2）对于争议条款的理解和履约行为的评判，按照法律规定的“当事人应当按照约定全面履行自己的义务。当事人应当遵循诚信原则，根据合同的性质、目的和交易习惯履行通知、协助、保密等义务。”内容结合《会员手册》中所使用的词句、前后的有关条款、交易习惯以及诚信原则，正确理解合同争议条款。按照诚信及权利不得滥用原则对杨某行为进行分析，论证构成“不当行为”的具体表现。（3）确定航空公司享有合同约定解除权，但权利的行使受法律规制和合同约束，会员合法权益仍应予以保护。通过争议焦点的分析说理和裁判理由的阐述论证，指出民事主体间的民事法律行为，应秉持公平、诚实、守信等事关民法中公序良俗的基本原则，无论是订立合同的目的，还是权利义务的分配，公平合理、诚信、利益信赖都是从事民事活动和市场交易的底线规制，法律在调整民事关系时同样要明确价值导向，通过法律适用的方法将抽象和概括的法条转换成“看得见的公正”。

除此之外，写好一篇裁判文书，还应注意以下方面：一是进一步落实裁判文书样式和行文规范，遵循裁判文书样式和格式规范，用语简洁准确、行文流畅、逻辑严密，裁判主文准确无异议；二是进一步体现繁简得当，当事人诉辩意见可归纳表述，证据认定内容宜充实，复杂疑难案件释法说理须强化，小额、简易案件裁判理由得简化；三是进一步注重法理情结合，阐明事理、释明法理、讲明情理、讲究文理，既要让胜诉方切实感受到公平正义，也要让败诉方通过“四理”的阐发而心悦诚服。

案例叙述的是昨天的事情，但裁判却能指引明天的生活。裁判文书所承载的，就是围绕案件事实，判断是非曲直，阐明法理事理，确定权利义务，给予法律评价。裁判文书作为司法裁判的“最终产品”，直接反映了案件的裁判依据和裁判理由。裁判文书释法说理是否恰当、充分、透彻，直接关涉司法裁判的公信力和透明度，关涉人民群众对司法裁判的接受度和满意度。裁判文书只是语言的文字表述，法官的思想却能给其注入灵魂。一份优秀的裁判文书，既要有严谨的释法来彰显法律的理性，也要有正义的情怀来体现法律的良知，还要有平和的姿态展现司法的温度，通过司法裁判把社会主义核心价值观融入法治建设和社会治理，让正义以看得见的方式呈现。

（唐春雷，上海市第一中级人民法院法官）

## 三、专家评析

建设国际一流的营商环境，需要公平公正和优质高效的司法服务与保障。随着民航规模扩大、市场化改革不断深化，涉航纠纷也不断增多，并呈现多元化、复杂化趋势。妥善处理涉航纠纷，对于维护消费者合法权益、保障民航活动安全有序开展、促进民航事业持续健康发展，均有重要意义。本案涉及航空公司常旅客会员利用积分奖励计划的漏洞实施不当行为，该种情形未有先例判决。裁判文书在常旅客积分奖励计划的法律性质、航空公司与会员旅客间权利义务的设定及其法律效力、合同履行是否正当、会员积分财产属性等方面，阐述较为全面，值得学习借鉴。

一是该裁判文书条理清晰，论证严密。针对常旅客计划合同的性质与效力之争，文书认为常旅客计划性质上属双务合同，具体来说，无论是客户积累里程还是兑换里程的行为，都以非现金形式提高了航空公司的客户黏性，有利于扩大市场份额，并最终为航空公司带来经济收益，且航空公司可通过会员条款对旅客的行为进行约束。从双方权利义务的角度可以看出合同具有双务属性，并非单纯的奖励性质。同时，结合航空公司行业惯例及合同订立方式的多元性和格式条款的特殊性等情况，依法认定合同效力。

二是该裁判文书说理充分，填补空白。在合同并无明确约定情形下，判决书从合同目的、诚信原则、会员手册等方面全面阐述，多方面评析后得出会员履行合同行为是否正当的结论，依法确定航空公司合同解除权。本案中，会员利用规则漏洞来实现个人目的，逃避承担合同义务，该行为将导致航空公司合同目的落空并可能遭受重大损失，违背了常旅客计划互利共赢的设立初衷，显然与《会员手册》确定的合同目的相悖，不具有正当合理性。裁判文书指出此行为不仅损害航空公司合法利益，亦势必损及其他旅客的合法利益，明确应予否定性评价，这起到了民事主体实施法律行为的对照参考和规范引领作用。

三是该案件新颖，意义重大。近年来，围绕数据和网络虚拟财产积分的纠纷时有发生，《民法总则》第127条[①]规定“法律对数据、网络虚拟财产的保护有规定的，依照其规定”，该条款对数据和网络虚拟财产的保护持有肯定态度。本案会员积分的实质就是一种无形财产权利（权益）凭证，显然具有财产属性。同时，常旅客计划已成为旅客航空利益的重要组成部分，对于所涉法律问题的研究，既要尊重航空公司作为市场主体的自主性，保障航空运输业持续健康发展，又要最大限度保护航空旅客的基本权利，平衡承运人与旅客的权利义务。本案判决不仅明确了会员积分具有财产属性，而且划清了航空公司行使合同解除权的边界，在会员权益保护与航空公司利益之间达成平衡，为今后审理类似案件提供了有益参考。

一份好的裁判文书，胜过一沓文件，能够对于社会生活起到规范引领作用。法官当勤勉，尽责是本分。

（点评人：黄祥青，上海市高级人民法院副院长，全国法院审判业务专家）

**（2019）沪01民终11751号裁判文书原文**

① 对应《民法典》第127条。

# 35. 浙江金兄弟珠宝名表有限公司和快钱支付清算信息有限公司、招商银行股份有限公司服务合同纠纷案*

【关键词】

多交易主体　整体性分析　违约赔偿

【裁判要旨】

在涉及多交易主体的伪卡盗刷案件中，为减少当事人讼累，可以根据案涉系列金融合同的约定，通过整体性分析的方法，确定各交易主体是否应当承担违约赔偿责任。在确定违约赔偿数额时，可以根据过错程度和原因力比重最终确定赔偿份额，衡平各方利益。

## 一、简要案情

2014 年 2 月 22 日，原告浙江金兄弟珠宝名表有限公司（以下简称金兄弟公司）与被告快钱支付清算信息有限公司（以下简称快钱公司）签订了《快钱电子支付服务协议》，约定由被告快钱公司为原告提供电子支付服务，具体的服务项目为“VPOS – CP 人民币支付”。协议上载明原告是从事“提供金银饰品珠宝玉器批发零售”的企业。原告为此提供了“浙江金兄弟珠宝名表有限公司”的营业执照副本、开户许可证、银行印鉴卡即招牌为“金兄弟珠宝”的商铺店面照片等申请材料。而被告快钱公司为其登记的入网商户类别为一般批发类商户。

2014 年 9 月 4 日 15 时 12 分 36 秒，案外人李某某所有的卡号为 439 × × × × × × × × × × 619 的招商银行信用卡（磁条卡）在中国浙江省台州市发生一笔金额为 92 800 元的消费，商户名为“浙江金兄弟珠宝名表有限公司”，签购单上的签名为“李某 1”。该信用卡设置的交易方式为凭密交易。李某某收到交易短信通知后当即拨打被告招商银行客服电话，称交易发生时他本人持卡在新加坡，否认该笔交易为其本人交易。当日 16 时 23 分 05 秒、16 时 23

* （2017）沪 0115 民初 47086 号。

分41秒、16时24分50秒，该卡在新加坡发生三笔当地币金额均为7元的交易，商户名为“CEDELE－ORQ SINGAPORE SG”，交易未成功。2014年9月8日，被告招商银行通过中国银行卡联合组织（以下简称中国银联）发起调单，原告提供了涉案交易的签购单、收款收据及交易录像。2014年9月11日，李某某向被告招商银行提交了《持卡人疑问交易声明书》，声明“本人从未授权过上述交易，且未授权他人使用此卡，也未透露过信用卡数据给他人，本人一直依从招商银行约定条款妥善保管本人的信用卡”。2014年10月13日，被告招商银行发起针对涉案交易的退单扣款操作，自被告快钱公司账户中扣除92 800元。该退单依据为中国银联《差错争议业务规则》第四章3.1.2.2款V项“收单机构涉嫌收单业务严重违规行为”及附录1中“原因码4515持卡人否认交易”项下“【原因子码】持卡人声明未参与交易”等相关内容。2014年10月17日，被告快钱公司向原告发出《扣款通知函》并从原告开立于其处的账户中扣除了相应款项。原告多次与两被告协商要求付款未果。

《快钱电子支付服务协议》约定，被告快钱公司有义务协助原告金兄弟公司安装其提供的电子支付服务接口以及具体服务和产品，提供安全、稳定、便捷的电子支付服务；原告金兄弟公司在向客户交货时须查验持卡人或指定收货人的身份证件原件，确保与订单、送货单等相关单据内容一致，同时要求持卡人或指定收货人签收相关单据，并且金兄弟公司需保留其与客户之间的交易资料至少5年，以备查验；对于因不法分子盗用他人银行卡、个人银行账户或企业银行账户在原告处购买产品或服务，进行非法活动以及客户拒付等情况所产生的纠纷，原告金兄弟公司及被告快钱公司应互相合作，并积极配合第三方（银行、电信部门、公安等）查明原因以妥善解决，由此产生的损失应由实际责任方承担。

被告快钱公司与被告招商银行共同签署了中国银联《银联卡业务运作规章》。其中《差错争议业务规则》将“收单机构未按规制要求设置商户类别码（MCC）并干扰发卡机构授权管理”的行为列为收单机构涉嫌收单业务的严重违规行为。根据该规则，发卡行可依据持卡人否认交易行使退单权利。

本案纠纷由伪卡盗刷所引发。现被告招商银行认定持卡人疑问交易成立且已对涉案交易作退单处理。故本案争议焦点为：（1）涉案损失是否存在；（2）被告招商银行、被告快钱公司以及原告在系争交易过程中是否存在违约行为，进而为此如何承担违约责任。

## 二、撰写心得

裁判文书是人民法院通过依法审判，彰显司法公正、弘扬法治精神、维护社会公平正义的载体，也是法官法律思维和司法智慧的结晶。裁判文书的制作过程，是法官将其司法经验和理性思考通过特定的载体完整记录下来的过程，凝聚了法官在整个办案过程中的创造性劳动。能将一份份文笔顺畅、事实清楚、说理充分、严格依法、判决公正的裁判文书展示于世人面前，这是法官的职责所在，也是法官的职业追求。回首十余年法官生涯，各类裁判文书写了数千篇，体会过一气呵成、水到渠成的酣畅淋漓，也体会过字斟句酌、反复推敲的纠结煎熬。但无论过程如何，最后看到当事人收到裁判文书后服判息诉，或是裁判规则为业界遵循认可，心中的满足便是一名法官最幸福的时刻。

怎么样的裁判文书才是一篇好文书呢？根据最高人民法院颁布的裁判文书评查标准，一篇优秀的裁判文书应符合以下要求：适用法律正确，实体裁判恰当，程序合法；文书格式完全符合法院诉讼文书样式，结构严谨，要素齐全，繁简合适，无错漏字；行文流畅，语言准确，从格式、程序、语言表达和实体裁判等方面对裁判文书提出了要求。在笔者看来，格式和程序要求不难掌握，而语言表达的和实体裁判的要求却需要长期的训练和积淀。

### （一）语言表达要“准确”

裁判文书是十分庄重的法律文书，在语言文字的运用上，必须强调表述的准确性，不可模棱两可、似是而非。用词力求准确、精练，言简意赅、通俗易懂，文风平实不做夸张渲染。“准确”包括两方面内涵：（1）认定事实“准确”。一切从实际出发，尊重法律事实，力求接近客观事实，这是以“事实为依据”的必然要求，也是确保裁判文书客观性和准确性的前提。在裁判文书中，首先，要准确地判断及表述“证据”。证据是抽象法律事实的重要且唯一的途径。我国三大诉讼法均以专章的形式对证据作了规定。作为定案依据的证据必须经过开庭开示并经各方当事人质证，再由法庭依法认证。未经质证并认证的证据，不能作为认定案件事实的依据。此外，通过非法手段获取的证据也因不符合“合法性”的要求而无法采信。对此，除了在文书中表明对违法证据的态度外，还应阐明不予采信的理由。实践中，有些法官会遇到这样的困惑：严格从证据的角度而言，当事人提供的某一材料不符合法定证据要求，但该材料对于查明案件事实却有重要意义，此时该如何处理呢？

此时，法官可对相关待证事实主动开展纠问式的法庭调查，在法庭调查中发现证据线索，引导当事人积极举证，从而让案件事实浮出水面。其次，要全面揭示案情事实。对于案件相关的具体状况、来龙去脉、人物关系、情节变化、前因后果等均要如实陈述，做到不添枝加叶，也不遗漏情节。最后，对于争议事实及案件关键部分的事实，要重点细致查明。抓住案件主线，针对双方的争议焦点、疑点进行重点叙述，为文书的裁判说理做好充分的准备。(2) 适用法律“准确”。准确适用法律不仅意味着法条引用准确无误，条、款、项、目必须具体清楚，还要求所引用的法条与裁判文书中认定的事实相适应，做到界限分明、恰如其分。“目光来回穿梭于事实和法理之间”，法官找法需要基于案件事实，通过对法理的解释将制定法规范进行解释从而得到裁判规范，使引用的法律条文和查明的事实及相关法理论证紧密衔接、协调一致。

**（二）实体裁判必须体现公平正义的价值追求**

每一篇具体的裁判文书所要解决的问题可能千差万别，其实质无一不是公平价值理念的实现。一篇好的裁判文书，必须体现公平正义的价值追求，既要符合现行的法律规定，也要符合人民群众的对公平正义的理解认知，既要注重裁判的法律效果，也要重视裁判的社会效果，实现法律效果和社会效果的统一，才能最大限度上推进社会的公平正义。这要求法官不仅要有深厚的法律功底，更要有体察世事、明辨是非的人生智慧和人文素养，能站在更高的角度理解法律、解释法律，实践法律。让人民群众通过裁判文书真真切切感受法律带来的公平正义。以本文书为例，原告以服务合同纠纷提起本案诉讼，法院只处理原告对收单机构的赔偿请求同时驳回其对发卡行的诉讼请求，在法律层面没有任何问题。可是再深入一步思考，支持原告对收单机构对部分诉请后，原告对其余损失如何救济？结合已查明案件事实，发卡行在整个交易环节中也难辞其责，此时，是由原告另行起诉发卡行索赔？还是由收单机构先行承担后向发卡行追偿？收单机构和发卡行对责任比例又该如何确定？笔者深知，涉案交易由一系列相关联交易组成，各交易主体对行为互相渗透、相互影响，将一系列交易环节通盘考虑能最大程度还原当时完整的交易场景，在客观完整的交易场景下考量交易主体的责任才会让判决结果更加公平合理。基于此，确定了本案的裁判思路，在一份判决书中明确了全部交易主体的责任，最终取得了较好的裁判效果。

怎么样才能写好金融类案件的裁判文书，尤其是主体众多、法律关系复杂、裁判规则专业的金融案件的裁判文书？要处理好三对关系：一是事实查明“繁与简”的关系；二是论证过程“立与驳”的关系；三是裁判说理“专业性和通俗性”的关系。

第一，事实查明的“繁与简”。金融纠纷均发生于特定交易场景之下。随着金融市场的发展，金融创新日益活跃。在多层嵌套的交易构架下，案件事实往往牵一动百，处理好事实查明“繁与简”的关系就显得尤其突出。因此，事实查明必须紧紧围绕争议焦点，根据相关事实与争议焦点的紧密程度，决定繁与简的分配。以本文书为例，该案是由伪卡盗刷引发的纠纷，伪卡盗刷是背景，收单机构和发卡机构在交易过程中的一系列行为及交易合同的相关约定是确定其责任的重点。因此在事实查明部分，首先对盗刷事实予以简要确认，但笔墨不多，可以说是一笔带过，但对整个交易过程及相关合同约定、卡组织规则等作了非常详细的查明，为下文就责任承担展开论述作了充分准备。

第二，论证过程的“立与驳”。论证过程中应当针对当事人的争议焦点及主张，依据相关事实及法律规定，说明支持与否的理由和结论，解释结果与依据之间的内在逻辑关系。论证过程中除了证明结果的成立和正确之外，还应当对不予支持的主张进行反驳。从增强裁判文书说理性的角度而言，有时候“驳”比“立”更为重要。因为“驳”是从当事人的角度指出其观点的偏颇，相较“立”更易为人接受。通过“立—驳”“驳—立”的论证方法把判决理由讲明说透，大大增加判决的说服力，达到令人信服的效果。以本文书为例，交替使用“立—驳”“驳—立”的论证方法，通过对被告快钱公司以“签购单上签名与真正持卡人‘李某某’姓名不符”主张“原告未尽审核义务”的抗辩意见、对被告招商银行主张“特约商户负有识别卡片真伪的义务，伪卡一般为空白的光卡，原告未能识别，负有过错”的等抗辩意见的一一正面回应，以驳促立，夯实了裁判基础。

第三，裁判说理的“专业性和通俗性”。说理部分是一篇裁判文书的灵魂，但裁判文书不同于议论文中的说理，裁判文书中的说理要力求客观公正充分平实。在进行说理时要立足于查明的案件事实，以事说理，同时要着眼于法律法规，以法论理。金融案件裁判文书中经常会遇到专业性问题的论述。专业问题怎么说理才能既符合专业性要求又能最大程度为一般大众所接受？这就要把握好说理的专业性和通俗性的关系。我们可以在尊重专业理论的基础上，通过“专业问题通俗说”的方式提高说理通俗性。同时，在说理时可以针对不同对象作适当的调整：如果相关法律问题涉及的是个人的权利义务判断，那对于专业问题的表述就更适合用通俗的表达，让普通人能看懂判决，并充分理解法官的判决理由；若相关的法律问题涉及的是金融机构，则要注意表达的严谨性、专业性。如在本文书中，就卡组织的业务运作规章，严格按照其文本进行了引用和表述，力求准确和严谨。

（黄婧，上海市浦东新区人民法院法官）

## 三、专家评析

本案是一起涉及多交易主体的信用卡使用过程中引发的纠纷。持卡人因伪卡盗刷造成损失主张撤销交易之后，信用卡各相关方对于相关损失如何承担责任引发纷争。伪卡交易时有发生，但涉及信用卡发行主体与相关服务机构、特约商户之间的纠纷并不多见，本案是上海市首例由伪卡盗刷引发的特约商户依服务合同状告收单机构及发卡行要求赔偿损失的金融案件，属于具有典型性的纠纷。

本案的一大亮点在于整体性、系统性的思维方式。本案中，各方存在不同的合同关系，原告金兄弟公司与被告快钱公司之间签订了《快钱电子支付服务协议》，被告快钱公司与被告招商银行作为中国银联的会员单位共同签署了《银联卡业务运作规章》，被告招商银行与案外人李某某签订了《信用卡领用合约》。在发生损失时，如果仅仅依据单个合同处理，不仅可能会引发多起案件造成讼累，还可能因为单个合同条款的片面性与局限性导致责任分配的不合理。为此，合议庭分析了不同合同的条款，综合考虑了不同的主体在信用卡被伪造及使用过程中的具体情况，结合过错程度、原因力比重等因素进行份额化处理，衡平了各方利益，提高审判效率。对具有过错的不同当事人加以责任，有助于改进信用卡的整体使用环境，有利于提升金融消费者的福祉。

具体而言，为了信用卡的安全使用，发卡行负有保障持卡人用卡安全的义务；收单机构负有对特约商户收单业务合规经营的管理责任及保障交易和信息安全的义务；持卡人负有妥善保管银行卡及密码的义务；特约商户负有审核持卡人真实身份和银行卡真伪的义务。上述任何一方违反其自身义务，均可能对信用卡的使用、消费、结算等环节产生影响。只有各方都尽职尽责，才能营造良好的用卡环境。本案中，招商银行作为发卡银行有义务通过各种交易技术升级，如通过磁条卡升级到芯片卡等技术，降低伪卡交易的风险。

被告快钱公司作为收单机构，在登记银联入网信息时应根据相关交易规则，如实设置“交易商户类型”，以实现发卡行对原告这一金银珠宝类商户采取更为严格的风险管控措施，避免套现、洗钱等不法行为发生，未尽此义务，属于严重违规行为，应承担相应责任。原告金兄弟公司作为特约商户，应按相关协议约定妥善保管交易的录像资料，以防范相关的风险，便于确定用卡人身份与追索相关的损失，未尽到交易资料保管义务，亦应承担相应违约责任。考虑到各自的过错程度以及原因力大小，法院判决由各主体分别承担了40%、30%、30%的责任，较为合情合理。

本案的裁判亦可反映出现代金融交易的环节复杂化、主体多元化的特点，就以信用卡为例，涉及发卡、消费、收单、结算等业务环节，各参与者依相应合同产生权利义务关系，但他们各自的行为可能会对非合同相对方产生影响，在这种情况下，案件的审理对法官提出了更高的要求，即不能“管中窥豹”，而应“纵览全局”。本案中，合议庭这种全局性、整体性的思维值得推广与借鉴。

（点评人：符望，上海金融法院综合审判二庭庭长，三级高级法官，全国优秀法官）

**（2017）沪0115民初47086号裁判文书原文**

# 第十四节　其他合同纠纷

## 36. 广西博贝隆建设工程有限公司和南宁经济技术开发区管理委员会、南宁绿港建设投资集团有限公司合同纠纷案*

【关键词】

法人主体　混同　适法路径

【裁判要旨】

多个主体以合同一方当事人的身份，在合同订立及履行过程中，反复交替出现，但又未明示互为代理或代表的，该方多个当事人之间可能具有主体混同的情况。任一主体的表意与行为可具有双重效力：第一层效力来源于多个主体之间构成的默示代理与被代理的关系，其中一主体作出意思表示的法律效果可及于其他主体；第二层效力源于其中一主体在作出代理行为的同时也作出自己行为，其自己行为不必然被代理行为所吞并，而是与代理行为平行存在、共同生效。基于这种主体混同现象下的行为双重效力，该多个主体应当共同作为合同当事人并共同承担合同义务。

### 一、简要案情

2011 年 7 月 13 日，南宁经济技术开发区管理委员会（以下简称南宁经管委）对园区投资公司作出《关于北部湾科技园总部基地一期工程项目立项的批复》，同意北部湾科技园总部基地一期工程项目立项，主要建设内容为建设 7 栋商务式办公楼、2 栋商务式酒店及项目用地范围内所有道路、排水工程、绿化、路灯等附属配套设施。2013 年 4 月 18 日，南宁经管委在《南宁日报》发布《总部基地酒店公开出让招商公告》，公告中明确总部基地酒店项目主体

* （2018）桂民初 3 号。

已竣工，计划于 2013 年 11 月交付使用。项目采取公开出让方式进行招商。2013 年 6 月，园区投资公司公开发出《总部基地酒店项目邀标文件》。2013 年 6 月 17 日，南宁经管委举行《总部基地酒店项目公开邀标说明会》，该会上明确项目业主方为南宁经管委下属的园区投资公司，由南宁经管委公开邀标，申请人中标后将与南宁经管委签订相关协议。广西博贝隆建设工程有限公司（以下简称博贝隆公司）于 2013 年 6 月 24 日向园区投资公司的北部湾银行账户汇入人民币 500 万元，备注为总部基地酒店项目保证金。2013 年 6 月 25 日，博贝隆公司向园区投资公司发出投标文件。2013 年 6 月 28 日，博贝隆公司向南宁经管委出具《总部基地酒店项目标的购买的补充说明的函》，承诺：积极并实质响应“总部基地酒店项目邀标文件”中的一切要约，并补充说明付款方式第一期付款应在签订协议后 10 个工作日内支付商务酒店总房款的 50%，在支付完第一期房款后 2 年内，付清商务酒店总房款剩余的 50%。2013 年 6 月 28 日，南宁经管委在其网站发布《总部基地酒店项目邀标开标结果公告》，确定成交企业为博贝隆公司，成交金额人民币 14 786.9 万元。2013 年 7 月 16 日，园区投资公司向博贝隆公司发出《南宁经济技术开发区商务酒店中标通知书》，确定博贝隆公司为案涉项目酒店中标人。2013 年 8 月 26 日，南宁经管委（甲方）与博贝隆公司（乙方）就案涉项目酒店出让事项签订《项目投资协议书》，该协议书约定乙方应将房款支付至园区投资公司的广西北部湾银行账户。同日，南宁经管委与博贝隆公司签订《项目补充协议书》[南经酒店协（2013－01－1）号]，就绿地配套、酒店项目地下一层 144 个停车位使用等作出约定。园区投资公司分别于 2013 年 9 月 4 日向博贝隆公司出具了《B5 商务酒店建筑工程分部、分项工程交接标准》，于 2013 年 9 月 22 日出具了《总部基地酒店交房标准》。2013 年 9 月 3 日，博贝隆公司向园区投资公司银行账户转入购房款共计 3500 万元。2014 年 1 月 16 日，“园区投资公司”名称变更为“南宁绿港建设投资有限公司”（以下简称绿港公司）。其后，由于博贝隆公司未能按期履行款项的支付，南宁经管委、绿港公司亦未按照协议约定进行完工及交付，双方就相关事宜进行长时间协商。未果，博贝隆公司向法院提起诉讼，请求南宁经管委及绿港公司继续履行合同并承担相关损失赔偿。南宁经管委提起反诉请求解除合同并由博贝隆公司承担相关违约责任。

2018 年 9 月 5 日，广西壮族自治区高级人民法院（2018）桂民初 3 号民事判决书判决：“一、确认南宁经济技术开发区管理委员会与广西博贝隆建设工程有限公司签订的《项目投资协议书》和《项目补充协议书》合法有效。二、南宁经济技术开发区管理委员会和南宁绿港建设投资集团有限公司共同履行向广西博贝隆建设工程有限公司交付南宁经济技术开发区总部基地商务酒店的义务。三、南宁经济技术开发区管理委员会和南宁绿港建设投资集团有限公司共同向广西博贝隆建议工程有限公司赔偿逾期交付房产违约损失400万（计算标准为：以4000万元为基数，4000万元×10%＝400万）。四、广西博贝隆建设工程有限公司向南宁经济技术开发区管理委员会支付逾期支付购房款的违约金（计算标准为：以5893.45万元为基数，以中国人民银行同期同类贷款利率上浮30%为标准，自2013年9月7日起计算至2013年11月5日；以4893.45万元为基数，以中国人民银行同期同类贷款利率上浮30%为标准，自2013年11月6日起计算至2015年4月28日；以3393.45万元为基数，以中国人民银行同期同类贷款利率上浮30%为标准，自2015年4月29日起计算至广西博贝隆建设工程有限公司向南宁经济技术开发区管理委员会支付完全部第一期房款7393.45万元之日止）。五、驳回广西博贝隆建设工程有限公司的其他诉讼请求。六、驳回南宁经济技术开发区管理委员会的其他反诉请求。”

南宁经管委及绿港公司不服提起上诉，2020年2月28日，最高人民法院作出（2019）最高法民终438号民事判决书，判决驳回上诉，维持原判。

## 二、撰写心得

### （一）非典型案例与类推适用方法

非典型案例最典型或最本质的特征就是在现存法律体系中，没有无争议的法律条文可以用来作为裁判依据，即法律规定的内容不能无争议地涵摄当前案件事实。[①] 由于法官并不能因为法律无规定而拒绝判决，在不能依法律的文义而判决时，得类推适用其他法律，无其他法律可类推适用时，则依自然法律原则处理之。[②] 类推适用是指将法律明文之规定，适用到该法律规定所未直接加以规定，但其规范上之重要特征与该规定所明文规定者相同之案型。[③] 类推适用最为关键的步骤为如何认定拟处理之案型与法律明文规定之案型具有关键的相同特征，至于如何评价关键特征，则可能须求助于该法律规定之

① 参见周赟：《非典型与典型案件：术语、成因及其关系》，载《中国法学》2015年第5期。

② 参见王泽鉴：《民法学说与判例研究》，北京大学出版社2015年版，第125页。

③ 参见黄茂荣：《法学方法与现代民法》，法律出版社2007年版，第492页。

规范目的与价值取向。

案件呈现的事实可能找不到与其吻合的法律规范，即个案事实与已有规范出现错位。从逻辑上来看，该现象可从两个方面进行分析，一是法律本身的原因，如逻辑上存在语义空缺结构，使某些情形处于模糊、可争议的境地。有学者将其解释为“法律漏洞”，存在“有意识”与“无意识”之分。[①] 前者是指立法者特意将争议事项留以后解决，或特意将裁量空间留于个案司法裁判；后者是指立法者由于疏忽或限于当时的预见性，对某项问题法律未予规定。二是事实本身具有非典型性。这既可能是现实社会中当事人的行为创新，也可能是由于社会价值观、文化的演变，对行为的评价发生了转型。基于上述原因，进而导致部分案件在是否适用该条文问题上产生不确定性。

在这类非典型案件中，类推适用可分为三个步骤：一是甄别与法律关系定性有关的关键案件事实；二是挑选与关键法律事实较为匹配的法律制度进行解释；三是从该法律制度的构成要件、规范旨意等方面与案件的法律事实及价值判断进行比对，检验其适配性。

**（二）非典型案件中关键案件事实的识别**

本案中，南宁经管委、绿港公司在与博贝隆公司交易的过程中一直交替出现，其二者与博贝隆公司之间的法律关系认定是厘清本案合同行为及归责主体的切入点。从目前股权结构上看，能达公司持有绿港公司的股份比例为94.45%，后勤服务中心持股比例为4.72%，投资服务中心持股比例为0.83%。南宁经管委系投资服务中心、后勤服务中心的筹办单位，而且是能达公司的唯一股东。南宁经管委间接100%控股绿港公司。在我国公司治理制度未能规范化运行的情况下，南宁经管委出于行政干预惯性，对其投资及主管企业的经营事务作为“自己事务”对待，以自己名义与相对人订立协议并协助履行。绿港公司虽然作为适格订约主体，但未对南宁经管委的行为进行否认，并默认共同履行合同义务。同时，交易相对人博贝隆公司对于南宁经管委及绿港公司的存在一直明知。在非属行政协议而属于平等主体之间交易活动的场景中，如需要充分考量交易对方的信赖利益、诚信原则、私法自治等因素，则行政机关作出的意思表示行为应如何定性，是自己行为还是代表或代理行为抑或两者皆有，其行为后果应如何认定。此外，南

① 参见王泽鉴：《民法学说与判例研究》，北京大学出版社2015年版，第121页。

宁经管委与绿港公司之间也并非人格混同为一个主体，两者并非真正意义上在财产、财务、人员、自我意志等方面的法人主体混同。对于上述案情，无论是直接代理，还是间接代理，或人格否认制度等法律规定，均无法涵摄本案关键法律事实，此案件属于一种规范上的非典型案件。

**（三）代理制度之规范要件分析**

第一，代理的分类与定义。根据目前法律制度及理论研究显示，代理可分为两大类，一是直接代理，是指代理人在代理权限范围内，以被代理人（本人）名义向第三人作出意思表示或受领第三人意思表示，而对本人直接发生效力对行为。[①] 二是间接代理，是指为了委托人（本人）的利益（为了本人的利益并最终应将权益移转给本人）而以自己名义实施法律行为的代理。[②] 两者最大的区别在于代理人行为后果的归属问题，即代理行为所产生的法律后果是否可以直接归属于另一个人，是否需要由代理人通过一项特别的行为将行为效果转移给被代理人。此亦为大陆法系国家关于代理制度的基本分类。与大陆法系有所不同，英美法系重点针对间接代理的不同情形作出区分，如在订立合同之时对外披露委托人，则合同效果归于委托人，若未披露，则视委托人是否予以追认而定，同时，根据披露的内容不同，是明确披露委托人的名称还是仅披露代理关系而分为显名代理与隐名代理。[③] 两大法系相同之处为，对于未披露委托人的情形都规定了委托人的介入权与第三人（相对人）的选择权。但代理人为无权代理或越权代理，则应另适用无权代理的相关制度。

第二，代理效果的形成要件。代理是代理人为被代理人实施法律行为，用自己的意思能力来补充被代理人的意思能力。[④] 代理行为本身存在两个层次的内容：第一个层次涉及代理人与被代理人的权利义务约定，抑或被代理人向代理人的授权；第二层次为代理人或被代理人与第三人的约定，基于第二

---

① 耿林等：《未来民法总则如何对待间接代理》，载《吉林大学社会科学学报》2016 年第 3 期。

② 在间接代理中，法律后果首先在行为人那里产生，然后必须通过其他行为（如债权让与、债务承担或免除）将法律后果转移给另一个人（如委托人）。参见［德］迪特尔·梅迪库斯：《德国民法总论》，邵建东译，法律出版社 2000 年版，第 671 ~ 672 页；耿林等：《未来民法总则如何对待间接代理》，载《吉林大学社会科学学报》2016 年第 3 期。

③ 参见鲍志容：《〈合同法〉中代理的思考——简析〈合同法〉第 402 条、第 403 条》，载《河北法学》2003 年第 2 期；耿林等：《未来民法总则如何对待间接代理》，载《吉林大学社会科学学报》2016 年第 3 期。

④ 参见耿林：《〈民法总则〉关于“代理”规定的释评》，载《法律适用》2017 年第 9 期。

个层次所产生的外部行为，通常引发谁才是法律行为主体、谁应该承担法律后果的纠纷。从理论上解释，代理行为并非被代理人所实施的行为，而是代理人以代理权为基础，在实施代理行为时向相对人作出其是代理人的意思表示，法律为尊重代理人的效力意思，所以代理行为的法律效果由被代理人承受。[①] 基于这两个层次，我们可以归纳出实现代理效果的构成要件：一是代理及授权的发生；二是对外披露或事实公开代理人身份。而所谓的直接代理与间接代理的区别，正是在于第二项要件的区分。直接代理是在向第三人表明代理身份的前提下行使代理权；而间接代理是未表明代理身份而以自己名义作出法律行为。在间接代理中，代理人向第三人披露被代理人、表明代理人身份，则产生向前者转化的法律效果。[②]

第三，默示授权的认定。代理的发生或代理权来源于双方合意与授权行为。一般而言，形成委托关系是进行授权的前提，但委托关系亦并非授权的必要条件。授权又划分为明示授权和默示授权。前者是指通过书面或口头形式作出明确表示，后者是通过事实行为予以推定。默示授权与表见代理互为表里，授权行为为里，表见代理为表，是同一问题的两面，故而应归属同一规则体系。[③] 但默示授权并不必然与表见代理组合出现，表见代理系以本人名义为之代理，效果等同于直接代理；但获得授权之代理人亦可能进行间接代理或隐名代理，也就意味着与默示授权衔接的情形还包括《合同法》第 402 条[④]的代理类型，即无权代理之人被认定符合默示授权要件后成为有权代理，在此基础上代理人以自己名义作出相关法律行为，第三人知道该代理关系的，被代理人则应受到代理行为法律效果的约束。而此种情境下第三人所知道的“受托人与委托人的代理关系”也应当是一种事实推定，与默示授权的外观事实一致。当然，民法学上一般认为，单纯的沉默原则上不构成意思表示，只有在例外情形中考虑到双方当事人事先的相关约定、交易惯例、诚信原则等因素足以认为一方当事人有义务积极地作出表示时，其沉默才能被认定为意

---

① 参见黄立：《民法总则》，中国政法大学出版社 2002 年版，第 408 页；马俊驹、余延满：《民法原论》，法律出版社 2010 年版，第 232 页。

② 参见徐涤宇：《代理制度如何贯彻私法自治》，载《中外法学》2017 年第 3 期。

③ 参见杨代雄：《容忍代理抑或默示授权——〈民法通则〉第 66 条第 1 款第 3 句解析》，载《政治与法律》2012 年第 4 期。

④ 对应《民法典》第 925 条。

思表示。[1] 故而，认定默示授权仍应以被代理人存在积极行为为准则，即被代理人作出的某些行为能够使第三人或作为一般人认知代理人已然获得授权，这相当于被代理人用其他替代方式或后续行为补足委托授权的缺失。

**（四）解释选择与本案的适配性**

本案中，南宁经管委及绿港公司作为合同同一方，在合同订立及履行过程中，反复交替出现。绿港公司作为交易标的工程的业主，应认定为合同标的物的财产所有人，但南宁经管委又以自己名义与博贝隆公司订立合同，而期间绿港公司亦收取博贝隆公司支付的款项以及履行相关合同义务。从这些关键事实来看，本案合同一方具有主体混同、双重当事人的事实样态，如何在法律解释上解决法律适用问题，应分为以下两个层次：

第一，解决南宁经管委自己签约但由博贝隆公司承担具体合同义务的问题。本案博贝隆公司明确知晓合同两个相对方存在一定程度的主体混同，但无论其内部为何种关系，两者对外作出的意思表示是一致且明确的。且绿港公司自始至终对南宁经管委的行为均未提出异议，应视为默示其行为之法律效果。从《合同法》第402条[2]的构成要件来看，上述情况已经符合以自己名义与第三人订立合同，且第三人知晓真正权利主体存在的要件。南宁经管委以自己名义签订合同协议后，绿港公司作为真正的合同主体亦履行部分义务且以本人名义签订总合同项下的其他合同文件。据此，绿港公司后续行为实际上属于显名行为，表明其对前续行为的认可以及其法律效果的承接。与此同时，南宁经管委对于绿港公司的直接介入并未表示否认，亦形成同意权利发生转移之意思表示。为此，通过默示授权解释其代理权源，实现了合同法律效果的转移及延续，即忠实于当事人作出的效力表示。依据代理制度，南宁经管委与绿港公司之间构成代理与被代理，前者的对外作出的意思表示的法律效果可归于后者。

第二，解决南宁经管委自己签约且自己亦为合同当事人的问题。本案的非典型性不仅体现在代理行为的非典型，本案还体现出主体混同以及自己行为（即为自己而实施的法律行为，相对于代理行为）的事实样态。在本案的项目筹备、招投标、订约以及履约过程中，南宁经管委不仅默示表现出代理或代表园区投资公司的意愿，更是表现出了管理“自己事务”的真实表意，

---

① 参见［德］迪特尔·梅迪库斯：《德国民法总论》，邵建东译，法律出版社2000年版，第261～263页。

② 对应《民法典》第925条。

这主要源于南宁经管委与园区投资公司在意志与利益上的混同与一致性。具言之，在表意上看，南宁经管委不仅意在代行园区投资公司之交易事务，同时其也具有自居为交易参与方、自居为合同当事人之意愿；在履约事实上看，其不仅作为主管单位，其也积极参与、协助、配合整个合同的履行，并相应作出具体审批与沟通协调行为；更重要的是，无论园区投资公司还是作为相对人的博贝隆公司，均在主观上认可南宁经管委的参与角色，在客观上也与其共同完成各种合同履行环节。综上，正如某一合伙人对外实施法律行为，所生效力可以及于包括其在内的各个合伙人；也正如民事诉讼法上的代表人诉讼制度，代表人既是其他当事人的代理人，同时自己也是案件当事人，其行为所生效力同时及于他人与自己。本案南宁经管委的表意与行为也具有类似的双重效力结构，其“自己行为”并未完全被代理行为所吞并，反而是与代理行为平行存在、共同生效，故南宁经管委也应当基于自己行为而与绿港公司共同承担合同义务。

（李娜，广西壮族自治区高级人民法院法官）

## 三、专家评析

本案是个非典型的合同纠纷案，本案核心要素在于运用多种法律解释方法，准确把握司法的核心要义——公平公正作出精当的判决。

本案裁判要解决三个问题：

一是合同的效力问题。解决这一问题，要回应双方当事人的三个主张是否成立的问题：（1）合同相对方即招标方的主体认定问题。本案判决没有简单的依据合同的签章人或交易标的物的所有人来判断合同的当事方，而是在查明案涉合同的缔结履行事实的基础上，结合我国地方政府开发区招商工作常有的“政府主管 + 经济实体平台”的招商模式，以及南宁经管委与绿港公司之间主办与投资控股关系，准确判定南宁经管委与绿港公司在案涉项目上利益与目标一致形成了意志与利益的实质性混同，从而认定南宁经管委与绿港公司在案涉合同关系中构成主体混同。（2）招投标程序是否违法。本案判决在认定案涉交易项目不属于法律规定的强制招投标范围基础上，明确指出案涉项目在采取邀标方式的过程中存在瑕疵，但作为应标方的博贝隆公司并不具备控制招标程序的能力，而绿港公司作为规则制定方无权主张程序利益，对主张在其主导下完成的招投标行为无效不予支持，彰显了司法维护公平诚信的基本价值取向。（3）案涉合同对招投标文件相关内容作了变更是否导致无效的问题。本案判决结合《招投标法》立法本意，明确案涉协议变更了招投标文件约定的付款方式和期限的法律后果只是导致该约定无效而回到招投标文件的约定，并以此作为判定双方违约行为的依据。

二是合同应否解除即应否继续履行的问题。在认定合同合法有效的情况下，合同应当履行。国有资产作为市场交易要素不是民事法律行为效力的判断因素，由于国有资产管理者或经营者的行为导致国有资产流失问题应当通过刑事或行政的程序来解决。本案没有证据证明存在投标方博贝隆公司与南宁经管委或绿港公司主管人员串通损害国家利益的行为，本案判决继续履行合同，维护了契约必须遵守的市场经济基本原则。

三是违约责任的认定问题。本案双方是否存在先后履行义务一般以合同对各自履行义务的时间来判断。至本案诉讼，博贝隆公司仅支付4000万元，不足合同约定价款的50%，违约在先，但同时案涉项目房子直至2015年12月才通过验收，绿港公司实际也无法按约履行交房义务，也存在违约行为。博贝隆公司亦未按约履行在首期款项支付两年后支付第二期50%房款的义务。双方协议均未约定交房以支付清第一期50%房款为条件，也未规定支付第二期50%房款以已交付房子为条件，因此应各自按约定时间履行。绿港公司一方对于交房虽有后履行抗辩权，但其实际也做不到按时交房，又长期占用博贝隆公司4000万元资金，酌情判决其按10%补偿博贝隆公司损失是合理的。又由于绿港公司一方在房屋验收后长期拒不交房的因素，对博贝隆公司第二期应付的50%房款的违约责任未予追究，在调整违约金标准后只判决支持对第一期50%房款的逾期支付违约金，基本实际了双方利益的平衡。

（点评人：骆金盛，原广西壮族自治区高级人民法院审判监督第一庭庭长，三级法官，全区审判业务专家）

**（2018）桂民初3号裁判文书原文**

# 37. 湖南新华茶林河水电开发有限公司和湖南湘慈－爱依斯水电有限公司合同纠纷案*

【关键词】

强制性规定　合同效力

【裁判要旨】

经国家批准依法建设的水电站，需按流域规划建设和核定的蓄水位运行。其正常蓄水位系国家行政职能部门管理的对象，也是《水法》强制调整的对象，非经国家有关部门批准，不得调整与变更，也不能成为平等民事主体签订合同的标的。当事人通过民事合同调整已经核定的蓄水位，因违反《水法》的强制性规定而无效。

## 一、简要案情

湖南湘慈－爱依斯水电有限公司（以下简称爱依斯公司）（上游电站）与湖南新华茶林河水电开发有限公司（以下简称茶林河公司）（下游电站）均属澧水流域慈利县境内的两个相邻15千米的梯级电站。根据湖南省计划委员会湘水电计字（1995）第45号文件批复意见，茶林河公司茶林河水电枢纽工程正常蓄水位核定为81米。2007年5月25日，茶林河公司与爱依斯公司作为甲、乙两方及丙方（乙方后期权利义务承受者慈利城关发电有限责任公司）签订了一份《电量损失补偿合同》，合同约定：（1）补偿原则，甲方同意对乙方因尾水水位抬高导致发电量减少而损失电量电费予以据实全额补偿；（2）电量电费补偿计算，首先对甲方蓄水水位首次达到▽80.3米但不足▽81米时，给乙方补偿电量电费损失。合同对补偿电量电费损失计算方式为、支付方式等进行了约定。

2009年11月20日，茶林河公司首次蓄水达到▽80.3米。至2010年8

*（2017）湘民再241号。

月31日，茶林河公司蓄水达▽80.3米不足81米有193天；蓄水超▽81米有559小时。按合同约定，茶林河公司产生的电量电费损失1 100 903元，逾期利息979 261元，共计2 080 164元。自2009年12月25日开始，爱依斯公司依据合同要求茶林河公司支付电量电费损失，但均遭到茶林河公司的拒绝。期间，爱依斯公司请求合同见证方慈利县水务局及慈利县人民政府重点办协调过，但均未达到一致共识。2010年6月23日，爱依斯公司诉至法院，要求茶林河公司支付截至2010年6月1日的电量损失544 956元和逾期利息191 200元，共计736 156元。第一次庭审时爱依斯公司变更诉讼请求，要求茶林河公司补偿截至2010年8月31日的电量损失1 040 153元，逾期利息665 795元，共计1 705 948元。诉讼中，茶林河公司提起反诉，并申请对爱依斯公司造成电量损失及损失金额进行鉴定。2011年7月25日，一审法院司法技术室受理其委托鉴定后，经查询，对该项目的鉴定无鉴定部门，且多次到省水利、水电部门进行咨询，均无法解决鉴定问题。期间，法院多次组织双方进行协商、调解，均无结果。2014年7月21日，法院经多方查询与中国电力企业联合会司法鉴定中心联系，启动委托鉴定程序，但茶林河公司未在限期委托的通知期限内办理委托鉴定手续及缴纳鉴定费，故终结委托鉴定。

现爱依斯公司再次诉至法院，请求：判令茶林河公司全面履行《电量损失补偿合同》的合同义务；由茶林河公司支付电量补偿费54.4956万元；由茶林河公司支付违约金即逾期利息19.12万元，一审庭审中将上述数额变更为电量补偿费104.0153万元，违约金66.5795万元。

茶林河公司认为茶林河水电站的修建依法依规，《电量损失合同》缺乏公平公正，没有事实和法律依据，应属无效。提出反诉请求：解除《电量损失补偿合同》。

本案争议焦点：涉案《电量损失补偿合同》是否有效。

## 二、撰写心得

获奖首届全国百篇优秀文书，这份沉甸甸的荣誉，是对笔者耕耘法坛二十年辛勤付出的肯定，更是对以后职业生涯的鞭策与鼓励。借此机会，就民事裁判文书写作粗浅地谈谈体会。

**（一）信仰，法治初心常怀有**

古代贤者管子曰："法者，天下之仪也。所以决疑而明是非也，百姓所县命也。"古往今来，法律在约束社会行为，明辨是非对错，保障民众生命财产发挥着不可或缺的作用。裁判文书，则是完整反映诉讼争议和裁判结果的最终载体，它通过对案件争议事实分析认定、对法律规则的选择适用，使“纸上的法律”变成鲜活的法律。对法官而言，裁判文书作为司法流水线上的终端产品，展现了法官的司法态度、确立了司法规则、传递了司法温度，它既是法官职业生涯的路标与灯塔，亦是法官公正品性、职业素养、社会良知的宣示。对当事人而言，裁判文书与其利害攸关，是他们了解法官审判过程、明确法律适用、知悉审判结果的有效途径。对社会公众而言，裁判文书所确定的裁判规则能够指引更多的潜在“当事人”，行公序善良、依法合规之事。因此，裁判文书就是最好的法治宣传阵地，打造精品裁判文书，即树立了法律、法院的权威。裁判文书如此重要，作为法官，我们又有什么理由不撰写出优秀的裁判文书呢？法官具有了法治信仰之初心，司法为民之情怀，则必然具备高度的责任和担当，将法律文书的质量提高到案件质量、法官业务素质和公正执法的高度来认识，必将写出格式规范、用语专业、繁简得当，逻辑严谨、层次分明、说理充分的优秀裁判文书。

**（二）事理，法律事实细思量**

案件事实是明确当事人之间的民事权利义务关系，确定当事人民事责任的前提，因此裁判文书首先应对案件事实进行判断、认定。正如希腊哲学家赫拉克利特所说“人不能两次踏进同一条河流”，客观事实是“过去”的事实，只能由法官通过庭审，运用证据规则、经验法则对证据的证明力进行论证说理，推导出最接近客观真实的法律事实，使已成为“历史”的客观事实得以重现。需注意的是，未经事实查明部分未经认定的案件事实，不能直接写入裁判文书的说理部分。具体而言，对案件事实的认定评析从以下层次进行。

1. 确定证明对象。证明对象即需要提交证据证明的与当事人诉辩请求相关的事实。当事人提交的与证明对象相关的证据，应当在裁判文书中公开证据质辩和认证过程；与证明对象不相关或无争议的证据，为提高审判质效，无须详写质证、认证过程，仅写明对无争议事实有证据记录在卷即可。

2. 审查证据资格。证据资格属于证据形式要件的认定，涉及证据的合法性。裁判文书应对诉辩双方提出的非法证据予以排除，并说明相应的理由。如违反社会公共利益和社会公德，侵犯他人隐私取得的证据，因证据来源非法而不能成为裁判的依据。

3. 评价证明力。证明力的采证属于实质要件的认定，由证据的真实性、关联性所确定，证明力体现的是证据在证明待证事实方面的强弱、分量与大小。裁判文书中事实的认定主要是通过运用证据规则分析证据的证明力，阐明有关证据能够证明何种事实，为适用法律奠定基础。比如，我国《民事诉讼法》《最高人民法院关于民事诉讼证据的若干规定》就确立了原始证据优先于传来证据的证据规则，书证原件可直接认定待证事实，但传来证据（复印件、复制品、证人证言）不能单独作为认定事实的证据，应结合其他证据和案件具体情况审查其能否作为案件事实的证据。直接证据，仅凭其自身就可以证明某一待证事实。如有被告签名的借条，在被告无相反证据即可直接单独证明原被告存在借贷关系，但间接证据如取款记录、交给被告一个纸包、不久后被告盖房的证人证言均不能单独证明待证事实，需若干间接证据组合成证据链才能证明借款关系。

4. 分配证明责任。撰写裁判文书时需要注意区分举证责任与证明责任。举证责任是一种行为责任，是当事人为说服法官而提供证据证明自己主张的责任，它不能事先分配，而是随着当事人在诉讼过程中提请主张而在当事人间不断转换。证明责任则是举证的后果责任，即案件审理终结事实仍真伪不明，则由提出事实主张的当事人承担不利后果的责任，该不利后果的风险会按照一定的规范或标准，在当事人之间安排，如果当事人不能提交证据或者提交的证据与待证事实没有关联性，法官应当说明证明风险的负担和证明不能的归责原则，即将证明责任分配的心证情况和过程在裁判文书中详细说明。

**（三）法理，法律逻辑严遵守**

如何让人“看得见”司法公正，除了需要法官在裁判文书中公开事实认定的心证过程外，还应适法得当、论理充分。裁判理由的论证是裁判文书公正性的核心，是连接案件事实与判决结果的桥梁，是法院在认定事实的基础上，对案件的性质、当事人之间民事关系和责任，通过法律逻辑推理得出的处理结论。总体来说，裁判文书的说理采取演绎推理的方法论，即对当事人的每个争议焦点，开始以“寻法”为大前提，寻找对某一类型的抽象案件事实进行调整的法律规范；然后是小前提，即认定该案的具体事实属于大前提限定的抽象社会关系的具体表现；最后是推论，也就是判断结果。在遵行逻辑推理的基本框架下，加强裁判理由的论证要注意以下几点。

1. 加强针对性。正所谓“不破不立”，法官的论述必须和当事人的意见正面交锋，指出相关事实的漏洞和法律逻辑的谬误，最后才能有说服力地展开正面论述，并得出正确且有说服力的裁判结果。一是要针对当事人对适用法律的所有争议焦点展开论述，切不可回避矛盾；二是要针对具体案件的具体特点进行说理，当繁则繁，当简则简；三是要针对原告的诉讼请求以及被告的反驳意见予以一一回应，不能脱离当事人的诉请，仅在自己所画的圈内绕，而回避对当事人意见的采纳与否的交代。

2. 增强逻辑性。强调裁判理由论证的逻辑性，就是要求裁判文书的事实、论理和结论之间必须有严密的逻辑关系，保持各个部分同一概念的周延，保持认定事实和所适用法律之间流畅的衔接，即“小前提”——个案的具体事实，必然是在“大前提”——法律抽象出的规范事实之内，对案件所适用法律规定的含义和法理予以必要的解释，表明法院对争点的态度，明确对当事人主张和抗辩的取舍，阐述得出裁判结论的推理过程。

3. 注意方法论。从法律发现到法律推理的过程中，当法律规定不明确或有漏洞时，法律解释、价值衡量、漏洞补充等法律方法论的运用就发挥了重要作用。对法律规定不明确的，法官可通过立法目的、价值衡量说理。法官只有借助各种法律技术和法律解释方法，才能把成文法和司法有机地结合在一起，从而疏通由法律规则到个案判决的转换过程。

**（四）情理，诗意关怀宜彰显**

感人心者，莫先乎情，裁判文书说理也不例外。前最高人民法院院长肖扬在耶鲁大学演讲时指出，“对于一个正向法治目标迈进的国度来说，法律是司法机构和法官必须掌握的‘灵丹妙药’，法律以外的因素如道德、情理也是司法过程所不可忽略的。法官在司法过程中必须统筹考虑，权衡利弊得失，在原则性与灵活性之间寻求有机的平衡”。情理，属于社会道德范畴的、被社会大众所接受并遵循的、人与人之间交往的自然法则，不仅包括人与人之间的自然情感，还包括基于该情感产生的道德、习惯、风俗等内容。注重情理与道德的教诲是我国古代乃至近代审理案件的重要依据，在当今审判实践中，利用情理进行说理相对薄弱，婚姻、家庭、继承、抚养、赡养等案件运用相对较多。例如，当夫妻一方赠与第三者财产时，裁判文书运用民法上的公序良俗原则对该财产处分行为进行否定评价。对案件中涉及的社会现象或道德伦理问题进行适当尺度的点评，一来可以反映出法院裁判的价值取向，二来也可以缓和当事人间的利益冲突。

法律不是无情物，历史法学派代表人物雅可布·格林在《论法之诗》中写道：“法和诗相互诞生于同一张温床……所以，诗中蕴涵有法的因素，正像法中也蕴涵有诗的因素。”若法官不仅是一名正义的代言人，更成为“诗意的栖居者"，真诚地表达出人情人伦，则法律文书不但更美一些，也更能发挥其感化和息诉平争的效果。最近，泰兴市人民法院一名80后法官的"诗意判决"不失为法理、事理、情理相得益彰的文书典范："原被告从同学到夫妻，是一段美的历程：众里寻他千百度，蓦然回首，那人却在，灯火阑珊处。令人欣赏和感动。若没有各自性格的差异，怎能擦出如此美妙的火花？然而生活平淡，相辅相成，享受婚姻的快乐与承受生活的苦痛是人人必修的功课。人生如梦！当婚姻出现裂痕，陷于危机的时刻男女双方均应该努力挽救，而不是轻言放弃。本院极不情愿目睹劳燕分飞之哀景，遂给出一段时间，以冀望恶化的夫妻关系随时间流逝得以缓和，双方静下心来，考虑对方的付出与艰辛，互相理解和支持，用积极的态度交流和沟通，用智慧和真爱去化解矛盾，用理智和情感去解决问题，不能以自我为中心，更不能轻言放弃婚姻和家庭，珍惜身边人，彼此尊重与信任，重归于好。"

——以理服人，以情感人，以细雨春风去抚平伤痕，让法律充满温情、人性，这也是笔者撰写法律文书的更高目标，以此共勉。

（周春梅，湖南省高级人民法院法官①）

## 三、专家评析

本案再审判决对合同违反法律行政法规的强制性规定而无效、合同损害社会公共利益（违背公序良俗）而无效规则的司法适用进行了有益的探索。

从《民法通则》颁布以来，合同因违法而无效、因损害社会公共利益而无效的规则应如何适用，一直是我国裁判和学术关注的热点问题。在2009年的《最高人民法院关于当前形势下审理民商事合同纠纷案件若干问题的指导意见》（法发〔2009〕40号）中，最高人民法院根据强制性规定与合同效力的关系，将典型的强制性规定分为三种类型：规制合同行为本身的强制性规定、规制当事人市场准入资格的强制性规定、规制合同履行行为的强制性规定，并认为，违反第一种类型强制性规定的合同应为无效，违反第二种和第三种类型的强制性规定的合同的效力则应慎重把握。本案中的合同，本质上是在当事人一方主张另一方侵害其权益之后双方签订的和解协议，和解协议本身并无法律、行政法规的强制性规定加以禁止；合同所约定的义务仅为一

① 周春梅，湖南省高级人民法院审判监督第一庭副庭长、三级高级法官、法学硕士、湖南省审判业务专家。

方当事人向另一方当事人支付金钱（补偿款）的金钱债务，金钱之债的履行当然也并非法律、行政法规的强制性规定所禁止；该合同也不涉及当事人市场准入资格的问题。因此，本案中的合同不属于以上三种类型中的任何一种类型。一审判决和二审判决均认为本案合同有效，原因正在于此。

然而，本案中的合同与一般的和解协议不同。一般的和解协议，如相邻关系中的和解协议，最典型的如一方主张对方所建造的建筑物妨碍自己建筑物的采光从而双方签订的和解协议。在一般的和解协议中，是否构成侵害、是否和解、如何和解，均仅涉及双方当事人的利益协调。但本案中的合同较为特殊。本案合同给茶林河公司设定的补偿款支付义务不存在期限，茶林河公司要想不付或少付补偿款，唯有保持较低的蓄水水位。而蓄水水位高低不但涉及双方当事人的利益，也涉及防洪抗旱、水利灌溉、取水用水、河道航运、河道采砂等多方面的不特定多数人的利益。再审判决注意到了本案合同的特殊之处，认为该合同名为和解与补偿，实质上是双方通过该合同来调整茶林河公司的蓄水水位，进而得出该合同违反法律行政法规的强制性规定、损害社会公共利益的结论。

可见，本案的再审判决以个案裁判的公平正义为目标，勇于突破已有学说观点的束缚，结合个案的特殊情况进行大胆探索和创新。判决书行文规范、逻辑清晰，对案件争议焦点作了准确归纳，对案件核心问题作了详细说理，是一篇优秀的裁判文书。

（点评人：屈茂辉，湖南大学法院院长；王文胜，湖南靖州苗族侗族自治县人民法院院长）

**（2017）湘民再 241 号裁判文书原文**

# 38. 武汉中源电气有限公司和湖北首信房地产开发有限公司合同纠纷案*

【关键词】

合同解除　违约责任　直接损失　可得利益

【裁判要旨】

可得利益以违约方在订立合同时可预见或应当预见到的范围为限，人民法院在难以准确认定可得利益损失数额时，可以守约方请求赔偿的数额为基础，按照诚信原则和公平原则确定具体数额。

## 一、简要案情

2015年3月30日，武汉中源电气有限公司（以下简称中源电气公司）与湖北首信房地产开发有限公司（以下简称首信房产公司）签订《新建住宅供电配套工程合同》，约定由中源电气公司承建首信房产公司开发的蕲春县"首府壹号"商住小区住宅供电配套工程，总建筑面积410 830平方米，每平方米80元，建设费32 866 400元。合同签订后，首信房产公司于2015年4月8日向中源电气公司工作人员谢某某出具一份《授权委托书》，委托谢某某代表首信房产公司与蕲春供电公司商洽"首府壹号"商住小区用电的一切事宜。经谢某某与蕲春供电公司商洽，于2015年4月15日取得了蕲春供电公司的《高压客户供电方案答复函》。

2015年4月17日，中源电气公司与武汉友佳宏波电气有限公司签订《工业品买卖合同》，约定：中源电气公司向武汉友佳宏波电气有限公司购买电缆价款为13 194 678元，合同签订后20日内，中源电气公司向武汉友佳宏波电气有限公司支付500 000元定金。如中源电气公司不能按约定履行或单方解除、终止合同，应当向武汉友佳宏波电气有限公司支付合同总价款30%的违

* （2018）鄂11民终2710号。

约金，并赔偿因此遭受的经济损失。合同签订后，中源电气公司以给付商业承兑汇票的方式向武汉友佳宏波电气有限公司支付了定金500 000元。2015年4月20日，中源电气公司与武汉市寓智电力设计有限公司签订《工程勘察设计技术服务合同》，约定：中源电气公司将蕲春县“首府壹号”商住小区新建住宅供电配套工程设计工作承包给武汉市寓智电力设计有限公司，工程的勘测设计费用为840 000元。如因中源电气公司原因致合同终止的，应当向武汉市寓智电力设计有限公司支付合同价款25%的违约金。

2015年5月15日，首信房产公司就案涉同一工程与湖北金犇电力安装工程有限公司签订《新建住宅供电配套工程合同》。2015年6月，中源电气公司向法院提起诉讼，要求首信房产公司履行合同，该案历经一审、二审、再审均判决或裁定驳回中源电气公司要求继续履行合同的诉请。

2017年3月24日，中源电气公司与武汉友佳宏波电气有限公司达成《和解协议》，约定：因中源电气公司未履行合同，须向武汉友佳宏波电气有限公司支付1 200 000元违约金，扣除定金500 000元，余款700 000元分三次付清。2017年3月28日，中源电气公司与武汉市寓智电力设计有限公司达成《和解协议》，约定：中源电气公司未履行合同，须向武汉市寓智电力设计有限公司支付违约金180 000元，分两次付清。

本案一审审理过程中，中源电气公司于2017年6月27日申请对“首府壹号”商住小区电力工程的预算造价进行鉴定。一审法院委托湖北峰业工程咨询有限公司进行鉴定，湖北峰业工程咨询有限公司于2018年3月14日作出鄂峰鉴（2018）HG009号工程造价预算鉴定意见书，鉴定意见：蕲春县“首府壹号”小区电力工程造价预算为21 099 338.14元。中源电气公司为此支付鉴定费248 000元。

本案二审审理中，中源电气公司已按照其与武汉市愚智电力设计有限公司达成的和解协议约定付清了违约金180 000元，已按照其与武汉友佳宏波电气公司达成的和解协议约定付清了违约金1 200 000元。

本案争议焦点：一是如何确定首信房产公司因其违约行为造成中源电气公司的直接损失；二是根据现有法律规定和证据锁链能否支持中源电气公司主张的可得利益损失。

## 二、撰写心得

一审法院在认定首信房产公司构成违约的基础上，对中源电气公司主张的直接损失 1 380 000 元未予认定，仅将中源电气公司为履行《工业品买卖合同》而向武汉友佳宏波电气公司支付的购货定金 500 000 元作为直接损失予以认定。对于中源电气公司主张的可得利益损失，则以中源电气公司无法举证证明首信房产公司在签订合同时已经预见为由未予支持。

中源电气公司不服一审判决，向黄冈市中级人民法院提起上诉。本案双方当事人均系民营企业，且中源电气公司是外地民营企业，二审承办法官为依法、平等保护市场主体合法利益，坚持运用法治思维和法治方式，最大限度地化解企业之间矛盾纷争，助力打造法治化营商环境。受理本案后，承办人与合议庭成员潜心研判案情、厘清案件焦点、认真组织开庭、精心撰写裁判文书，二审改判首信房产公司赔偿中源电气公司直接损失 1 380 000 元、可得利益损失 1 176 706 元，最终该案得以圆满解决，取得了政治效果、法律效果和社会效果“三效合一”。

**（一）分类分层梳理，归纳案件焦点**

厘清案件主线脉络，归纳案件争点是法官庭审驾驭能力的体现。精准有效地归纳争点既能够推进庭审程序精简、流畅、高效，也能引导当事人对案件审理作出积极的预判，既便于组织双方当事人调解，也有利于后续的裁判文书制作。本案中，双方当事人主要分歧是如何确定首信房产公司违约给中源电气公司造成的损失范围。故二审文书在庭审已经准确归纳争点的前提下，对于首信房产公司是否构成违约的问题进行精简概述，对如何认定中源电气公司的直接损失和可得利益损失两方面进行翔实阐述。在认定中源电气公司直接损失的数额方面，二审法院在中源电气公司补充提交证据的基础上，还向案外人进行了核实，最终认定中源电气公司的直接损失为 1 380 000 元。对于可得利益损失的认定上，则结合《合同法》第 113 条①、可得利益损失种类及首信房产公司对中源电气公司可得利益损失产生是否应当预见等内容进行重点论述，有理有据地支持了中源电气公司部分可得利益损失。对于首信房产公司提出的中源电气公司可能与案外人恶意串通损害其权益的辩解意见，根据举证规则驳回了首信房产公司无根据的怀疑，做到了详略得当，重点突出，层次分明。

**（二）传递法治理念，回应社会关切**

近年来，黄冈两级法院牢固树立“人人都是营商环境，案案代表法院形

① 对应《民法典》第 584 条。

象”工作理念，紧盯审判体系和审判能力现代化，前移审判职能阵地，优化诉讼服务环境，让营商环境更有温度、企业经营更有安全感。本案二审开庭时，正处于黄冈市委、市政府着手打造一流营商环境的启动之年，如何以“法治硬核”打造更好法治化营商环境，社会各界对人民法院的期望值很高，这也是检验法院政治担当、司法角色定位的有利契机。本案审理过程中，合议庭、专业法官会议、审委会在对是否支持赔付中源电气公司主张的可得利益损失问题上，认为支持赔付部分可得利益损失既是惩处违约行为、保护守约方合法权益的重要举措，又是优化营商环境、构建社会诚信体系的现实之需。承办人在文书撰写中很好地贯彻了上述理念，详细阐述了上述理由，综合案件法律事实、准确适用法律规定并作出公正裁判结果，以实际行动回应当事人的合理诉求，真正发挥了法治的引领、保障和推动作用，传播了创优法治化营商环境的时代强音。

**（三）引经据典研学，强化释法说理**

正义不仅要实现，还要以看得见的方式实现。裁判文书的价值目标不仅是让当事人看得明白听得进去，还必须是以充分、详实的分析理由，向当事人、社会公众宣示公平正义。笔者在平时工作中经常拜读“全国法院百篇优秀裁判文书”，钻研北京、上海、江苏、广东等中、高级人民法院裁判文书的逻辑结构、论理方式，收藏一些热点或疑难法律适用问题的知识问答、理论文章、裁判观点等，不断提升理论素养，改进写作技巧。在本案文书写作中，承办人查阅了80余篇可得利益损失能否支持赔付的类案文书，系统学习了可得利益损失能否支持赔付的理论文章、认定标准及注意事项等，对于类案文书中的逻辑结构、说理方式予以有针对性地借鉴，切实增加案涉文书释法析理的厚度，让当事人感受到司法的公平与正义。

**（四）精心修改打磨，力争精益求精**

有人说，好文章与其说是写出来的，不如说是改出来的，裁判文书撰写亦是如此。只有注重提高裁判文书的质量和水平，反复斟酌、反复推敲、反复打磨，这样出来的裁判文书才能经得起法律实践检验。在裁判文书打磨过程中，既要措辞准确、说理有据，又要语言简明、表述通俗。对事实清楚、争议不大的部分语言精练、一针见血。对疑难复杂和分歧较大的焦点问题，展开详细论述、透彻说理，做到详略有度、收放自如。反复校对、提炼、完善，仔细审视借鉴的地方是否存在生搬硬套的情形，让借鉴的成果真正起到提升文书档次的作用。严格审签核程序，在文书打印前，再对照案卷材料一字一句进行核稿，确保不出瑕疵或差错，真正做到精益求精。

（刘小成，湖北省黄冈市中级人民法院法官）

## 三、专家评析

本案系优化营商环境的典型案例，关键问题是如何认定违约方首信房产公司单方解除合同给守约方中源电气公司造成的损失。承办人严格按照《合同法》及《最高人民法院关于适用〈中华人民共和国合同法〉若干问题的解释（二）》[①] 第29条的规定，站在创优法治化营商环境、改善本地投资环境、践行社会主义核心价值观的高度，准确适用法律，精心制作了本案裁判文书。

**（一）本案裁判文书结构完整、要素齐全、逻辑严谨、说理充分**

整篇裁判文书条理清晰，一审事实认定部分归纳准确，二审对上诉人提交的新证据进行了举证、质证、认证，补充查明的事实认定有据。事实查明部分与本院认为部分交相辉映，采用夹叙夹议的方式推导出裁判结果。文书详略得当，当繁则繁，能简则简，准确归纳争议焦点。在首信房产公司是否构成违约的问题上，双方并无原则性分歧，文书一笔带过。而对于可得利益损失的认定，则紧扣《合同法》及《最高人民法院关于适用〈中华人民共和国合同法〉若干问题的解释（二）》的相关规定，充分论述支持可得利益损失的法律依据及其积极意义，做到了论证充分、详略得当。

**（二）本案裁判结果践行社会主义核心价值观，引领社会风尚**

本案中，中源电气公司是一家外地民营企业，二审改判支持赔付其直接损失1 380 000元并酌情支持部分可得利益损失，充分体现了法院对民营企业正当权益的有力保护，增强了外地民营企业来黄冈投资兴业的信心，为优化黄冈营商环境提供了司法保障。终审判决尊重契约自由，判令违约方首信房产公司向守约方中源电气公司赔偿直接损失和部分可得利益损失，充分体现了司法对守约方合法权益的有力保护及对失信行为的否定性评价和惩罚，彰显了“让守信者受益、让失信者受罚”的价值理念。

**（三）本案裁判理念运用适当，有力维护了当事人合法权益，有着重要的法治实践指导意义**

对是否支持守约方主张的可得利益损失问题，实践中确实有不同的意见，

---

① 该解释已于2021年1月1日失效。

因《合同法》第113条强调，可得利益损失的确定不得超过违约方订立合同时预见到或者应当预见到的损失范围，强调守约方应当举证证实违约方对其损失的范围有所预见，这也是一审与二审裁判理念的重大分歧，一审强调中源电气公司对此应举证证实，但二审并未将该举证责任分配给中源电气公司，而是综合首信房产公司的类型、掌握的信息及其在合同签订过程中处于的优势地位，特别是价格的决定权等因素，根据日常生活经验推定其应当预见到若违反合同可能给守约方中源电气公司造成的利润损失。最终结合中源电气公司可能获取的利润数额兼顾首信房产公司的履行能力，酌情支持部分可得利益损失，该裁判理念为今后类案审理提供了借鉴和参考。

总之，本裁判文书要素齐全，结构完整，条理清晰，繁简得当，论理充分，结果公正，理念先进，属于较优秀的裁判文书。

（点评人：饶桂芳，湖北省黄冈市中级人民法院审判管理办公室主任、全省法院审判业务专家；张华，黄冈师范学院政法学院副院长、副教授、黄冈市法学会兼职副会长）

**（2018）鄂11民终2710号裁判文书原文**

# 39. 赵某1和西安长兴置业投资有限公司、海南一桥置业有限公司、海南弘远房地产开发有限公司合同纠纷案*

【关键词】

虚假诉讼　当事人身份关系　利益冲突　虚构债务

【裁判要旨】

对于虚假诉讼的认定，在诉讼双方具有紧密关联关系的情况下，对关联当事人作出的陈述、提供的证据，应严格审查并结合其他证据审慎作出判断。通过诉讼参与人的庭审表现、诉讼标的最终归属等细节，甄别诉讼双方是否存在真实的利益冲突。公司法定代表人利用其掌管公司印章的便利条件或公司实际控制人利用其优势地位，虚构债务，试图通过诉讼获取人民法院生效判决，致使其他股东背负债务、利益减损的，应认定为通过虚假诉讼损害其他股东合法权益。

## 一、简要案情

海南一桥置业有限公司（以下简称一桥公司）系2010年4月2日注册成立的有限责任公司，注册资本1000万元，初始股东为黄某1和赵某2，分别出资500万元，出资比例各占50%。2013年5月12日，一桥公司股东由黄某1和赵某2变更为黄某和鑫桥公司，鑫桥公司出资比例为90%。鑫桥公司系2003年6月3日注册成立的有限责任公司，注册资本3000万元，赵某3出资2500万元，出资比例83.3%，童某某出资500万元，出资比例16.7%。弘远公司原名益鑫公司，系2010年4月6日注册成立的有限责任公司，注册资本1000万元，鑫桥公司出资800万元，出资比例80%，赵某3出资200万元，出资比例20%；2016年6月29日，股东变更登记为黄某1持股48%，鑫桥公司持股52%；2017年5月4日，股东变更登记为管某某持股52%，黄某2

* （2019）最高法民终1407号。

持股48%。2015年6月30日之前，弘远公司执行董事、经理为童某某，监事赵某3；后执行董事、经理变更为赵某2，赵某3一直担任管理人员至2017年5月8日。

赵某1系赵某3父亲、童某某公公、黄某1外祖父、赵某2祖父。赵某3与童某某系夫妻关系。赵某2系赵某3侄子。在本案原一审诉讼过程中，黄某1担任一桥公司法定代表人，童某某担任益鑫公司执行董事、经理，赵某3任益鑫公司监事。

2010年5月10日，赵某1与一桥公司签订一份《合同书》，约定因一桥公司有意参与竞拍昌华公司日月湾土地，故同意赵某1以一桥公司的名义购买建方公司拥有昌华公司的债权。赵某1全额出资购买该债权，一切收益和风险由赵某1享有和负担。赵某1同意一桥公司竞拍昌华公司日月湾土地应支付的价款，以赵某1在昌华公司的债权收益中代为垫付，且垫款期间不向一桥公司计收利息。一桥公司同意在所参与竞拍的土地过户到其名下之日起三日内，一次性偿还赵某1为一桥公司垫付的土地拍卖价款，若逾期偿还则需向赵某1支付1000万元违约金。赵某1拥有的昌华公司债权余额由其所有，一桥公司应无条件按赵某1要求确认到赵某1或赵某1指定的第三方名下，对此一桥公司不得收取任何费用。

2010年5月13日，一桥公司与建方公司签订《债权转让合同》，合同约定一桥公司同意受让建方公司根据生效法律文书拥有的债权本金6500万元及利息100万元的债权权益。转让价为1000万元，于签订合同之日起7日内支付。2010年5月17日，赵某1通过其子赵某3中国农业银行海口昌茂支行的账户分两次向建方公司转账280万元、720万元，建方公司于同日出具收到一桥公司1000万元债权转让款的收据。2010年5月18日，一桥公司与建方公司签订《补充协议》，将《债权转让合同》中所转让的标的债权由"债权本金6500万元及利息100万元的权益"修改为"债权本金6500万元、利息100万元及延期付款利息的权益"。

2010年5月19日，一桥公司与建方公司在《海南日报》共同刊登债权转让公告。2010年5月24日，海口海事法院依一桥公司和建方公司的共同申请作出（2010）海执字第42号执行裁定，认定本次执行行为的依据为海南省高级人民法院于2007年1月29日作出的（2006）琼民一初字第5－2号民事判决，债权金额为昌华公司应于判决生效三十日内向建方公司偿还代付款6500万元及利息100万元。执行管辖依据为2007年7月17日海南省高级人民法院作出的指定执行裁定，并在确认一桥公司与建方公司所签《债权转让合同》效力的基础上，裁定变更一桥公司为建方公司诉昌华公司土地使用权纠纷一案的申请执行人。2011 年 11 月 29 日，一桥公司在海口海事法院依法委托拍卖程序中，以 7300 万元的最高竞价竞得被执行人昌华公司所有的位于海南省万宁市日月湾土地证号为万宁县国用（1993）字第 854 号和 862 号两宗土地使用权。2011 年 12 月 8 日，海口海事法院作出（2010）海执字第 42－4 号执行裁定，裁定位于海南省万宁市日月湾土地证号为万宁县国用（1993）字第 854 号（面积 59 333 平方米）和 862 号（64 773 平方米）两宗土地使用权及相应的其他权利归一桥公司所有，一桥公司可持该裁定书办理相关产权过户登记手续，终结建方公司诉昌华公司土地使用权纠纷案的本次执行程序。该裁定作出后，一桥公司以其依据《债权转让合同》享有的对昌华公司债权冲抵应向被执行人昌华公司支付的土地使用权竞拍款 7300 万元，未实际付款。

2014 年 8 月 10 日，赵某 1 与一桥公司就所签《合同书》的履行情况签订《结算协议》，约定：根据成交确认书，一桥公司以 7300 万元竞得了赵某 1 的债务人昌华公司所有的 854 号、862 号两宗土地使用权。依据（2010）海执字第 42－4 号执行裁定和《合同书》，赵某 1 代一桥公司向昌华公司垫付上述土地拍卖款 7300 万元。一桥公司自该两宗土地过户其名下三日内，将 7300 万元垫付款一次性给付赵某 1，逾期付款一桥公司负担 1000 万元违约金。土地过户费用由一桥公司承担。2014 年 9 月 17 日，海南省万宁市国土资源局依一桥公司申请及（2010）海执字第 42－4 号执行裁定内容，将 862 号土地使用权过户至一桥公司名下，并为一桥公司办理了万国用（2014）第 106008 号土地使用权证。2014 年 9 月 23 日，赵某 1 与一桥公司在湖北省黄石市签订《还款协议书》，约定鉴于一桥公司已于 2014 年 9 月 17 日办理了 862 号竞拍土地的过户登记手续，一桥公司应于 2014 年 10 月 30 日前，偿还赵某 1 为一桥公司垫付的土地竞拍款 7300 万元，并支付从 2012 年 1 月 1 日至 2014 年 11 月 30 日期间利息（年息 10%）。如逾期未清偿，还需支付违约金 500 万元。同日，益鑫公司（弘远公司）向赵某 1 出具《不可撤销担保书》，承诺对《还款协议书》约定的赵某 1 对一桥公司享有的本金、利息、违约金及诉讼费用债权向赵某 1 承担连带保证责任。一桥公司未付款。

2014 年 12 月 15 日，赵某 1 向湖北省高级人民法院提起 00007 号案件，请求判令一桥公司向赵某 1 偿还欠款 7300 万元及利息 2190 万元，并支付违约金 500 万元。湖北高院 00007 号判决：一桥公司于判决生效之日起十日内向赵某 1 偿还欠款本金 7300 万元及利息 2129.1667 万元，并支付违约金 500 万元；益鑫公司（弘远公司）承担连带清偿责任。

00007 号判决发生法律效力后，案外人长兴公司向湖北高院申诉称：其作为对一桥公司享有 79% 股权的股东，认为赵某 1 诉一桥公司、益鑫公司合同纠纷案系当事人恶意串通合谋编造的虚假诉讼。

对于长兴公司的申诉，湖北高院于 2018 年 6 月 11 日作出（2018）鄂民申 1069 号民事裁定，裁定对该案再审，并于 2019 年 3 月 12 日作出（2018）鄂民再 252 号民事判决（本案一审判决）：撤销湖北高院 00007 号民事判决；驳回赵某 1 的诉讼请求。

本案二审争议焦点问题是：赵某 1 诉一桥公司、弘远公司合同纠纷案即 00007 号案是否构成虚假诉讼。二审判决：驳回上诉，维持原判。

## 二、撰写心得

认定案件是否构成虚假诉讼，需要认真梳理案件事实特别是当事人刻意编造的复杂事实，从当事人身份关系入手，重点分析诉讼请求和证据是否真实合理、诉讼两造是否存在真实利益冲突、是否损害其他人合法权益等。判决书应当层次清晰，说理透彻，并注重逻辑推理。

**（一）重视审查当事人的身份关系，关注当事人之间是否具有关联关系**

在 00007 号案件审理期间，湖北高院已经注意到该案存在的反常之处，为此曾要求赵某 1 本人到庭说明交易情况，并审慎查明债权转让标的来源的合法性等问题。但未能关注到原被告之间的身份关系，未进一步审查被告一桥公司的股权结构，一桥公司作为 00007 号案件被告遭遇巨额债务索赔时，大股东变更为长兴公司。赵某 1、一桥公司及其他诉讼参与人更未主动向法院披露其身份关系。鉴于此，该案也为我们积累了甄别虚假诉讼的经验教训，即在怀疑案件可能涉及虚假的诉讼的情况下，应视情要求原被告双方披露双方之间的身份关系，必要时依职权调查其身份关系。

**（二）在诉讼双方具有紧密关联关系的情况下，对关联当事人作出的陈述、提供的证据，应严格审查并结合其他证据审慎作出判断**

00007 号案件各方当事人为赵某 1 与其儿子、儿媳、外孙等人完全持股的公司，诉讼各方具有紧密的亲属身份关联，构成民事诉讼中的重大利害关系。针对近亲属或其他利害关系人之间提起的诉讼，为防止出现虚假诉讼，应严格审查当事人之间是否存在真实合同关系以及合同实际履行情况，不能将当事人对事实和证据的承认单独作为定案依据，而应当结合其他证据综合判断。

赵某1提供的其与一桥公司签订的《合同书》《结算协议》《还款协议书》显示，赵某1与一桥公司合作仅投入1000万元，获得的回报却高达近亿元，双方权利义务显著失衡，与正常商业交易明显不符。对于购买债权的价款，赵某1的陈述前后不符，且与其提供的债权转让合同、出让方收款收据等来源于第三方的客观证据不符。对于债权转让款的支付方式，赵某1的陈述亦前后不一致。同时，除赵某1提供的上述其与一桥公司签订的合同外，没有证据显示赵某1曾参与过一桥公司与建方公司订立合同和履行合同的过程。再审法院调查过程中，赵某1本人对于其与一桥公司、建方公司的谈判过程、缔约地点、对方经办人等关键问题均语焉不详。但最终赵某1却与一桥公司签订《结算协议》并通过00007号案件获得对一桥公司近1亿元债权，有悖商业常理。赵某1与一桥公司上述所谓交易关系，除赵某1、一桥公司等关联方提供的合同外，并无其他证据证实。因签约双方存在密切亲属关系，一桥公司对赵某1主张的事实和请求的认可不能单独作为定案依据，故在合同内容明显违背商业常理的情况下，不能认定合同真实存在。

**（三）重点审查诉讼双方是否存在真实的利益冲突**

真实利益冲突是判断是否构成虚假诉讼的核心内容，对此，需要结合当事人的诉讼请求、答辩意见、庭审对抗、判决执行等具体情况综合判断。00007号案件诉讼过程中，原告赵某1与被告一桥公司、益鑫公司并无实质利益冲突。赵某1提起00007号诉讼所预交的诉讼费系一桥公司股东鑫桥公司代为支付。一桥公司、弘远公司委托代理人黄某1明确表示放弃举证期、答辩期，并表示开庭时间越快越好，最终诉讼双方商定于一桥公司、弘远公司领取应诉手续的次日即开庭。庭审中，黄某1对赵某1的诉讼请求及提交的证据均无异议，仅主张适当调减利息，对赵某1起诉状中多请求的一个月利息也没有提出抗辩。一审判决后，两被告一桥公司、弘远公司亦未提起上诉。

00007号判决执行过程中，一桥公司、弘远公司作为被执行人，在第一次拍卖时即要求按照评估价的80%确定拍卖底价，流拍后，再次向法院申请降价。在854号土地拍卖过程中，赵某1之孙赵某2既是被执行人弘远公司的法定代表人和被执行人一桥公司的监事，又是申请执行人日月湾公司（赵某1

的债权受让方）的代理人，全权代理土地竞拍事宜，即申请执行人和被执行人实为同一人。

各方当事人在本案再审一审、二审庭审过程中的表现说明赵某 1 与一桥公司、弘远公司属于利益共同体。赵某 1 的委托代理人赵某 3 既代表赵某 1 发表意见，也代表一桥公司发表意见并完全认同赵某 1 的主张，明显系一人代理诉讼双方。而一桥公司的代理人对赵某 3 的陈述不仅不加驳斥，反而表示支持和认同。担保人弘远公司完全认同赵某 1 在 00007 号判决中的主张，主动要求承担巨额担保责任，在湖北高院再审即本案一审认定 00007 号案构成虚假诉讼即其无须承担担保责任后仍提出上诉，要求承担担保责任，却又无法合理解释为何不及时履行担保责任。

在 00007 号案诉讼及本案诉讼中，一桥公司的大股东已变更为长兴公司，但法定代表人仍为小股东黄某 1。黄某 1 代表的一桥公司在两案诉讼过程中，几乎全部认可了本应有实质对抗的对方当事人即其外祖父赵某 1 的利益诉求，可以说黄某 1 代表的一桥公司已与赵某 1 成为利益共同体。而弘远公司在原审判决其无须承担担保责任的情况下，仍然提出上诉，完全是为了维护对方当事人的利益。以上情况说明，作为 00007 号案诉讼两造的赵某 1 与一桥公司、弘远公司已构成利益共同体，共同对抗长兴公司在本案中的申诉主张，其诉讼目的在于取得法院生效裁判文书，并通过生效裁判文书的执行实现损害他人合法权益的目的。

**（四）重点审查虚假诉讼是否侵害了案外人的合法权益**

侵害案外人合法权益是当事人进行虚假诉讼的根本目的所在，因此是否损害他人权益是判断虚假诉讼的重点内容。本案中，若如赵某 1 所诉，一桥公司欠赵某 1 巨额债务，一桥公司股东鑫桥公司、黄某 1 在与长兴公司签订关于转让一桥公司股权的合同时，却未向长兴公司进行披露，明显不符合合同约定，侵害了股权受让方长兴公司的知情权。赵某 1 所诉债务若属实，根据鑫桥公司、黄某 1、长兴公司之间的股权转让合同约定，赵某 1 所诉债务最终应由赵某 1 儿子、儿媳及外孙承担。但赵某 3、黄某 1 任由赵某 1 提起 00007 号案诉讼，并对赵某 1 提出的诉讼请求几乎全部认可，目的是让一桥公司背负巨额债务的方式损害长兴公司利益。

赵某 1、一桥公司和弘远公司通过 00007 号案件的审判和执行，实质损害了长兴公司的合法利益。长兴公司已累计向一桥公司及鑫桥公司转款 9747.04 万元，工商登记信息亦显示长兴公司持有一桥公司 79% 股权。赵某1通过提起00007号案诉讼获得胜诉判决，并通过执行程序对854号土地进行拍卖，致使一桥公司财产显著减少，实质损害了大股东长兴公司的利益。

（方芳，最高人民法院法官）

**（2019）最高法民终1407号裁判文书原文**

# 40. 共青城金赛银投资管理合伙企业（有限合伙）与衡阳市福星房地产开发有限公司、余某1、余某2、万某某、深圳市深商融信资产管理有限公司合同纠纷案*

【关键词】

基金投资合作

【裁判要旨】

1. 对于名为“投资”、实为“借款”的合同，应根据合同内容和双方履约情况认定合同性质。

2. 企业专门以私募基金的形式，通过向公众广泛宣传招募投资者，并与投资者签订合伙协议吸收投资，然后将融资资金出借，赚取服务费和利息差价作为企业主要收入来源的，应依据《合同法》第52条第4项、第5项①认定为借款合同无效。

## 一、简要案情

2014年10月—11月，金赛银并购公司和智银公司合伙出资设立金赛银合伙企业，后与福星房地产公司签订《基金投资合作协议书》《深圳金赛银基金私募投资基金融资合同书》，约定以金赛银合伙企业为平台，通过私募方式招募不超过48个自然人或者机构投资者作为有限合伙人入伙，将所募资金投向福星房地产公司的“石鼓江锦”房地产项目，投资方式为债权融资。投资总规模1亿元，投资存续期限1年。以实际支付的款项数额为准进行还本付息和财务顾问费的结算。福星房地产公司需向基金合伙企业支付的各项投资回报和费用构成的总融资成本确定为年利率25%（含专业服务费1%/年）。福星公司股东余某1、余某2、万某某以公司100%股权作质押，并提供了保

---

* （2018）湘民终679号。

① 《民法典》施行后，《合同法》已废止。《民法典》第153条规定：“违反法律、行政法规的强制性规定的民事法律行为无效。但是，该强制性规定不导致该民事法律行为无效的除外。”

证担保。后经金赛银合伙企业募集，韩某某、张某某、宋某1等共53名投资人响应，分别与金赛银合伙企业签订了《共青城金赛银投资管理合伙企业（有限合伙）风险申明及投资意向书》，并与深商融信公司、金赛银并购公司签订《合伙协议》，与智银公司签订《共青城金赛银投资管理合伙企业（有限合伙）有限合伙人财产份额代持协议书》，约定由智银公司代理各投资人对外持有财产份额，并依据各投资人意愿对外行使有限合伙人权利，并由各投资人实际享有投资收益等事实。同时，金赛银合伙企业向各投资人分别出具了《客户投资确认书》。福星房地产公司则向各投资人出具了《承诺书》作为《合伙协议》附件，确认了各投资人通过金赛银合伙企业投资福星房地产公司“石鼓江锦”项目的事实。上述53名投资人分别陆续将各自投资金额支付至金赛银合伙企业相关账户，总额5595万元。金赛银合伙企业收到上述款项后，分别7次通过银行转账将其中4250万元以借款方式支付至福星房地产公司指定账户。其后未再向福星房地产公司提供资金。福星房地产公司共计向金赛银合伙企业支付服务费、财务顾问费、利息935万元。后经双方磋商，2015年6月15日，深商融信公司与福星房地产公司及余某1、余某2、万某某签订《谅解备忘录》，约定自签署之日不再贷款给福星房地产项目，并解除由金赛银合伙企业控制的余某1出质给金赛银合伙企业的50%股东权质权。

在金赛银合伙企业不再继续提供融资后，福星房地产公司因拖欠施工方工程款造成石鼓江锦项目停工，停工损失核定为1 421 906.20元。为使“石鼓江锦”工程项目完工，福星房地产公司又分别向鑫融小贷公司、冯某某等自然人高息（均月息3%以上）借贷，共支付利息18 080 172元。福星房地产公司还因部分房屋延期交房而赔付购房业主损失8 968 725.25元，并因部分购房业主退房造成损失6 379 808.5元。另查明，2016年2月8日，福星房地产公司曾以乘人之危、显失公平等为由向深圳市罗湖区人民法院提起诉讼，请求撤销2015年6月15日其与深商融信公司所签《谅解备忘录》，深圳市罗湖区人民法院判决驳回了福星房地产公司的诉讼请求。福星房地产公司提起上诉后，深圳市中级人民法院又驳回上诉，维持了原判。

此外，罗湖分局经济犯罪侦查大队于2017年9月25日向一审法院回函中《情况说明》内容如下：“2011年1月，王某某在深圳市罗湖区注册成立深圳金赛银基金管理有限公司，王某某是该公司的法人代表、股东和实际控制人。2015年8月31日，我局依法对深圳金赛银基金管理有限公司涉嫌非法吸收公众存款立案侦查。经侦查查明：深圳金赛银基金管理有限公司是深商融信公司和金赛银并购公司的法人股东，金赛银并购公司是金赛银合伙企业的执行事务合伙人。2014年11月26日，深商融信公司的法人宋某2与福星房地产公司法人余某1各自代表公司签订《基金投资合作协议书》约定以金赛银合伙企业为平台，依法通过私募方式招募不超过48个自然人或机构投资者作为有限合伙人，所募集资金投向福星房地产公司的石鼓江锦项目。”金赛银合伙企业系深商融信公司为向社会公众募集资金并出借给福星房地产公司而专门成立。金赛银合伙企业的执行事务合伙人王某某和深商融信公司的法定代表人宋某2涉嫌非法吸收公众存款案，其中王某某在逃，宋某2经深圳市罗湖区人民法院（2016）粤0303刑初1865号刑事一审判决犯非法吸收公众存款罪，判处有期徒刑并处罚金。该案正在深圳市中级人民法院二审审理阶段。

金赛银合伙企业一审起诉请求：（1）判令福星房地产公司向其清偿本金人民币4250万元；（2）判令福星房地产公司向其支付所拖欠的预期投资收益1 275 000元；（3）判令福星房地产公司向其支付以本金及所拖欠的预期投资收益为基数的逾期还款利息人民币11 763 750元（暂计至2017年3月10日，实际应计至上述本金、预期投资收益及利息清偿及支付完毕之日）；（4）确认金赛银合伙企业对余某1、余某2、万某某质押股权享有优先受偿权；（5）判令余某1、余某2、万某某对上述本金、收益及利息承担连带清偿责任；（6）判令福星房地产公司、余某1、余某2、万某某承担本案诉讼费用及金赛银合伙企业实现债权的费用。

福星房地产公司、余某1、余某2、万某某向一审法院反诉请求：（1）判令金赛银合伙企业因根本违约给其造成在建项目停工损失1 535 908.71元、另辟融资渠道支付费用及利息损失15 028 250元、逾期交房违约金14 048 602元、逾期交房退房损失11 099 808.50元，以上共计41 712 569.21元；（2）金赛银合伙企业与深商融信公司承担连带赔偿责任；（3）反诉及本诉诉讼费用由金赛银合伙企业及深商融信公司承担。

一审判决：一、限福星房地产公司于判决生效之日起十日内一次性返还金赛银合伙企业4250万元；二、限金赛银合伙企业于判决生效之日起十日内一次性返还福星房地产公司935万元；三、限金赛银合伙企业于判决生效之日起十日内一次性赔偿福星房地产公司损失12 466 122.7元；四、上述一、二、三项相抵，限福星房地产公司于判决生效之日起十日内一次性支付金赛银合伙企业20 683 877.3元；五、余某1、余某2、万某某在福星房地产公司应支付金赛银合伙企业20 683 877.3元款项内最高不超过7 649 456元范围内承担连带清偿责任；六、驳回金赛银合伙企业的其他诉讼请求；七、驳回福星房地产公司的其他诉讼请求。本诉受理费319 494元，财产保全费5000元，反诉受理费减半收取125 181元，合计449 675元，由金赛银合伙企业负担200 000元，由福星房地产公司、余某1、余某2、万某某负担249 675元。

双方均不服，提起上诉。二审争议焦点为：（1）《基金投资合作协议书》《深圳金赛银基金私募投资基金融资合同书》是否有效；（2）《谅解备忘录》是否有效；（3）各方的损失应如何承担；（4）《股权质押合同》《保证合同书》是否有效，担保人应如何承担责任。

## 二、撰写心得

民商事裁判文书不仅是人民法院在民商事诉讼活动中，为解决当事人之间权利义务争议，就案件的实体问题和程序问题依法制作的具有法律效力的文书，也是宣传社会主义法治理念、教育公民自觉遵守法律的生动教材，还是客观衡量审判人员业务水平高低的重要尺度，其作用不容小觑。

### （一）高度重视，忌“龙头蛇尾”

一份好的民商事裁判文书，不仅能客观地反映该案的审理过程及审判结果，还能起到法治宣传作用，促使民事主体依法行事。所以，法官在办案中要高度重视裁判文书的重要作用，从拿到案卷的那一刻起，就开始为审理工作最后一环的裁判文书写作作准备，认真做好阅卷笔录。同时，也要注意给文书写作预留足够的时间，以免等到阅卷、开庭完后才发现审限将近，文书还未动笔。对于一些案件事实较为清楚、争议不大的案件，也可以边阅卷边撰写审理报告，为最后的文书写作提供草稿。另外，要养成仔细校对文书的好习惯，要从头到尾，从结构要素是否齐全到逻辑是否清晰，从有无错别字到标点是否规范，都要一一校对，避免犯低级错误。可以采用校对“三步法”，印刷前先由法官自己校对一遍乃至几遍，然后交给法官助理校对一遍，再交给书记员校对一遍。在文书上网前，还要使用文书校对系统，再次校对。这样反复几次，基本可以杜绝文书错误。

### （二）吃透案情，忌脱离争议焦点

全面、准确地了解案情，是写好裁判文书的基础。要写好裁判文书，首先要做好案件的审理工作。在开庭前，法官要仔细研究卷宗，初步归纳出双方当事人的争议焦点。开庭时，根据庭审情况，将争议焦点进一步固定。书写文书时，再次研读庭审笔录，最终确定争议焦点，以免遗漏或归纳不当。对于二审案件，要注意与一审争议焦点相区别，对于一审已经解决的、当事人未上诉或未反驳的，二审中无须再作为焦点问题。要注意围绕焦点问题进行说理。对于属于事实问题的，注重结合证据的采信，来一一认定；对于属于法律适用问题的，注重结合法律规定，来进行辨析。要特别注意对于一些事实的性质的认定，要拨开表象见真相。比如，本案中，当事人以私募投资基金之名行借款之实，搅乱金融市场秩序，如果仅仅从合同名称来认定事实，极易造成适用法律错误。

**（三）适法准确，忌“南辕北辙”**

法官要想在裁判文书中准确适用法律，平时就要注意积累，系统学习法律条文，还要及时学习新颁布的法律、法规及司法解释，掌握最新的法律规定。另外，要学好学透法学基础理论，树立起新时代中国特色社会主义法治理念和法治思维，理解法条背后的立法精神，以便在面对新类型案件、法律没有明确规定的情况下，同样能够正确办案。可以阅读关于某部法律的理解和适用，以及法条起草者写的一些解读，来更加深刻地理解立法原意。在裁判文书写作时，注意援引法条必须准确，与法律条文保持一致，避免用错法律，判错案件。对于法条之外的语言，也要力求规范性，不使用方言俚语，更不可使用带有偏见的言辞。

**（四）逻辑清晰，忌作“流水账”**

文书的说理部分最能体现法官智慧。裁判文书不同于写作文，思维要系统、缜密，法官可以通过阅读最高人民法院的指导性案例、《商事审判参考》等案例，来提高逻辑思维能力。说理时要结合案件事实和法律规定，如果对事实有争议的，要结合证据采信问题，从合法性、客观性、关联性及证明力上进行透彻的分析，以此来认定事实，否则裁判就成了无源之水。说理中的思维过程要符合逻辑规律以及一般人的认知规律，否则很难让人信服。要注意逻辑的一致性，避免出现先后矛盾。在撰写文书时，可以采取要点式论述方式，对争议焦点作出一一论述。同一个焦点问题有多个理由的，再其一其二分开说理，确保层次清晰，千万不能想到哪里说到哪里，导致前后文层次交叉、内容重复。同时要注意的是，裁判文书不是越长越好，要用最精简的语言来释法析理，让外行读得轻松、看得明白。

（覃开艳，湖南省高级人民法院法官）

## 三、专家评析

该判决书叙述事实清楚，有条不紊，语言流畅，争议焦点归纳准确，论证充分，说理透彻，是一份制作质量较高的二审裁判文书，其在以下几方面体现了在裁判文书写作上的成功之处。

**（一）争议焦点归纳准确、针对性强，逻辑严密**

该判决书归纳了案件的四个方面的争议焦点，从而将案件的审理重点准确地定位在对这四个焦点问题的解决和认定上。对每个争议的焦点问题，作者均在客观体现双方当事人观点的基础上，有针对性地进行详细而充分的说理和论述。这种方式，体现了法官居中裁判的身份和地位，避免了法官凭主观取舍之嫌，符合司法公正的基本要求。

**（二）说理论证逻辑严谨、推理缜密、层层递进**

双方签订的基金投资合作协议书和私募基金融资合同书是否有效、《谅解备忘录》是否有效、各自损失的承担及《股权质押合同》《保证合同书》是否有效，担保人应如何承担责任是本判决书的叙述重点和论证主旨。判决书紧紧围绕争议焦点，首先穿透核查双方借贷行为的性质并非企业间的临时拆借行为，认定双方签订的基金投资合作协议书和私募基金融资合同书无效，进而审查《谅解备忘录》《股权质押合同》《保证合同书》的效力，并判断各方的损失承担和责任划分，逐一透彻地阐述了对原审法院的判决予以维持和纠正、对当事人的请求予以支持和驳回的事实和理由，运用缜密的逻辑推理，层层推进，环环相扣，整个论证过程层次分明，逻辑清晰，分析饱满有力，正确得出结论顺理成章，水到渠成，行文如行云流水，展现了较高的文书写作水平。

**（三）文书行文格式规范、内容紧凑、用语准确**

通观全文，文字表述繁简得当，重点突出、主次分明，如对二审查明的事实，叙述详略得当，对当事人没有异议的一审事实予以一笔带过，而对案件关键的争议事实则以本院另查明部分详尽地予以查明叙述，使判决内容得有详有略。在文章结构方面，逻辑严谨、层次清晰、前后呼应，形成了一个完整的体系，达到了一气呵成的效果。整篇文书清新通畅，不拖泥带水，能够运用规范化的数字表述方式，对当事人的简称符合标准要求，标点符号使用恰当，无明显文字错误，符合民事诉讼文书基本写作样式要求。

（点评人：陈坚，湖南省株洲市中级人民法院院长）

**（2018）湘民终679号裁判文书原文**

# 第三章　侵权责任类

## 第一节　机动车交通事故责任纠纷

### 41. 刘某 1、任某某和佛山市汽车运输集团有限公司机动车交通事故责任纠纷案*

【关键词】

交通事故责任　赔偿责任主体　停运损失

【裁判要旨】

机动车与行人之间发生交通事故，赔偿责任主体只能是机动车一方及承保其交强险的保险公司，行人一方即使有过错，也只在机动车对行人损失的赔偿责任负担上实行过失相抵，减轻机动车一方的赔偿责任，不应判决行人赔偿肇事车辆的损失。

#### 一、简要案情

2015 年 9 月 9 日凌晨 3 点，梁某某驾驶肇事车辆，行驶至事发路段时，车辆左前轮碾压醉酒后躺卧在该机动车道上的刘某的头部，造成刘某当场死亡。交警部门于 2015 年 10 月 8 日作出《道路交通事故认定书》，认定刘某承担主要责任，梁某某承担次要责任。佛山市汽车运输集团有限公司（以下简称佛山汽运公司）系肇事车辆的所有人，该车辆使用性质为出租客运，梁某

* （2018）粤民再 162 号。

某系该公司员工。事发后，交警部门因勘验需要，于2015年9月9日至10月12日期间扣押了肇事车辆。另查明，刘某2已于2015年6月26日离婚，婚姻存续期间没有生育子女，刘某1、任某某是刘某2的父母。佛山汽运公司一审起诉请求判决刘某1、任某某赔偿佛山汽运公司停运损失、评估费合计16 171.2元。广东省佛山市禅城区人民法院作出（2015）佛城法庙民初字第457号民事判决，判令刘某1、任某某在继承刘某2的遗产范围内赔偿佛山汽运公司交通事故损失16 171.2元。刘某1、任某某不服上诉。广东省佛山市中级人民法院作出（2016）粤06民终2301号民事判决，驳回上诉，维持原判。刘某1、任某某申请再审，广东省高级人民法院裁定提审本案。

广东省高级人民法院再审认为，本案的争议焦点是在机动车与行人之间发生交通事故的情形下，佛山汽运公司作为机动车一方请求事故受害人刘某2的法定继承人刘某1、任某某赔偿其停运损失，是否应予支持。第一，关于本案的法律适用问题。根据特别法优先适用的原则，本案为机动车与行人之间发生的机动车交通事故责任纠纷，应当适用《道路交通安全法》第76条第1款的相关规定。第二，关于本案的赔偿责任主体问题。首先，根据《道路交通安全法》第76条规定，机动车与行人之间发生交通事故，赔偿责任主体应为机动车一方以及承保其交强险的保险公司。其次，结合《机动车交通事故责任强制保险条例》第21条第1款、《最高人民法院关于审理道路交通事故损害赔偿案件适用法律若干问题的解释》（法释〔2012〕19号）第14条①规定，此种情形下有权获得赔偿的主体仅限于被保险机动车本车人员、被保险人以外的被侵权人、受害人，亦即行人一方，赔偿范围也仅限于行人一方的损失，不包括作为侵权人的机动车一方的损失。再次，上述司法解释第15条②规定中的侵权人是指依法应当承担损害赔偿责任的机动车一方，作为事故受害人的行人并非该条所规定的赔偿责任主体。第三，关于佛山汽运公司诉讼请求的法律依据问题。佛山汽运公司主张支持赔偿其停运损失的法律依据是上述司法解释第15条规定，而该第15条规定的侵权人亦即赔偿责任主体，是指机动车一方而非行人，故作为侵权人的佛山汽运公司无权依据上述规定向受害人刘某2的法定继承人主张赔偿其停运损失。一、二审判决支持佛山汽运公司的诉讼请求属于理解、适用法律有误，应予纠正。该院

① 该司法解释已于2020年12月29日修正，修正后为第11条相关内容。

② 该司法解释已于2020年12月29日修正，修正后为第12条相关内容。

作出（2018）粤民再162号民事判决，改判驳回佛山汽运公司的全部诉讼请求。

## 二、撰写心得

撰写裁判文书是法官的日常工作，也是一项基本技能。一份优秀的裁判文书，应当具备以下特征：制作过程符合法定程序，文书内容符合法律规定，格式要素规范齐全，语言表达准确精练，体现社会主义核心价值观。笔者对如何撰写裁判文书有以下心得体会。

### （一）要充分认识裁判文书的重要性

裁判文书是人民法院对案件实体问题或者程序问题作出的权威性判定，是人民法院行使国家审判权的体现，对于社会具有普遍性的法律约束力。对于当事人而言，裁判文书是人民法院对于讼争纠纷所作的具有法律权威性的决定；对于社会大众而言，裁判文书是人民法院展示司法公平公正和开展法治宣传教育的平台；对于法官而言，裁判文书是个人法治理念、审判能力和职业素养的体现。当前，《民法典》编撰完成标志着我国社会主义民事法律体系已经日臻完善，而《民法典》的贯彻实施要依靠广大民事法官在每个民事案件中撰写出一份份优秀裁判文书，将平等、自愿、公平、诚信等基本原则融入百姓生活，使《民法典》条文真正成为人民群众日常生活的行为准则。就此而言，民事裁判文书是《民法典》落地生根的载体，也是记载这个伟大时代民事生活全景的史册，其重要性不言而喻。

### （二）要吃透案情发掘典型意义

法官经过阅卷、庭审，审查证据和听取双方当事人意见，对于案件事实有了全面深入掌握，才能深刻认识案件的亮点和意义之所在，进而在裁判文书中选准着力点。本案中，受害人刘某2深夜醉酒后躺卧在机动车道上，被肇事司机驾车碾压致死。刘某2父母已经承受丧子之痛，是否还需赔偿出租车公司的停运损失？如果判决其赔偿，会否与社会一般认知的情理相悖？如果判决其不需赔偿，法律依据何在？这是当事人和社会公众的关切和疑惑，也是本案需要予以思考、解答的问题。本案判决书对此展开分析论述并给出明确答案，将看似普通的个案打磨成为具有典型意义的案例，使本案判决书超越个案而具备普遍性规则指引的价值。

### （三）要加强法律适用说理论证

一份优秀的裁判文书应公开援引和适用的法律条文，结合案件事实阐明法律适用的理由，充分论证裁判结果的正当性和合理性，才能提高司法裁判的公信力和权威性，让当事人接受，让社会公众信服。首先，必须准确理解法律条文。法律条文是据以作出裁判的法律依据，法官正确裁判案件的前提之一是准确理解适用法律条文。尤其在针对法律条文虽有规定但含义不明或者未作明确规定的情形下，法官更要发挥能动性，结合立法原意、法律原则、司法政策等因素，充分运用法律解释、法律适用方法，进而得出最能实现社会公平正义、最具现实合理性的解释。其次，必须加强说理论证。裁判文书要结合举证质证情况和证据规则，阐明采信证据认定事实的理由和结果；要紧密围绕当事人的诉讼请求，阐明依据法律规范和认定事实作出判决结果的论证过程。具体到本案，对于争议的机动车与行人发生交通事故且行人对于造成机动车一方财产损失具有过错，行人应否赔偿机动车财产损失的问题，法律和司法解释并无明确条文规定。本案民事判决书综合《侵权责任法》第48条①、《道路交通安全法》第76条、《机动车交通事故责任强制保险条例》第21条、《最高人民法院关于审理道路交通事故损害赔偿案件适用法律若干问题的解释》（法释〔2012〕19号）第14条的规定，根据特别法优先适用原则，经法律逻辑推理得出不应判决行人赔偿肇事车辆财产损失的结论。论证过程公开透明、逻辑清晰严密，极大提升了裁判结果的正当性和可接受性。

### （四）要做到繁简得当表述精准

当前形势下，民事审判任务繁重，人民群众司法需求多元，民事法官应树立分层递进解纷理念，根据案件繁简程度选择相匹配的裁判文书类型，实行裁判文书繁简分流。对于事实清楚、权利义务明确的简单案件，可以适用简式裁判文书，主要围绕争议焦点简明扼要地叙明各方诉辩意见，阐明裁判理由和依据。对于疑难复杂、社会关注度较高的案件，则要强化释法说理，针对当事人争议的证据认证、事实认定和法律适用问题，逐一详尽阐明裁判理由。同时，裁判文书对语言文字的准确性、规范性要求极高，要做到语言表述得当精准。对于当事人诉辩意见，做好归纳总结提炼，不照抄、不遗漏、不歪曲。对于案件事实的表述，结合证据采信如实叙述，力求接近客观真实，关键或争议的事实重点叙述，无争议的事实简要叙述，与案件处理不相关的事实不宜写入文书。对于引用的法律条文，认真核对，做到准确无误、清楚

① 对应《民法典》第1208条。

具体。要注意裁判文书庄重严肃的特点，文风应简洁平实，不使用含义模糊、生僻、夸张、戏谑、口语化的词语。

撰写一份优秀的裁判文书并非轻松的工作，法官需为此付出极大的精力和心血。而当一份裁判文书获得当事人的接受，获得社会公众的认可，获得同行们的好评时，法官借此体会到审判事业的神圣意义。

（谭玲，广东省高级人民法院法官）

## 三、专家评析

（2018）粤民再 162 号案件虽经一审、二审、再审，但案情并不复杂，争议也不宏大。能同时入选第二届全国法院“百篇优秀裁判文书”和“百场优秀庭审”，初闻之时仅知来之不易，仔细品读则觉理所当然。简而言之，该判决书难能而可贵者有五。

### （一）展示法律精神

在全面建设社会主义法治国家进程中，我们逐步建成体现我国社会主义性质，具有鲜明中国特色、实践特色、时代特色的民法理论体系和民事法律制度。民法理论和民事法律汲取了中华民族优秀法律文化，借鉴了人类法治文明有益成果，体现了公平正义的社会主义核心价值观和对生命健康、财产安全、交易便利、生活幸福、人格尊严等各方面权利平等保护的法治精神。法官的职责就是要依靠司法技能和职业操守，系统把握和不断更新民法理论，深入挖掘隐藏在法律条文背后的法律精神，将法律条文能动地、准确地适用于具体案件。本案承办人曾在大学教授民法理论多年，愿意挖掘并有能力正确挖掘出《最高人民法院关于审理道路交通事故损害赔偿案件适用法律若干问题的解释》（法释〔2012〕19 号）第 15 条规定的侵权人亦即赔偿责任主体是指机动车一方而非行人，《道路交通安全法》第 76 条仅规定机动车与行人发生交通事故行人有过错的可根据过错程度适当减轻机动车一方的赔偿责任、但不存在行人赔偿机动车财产损失的问题等立法精神，使本案判决书既是双方权利义务的裁断书，又是相关法律条文背后隐藏的法律精神的展示书。

### （二）体现职业思维

本案一审和二审判决，体现的是“过错者应当对其加害负责”的一般性思维，而再审判决，体现的是在具体的侵权类型中依照“特别法优先于普通法”的原则、适用特定的归责原则确定侵权责任的专业化思维。专业思维建立在大众思维的基础上，既超越了大众思维，又没有背离大众思维，相反，通过对驾驶机动车这样的高度危险作业者苛以更为严格的责任，更能体现法律的正义品格。

**（三）充满人文关怀**

受害人刘某因涉案交通事故死亡，一、二审判决刘某父母赔偿肇事车辆的停运损失。刘某父母坚持上诉、申请再审，始终认为一、二审判决结果不符常情常理。本案再审民事判决书论证了不应判决作为受害人的行人一方赔偿肇事车辆的停运损失，避免行人及其家属承受交通事故造成的“再次伤害”。值得一提的是，本案进行了庭审直播，审判长当庭宣判后作了法官寄语，向双方当事人指出：人的生命权高于其他权利，本案事故对于刘某家庭而言是一个重大悲剧，对于肇事车辆所属公司来说也是一次沉痛教训；希望本案再审宣判后，双方纠纷能就此化解，也祝愿双方尽快恢复正常的工作、生活秩序。无论是裁判文书还是庭审过程，均充满人文关怀，体现了“有温度”的司法。

**（四）说理清晰严密**

在缺乏明确法律条文规定的情形下，该篇民事判决书说理部分依据《侵权责任法》《道路交通安全法》《机动车交通事故责任强制保险条例》《最高人民法院关于审理道路交通事故损害赔偿案件适用法律若干问题的解释》等相关条文，根据特别法优先适用原则，结合法律条文含义，经过推理论证得出判决结论，即机动车与行人发生交通事故时，赔偿责任主体仅限于机动车一方，赔偿范围限于作为受害人的行人的损失，行人对于交通事故发生有过错的，按照过失相抵原则减轻机动车一方赔偿责任，但不应判决作为受害人的行人赔偿机动车一方的财产损失。说理思路清晰，逻辑推理严密，展现了法官良好的法律功底素养和文书撰写水平。

**（五）行文简洁流畅**

该篇民事判决书严格依照判决书规范格式制作，要素齐全，结构完整。当事人诉辩称部分，归纳总结出当事人的主要观点，去除当事人重复性、情绪化、口语化的语句。认定事实部分，简明扼要叙述与案件处理相关的关键事实，避免拖沓冗长。判决理由部分，按逻辑推理顺序分三个层次写明裁判理由及所援引的法律条文，前后连贯呼应。整篇判决书的篇幅不长，行文紧凑流畅，同时做到既使用法言法语，也坚持平实易懂，让阅读者一看即懂、一目了然。

（点评人：胡志超，广东省佛山市中级人民法院法官）

（2018）粤民再 162 号裁判文书原文

# 42. 浙商财产保险股份有限公司漯河中心支公司与连某1等天安财产保险股份有限公司焦作中心支公司、河南金路物流有限责任公司、漯河市利源运输有限公司、西平开元汽车运输服务有限公司机动车交通事故责任纠纷案*

【关键词】

保险免责条款效力　停业损失　误工费　护理费

【裁判要旨】

1. 如保险人仅提供投保人盖章的保险人格式化印制的投保人声明，不足以认定其已履行了对免责条款的明确说明义务，保险人应当承担举证不能的后果，相应保险免责条款不发生效力。

2. 交通事故造成家庭经营的个体工商户遭受财产损失，同时造成实际经营人遭受人身损害的，且实际经营人以及护理人员的全部收入均来源于个体工商户的营业收入，那么在个体工商户的停业损失能够得到支持的情况下，实际经营人的误工费、护理费不应予以支持。

## 一、简要案情

2016年5月28日0时30分许，何某某驾驶豫LF×××6号重型半挂牵引车牵引豫Q×××9挂号重型仓栅式半挂车沿省道20103公路由南向北行驶至与省道20234公路交叉口处时，与沿省道20234公路由东向西行驶衡某某驾驶的豫H7×××3号重型半挂牵引车牵引豫HW××3挂号重型厢式半挂车相撞。事故发生后，豫H7×××3号重型半挂牵引车牵引豫HW××3挂号重型厢式半挂车侧翻冲入连某1所有的“好邻居”超市房屋内，造成车辆、房屋、

* （2017）豫04民终1324号。

财物等有损，张某某受惊吓的交通事故。公安交警部门作出道路交通事故认定书，认定何某某负此事故的主要责任，衡某某负此事故的次要责任，连某 1、张某某无责任。张某某因该事故受到惊吓，先后在叶县叶邑镇卫生院、叶县人和医院住院治疗，住院共计 30 天。医院诊断意见为惊吓综合症，对张某某“给予抗惊厥、脑细胞保护剂、调节脑神经等对症治疗”，张某某支付医疗费 8196.2 元。张某某在住院期间由其丈夫连某 1、儿子连某 2 二人护理。

经叶县公安局交通警察大队委托，河南张诚价格评估有限公司对超市损坏商品、相关建筑物或设施拆除费用、房屋重建费用、安装费用等损失分别作出鉴定意见书。经一审法院委托，平顶山市平物价格评估事务所对叶县“好邻居”超市营业损失作出评估报告书，确定估值总计为每天 690 元。连某 1 系叶县叶邑镇“好邻居”超市房屋所有人，以其儿子连某 2 名义办理了营业执照，但实际是由连某 1、张某某、连某 2 以及连某 2 妻子申某共同经营。

豫 LF×××6 号陕汽牌重型半挂牵引车登记所有人为漯河市利源运输有限公司，在浙商财险漯河支公司投保有交强险、第三者责任保险，第三者责任保险限额 100 万元；豫 Q×××9 挂号凯迪捷牌重型仓栅式半挂车登记所有人为西平开元运输公司，在浙商财险漯河支公司投保有第三者责任保险，保险限额 10 万元，事故发生在上述保险期间内。豫 H7×××3 号陕汽牌重型半挂牵引车登记所有人为金路物流公司，在天安财险焦作支公司投保有交强险、第三者责任保险，第三者责任保险限额 100 万元；豫 HW××3 挂号汇达牌重型厢式半挂车登记所有人为金路物流公司，在天安财险焦作支公司投保第三者责任保险，保险限额 5 万元，事故发生在保险期间。

一审法院经审理，认定张某某损失包括医疗费、误工费、护理费、住院伙食补助费、营养费、交通费共计 18 622.56 元，并认定连某 1 的财产损失包括“好邻居”超市商品损失、超市房屋和附属设施拆除费用、重建费用等财产直接损失、房屋重建期间的停业损失、鉴定费共计 407 766.82 元，判令浙商财险漯河支公司、天安财险焦作支公司对连某 1、张某某损失承担赔偿责任。

浙商财险漯河支公司因不服一审判决，向平顶山市中级人民法院提出上诉。二审期间，浙商财险漯河支公司提供了《机动车综合商业保险条款》以及加盖有漯河利源运输公司印章的投保人声明各一份。其中，《机动车综合商业保险条款》第二章机动车第三者责任保险第 26 条规定，“被保险机动车发生意外事故，致使任何单位或者个人停业、停驶、停电、停水、停气、停产、通讯或网络中断、电压变化、数据丢失造成的损失以及其他各种间接损失”，保险人不负责赔偿。而在浙商财险漯河支公司所提供的投保人声明中，仅印制有“保险人已向投保人履行了对免责条款的明确说明义务”字样，且仅有运输公司盖章，未有经手人签字。

因机动车交通事故纠纷案件本就涉及多重法律关系，且该案事故造成连某1、张某某多项损失，故双方当事人对该案所争议的问题涉及人身、财产损失数额认定、证据采信、法律适用等方面。二审争议焦点具体为：（1）张某某住院期间是否存在挂床现象，应否按照30天支持其医疗费。（2）涉案“好邻居”超市实际经营人的停业损失与张某某的误工费、护理费能否同时予以支持，应否支持张某某主张的误工费、护理费。（3）连某1是否具有主张停业损失的主体资格。（4）连某1一审中提供的超市商品以及房屋等财产损失评估结论以及停业损失鉴定意见应否采信。（5）浙商财险漯河支公司对停业损失不予赔偿的免责条款是否尽到提示和明确说明义务，应否对超市停业损失承担赔偿责任。

## 二、撰写心得

裁判文书是法院行使审判权所形成的具有法律约束力的裁判结果的书面载体，是法官裁判思维的体现，是向当事人、社会公众展示公平正义的窗口。因此，要制作优质的裁判文书，首先应深刻理解裁判文书所承载的公平正义价值追求。公正作为审判工作的核心理念，必须贯穿于裁判文书制作，这是法官职业素养和职业道德的必然要求，往往通过裁判文书所反映的案件事实认定、法律适用和案件结论予以综合体现。由于在法官职业道德、职业素养层面和法官裁判思维、审判技能层面，整个法律共同体对司法实践中如何秉承公正价值已有相应共识，因此，笔者对公正价值如何在审判过程和裁判文书中予以体现就不再过多论述，单纯从文书写作技能方面谈一些自己的感想。

本案系机动车交通事故责任纠纷案件，此类案件虽只是侵权案件中的一类，但却常常涉及侵权事实认定、损失数额认定、责任划分等实体认定问题，保险及侵权责任等方面的法律适用问题，以及证据采信等程序问题，当事人争议的焦点问题也往往较为纷繁，因此，要制作一篇高质量的裁判文书，把握好文书的总体布局、逻辑结构、文字用语等技术规范尤为重要。

### （一）在制作文书前要统筹规划文书布局

法官对案件争议焦点、主次矛盾应了然于胸，须有明确的全局性把握。

对于当事人争议事项较多的案件，可以通过拟定裁判文书写作提纲方式，帮助法官把握全局，合理安排篇章布局，从而将众多事实条理清晰、详略得当进行表述，将争议问题层次分明、重点突出予以论证分析。以本篇文书为例，上诉人浙商财险漯河支公司提交的上诉状有10余页内容，上诉理由涉及争议问题较多。因此，在着手撰写本篇裁判文书前，法官根据庭审总结的争议焦点，对照上诉人的上诉状内容，专门拟定了文书写作提纲。以文书写作提纲为指引，准确提炼、全面归纳当事人的诉辩意见，并围绕提纲展开事实认定和说理部分的写作，提高文书写作针对性，防止遗漏事实认定和论证过程，并保障文书结构的完整和协调。

**（二）在文书写作过程中应注重文书结构和裁判文书内容的逻辑性**

这是对文书形式和实体两方面的具体要求。首先，在文书结构方面，应注意篇章布局的逻辑性，这是统筹文书布局的内在要求。文书各结构内容之间应当上下连贯、相互呼应，而不应重复、矛盾。以本篇文书为例，双方当事人争议焦点涉及事实认定、法律适用以及程序法中的证据制度，且一些争议问题的认定和论证是另一个问题应否解决、能否支持的前提。如当事人所提供的家庭经营型超市的停业损失鉴定意见应否采信、当事人所主张的停业损失应否支持问题，是保险公司是否需对相应免责条款尽到提示和明确说明义务负举证责任的前提性问题，也是本案中超市经营人误工费以及家庭成员进行护理的护理费应否同时支持的前提性问题，因此，在理清当事人争议问题之间的逻辑关系后，应根据所对应的逻辑顺序展开写作，避免对争议问题重复分析，导致结构杂乱。在本篇文书中，正是因为当事人争议问题之间具有较强的逻辑关联，为保证文书的上下连贯，对当事人所争议的证据采信问题放在了本院认为中予以论证分析，避免了在事实认定中论述后，在说理时需再次阐述，以致重复无序；也正是基于当事人争议问题之间依次递进的逻辑关系，在说理论证时也打破了一般先对人身损失、后对财产损失问题进行论述的顺序，而是根据原审原告的诉讼请求和诉讼主体进行分类，结合上诉人浙商财险漯河支公司的上诉请求按照争议问题逻辑顺序分项论证。其次，在文书所承载的事实认定和结论推理论证过程中更应体现出严密的逻辑性。在事实认定的写作构建方面，应通过对证据“三性”的审查判断，以及根据证据与当事人主张之间的关联程度、证据与证据之间的相互关系，决定证据是否采信，判断是否具有证明力；由于证据所能证明的事实并非都是裁判文书需要认定的事实，对证据的采信实际上是对当事人证明主张的采信，因此对案件事实的写作应以当事人证明主张为基础，将证据所反映出的法律事实和其他事实予以区分，剔除与案件无关的事实，并将上述法律事实以法律用语按照逻辑顺序进行排列整合和客观表述。在裁判理由的分析写作中，要做到推理清晰、论证充分，需要法官在查明各项事实的基础上，准确判断法律关系，并按照严谨的逻辑推理方式进行判断解析。在一定程度上，法官对法律原理、法律概念的认识是否清晰，决定了说理水平高不高、分析程度深不深，这也对法官适用和驾驭法律的能力提出了更高要求。

**（三）裁判文书用语应准确、规范、严谨**

一份优秀的裁判文书能够通过严谨、专业的表达，让文书的受众简单、清晰地感受到文字的力量。首先，裁判文书所承载的内容关系当事人的切身利益，因此文书表达必须准确、明白。例如“当事人不发表意见”和“当事人未发表意见”的表述，前者反映出不愿意发表意见的主观态度，而后者则是从结果角度予以描述，造成结果的原因可能系因主观意愿，也可能是由于客观条件限制，无法发表意见。一字之差，所表达的含义明显不同。因此，文书表达必须咬文嚼字、周密严谨，避免使用可有可无，或极易引发当事人及社会公众误解的词语和句子。其次，裁判文书是司法观点输出的载体，用语表达还要考虑受众群体大多不具有法律专业知识的现实状况，因此，制作一份上乘的裁判文书还需要具备以通俗易懂的语言，简练、庄重地表达思想的能力，确保文书言之有物、言之有序、言之有理、言之有情，以实现定分止争之效。

总之，裁判文书写作是一个让法律理念不断扎根、生发的过程，是一名法官法律知识不断学习、精进的过程，也是不断审视自我、超越成长的过程。对每个案件都制作出彰显正义、定分止争的优秀裁判文书，是每位法官的职责和追求。笔者也以此为目标，将在不断总结经验基础上，学习先进、精耕细作。期待与同仁并肩，在司法实践之树上结满优秀裁判文书的硕果。

（程显博，河南省平顶山市中级人民法院法官）

## 三、专家评析

该案是一起机动车交通事故责任纠纷案件，该份二审部分改判的民事判决书有以下特点：

第一，从该判决书的形式上看，符合最高人民法院发布的裁判文书样式要求，结构完整，叙事清晰，表述繁简得当，重点突出。如该篇文书准确、精练地叙述了当事人在二审中的诉辩主张，使争议问题清晰明了、纲举目张。

第二，从该判决书内容上看，认定事实清楚，适用法律得当，判理清晰、论证充分。尤其是对有争议的证据分析认定较为细致，对争议问题的论述逻辑清晰，具有很强的说服力。（1）关于鉴定意见的采信问题。《最高人民法院关于民事诉讼证据的若干规定》（法释〔2001〕33 号）第 28 条未禁止当事人单方委托鉴定，因此对该情形除应依法审查作出鉴定意见的程序及依据外，还应明确对该证据提出否定一方，其提供相反证据的举证责任，从而使裁判者依据证据规则对此类证据应否采信作出认证判断。该篇文书直观反映了法官对证据采信的看法，公开了法官的认证过程，增强了判决书的透明度。（2）在当事人具体损失认定方面，坚持损失填补原则。在交通事故造成家庭经营的个体工商户遭受财产损失，同时造成实际经营人遭受人身损害，且实际经营人的全部收入均来源于个体工商户的营业收入的情况下，如个体工商户的停业损失能够得到支持，则实际经营人在住院期间的收入会因已获停业损失赔偿而未减损，此时实际经营人的误工费不应予以支持。该篇裁判文书从损失不能重复获赔的起点出发，对原审判决予以改判，体现了论证分析的逻辑严密性。（3）关于保险免责条款是否发生效力的认定问题。保险人尽到提示和明确说明义务的基本要件是向投保人提供免责条款，对免责条款内容作出足以引起投保人注意的显著标识，并以常人能够理解的方式，对免责条款作出解释说明，使投保人理解免责条款的概念、内容及其法律后果。如保险人仅以格式文本载明的投保人收到或知悉免责条款，但未附着免责条款或未提交其他证据证明已向投保人提供免责条款，则不足以证明保险人对免责条款尽到提示和明确说明义务。本篇文书结合保险公司所提交的证据进行客观分析，论证说理有的放矢，观点明确、是非分明。

第三，从文书写作技巧看，该篇文书布局合理、层次清晰。在说理部分按照总分总的结构，先亮明机动车交通事故类纠纷适用法律的总体思路，再根据当事人争议问题的逻辑关系，分项依次予以分析阐述，并在层层递进、逐个解答争议问题后，最终确定责任承担，清晰的逻辑使判决结果给人一种水到渠成之感。

根据最高人民法院 2016 年印发的《人民法院民事裁判文书制作规范》要求，在改判时应撤销原审判决中“驳回当事人其他诉讼请求”一项，在作出变更或改判判项后，再另行判决“驳回当事人其他诉讼请求”。该篇裁判文书不足之处在于，裁判主文对驳回当事人其他诉讼请求一项未先予撤销，再单独加判。但总体来讲，瑕不掩瑜，该篇判决书认证清楚、说理充分，不失为一篇优秀法律文书。

（点评人：全文彤，国家检察官学院河南分院副教授）

（2017）豫04民终1324号裁判文书原文

# 第二节　监护人责任纠纷

## 43. 李某 1 和北京启迪宏奥体育文化发展有限公司、王某 1、王某 2、徐某生命权、健康权、身体权纠纷案*

【关键词】

监护人责任　公平责任　社会观护

【裁判要旨】

未成年人致他人损害的，其监护人均应承担民事责任。仅在监护人举证证明其尽到监护责任的情况下，可以减轻其侵权责任，但不能予以免除。

### 一、简要案情

2018 年 5 月 20 日，李某 1 成为北京启迪宏奥体育文化发展有限公司（以下简称启迪宏奥公司）会员，参加花样滑冰培训，并购买一对一私教训练课。2018 年 7 月 14 日，李某 1 在启迪宏奥公司上滑冰课时，与散滑的会员王某 1 相撞，二人倒地，李某 1 受伤。

原告（上诉人）李某 1 诉至法院，请求判决启迪宏奥公司、王某 1、王某 2、徐某赔偿伤残赔偿金 124 812 元、护理费 6000 元、营养费 3000 元、住院伙食补助费 500 元、精神损害抚慰金 100 000 元。

被告（被上诉人）启迪宏奥公司辩称，不同意李某 1 的诉讼请求。本案存在第三人侵权，公司已经尽到安全保障义务，不应承担补充责任。

被告（被上诉人）王某 1、王某 2、徐某辩称，不同意李某 1 的诉讼请求。王某 1 是正常的滑冰动作，王某 1 没有侵害李某 1 的主观故意或行为，不

---

* （2019）京 01 民终 5059 号。

应承担责任。

就事发经过，李某1、启迪宏奥公司提交了监控视频，显示：李某1在教练的带领下滑冰，教练在李某1左后方，李某1左转弯时，王某1从场边进入冰场滑至李某1前方，李某1躲闪不及扶住王某1双肩，后二人倒地；有多人在冰场滑冰，存在滑冰者未按指示方向滑冰和携带冰球杆滑冰的状况。原告称事发时其在上课，王某1突然转体绊倒了我，冰刀竖立捅进我身体，并提交了教练张某的询问笔录，记载："2018年7月14日17时许，我带着一个女学生正常滑行（直线行驶，正要入弯道），我在孩子后方，突然前方有个女孩急转弯（突然向反方向转弯），然后两个小女孩就撞在一起了，双双倒地，然后我赶紧过去看，发现我的学生下体流血了。"

启迪宏奥公司主张其尽到了安全保障义务，称冰场有安全标识，提交了视频，显示冰场悬挂有"请按指定方向滑行，请勿逆行"的标识，标注了滑行方向；主张李某1、王某1申请成为会员时，监护人已经在溜冰守则（溜冰须知）上签字，公司已经履行了告知义务，提交了徐某、马某签字的会员信息统计表及溜冰守则，溜冰守则记载："6. 请按逆时针方向滑行，请勿在冰面上追逐、打斗、逆行、高速抢行、两人以上牵手滑行、做危险动作等，溜冰者如有违反或因自身动作失控而造成本人或他人发生意外的，一切后果均由溜冰者自行承担。7. 初学者应在冰场边缘，手扶安全扶手按逆时针方向滑行。9. 本中心营业时间内请勿使用速滑刀；除本冰场教练员授课外，严禁溜冰者携带冰球杆及冰球进入冰场；冰面所隔离的区域为本中心培训班之专用区域，其他溜冰者请勿进入此区域"等内容。

李某1主张启迪宏奥公司通知16时以后只接待有教练课的会员，事发时王某1散滑，故启迪宏奥公司未尽到安全保障义务，而且王某1学习滑冰1年多，滑冰能力比我高，故4被告应共同承担侵权责任。提交了宏奥散滑项目调整通告，记载2017年5月1日启迪宏奥公司发布重要通知，主要内容为："为了更好地为全体会员提供优质的服务水平和场地支持，同时考虑到混滑的安全隐患，自5月1日起，针对散滑项目作出调整：1. 周一至周日仅在10:00—16:00接待散滑客户；2. 周一至周日16:00之后不再开放散滑，只接待有教练课的会员；3. 如有之前办理的次卡、季卡、年卡、储值卡仍可自行练习，5月1日后仍然可以按照原规则正常使用到有效期结束；4. 5月1日后新办理的次卡、季卡、年卡等，16:00之后不可使用……"

事发后，李某1被送至北京市某医院就诊，经诊断为外阴开放性损伤，住院5天，王某1、王某2、徐某垫付医疗费4324.13元，李某1表示医疗费已通过商业保险报销。

一审审理过程中，法院委托北京中正司法鉴定所进行鉴定，该鉴定机构于2018年12月17日出具司法鉴定意见书，鉴定意见：李某1的伤残程度属十级（致残率10%），护理期限可考虑为30日，营养期限可考虑为30日。李某1支付鉴定费4350元。

## 二、撰写心得

能够获评最高人民法院“百篇优秀裁判文书”，无疑是对笔者法官职业生涯的肯定和莫大鼓励。总结回顾，笔者最大的感悟是，一篇优秀裁判文书的出品，是基于一件精品案件的审理。因此，笔者想跳出纯粹文书撰写的层面，从“办精品案件、出优秀文书”的角度，谈一些心得体会。

### （一）优秀案件，牢牢把握

以笔者14年从事一线审判工作的体会来看，很难讲，到底是法官成就了案件，还是案件成就了法官。一件非常具有典型意义、值得深入研究的新类型疑难案件，如果遇到一位不思进取、应付了事的法官，可能很难办成一件精品案件，更不可能产出一份优秀的裁判文书。因此，法官与案件应是互相成就的。作为法官，如果有意愿出产几篇有价值的优秀文书，首先要牢牢把握与你“有缘”的优秀案件，投入足够的时间和精力，办精品案件，出优秀文书。否则，真的可能“一旦错过就不在”。

### （二）开好庭审，打牢基础

一份优秀的裁判文书，必然出自一件优秀的案件，而良好的庭审效果，又是优秀案件的基础和保证。以这篇获奖裁判文书的案件为例，当时是作为参加全市法院司法业务技能比赛的参赛案件，庭审是比赛评比中非常重要的环节。收案之初，笔者通过审查上诉状、答辩状等文书发现，二审中诉讼各方对于案件的事实认定、法律适用仍存在较大的争议，能否开好这样一个庭，既是挑战，也是机遇。为此，笔者带领审判团队反复研究、不断修订，拟定了详尽的庭审预案，庭里也组织多名同事配合我们开了两次模拟庭。经过这一系列的充分准备，最终的庭审得以高质高效完成，案件事实在二审得以进一步查明，各方针对争议法律问题均充分发表了意见。回头来看，这依然是笔者自认为职业生涯至今最好的一次庭审，为后续的研究裁判结果、撰写裁判文书，打下了非常坚实的基础。

**（三）充分论证，准确裁判**

案件本身的裁判结果正确，是一篇优秀裁判文书的必要条件。一篇裁判文书如果裁判结果出现了偏差甚至根本性错误，无论文字多么精彩、论理多么充分，都不可能成为优秀文书。因此，要成就一篇优秀文书，必须要保证案件裁判结果的准确。以这篇获奖文书为例，该案涉及未成年人侵权的法律责任承担、公共场所管理人的安全保障义务界限等多项法律争点，诉讼各方争议非常之大，处理难度亦非一般。为了保证裁判结果的准确，笔者在庭前即组织合议庭进行了一次案件评议，对部分程序性问题作出决议。庭审之后，该案先后经历了合议庭评议、庭级法官会议、院级法官会议等研究评议程序，在此基础上，针对经多方讨论仍存在较大争议的类型化法律问题，专门向上级法院请示指导。历经如此充分的研究论证，最终由合议庭作出裁判结论，保障了裁判文书中各项意见的准确性。

**（四）严格规范，亮点突出**

回到撰写裁判文书本身，具体的写作方法，每个人都会有各自的语言特点和行文习惯，并无统一的标准。但有两点笔者认为需要特别注意，一是严格规范，二是亮点突出。所谓严格规范，就是一般情况下要严格依照最高人民法院颁布的文书样式撰写文书，从标题、案号、首部、事实认定、证据罗列、裁判说理等，均应符合样式标准要求，从最基础的层面做到严谨、规范，在此基础上再行充分展开发挥。所谓亮点突出，是力求在文书中找到独特的亮点，或是对事实查明的深入分析，或是对法律问题的层层论证，抑或是对特殊程序的充分说明。以这篇获奖文书为例，该案系首次在未成年人侵权案件中引入社会观护调查程序，故在文书中对该程序及最终的调查报告进行了适当的表述说明，成为区别于一般案件文书的鲜明特点。

**（五）精雕细琢，反复完善**

一篇特别优秀的裁判文书，很难一蹴而就，既需要动笔前精心的设计构思、头脑风暴，也需要成型后反复不断的打磨、完善。以这篇获奖文书为例，在经过多轮程序论证相关法律意见明确之后，笔者大概有一周的时间没有动笔，一直在头脑中反复酝酿构思，既有体例布局的宏观问题，也有具体问题的用语斟酌。而从初稿形成到最终定稿，回头想来，前后至少经历了近 20 稿的修改。由于案情复杂、法律争点多，文书的篇幅较长，每次修改都要花费数小时的时间。就在这样一遍遍地反复修改打磨中，文书的质量得以不断提升。令笔者印象深刻的是，改到最后几稿，近万字的文书一次可能只会改动一两个字，但这仅有的一两个字，对文书的质量仍是具有重要意义的。

笔者始终认为，优秀的法官不会千人一面，应当保有自身独特的风格。同样，优秀裁判文书的形成路径，也绝不会是唯一的，但其中有一点是必不可少的，那就是远超常规案件文书的投入和付出，需要 5 倍、10 倍，甚至更多。一分耕耘，一分收获，当你真正立志要拥有代表法官职业生涯名片的优秀裁判文书，相信你已经成功了一半。

（冯哲，北京市第一中级人民法院法官）

## 三、专家评析

本案属于司法实践中频发的公共场所未成年人致人损害侵权纠纷案件，具有相当的典型性。二审裁判文书格式规范、文字精准、条理清晰、说理充分、论证严密、结果准确，既在个案中维护了社会公平正义，实现了良好的社会效果；同时还有意识地提炼了相应的裁判规则，对今后类案具有很强的参考指导价值。主要亮点为：

第一，完善案件事实认定。经过之前充分的庭审调查，二审文书在事实认定部分，补充查明了一审应查明但未查明，同时又对各方责任定性及比例分配具有重要意见的几点关键事实，为案件最终的正确裁判打下坚实的事实基础。

第二，尝试引入社会观护。社会观护调查既往一般适用于涉未成年人抚养、探望等家庭纠纷案件中，本案系首次在涉未成年人侵权案件中引入，并在文书中对社会观护调查的被侵权人状况进行了较为充分的表述，为二审改判提高精神损害抚慰金数额充实了依据。

第三，力求确立裁判规则。优秀裁判文书的最大价值在于确立正确的裁判规则，为类案提供指导参考。本文书在案件涉及的无（限制）民事行为能力人侵权责任认定及承担方式、公平原则的适用方法、自担风险的认定要件等方面，皆以现有法律规定为依据，进行了充分的说理论证，在形成正确裁判结论的基础上，有意识地在文书中提炼了类案的裁判规则。文书论理较为充分，仅关于案件 4 项争议焦点的论理辨析部分，即达 3000 余字。

第四，拓展文书司法职能。本文书在最后部分，针对各方当事人在案件中表现出的法律、心理等种种问题，以法律为依据、以情理为要义，适度开展了“法庭文书教育”，为各方当事人今后的行为提供一定的规范指引，拓展了裁判文书的司法职能作用。

（点评人：单国钧，北京市第一中级人民法院副院长，全国审判业务专家）

**（2019）京01民终5059号裁判文书原文**

# 第三节　建筑物和物件损害责任纠纷

## 44. 宜兴鸿鹄地产开发有限公司和南通新华建筑集团有限公司、江苏华峰建设有限公司、江苏省华建建设股份有限公司、上海海锋建设工程承包有限公司、上海建浩工程顾问有限公司财产损害赔偿纠纷案*

【关键词】

工程质量侵权　多因一果　过错

【裁判要旨】

当工程质量出现严重问题，造成发包人合同利益以外的损失时，应允许发包人以侵权法律关系向责任人主张权利；当诉请基础既有因严重质量问题而产生的侵权责任，又有基于合同产生的质量瑕疵责任，应分别进行诉讼，不能在一个案件中处理；当多方分别实施侵权造成同一损失，应按照各自过错承担责任；当开发商已经向业主完成交付，因工程质量问题导致业主无法使用的损失应以租金损失来确定。

### 一、简要案情

宜兴鸿鹄地产开发有限公司（以下简称鸿鹄公司）系宜兴陶都路陶里一期工程的开发商。为开发建设涉案项目，其分别与各被告签订合同，由江苏省华建建设股份有限公司（以下简称华建公司）负责该项目的设计，南通新华建筑集团有限公司（以下简称新华公司）总承包该项目工程，江苏华峰建设有限公司（以下简称华峰公司）分包该项目屋檐披檐工程、上海海锋建设工程承包有限公司（以下简称海锋公司）承建该项目屋面钢结构工程，上海建浩工程顾问有限公司（以下简称建浩公司）对该项目进行监理。2015 年 11

* （2017）苏 0282 民初 684 号。

月该工程竣工，并于2016年2月前陆续完成交付。2016年2月10日夜间，陶里一期4－A#房部分雨棚及走廊栏板（女儿墙）发生整体坠落事故。经宜兴市质监站委托鉴定，明确主要存在“大、小雨棚、二层阳台栏板结构构造柱部位设计不合理、施工存在质量缺陷造成安全性能不能满足规范要求，以及部分房屋混凝土楼板钢筋保护层厚度不符合设计要求”等方面工程质量问题。同年4月5日，宜兴质监站要求鸿鹄公司立即召集相关施工、设计、监理单位制定整改方案，对房屋质量问题进行整改，同时要求该公司停止向业主交付房屋，对已交付的房屋暂停使用。同年6月30日，宜兴质监站认定房屋经整改重新验收合格，涉案工程可以交付使用。2016年4月30日，鸿鹄公司与406户业主签订了“人民调解协议书”，其按照售房总价款的10%对每户业主进行一次性赔偿和补偿，共计支出2700余万元。故鸿鹄公司诉至法院，认为5被告未尽到设计、施工、监理等应尽的义务，致使发生质量事故，给业主造成损失，并由此产生巨额赔偿的损害后果，侵犯了其公司的财产权，构成侵权，应予赔偿。该质量事故是五被告共同造成的，是多因一果，应承担连带责任。

审理中，双方就本案的请求权基础及审理范围、鉴定报告是否应予采纳、损失如何确定、各被告的责任承担方式、各方责任如何认定等问题产生争议，并逐一进行举证质证。法院认为：（1）当工程质量出现严重问题，造成发包人合同利益以外的损失时，应允许发包人以侵权法律关系向责任人主张权利。（2）在鸿鹄公司的诉请同时混合因严重质量问题而产生的侵权责任以及因合同产生的质量瑕疵责任时，尽管两种类型的责任混同在一起，导致了整改、房屋无法使用、调解赔偿的整体结果，但由于法律关系的不同，每个责任主体亦不相同，不能放在同一个案件中一并解决。现鸿鹄公司选择侵权之诉，应将侵权法律关系及对应的责任赔偿从整体中析出，就该块内容进行审理。（3）鉴定报告系由中立第三方宜兴质监站委托作出的，该鉴定报告作出后，各被告均未就鉴定结果提出异议，并按照该鉴定报告实施了整改方案。且在本案审理过程中，5被告亦无提供反驳该鉴定报告的证据。法院曾应被告的申请而启动鉴定程序，但因已无事故现场而被退回，被告对此应承担举证责任。故该鉴定报告应作为本案审理的依据。（4）因本案审理范围仅局限于雨棚倒塌（不局限4号楼）导致的侵权损害赔偿，故损失应以上述范围为限。调解协议赔付款不应作为认定损失的依据。但鸿鹄公司因涉案工程的质量问题，被要求统一停止交付及使用，最终导致其向406户业主进行了赔付是不争的事实。对在总损失中析出因雨棚质量侵权产生的损失，应参照2016年2月10日起至2016年6月30日（共计141天）因406户业主无法使用房屋而导致鸿鹄公司赔偿的租金损失酌情确定。（5）各被告之间不存在共同故意或共同过失，而是分别实施的数个行为间接结合发生了同一损害后果，应当根据过错大小或原因力比例各自承担相应的赔偿责任。故各被告之间是按份责任。（6）综合各方过错、过错与损害后果的原因力大小，并考虑过失相抵因素，法院酌情确定各责任方的责任比例为：鸿鹄公司自身应对损害后果承担50%的责任，华建公司承担30%的责任，新华公司承担7%的责任，华峰公司承担7%的责任、建浩公司承担6%的责任，故判决即华建公司承担因雨棚质量问题导致鸿鹄公司损失为1 291 752元；新华公司、华峰公司各自承担301 409元；建浩公司承担258 350元；海锋公司无须承担责任。该案经中院维持原判，现已发生法律效力。

## 二、撰写心得

这是一起“体量很大”的案件。“体量大”具体表现在：（1）涉及主体多，法律关系复杂。在雨棚倒塌，开发公司就400多户业主统一赔付后，开发公司采取的诉讼策略是眉毛胡子一把抓，将侵权问题、合同问题全部纳入同一个案件，将整个施工过程中所有工序单位，包括设计方、施工方、分包方、监理方全部列为被告。（2）涉及的知识专业多。本案争议焦点之一是雨棚倒塌中各方过错问题，涵盖设计失误、施工过错、施工过程中的擅自变更问题、不同施工内容相互作用下施工方的过错问题以及各方过错大小等，在鉴定机构无法就各方过错作出认定的情况下，需要承办人深刻理解建筑力学中各项原理、各种建设工程中的专业词汇，在理解的基础上确定各方当事人的过错。（3）当事人的争议点多，案件细节多。大到案件的请求权基础、审理范围，400余位业主每家的交付时间，小到一颗锚固的位置，各方均提出各种意见，颇多异议，均需逐项处理。（4）各方的过错较难确定，并难以展开心证过程。各方当事人应按照过错程度来承担责任，但在过错认定时，又面临多方过错、过失相抵、过错比较等情形，较难通过文字表述清楚。

如何撰写好这样一份大体量的判决书，第一步便是做好案件审理工作。优秀的裁判文书是审出来的，是从庭审前的准备工作开始，继而主要通过法庭审理活动，逐步打下基础做好准备积累而来的，而不是单纯的凭借个人的写作功夫写出来的。笔者在该案审理时便拟定了清晰的审理思路，即“明确请求权基础——明确审理范围——明确因果关系的基础——明确损失金额——明确各方过错”，这样的思路也延续到判决书制作中，使文书的架构清晰，层层推进。这也从侧面反映出了庭审活动对裁判文书制作质量的重要决定性作用，要写好裁判文书，必须首先要做好庭审工作。第二步，需要考虑判决书如何布局。由于当事人争议焦点过多，争议点细节性强，按常规方法在当事人诉请、辩称阶段集中展现双方意见势必无法形成明确、清晰的诉辩争点，也无法让法院说理部分更有针对性。于是笔者采用“争议焦点式”的布局，以大争议焦点为纲，下列小争议焦点，每个争议焦点都关联当事人的意见以及提供的证据，并随即对每个争议焦点进行事实认定及说理。通过对每个请求、每个反驳、每项证据进行逐一叙述，全面回应原被告的诉辩主张，客观反映案件的审理过程，有针对性、逻辑性地进行说理。第三步，确立好繁简关系。一是处理好保持当事人陈述的完整性与适当略写的关系。随着多次开庭，当事人对争点有多方面、多层次的陈述。应保持当事人陈述的完整性，不可随意截取、肢解当事人的意见与主张；同时，也不能全面照抄当事人的意见，应当将当事人诉称、辩称主张部分进行准确归纳、概括，叙述时分出层次，突出焦点，特别是对当事人答辩理由的叙述不应仅限于对当事人答辩状内容的归纳，而应是对当事人答辩状及庭审陈述答辩理由内容的归纳，在不以牺牲当事人陈述完整性的前提下，力求行文简洁、明快。二是对于双方无争议的事实，不再列举证据，直接作出认定；对当事人争议较大的事实，详略得当地展示各自意见，完整展现法官的心证过程。简处略说，繁处精说，力求恰到好处。第四步，心证公开，充分说理。由于双方当事人对案件事实争议较大，且部分案件事实存在无法鉴定、无法查明的情形，需由法院通过严密的逻辑推理才能确定，因此公开心证过程尤其重要。笔者在该份判决书中公开展示自己经过法律推理和法律解释而得出的认证意见，公开表明法官对证据的理性判断和取舍的原因，并对证据的客观性、相关性、合法性进行分析论证，使证据形成环环相扣、步步推进的锁链式的证据威力。此外，对不采纳的证据也据理驳回，表明认定的证据与判决结果有逻辑上的联系。尤其是在考量各方过错的情况下，为了更直观地展现各方过错，用了表格进行了对比，为最终确定各方承担比例做了清晰的说明。

回顾这份判决书的撰写过程，是与整个审理过程同时展开，齐头并进。

该案审理时因需要多次开庭，“战线”拉很长，判决书也是要见缝插针、随时跟进。为了避免重复劳动，提高工作效率，笔者随时将已查明的事实、未查明的事实、待核实回复的事实、待补充证据的事实、新的争议点、程序瑕疵及材料缺失等情况利用便笺纸做好标记附在卷里，随着庭审的进度，用便笺记录案件的事实脉络及进程，做到了然于心，再次开庭时对于案件情况可以迅速把握。同样的，在撰写文书时，对于文书框架类的内容、已查明的事实、待核实确定的事实、待补充证据或缺乏证据的事实分别用五种不同颜色进行标注，一目了然，重点突出，与案件的审理进程相对应。而且对于最后在判决书说理时，对照前面不同颜色字体的内容，可以高效、精准地进行逻辑分析和事实认定，提高了工作效率和质量。

对于一名基层人民法院的法官而言，在案多人少的压力之下，能够沉下心来，细细雕琢打磨一份判决书的机会确实比较少。然而，古语云：“天下难事，必作于易；天下大事，必作于细。”一个法官，不论其现在是如何的普通，其所撰写的裁判文书终将成为历史资料进入档案，并留存后世。因此，审理好每个司法案件，认真的写好每一份的判决书，是每个法官的历史使命。只有用实际行动践行司法为民公正司法的法治理念，才能“让人民群众在每一个司法案件中感受到公平正义”的目标落到实处。

（盛熹，江苏省无锡市宜兴市人民法院法官）

## 三、专家评析

这是一份典型的复杂案件的优秀裁判文书。说它复杂，并非指案件本身在法律适用上难以处理，而是这个案件所涉及的法律关系多、争议焦点多、细节多。如何能够将当事人在庭审交锋中的每个点说到、说透、说清楚，是十分考验承办人的文书组织能力和说理能力的。该法官在制作这份判决书时，紧紧围绕“针对性”“逻辑性”和“说理性”三个方面，针对诉辩双方争执的焦点问题进行了条分缕析，环环相扣，无懈可击，确有特色，值得推荐。

首先，文书具有非常明确的针对性。所谓针对性，就是要求在制作裁判文书时要做到有的放矢，直面诉讼当事人之间的争议，阐明人民法院的裁判意见。文书虽然篇幅较长，但重点突出，细节清晰，读起来毫无累赘之感，究其原因是针对性强，具体体现在：第一，该案件在办理过程中，通过精心组织庭审活动，让当事人充分阐述诉辩主张，从而锁定当事人之间的争议焦点，为制作裁判文书明确“靶心”所在；第二，理顺了当事人之间争议事项间的关系，分清主要问题与次要问题、前提问题与后续问题，从而明确主要争议“症结”所在；第三，扬弃与争议问题无关的事项，对裁判时可作酌定参考的事项予以保留，简处略说，繁处精说，详略得当。

其次，文书具有非常清晰的逻辑性。所谓逻辑性，就是在制作裁判文书时要紧扣案件事实适用法律，展开说理，充分揭示事与理之间的必然联系，把握争议焦点之间的先后顺序和因果关系等。文书理清了争议焦点问题的因果联系，确立应解决问题的先后顺序，并层次分明地在裁判文书中逐一阐述。例如，文书争议焦点排列的先后顺序为：请求权基础、审理范围、因果关系、损失金额、各方过错，这也恰恰是确定侵权责任的逻辑思考顺序。再如，在写作布局上，文书以各个争议焦点为挈领，下接当事人的意见以及提供的证据，并随即对每个争议焦点进行事实认定及说理，最后进行总结。这样的布局清晰地体现了原告与被告之间、法院与当事人之间围绕诉辩主张和法律事实所形成的争讼关系和审判思路，令人获得较为愉悦的阅读体验。

最后，文书具有非常充分的说理性。所谓说理性，就是在制作民事裁判文书时要充分阐明人民法院认定的证据、适用法律以及作出最后裁判意见的依据。只有充分展示说理性，才能真正做到以理服人，使裁判文书在诉讼当事人之间确立起司法权威与司法公信力。文书中对各方过错的说理，呈现出法院、诉方、辩方等多条说理线索并存的复线形态。既阐述了法院何以得出裁判结论的理由，如实转述或概括诉辩双方的理由，还全面回应当事人的诉讼请求和答辩意见，并充分说明理由。从说理的重点来看，该裁判文书着重围绕争议焦点进行说理，旨在回应各方诉争的不同意见，体现说理的程序价值；特别是考量各被告过错及过失相抵因素时，为了更清晰地表现展现各方过错，用了表格进行了对比，令人非常直观地观察到法官的内心确认过程。根据损失产生的原因，将损失范围进行了限定，确定了审理的方向。对于损失的大小，合理运用“填平原则”，以租金损失予以弥补，较好体现了客观标准。对于责任大小，全面分析每一个主体的过错、与损害后果的参与度、过失相抵因素，说理严密、到位，所确定的责任比例十分恰当，为最后的判决结果的信服度奠定了坚实的基础。

总体来说，文书结构完整清晰、逻辑严谨有序，争点归纳准确，行文详略得当。对涉及建筑专业领域的问题亦进行了通俗易懂的分析，阅读无累赘感。文书充分展示了承办人深厚的理论功底、细致的办案作风，过硬的文字能力，是一篇难得的佳作。

（点评人：刘振，江苏省高级人民法院审判委员会委员、立案庭庭长，第四届全国审判业务专家）

（2017）苏 0282 民初 684 号裁判文书原文

# 第四节　网络侵权责任纠纷

## 45. 黄某某和岳某某、北京微梦创科网络技术有限公司侵害名誉权纠纷案*

【关键词】

网络侵权行为　过错　行为人身份变化

【裁判要旨】

网络侵权行为过错责任的认定，应根据行为人的职业、影响力及言论的发布和传播方式等因素进行综合判断，行为人身份的变化会影响网络侵权行为过错的认定。

### 一、简要案情

原告因交通事故与案外人赵某等人之间存在系列纠纷，因未履行裁判文书确定的法律义务，被列为失信被执行人。2017 年 11 月 22 日，赵某实名发布新浪微博博文："久等了！请看什么是教科书式的耍赖！#唐山黄某某#"和涉案视频。该视频经过多个网络大 V 转发，多家媒体跟进报道迅速引发全国性舆论关注。在这个过程中，被告 1 作为网络大 V 和执业律师，转发涉案视频并发布博文，并于 2017 年 11 月 28 日向赵某提供法律咨询服务，于 2017 年 12 月 6 日接受赵某的委托，代理原告与赵某等人之间因涉案交通事故发生的系列纠纷案件，在此期间就该系列纠纷案件持续发布系列博文。原告主张，赵某发布的涉案视频存在不实内容；被告 1 作为网络大 V 和知名律师，转发涉案视频并发布系列博文的行为，侵害了原告的名誉权和隐私权；被告 2 因未履行审查义务构成共同侵权；请求法院判令被告 1 停止侵权、赔礼道歉，另赔偿精神损害赔偿金、经济损失等各项费用共计 40 万元；判令被告 2 停止

* （2019）京 0491 民初 3838 号。

侵权、赔礼道歉，并对被告 1 的赔偿责任承担连带责任。

北京互联网法院经审理认为，本案争议焦点包括：（1）岳某某原发或转发的涉案博文是否侵犯黄某某的名誉权；（2）岳某某转发赵某博文的行为是否侵犯黄某某的隐私权；（3）北京微梦创科网络技术有限公司是否侵犯黄某某的名誉权、隐私权。

**（一）岳某某原发或转发的涉案博文是否侵犯黄某某的名誉权**

1. 提供法律咨询之前，岳某某原发或转发的博文是否侵犯黄某某的名誉权。网络空间具有信息海量、信息共享、传播迅捷的特点，如果要求网络用户在转发言论时，对所转发言论的客观真实性进行完全的核实和调查，既不现实，也不符合互联网传播的规律，属于对网络用户过高的要求。岳某某转发涉案视频并未作出修改，亦没有添加或者修改视频标题，涉案视频中所用词汇体现出的情感可以理解且在正常幅度之内，并不含有岳某某以其基本专业知识可以识别的明显的破坏他人名誉之处。岳某某原发或转发涉案视频及博文，已尽到与其身份性质及影响范围相适应的高于一般公众的注意义务，并未侵犯黄某某的名誉权。

2. 提供法律咨询并成为代理人之后，岳某某原发或转发的博文是否侵犯黄某某的名誉权。在岳某某提供法律咨询包括成为代理人后，其已经从事件旁观者的身份转变为事件知情者和相关者，已经明知或应知执行案件的基本情况，其应承担较前一个阶段更高的注意义务。但岳某某发布的涉案博文不存在侮辱和诽谤的内容，即便按照更高的注意义务标准来判断，其发布的涉案博文仍然不构成名誉权侵权。

3. 提供法律咨询并成为代理人之后，岳某某对于此前发布的博文是否要承担删除的义务。由于涉案视频中不存在黄某某所主张的失实和侮辱内容，且对其主张的其他亲历性情节，岳某某并非事件的当事人，对于其真实性没有办法证明，故即使在岳某某知道相关案件情况之后，其亦不负有删除此前发布的博文之义务。

**（二）岳某某转发案外人赵某博文的行为是否侵犯黄某某的隐私权**

本案中，黄某某就赵某微博存在侵犯其隐私的内容未予以举证，岳某某又非发布者或转发者，在黄某某已经明确确认涉案视频和涉案博文中没有涉及其隐私内容的情况下，认定岳某某并未实施加害行为，岳某某并未侵犯黄某某的隐私权。

**（三）微梦创科公司是否侵犯黄某某的名誉权、隐私权**

网络用户利用网络服务实施侵权行为的，被侵权人有权通知网络服务提供者采取删除、屏蔽、断开链接等必要措施。网络服务提供者接到通知后未及时采取必要措施的，对损害的扩大部分与该网络用户承担连带责任。网络服务提供者知道网络用户利用其网络服务侵害他人民事权益，未采取必要措施的，与该网络用户承担连带责任。本案中，微梦创科公司作为网络服务提供者，在法院已经认定网络用户岳某某并未实施侵权行为的情况下，微梦创科公司未对涉案视频和涉案博文采取删除措施并未侵权。

二审法院经审理认为：本案二审争议焦点为岳某某转发他人涉案视频及所发表言论的内容是否侵犯了黄某某名誉权，即岳某某转发他人涉案视频及所发表言论的内容是否有一定的事实依据。岳某某转发他人涉案视频及所发表言论的内容均与黄某某负主要责任的一起交通事故及引发的相关诉讼有关。岳某某提交的证据可证明转发涉案视频内容有一定的事实依据、所发表言论未明显偏离事实，而黄某某提交的证据不能证岳某某转发涉案视频及所发表言论的内容对相关事实进行了捏造歪曲、夸大，故岳某某转发他人涉案视频及所发表言论未侵犯黄某某的名誉权。综上，二审法院判决驳回上诉，维持原判。

## 二、撰写心得

裁判文书是法律规范的形象，对于一般公众而言，法官对法律的适用，最终使法律规范从纸面走向了人间。裁判文书也是法官的形象，文书里有法官的逻辑与判断，有法官的肯定与否定，有法官的倡导与抵制，公众透过文书看到了有血有肉的法官。而一份份裁判文书，组成了法官的群像，形成了普通公众对于司法公信的评价。笔者希望公众认为这些形象是美的，无论是法律的实施，还是司法工作的开展，离不开人民群众的支持，而美好事物总是能激发人们发自内心的正面感情，这种感情最终体现在人们的正面行为之中。

那怎么让裁判文书成为法官最美的形象呢？在考虑繁简得当、语言优美之前，裁判文书首先得反映“真”，其次要传达“善”。

**（一）“真”使裁判文书获得力量**

真就是实事求是，不形式主义，实事求是需要在个案中沉入场景、全面考量。举个简单的例子，商家调高某个商品的价格，这个调价幅度违反了某个规定，这时候怎么评价商家的行为？那得到实际的场景中去判断，你可能看到，非常时期这个商品特别短缺，调价符合经济规律，你也会听到老百姓认为这个涨价后的销售价格已经是“良心价”了。在这个特殊的场景下，你考量了这些情节，得出了这个商家的行为并无不当的结论。互联网经济时代，在技术的加持下，新的商业模式、新的市场行为不断涌现，我们越来越难以寻找到事实、越来越难以寻找到法律。比如现在的平台公司，既提供技术服务，也可能提供产品和内容，那在具体案件中，涉案平台公司究竟对被控行为参与多少呢？这直接决定了责任的承担者，但这个事实的查明往往需要拨开技术的迷雾。对于本案来讲，人们常说，说话要注意身份和场合，而身份和场合就是法官在个案中要沉入场景考量的因素。我们对于案件中如何认定行为人过错的注意义务有了更深入的阐述：人们遵循一般的“理性人”准则，不是一个不食人间烟火的假定存在，而是一个有血有肉的鲜活个体。而个体之间的人设、学识、经验、经历等也决定了他的网络影响力。因此，一个网络大 V 在发布（转发）网络言论的时候，需要达到与其网络影响力相匹配的注意义务，遵守法律法规的规定、尊重他人的权利和合法利益。这为今后的网络名誉权、隐私权等类别案件的审理提供了一条新思路。

**（二）“善”使裁判文书实现引领**

提到“善”并不是想唱高调，是越来越感觉到这是现实的迫切需要。言论（表达）自由，包括舆论监督和网络批评，既是人们的基本权利和自由也是健康社会所必要的存在条件。一般来说，公众对不符合社会主流价值标准的事件进行批评是其正常的情感和言论表达。批评客观上会促进个人向好、社会向善，会促使被批评者反思改正，推动社会的文明和进步。但是，批评应当具有一定的限度，如果批评超出了合理的限度，变为不加约束地谩骂或谴责，则背离了批评的目的，不利于理性、文明、友善社会氛围的形成。网络上无论善恶美丑，都可能被发酵和放大。网络无边，言论有界。如何保持理性，让批评更有效果，也是互联网时代给我们每一位网民的思考题。互联网的其他领域也是如此啊，特别是在关注度高的案件中，关注度高是一种放大效应，我们更加注意倡导底线思维、倡导诚信、倡导真诚善良，在这一个个案件的推进过程中，互联网治理终会呈现良好局面，而在这个良好局面里，我们法官们显然是最美的奋斗者。

（朱阁，北京互联网法院法官）

## 三、专家评析

在人格权保护的案件中，我们往往会遇到权利保护与言论自由两者进行平衡的问题。本案的审理在多个地方均可圈可点。

言论自由是公民享有的基本权利，但言论自由有边界，边界决定了权利范围。公民在行使这种自由的权利时，不能损害国家、集体的利益和其他公民的合法权利。自媒体时代，人人拥有麦克风。网络的便捷性与传播的广泛性使网络侵权信息传播速度更快、损害后果更大。网络用户在自媒体平台上进行言论表达时，应当更加注重避免侵害他人的合法权益，否则，需要承担侵权责任。

网络侵权责任亦适用过错责任原则。在对行为人于自媒体平台发布的言论是否侵犯他人名誉权进行判断时，需要考察行为人主观上是否具有过错，特别是其注意义务程度或边界的判断，需要综合考虑行为人的职业、影响力及言论的发布和传播方式等因素。本案中，岳某某不仅是网络大 V，还是执业律师，对于黄某某与赵某的系列案件，岳某某的身份存在从事件旁观者到知情者和相关者的转变。同时，涉案博文既有原发又有转发。

在对待转发者承担责任的态度上，判决书也是贴合实际的。网络空间具有信息海量、信息共享、传播迅捷的特点，如果要求网络用户在转发言论时，对所转发言论的客观真实性进行完全的核实和调查，既不现实，也不符合互联网传播的规律，属于对网络用户过高的要求。据此，只有当被转发言论存在凭借转发者常识就能识别、就能判断的侮辱、诽谤等情形，转发者属明知或应知涉嫌侵权的，其才具有过错，才可能承担侵权责任。

在确定上述原则的基础上，判决认定，在岳某某提供法律咨询包括成为代理人后，其已经从事件旁观者的身份转变为事件知情者和相关者，已经明知或应知执行案件的基本情况，其应承担较前一个阶段更高的注意义务。综合考虑岳某某网络大 V 和执业律师的双重身份及网络传播的特点等多种因素，其应当自其提供法律咨询服务时开始承担相较于普通转发者更为严格的注意义务。简言之，该严格的注意义务从接触案件即产生，而不是代理案件才产生。

岳某某成为事件知情者和相关者之后，由于其有条件了解相关案件的情况，能够对转发与案件相关的博文是否涉嫌侵权进行判断，其注意义务高于其作为旁观者的阶段。网上发布的言论，如果不经删除，始终构成公共言论的一部分，如果存在不当性，发布者应当负有删除的责任。据此，有必要对岳某某此前发布的涉案博文重新审查判断，如果存在不当，其应当采取积极措施予以处理。

本案判决分阶段界定了本案被告的注意义务，强调其对相关事实的了解程度和对转发行为是否可能构成侵权的判断能力，将直接影响其注意义务的界定标准，为今后类似案件的审理提供了可以借鉴的思路。

（点评人：姜颖，北京互联网法院副院长，全国审判业务专家，北京市审判业务专家）

**（2019）京 0491 民初 3838 号裁判文书原文**

# 46. 宋某和卢某某网络侵权责任纠纷案*

【关键词】

非货币财产出资　微信账号使用权　侵权

【裁判要旨】

股东将微信账号使用权转让给公司的行为系当事人意思自治，不违背法律的禁止性规定。公司受让微信账号使用权后用于商业运营，对出让微信账号使用权的股东不构成侵权。

## 一、简要案情

重庆然客文化传播有限公司（以下简称然客文化公司）成立于2015年，并注册了“自然客”商标，公司经营范围为文化艺术交流活动、舞台造型设计、企业形象设计。卢某某为公司法定代表人、大股东和高管，持股比例71%；孙某为公司股东，持股29%。2015年9月，卢某某用本人身份证件实名认证的手机号码151××××924注册并绑定“ziran－ke”的微信账号，注册该微信账号时，卢某某与腾讯公司的《腾讯微信软件许可及服务协议》（以下简称腾讯协议）约定，微信账号的所有权归腾讯公司所有，使用权仅属于初始申请注册人，初始申请注册人不得许可他人使用微信账号。该账号申请成功后，用于然客公司公司经营使用。

2018年1月，卢某某与孙某等人建立重庆自然客教育信息咨询有限公司（以下简称自然客公司），经营范围为户外运动策划、大型活动组织策划服务、学生课后看护服务、承办经批准的文化艺术交流活动。孙某为公司法定代表人、大股东和高管，持股70%，卢某某为公司股东和监事，持股30%。自然客公司成立后，卢某某将151××××924手机号码、案涉“ziran－ke”微信账号和密码均交由自然客公司，并由公司授权员工宋某使用。卢某某、宋某、孙某、王某某在自然客公司的企业钉钉内部群有如下聊天记录：然客文

* （2019）渝01民终8536号。

化公司自然客品牌和微信公众号等有形无形资产划归自然客公司所有。卢某某表示无异议。之后，宋某将微信账号绑定了其本人使用的手机号 173 × × × × ×813 手机号，并将案涉微信账号用于公司客服人员与客户的沟通交流、业务拓展及财务收支。

之后，卢某某与自然客公司在合作中产生纠纷，卢某某于 2019 年 2 月通过补办新卡方式将 151 × × × × ×924 手机号码取回自己使用。自然客公司随后授权宋某，将案涉微信账号财付通账户绑定的卢某某银行卡，变更为宋某使用的银行卡，将财付通账户实名认证人和身份证件号码均变更为宋某本人的信息。现案涉微信账号已被腾讯公司冻结。卢某某认为宋某变更其微信账号的行为构成侵权，遂向一审法院起诉请求：判令宋某立即停止使用涉案微信账号，配合卢某某完成微信账号“ziran – ke”相关注册信息更正；诉讼费等由宋某承担。

## 二、撰写心得

裁判文书是法官创作的艺术作品，既融汇了法官的涵养，也彰显了法治的精神。都说法官不需要名片，裁判文书就是法官最好的名片。

宋某与卢某某网络侵权责任纠纷二审案件的判决书能够荣获最高人民法院 2020 年度百篇优秀裁判文书奖，不仅是对笔者二十余年来审判工作的肯定，更是对笔者今后工作的激励与鞭策。丰富的工作经历和审判经验的积累，为笔者撰写法律文书提供了非常有益的基础。

作为法官，应该如何撰写一份优秀的法律文书？这个话题既是法院工作的永恒主题，也是每一位法官的职业基础和价值追求。就撰写文书的心得，主要有如下几点：

1. 从思想上充分认识写好裁判文书的意义。裁判文书体现人民法院的工作成果，是公正与效率的载体，是法官价值取向、法律素养、文字功底的集中反映，它的好坏直接影响案件的质量，对判断人民法院是否公正、工作是否高效非常重要。一份好的裁判文书不仅能客观地反映案件的审判过程及结果，而且能起到定分止争、法治宣传、促使民事主体依法行事的作用，我们必须认真对待。

2. 透彻研究事实并熟练运用法律。一是透彻研究事实，判定案件事实最有力的依据就是案卷卷宗，法官必须仔细研究，反复推敲证据材料、庭审笔录，并据此真实地还原案件事实。二是熟练运用法律，在办案过程中对法律不仅要作文义解释，还要作体系解释、目的解释，吃透法律条文背后的立法目的，在与时俱进的社会变化中遵循立法旨意，综合运用法条，法官才能在办案过程中准确地适用法律，才不致用错法律，判错案件。

3. 提升对文字的驾驭能力。利用精简的语言把当事人的观点叙述清楚，对处理案件的事实依据、裁判理由要写得充分、透彻。实践中笔者常常感受到，胜诉方往往会坚信自己的立场正确无疑，而败诉方更想知道他们为什么输，输在什么地方。所以，我们会对为什么不支持相关的诉讼理由和请求，为什么要让一方败诉，花费更多的文字功夫去书写，以增强说服力，让当事人尽可能心服口服。特别需要注意的是，裁判文书的说理是自然公正、程序正义的应有之义，说理是裁判文书的精髓，是连接案件事实和判决结果的纽带。只有让公众知晓法律事实和法律适用之间的逻辑关系，才能真正让公众感受公平正义。

4. 增加知识储备，积累审判经验。善于观察思考，拓宽视野，增长自己各方面的知识，积累比常人更为丰富生活经验；同时，及时更新自己的知识体系，善用互联网数字资源库借智借力，提升自己的专业素养。

总之，一篇优秀的裁判文书，更多取决于撰写人的工作态度，它应该体现出事实清楚、说理充分、裁判公正、人心顺服的效果。

从裁判文书形成的过程来看，它并非在裁判结论最终形成后才开始制作，而是贯穿于案件审理的全过程。一份优秀的裁判文书，能够如实反映当事人在庭审时的诉辩请求，依据庭审采信的证据来书写事实，客观再现当事人质证和辩论的意见，最终通过文字重构合议庭听审所形成裁判结论的理由和心证过程。要想形成一篇优秀裁判文书，就需要树立打造精品的意识，要做一个善于发现典型案件的有心人。例如，宋某与卢某某网络侵权责任纠纷这个二审案件，笔者通过仔细地阅卷后发现，此案与传统的通过电脑等设备实施侵权行为的案件有所不同，双方当事人原本是两位志同道合，有理想有追求而且充满创业激情的年轻人，在不断地摸索实践中他们共同创办了一个专门为青少年量身定做素质教育课程的公司，丰富多彩的课程设置深受家长和孩子们的喜爱。为此，他们开设了企业的微信公众号加以业务宣传，同时将个人微信号与企业微信公众号绑定关联后实现与客户之间的沟通交流、业务拓展以及财务收支等用途，赋予了该个人微信号商业价值，使之成为公司经营中的重要载体，并最终成为个人作为股东对公司的出资内容。在公司经营的过程中，由于双方经营理念发生分歧，一方当事人通过擅自改变微信账号绑定的手机号码、登录密码和财付通账户从而实现对另一方个人微信账号的控制，表面上双方在争议个人微信账号的使用权，而实质是在争夺与该微信号关联的企业微信公众号背后隐藏的商机，即争夺关注该公众号的几千粉丝，因为通过这个个人微信号可以让操控者实现与粉丝们的对话交流，引导他们购买企业经营项目，最终实现企业商业利润。这个案子存在独特的博人眼球之处，值得提前关注。在发现了本案的特别之处后，笔者在审理时就做好了充分的庭前准备，引导当事人充分发表诉辩意见，并追根溯源了解双方争执的实质点，进而分析他们的真正诉求。在查阅了相关的法律、法规，类案裁判和相关论文，思索裁判文书的结构、论证方式后，形成文书初稿，又经反复打磨，最终成型。

裁判文书不仅是法官适用法律过程的展现，更应体现情、理、法的融合，要说服当事人，更要经得起历史的考验，体现正面的价值导向和对公平正义的追求，这也是笔者将继续坚持的目标。

（寥鸣晓，重庆市第一中级人民法院法官）

## 三、专家评析

本案系网络侵权责任纠纷案件，讼争标的物为微信账号使用权，具有典型性、新颖性，判决确立的裁判规则对同类案例具有一定指导意义。案件事实反映出在数字经济时代下，虚拟财产因交易快速、支配便捷、边际效益递增等优势，其在经济活动中的商业价值逐步凸显，成为促进经济发展的重要增长动力。实践中，公司股东以虚拟财产作为非货币财产出资形式的情况已现端倪，成为公司制度发展的新增长点，同时也为法律适用带来了新的探讨问题。本案即是以微信账号使用权作为股东出资引发的纠纷，涉及公司股东非货币财产出资、公司非货币资产使用、公司侵犯股东权益等问题，争议的关键点在于股东以微信账号使用权出资是否合法有效。

该案法官针对腾讯微信软件的使用问题，既考虑到腾讯公司与微信软件用户之间订立的腾讯协议中关于微信所有权归属于腾讯公司的约定合法有效；又考虑到微信账号使用权的转让系当事人意思自治，不违背法律的禁止性规定，腾讯协议不能约束合同外第三人；还考虑到数字经济时代下，虚拟财产因交易快速、支配便捷、边际效益递增等优势，作为转让标的契合时代趋势，故认为微信账号所有权与使用权可适度分离，微信账号使用权转让合法、有效。公司使用微信账号进行商业运营，对出让人不构成侵权。该裁判文书在对非货币财产出资作出评价时，充分尊重公司自治，尊重公司股东基于非货币财产出资方式协商形成的共识，以促成非货币财产出资转化为具有交换价值的商品或服务，并在市场交易过程中实现其经济效能，该判决的裁判思路和结果符合《民法典》物尽其用的立法导向，体现出司法裁判的创新性、包容性。

本篇裁判文书写作格式规范，结构清晰，逻辑缜密、行文流畅，判决理由紧密围绕争议焦点问题逐次展开论证，说理透彻，不蔓不枝、余言不赘，改判依据充分，是一篇优秀的裁判文书，展现出撰写人丰富的审判经验、知识储备与高水准的写作功底。

（点评人：张国庆，重庆市第一中级人民法院副院长、一级高级法官）

**（2019）渝 01 民终 8536 号裁判文书原文**

# 第五节　医疗损害责任纠纷

## 47. 平顶山市第五人民医院、平顶山市第二人民医院和陈某、王某2、王某3医疗损害责任纠纷案*

【关键词】

医疗损害　诊疗行为过错　因果关系　如实告知义务

【裁判要旨】

医疗机构在明知其自身医疗条件和专业水平不能有效治愈患者疾病的情况下，未能采取积极措施及时建议或要求患者转院治疗，属于医疗机构对患者病情严重程度认识不足导致的诊疗行为过错，医疗机构应当根据该过错对患者损害结果的参与度承担相应的赔偿责任。患者在医疗机构内经抢救无效死亡，死者亲属未对死者死亡原因提出异议，亦未要求解剖死者尸体确定死因，而将死者尸体自行处置，导致死者死因无法查明的，死者亲属要求医疗机构承担医疗过错责任，人民法院不予支持。

### 一、简要案情

王某1系退役伤残军人，其生前与陈某系夫妻关系，两人共生育两子，分别为长子王某2、次子王某3。2016年10月29日，王某1以“咳嗽1周、胸闷、喘息、呼吸困难1天”为主诉到平顶山市第五人民医院（以下简称第五人民医院）诊治，并于当天8时20分入住该院，被诊断为：（1）冠心病、急性冠脉综合征、完全性左束支传导阻滞、陈旧性心肌梗死、室壁瘤、左室大、全心功能不全、心功能Ⅳ级；（2）重症肺炎；（3）高血压病2级、极高危组。经诊治，王某1病情危重，家属要求转院，后于当天19时58分办理出

* （2019）豫04民终115号。

院手续，转至平顶山市第二人民医院（以下简称第二人民医院）治疗，被第二人民医院初步诊断为：（1）冠心病；（2）急性心力衰竭。王某1于当天23时30分左右突然呼吸心跳骤停，经抢救无效死亡。第二人民医院出具的居民死亡医学证明（推断）书显示，王某1的死亡原因为呼吸、循环衰竭，死亡时间为2016年10月29日。因第二人民医院表示医院太平间无位置，故当天王某1亲属将王某1的遗体送往平顶山市殡仪馆，存放三天后，王某1的遗体由其亲属火化，事隔7个月之后，王某1亲属决定起诉主张权利，并提出申请，要求对第五人民医院、第二人民医院对患者王某1实施的诊疗行为是否存在过错；如果存在过错，是否存在因果关系及过错参与度进行鉴定。一审法院依法委托天津市津实司法鉴定中心对上述事项进行鉴定，该鉴定中心于2017年9月28日作出津津实〔2017〕法临回字1205号终止函，以“鉴定要求超出本机构技术条件或者鉴定能力的”等规定，终止此次鉴定工作。一审庭审中，陈某、王某2、王某3再次提出申请，要求一审法院委托有技术条件或鉴定能力的鉴定机构对上述事项进行鉴定。一审法院依法委托安徽天正司法鉴定中心对上述事项进行鉴定，该鉴定中心于2018年5月31日作出皖天正司鉴〔2018〕法临鉴字第823号司法鉴定意见书，该意见书分析说明部分显示：“被鉴定人王某1死亡后未进行尸体解剖，确切的死亡原因无法明确，虽然被鉴定人王某1死于呼吸循环衰竭可以确认，但呼吸循环衰竭是绝大多数患者临终前的继发性改变，导致呼吸循环衰竭的原发疾病无法确认，而确切的死亡原因对鉴定意见产生重要的影响……由法庭审理时查明导致未进行尸体解剖的责任方，根据查明的事实适当增加或减少参与度”。该鉴定意见同时认为，“根据委托人提供的资料，被鉴定人王某1入院约15小时即宣告其死亡，表明被鉴定人王某1病情严重、病情进展快、预后差，故其自身疾病是导致被鉴定人王某1目前损害后果的直接原因。被鉴定人王某1在一天之内前往第五人民医院、第二人民医院就诊，且二家医疗机构接诊时被鉴定人王某1的神志清醒，但其主诉描述不一致，根据第五人民医院的CT影像片可以确认被鉴定人王某1系双侧胸腔积液、双侧肺炎，但难以确认被鉴定人王某1系重症肺炎导致其心力衰竭而死亡，第五人民医院拟支气管炎收住入院，表明第五人民医院对被鉴定人王某1的病情询问不详尽，对被鉴定人王某1的病情严重程度认识不足，存在不足……故认定第五人民医院该不足之处与被鉴定人王某1死亡后果之间存在间接的因果关系，责任程度系轻微责任，参与度拟为5%～15%之间，供法庭审理时参考；第二人民医院在对被鉴定人王某1的治疗过程中未见明显过错”。陈某、王某2、王某3为此支付鉴定费10 000元。庭审中，陈某、王某2、王某3提供岳某某（系王某1的儿媳）的证言，拟证明当时王某1在第二人民医院医治无效死亡后，家属对王某1的死因提出异议，想让王某1的遗体放在医院缓一下再说，但是医生当时就让家属将王某1的遗体拉走，说是（医院太平间）没位置，不让停放，再加上陈某受了刺激昏迷，最后没办法只好拉到殡仪馆了，停放了3天后，就把王某1的遗体火化了。该证言还称，第二人民医院没有明确告知家属对王某1的死因有异议的话，可以进行尸检。关于王某1死亡后其亲属是否就其死因向第二人民医院提出过异议一事，陈某、王某2、王某3一方仅提供了王某1的儿媳妇岳某某的上述证言证明自己的主张，未提供其他证据予以印证。

结合当事人的上诉、答辩理由及案件事实，合议庭归纳本案的争议焦点主要为：（1）第五人民医院对王某1的诊疗行为是否存在过错，是否应承担赔偿责任；（2）导致王某1死亡后尸体解剖不能的责任应由何某承担。

## 二、撰写心得

裁判文书是案件审理过程和裁判结果的最终载体，不仅是法官释法析理的重要手段，更是法官内心法律世界的真实写照。法官可以在裁判文书中通过对案件事实的查明、法律规范的适用，展现其法律思维、认知逻辑、职业素养和社会良知。一份优秀的裁判文书，应以专业的法学理论揭示司法逻辑，以充分的论证说理使人胜败皆明，以真切的人文情感展现法律温情，以正确的裁判结果捍卫公平正义、树立法律的权威。

本案所涉纠纷是典型的医疗损害责任纠纷，两家医疗机构与死者家属之间因死者死因问题存在较大分歧，矛盾冲突难以调和。经过一审判决，两家医疗机构对于其承担责任的原因和结果表示难以理解，分别提起上诉，医患双方关系紧张，对立情绪激烈。为此，一篇说理充分、融情于理的高质量二审裁判文书对于彻底化解矛盾纠纷就显得十分重要。

### （一）充分准备，全面把握案情

全面把握案情是裁判文书撰写的重要前提。首先，是对案情的整体把握。在案件开庭审理前，主审人通过仔细阅卷，审视每一份证据、查看每一份笔录，核对一审裁判文书，对照上诉人的上诉状，了解当事人的具体诉求和主张，制作详尽的阅卷笔录，对全案有了一个全面了解。其次，是对关键案件证据的审查。这里需要特别注意的是，要对双方当事人存疑的细节有明确的认知，将有争议的事实作为查明的重点。本案的关键证据是鉴定机构作出的鉴定意见，由于两家医疗机构均对鉴定意见产生质疑，且该鉴定意见直接影响裁判结果，因此对于鉴定意见的审查应当作为重点。最后，是对争议细节的确认。对于有法律意义的争议细节，要从举证责任、证明内容、证明效力入手，仔细判断。在案件证据审查中，笔者发现影响案件判决的一个关键细节是王某1死亡后其亲属是否就其死因向第二人民医院提出过异议。一审法院以王某1的儿媳妇岳某某在一审出庭作证时所作的证言，作为认定王某1死亡后其亲属就其死亡原因向第二人民医院提出了异议的依据，但该证言系当事人的利害关系人所作，且没有其他有效证据可以相互印证，故在庭审中要注重对该证据的证明效力和所证明的事实进一步查明。

做好类案检索工作是裁判文书撰写的必要基础。一份好裁判文书一定是兼收并蓄，博采众家之长。在案件审理和裁判文书撰写前，必须做好类案检索和相关法律检索，类案检索可以对案件裁判观点有一个宏观把握，尤其是相关公报案例和指导性案例是确保案件裁判方向的重要参考。对于这类专业性很强的医疗纠纷案件，对非常用法律的检索和学习是避免法律适用出现问题的必要环节，就本案而言，当事人均对《河南省医疗纠纷预防与处置暂行办法》中规定的医疗机构的提示告知义务提出主张，发表了截然相反的见解，故法官应当对该法律规范的效力、内容、具体解读进行全面学习，准确适用。

**（二）凝练焦点，抓牢核心争议**

解决矛盾的关键环节是找准争议焦点。民事案件的审理是围绕着当事人的诉辩主张而展开，裁判文书亦应以当事人的争议焦点作为核心问题。关键是要通过细致梳理当事人的上诉答辩意见，固定诉辩主张，筛选核心诉求，坚持去同留异，凝练争议事项，进行提取概括，征求各方意见，准确总结案件争议焦点。具体到本案，虽然两家医疗机构均提起上诉，但上诉的理由和依据的事实截然不同，第五人民医院上诉主要是针对原判认定其诊疗行为存在过错存在异议，第二人民医院上诉主要是针对原判认定其对王某1死亡后尸体解剖不能应承担责任存在异议，这是该案的两个核心争议焦点。

**（三）直面问题，深入分析说理**

双方争议焦点虽然凝练，但其中杂糅着事实认定、法律适用、责任分担等具体问题，为使争议的问题更为直接的呈现，需要深入挖掘争议焦点实质，剥离事实认定障碍与法律适用分歧。要对争议焦点进一步解析，分类列明争议事实及相关证据、法律适用问题及法律解读过程、责任分配逻辑性及适当性，从而使问题暴露得更加明显、是非更加明白。结合本案，第五人民医院的主要争议可以解析为：鉴定意见书所述“而平顶山市第五人民医院存在对被鉴定人王某1的病情询问不详尽，病情严重程度认识不足等方面的过错，该过错对被鉴定人王某1的病情控制产生一定的不利影响”，情况是否符合本案客观事实，是决定该鉴定意见书是否能够作为本案定案依据，进而决定是否支持第五人民医院上诉主张的关键所在。第二人民医院的主要争议可以解析为：王某1死亡后其亲属是否在合理合规时间内就王某1的死亡原因向第二人民医院提出过异议，以及第二人民医院就尸体解剖事宜是否负有提示告示义务，是判断认定导致王某1死亡后未进行尸体解剖的责任方的关键所在。抽丝剥茧寻找争议，直面争议问题，直接回应争议问题，对争议问题给出法律结论，进而解决争议问题，这个过程其实就是回答各方的疑问，给出法律答案的过程，这是解决纠纷最直接也是最有效的方式。

想要让当事人信服裁判结果，在裁判文书中不仅应当对案件事实进行准确认定并精准适用法律，而且应当对事实认定的过程和法律适用的理由进行必要的评判和解析。一是要强化说理的针对性。裁判论述要直接与当事人的意见正面交锋，直言不讳事实缺陷和法律理解问题，针对问题展开正面论述，通过论述得出裁判结果。二是要增强论述的逻辑性。要把事实与法律、论证与结果用逻辑的三段论有机融合，使裁判文书的事实、论理和结论之间具有顺畅的逻辑关系，准确解释法律术语，界定法律概念，对案件所适用法律规定的含义和法理的内部逻辑结构进行必要阐释，尤其是要明确评述证据的效力，回应对当事人主张和抗辩的态度，将认定事实和适用法律的过程体现在裁判文书中。三是要提升论述的严谨性。严谨性是法律的显著特性，是法律威严性的重要来源。论述的严谨性体现在论述语言的精确性、事实认定的准确性、法规规范的明确性、裁判结果的正确性等方面。论述语言要精确、得体，避免语焉不详、理解歧义、重复啰唆。事实认定要指明出处，认定的事实要简洁而具体、客观且合理，要着重认定双方存有异议的事实。法律规范引用最好是原文引用，名称规范、条款明确，选择最能贴合案情的条款，对当事人所主张适用的条款不能适用的原因作出明确回应。

**（四）情理交融，体现法律温度**

法律不是生硬冰冷的，而是有温度的；法官也不是铁面冷血的，而是有丰富情感的。撰写裁判文书不能回避感情，而且应当正确表达法官的情感。

法官的情感应是出于正义和良知。案件审理不能被情感左右，但真实的情感表露，可以让生硬的法律充满温度，人性的善良可以抚慰死者家属内心的伤痕。本案的死者生前曾是退役伤残军人，同样有过军旅生涯的笔者对于死者的离世从内心深处感到痛惜，但逝者已矣，更应该查清真相，告慰逝者英灵。这样真实的情感，由心而发，让笔者更能体会死者家属的感受，产生情感上的共鸣，拉近与死者家属感情上的距离。情理是人与人之间交往的自然法则，基于情感而产生的道德、习惯、风俗规则，在社会生活中被广泛接受并遵从。注重情理与道德的教诲是我国古代乃至近代审理案件的重要依据。在裁判文书的说理中，融情于理、融情于法，以情感消融矛盾的坚冰，改判减少医疗机构责任的判决也更容易被死者家属所接受。

**（五）以案说法，彰显社会主义核心价值观**

法律不仅要裁决公正，更应当教人向善，彰显社会主义核心价值观。案件裁判的过程和结果，不单单是解决个案争议，更是决断一类案件的价值取向，直接影响社会公众对法律与司法的感受和信心。在裁判文书说理的最后一部分，揭露了医患纠纷不良社会现象的本质，明确表示鼓励医疗机构依法依规履行职能，对于未违反诊疗技术规范，不违背医师执业道德的医疗工作者，不能苛责其能预见将来会产生的争端，过分要求的责任不仅会让医疗工作者增加其不必要的心理负担，因畏惧责任而不作为，还会减少患者治愈疾病可能性，最终的受害者将是全体公民。推己及人，我们要用嘹亮的法治声音，引导社会公众知善行善，彰显法律的独特价值。

（侯晓宏，河南省平顶山市中级人民法院法官）

## 三、专家评析

本案的主审法官能撰写出这样一份说理清晰、逻辑顺畅、准确凝练、融情于理的优秀裁判文书，实属难能可贵。该裁判文书通过抽丝剥茧的分析手法准确抓取矛盾焦点；运用严谨的逻辑思维，直击要害、说理充分、论证清晰、层层分明；情理法交融，既展现了法律的人文情怀，又彰显了法律的引导价值，是一篇写作规范、论证有力、情理交融的佳作。

**（一）行文规范，要素齐全**

本篇裁判文书遵循《人民法院诉讼文书样式（试行）》对民事二审判决书的范式要求，格式规范、结构合理、层次分明、内容要素齐全，对同类型案件裁判文书的撰写具有一定的指导价值和示范作用。在行文结构上，案件叙述脉络清晰，诉辩主张准确凝练，说理论证扎实充分，判决主文表述规范。在语言风格上，表达流畅、通俗易懂，同时专业术语精确，解析到位，体现出作者扎实的法学功底和较高的文字水平。

**（二）争点突出，直击要害**

裁判文书在总结凝练当事人上诉答辩意见的基础上，准确归纳案件的争议焦点，案件处理避繁就简，直击要点核心问题。抽离当事人没有法律意义的多余主张，对比诉辩双方的核心主张，将案件争议焦点解析整理为两点：一是第五人民医院对王某 1 的诊疗行为是否存在过错；二是导致王某 1 死亡后尸体解剖不能的责任归属。直接回应当事人的关切，并集中主要笔墨对此进行解析，没有多余赘述，言简意赅，重点突出。

**（三）说理严谨，论证充分**

裁判文书的“本院认为”部分以转换论证方式、多角度阐述等方式强化裁判说理。说理过程层层递进，逻辑推理步步为营，适时对比双方主张，直接点名错误漏洞，让理亏的一方输得心服口服。论证期间，穿插对证据三性的评析，说明对举证责任的分配，通过当事人行为揭示法律意义，即使法律基础薄弱的普通民众，也可以看得简简单单、明明白白。特别是法律适用的逻辑三段论，引用法律规范清晰，描述行为方式准确，法律责任分配适当。

**（四）融情于理，感人至深**

在文末之处，法官抓住死者的身份特征，将守护国家安宁的军人与守护百姓健康的医者紧密联系起来，触动了医患双方的情感，也抓住了文书阅读者的内心共鸣，这种融情于理的表现方式，使威严的法律更富有温度，使公正的司法也更有担当，感人至深。法官将情感倾注于案件中，对于缓和医患关系，促进纠纷缓解尤为重要，更能彰显司法为民的人文情怀。

**（五）倡导价值，引领风尚**

文书在解决本案矛盾同时，还回应了民众关切的医患关系紧张的社会弊端，指出对患者家属不合理诉求的纵容，对医疗机构不公平的责任分配会形成不良社会导向，最终的受害者只能是社会大众，这种情形不是我们愿意看到的，更不是法律所提倡的。裁判文书不仅要定分止争，更要回应社会公众的心声，消除民众没有必要的疑虑，惩恶扬善，发出法治声音，表明法律态度，弘扬社会主义核心价值观，引导社会形成正确的主流观念。

字里行间流真情，以案释法扬正义。本篇裁判文书在规范写作、充分说理的同时，着力对不良社会现象进行批判与反思，彰显出法律应有的人文关怀和为民情怀，是一篇有力量、有温度、有责任、有担当的上佳之作。

（点评人：杜辉，平顶山学院教授、法学博士）

**（2019）豫 04 民终 115 号裁判文书原文**

# 48. 李某某、冉某 2 药物临床试验合同损害责任纠纷案*

【关键词】

药物临床试验　知情同意条款　格式条款损害赔偿

【裁判要旨】

在药物临床试验关系中，受试者与药物临床试验的申办者、研究者之间同时成立药物临床试验合同关系。申办者未依照知情同意文件的约定为受试者购买意外保险用以补偿受试者在受试过程中所受损害的，应当承担违约责任。受试者在受试过程中遭受伤残或死亡等固有利益损害的，申办者应承担的损害赔偿范围以受试者固有利益所受损害为限。

## 一、简要案情

李某某和冉某 1 是夫妻，冉某 2 是李某某、冉某 1 之子。2012 年 8 月 18 日 6 时 30 分，冉某 1 因“言语不清 1 小时，伴左侧肢体乏力”由 120 急救车送至广医二院急诊科就诊。入院诊断为“1. 脑血栓形成（右侧颈内动脉系统）；2. 高血压病 2 级，极高危”。经医患反复沟通说明，冉某 1 自愿参加由乔治公司申办并资助，经北京大学伦理委员会、广医二院伦理委员会审查通过，在广医二院实施的“改进高血压管理和溶栓治疗的卒中研究（ENCHANTED）”药物临床试验研究项目，进行静脉溶栓治疗。冉某 1 及李某某签署了《受试者知情同意书》及《受试者代理人知情同意书》。患者参加了该药物临床试验研究的 A 部分和 B 部分，其中 A 部分分配至标准剂量组（0.9 毫克/千克），B 部分分配至更积极降压组（140 毫米～150 毫米汞柱）。2012 年 8 月 25 日 18 时 39 分，冉某 1 经治疗无效死亡，死亡原因经尸检鉴定为大面积脑梗塞和脑疝形成。

《受试者知情同意介绍》《受试者知情同意书》中“对于损害或者并发症的赔偿”条款约定：“如果由于参加本研究导致您的亲属/朋友受到损伤或者出现了并发症，您应该尽快和研究医生取得联系，他们将帮助他/她安排合适

* （2017）粤 01 民终 268 号。

的医学治疗。除此之外，本研究资助方已提供保险。当发生研究相关的伤害时，将由研究资助方和相应的保险公司，依据相关保险和赔偿条款，提供相应的免费医疗和补偿。”李某某、冉某2主张，该条款中提及的保险应为人身意外险；乔治公司主张该保险是以申办者为被保险人的责任险，其没有为受试者购买人身意外险。乔治公司提供了《保险证明》，显示受保人为乔治公司等机构，保险公司为“VERO”保险有限公司，保险类型为职业赔偿/临床试验保险，区域限制为全球不含美国，有限期限为2011年10月31日至2012年10月31日，覆盖范围为保险有效期限内，受保人保单规定的经营范围内发生并通告的职业过失，受保人应当承担法律责任进行赔偿的所有金额。

李某某、冉某2另案以医疗损害责任纠纷为由起诉广医二院，要求广医二院承担医疗损害责任。一审法院以（2013）穗海法民一初字第1434号民事判决认定：广医二院存在医疗过失，李某某、冉某2所受损失共计344 430.3元，该损失的15%即51 664.55元应由广医二院予以赔偿，同时酌定支持李某某、冉某2精神损害抚慰金15 000元。该判决已经生效。

根据诉争各方的诉辩意见及二审判决查明的事实，本案争点如下：一是患者在广医二院接受诊疗期间，接受案涉“改进高血压管理和溶栓治疗的卒中研究”药物临床试验，据此是否与广医二院、乔治公司之间成立药物临床试验合同关系？二是患方根据案涉药物临床试验的《受试者知情同意介绍》《受试者知情同意书》关于“对于损害或者并发症的赔偿”条款即“如果由于参加本研究导致您的亲属/朋友受到损伤或者出现了并发症，您应该尽快和研究医生取得联系，他们将帮助他/她安排合适的医学治疗。除此之外，本研究资助方已提供保险。当发生研究相关的伤害时，将由研究资助方和相应的保险公司，依据相关保险和赔偿条款，提供相应的免费医疗和补偿”这一内容主张违约损害赔偿责任有无依据，该项请求权是否成立？三是关于广医二院、北京大学的责任认定。四是关于本案赔偿标准或者赔偿数额的认定。另需明确的是，本案诉由、请求权基础、责任主体均与（2013）穗海法民一初字第1434号判决不同，依据《最高人民法院关于适用〈中华人民共和国民事诉讼法〉的解释》第247条的规定，患方对乔治公司、广医二院、北京大学的起诉不符合该条规定，不构成一事不再理的情形。

## 二、撰写心得

本案受试者在参加药物临床试验期间死亡，受试者家属不能接受这一结果，先后向省药监局、国家药监局信访投诉并先后提起两起诉讼。在本案诉讼前，受试者家属已经以研究者即医疗机构广医二院为被告提起了医疗损害责任纠纷诉讼。该案生效判决认定医疗机构有过错，应承担相应的赔偿责任。判决后，受试者家属根据知情同意文件中关于承诺为受试者购买保险用以补偿的条款，以申办方拒不提供购买保险的证据材料为由，请求申办方乔治医学研究公司、研究者广医二院以及伦理审查机构北京大学共同赔偿150万元。申办方抗辩称并无义务，也没有为受试者购买意外险，只是为申办方购买了责任险，用以防范药物临床试验过程中申办方可能对受试者产生的赔偿责任风险，并提供了以申办者母公司为被保险人的保险单等资料。一审判决认为申办方、研究者和北京大学无过错，不应当承担责任，从而驳回了受试者家属的诉讼请求。本案为医疗纠纷，诉争双方争议较大，受试者曾经多次到广东省药监局、国家药监局信访投诉，矛盾冲突较为激烈。案件具有典型性和新颖性，法律适用难度大。在案件办理过程中，经办人有以下四点心得体会：

第一，经办人应当认真倾听，认真对待当事人提出的每一项问题和争议。法官必须保持谦卑的心，充分听取诉辩意见，才能厘清当事人的争议焦点；也只有准确归纳案件的争议焦点，才能准确、完整地查清案件相关事实。这是准确把握案件所涉法律关系、正确适用法律的前提和基础。同时，充分听取诉争双方的诉辩意见也是程序正义的要求，有利于获得当事人的信任，为案件后续处理打下良好的基础。办理该案期间，受试者家属对一审判决非常有意见，情绪也一度非常激动。但法庭始终保持耐心倾听的立场，从未打断当事人的发言，同时鼓励、指示当事人充分表达意见。或许正是当事人感受到法庭的公正，二审期间未再发生信访投诉等庭外纷争，法庭也得以专心处理案件。

第二，经办人应当对案件涉及的专门性问题，即医学界开展药物临床试验的基本情况和相关规范性文件进行检索，了解、熟悉药物临床试验的基本规律、运行方式以及相关法律、法规、规章和相关规范性文件。查明案件事实是正确适用法律的前提条件，如果案件事实涉及专门性问题，那么查明这些专门性问题更是非常必要，不仅有助于厘清是非，也是案件公正处理不可缺少的一环。比如，本案中，受试者家属主张案涉药物临床试验未取得卫生行政主管部门的批准，所以是违法开展临床试验。但法庭经过检索发现，本案涉及的药物临床试验并非新药试验，而是改进已上市药物使用方法的试验。

依据药物临床试验管理办法和国家药监局的答复意见，此类临床药物试验无须报国家卫生行政主管部门的批准或备案。

第三，经办人应当多做功课，尽量检索、搜集有关的判例和文献资料，最大限度地帮助合议庭作出最合适的决定。由于本案具有新颖性，通过检索寻找同类案件的判例，有助于扩展合议庭的视野，了解类似案件的法律适用和处理意见。充分检索判例和文献资料，可以避免同案不同判的不良效果，更有助于合议庭从判例和文献资料中寻找最适当的处理意见。本案二审期间，通过裁判文书网等工具检索，经办人发现国内类似判例只有寥寥几则，且判决理由、判决结果均有不同；通过文献检索发现学术界对此问题尚无深入讨论，未见权威意见或具有通说性质的论述。正是因为类似案例稀少，尚无可资借鉴的判决理由和处理意见，合议庭更是要知难而上，解决好本案涉及的普遍性问题。总体而言，通过检索，合议庭认识到，本案处理既要符合法律，也要兼顾药物临床试验的特殊情况和一般社会情理；既要维护好药物临床试验中的受试者的合法权益，也要兼顾具有正当性和公益性的药物临床试验的实际情况。

第四，身为法官，当知学无止境，应当终身学习，日日学习。本案具有新颖性，案件本身凸显出药物临床试验这一医疗活动中受试者权益保护机制的缺失和不足。案件涉及的请求权基础、法律关系判断以及损害赔偿的认定较为复杂。只有法官具备较为完备的知识结构和法学理论基础，才能从纷繁的案件事实和法律条文中寻找出公正、妥善的处理意见，才能在“事实与规范之间”反复流连，才能充分阐述判决理由，尽可能地提升判决的可接受度。比如，本案关于药物临床关系的认定，判决运用了合同成立的基本规则和一般原理开展论述；关于违约责任的认定，运用了文义解释、目的解释、格式条款解释规则等多项解释规则；关于损害赔偿的认定和计算，判决立足于损害赔偿法的基本原理，指出违约责任的具体内容为因申办者没有为受试者购买意外保险导致受试者出现死亡后果时不能得到保险理赔，从而合理地推论出申办者应承担的违约责任应以受害者固有利益所受损害为限。判决对上述裁判规则论理充分，逻辑严密，说服力强，不仅促使诉争双方最终接受判决结果，息诉罢访，也为同类案件处理提供了有益参考。

（年亚，广东省广州市中级人民法院法官）

## 三、专家评析

本案判决详细记载了诉辩意见，查明事实清楚，归纳争点准确、全面，判决理由说理充分，逻辑严密，判决结果公平公正，易为公众接受。本案判决确立的裁判规则对类似案件有较强指导意义。

第一，判决案例有新颖性、典型性。本案涉及的药物临床试验并非新药试验，而是改进已上市药物使用方法的试验，在临床医疗实践中较为常见。案例涉及申办者、资助者（海外资助者与国内代表机构）、伦理审查委员会、医疗机构、研究人员及受试者等多个主体的权利义务关系调整，影响广泛。在全国为数不多的同类案例中，本篇判决首次对药物临床试验中相关主体的法律地位、法律关系、违约行为、违约责任及损害赔偿进行了系统、全面地阐述。

第二，判决阐述的裁判规则具有指导性。案例明确的裁判规则对审判实践有较强的指导意义。一是关于法律关系的定性。判决立足现行立法与民事基本法理，结合案情，充分论证了在药物临床试验关系中，受试者不仅与开展药物试验的医疗机构存在医疗服务合同及药物临床试验合同关系，也同时与申办者（资助者）成立药物临床试验合同关系。二是关于违约行为、违约责任的认定。判决紧密结合案件事实，展示了深厚的法学素养，逻辑严密，说理充分，说服力强。通过缜密的法律实证分析，阐明了申办者应当提供的保险并非以申办者为被保险人的责任保险，而应当是以受试者为被保险人和受益人的保险。在申办者没有为受试者购买保险的情况下，申办者应当承担相应的违约责任。三是关于损害赔偿的认定和计算。判决立足于损害赔偿的法理，在权衡违约责任的内容和范围时，指出违约责任的具体内容为因申办者没有为受试者购买保险导致受试者出现死亡后果时不能得到保险理赔，令人信服地推论出申办者应承担的损害赔偿责任应以受害者固有利益所受损害为限，为损害的厘定划定了清晰且公平的界限，既尊重具有公益性、试验性的药物临床试验对医学发展的重要作用，也保护了受试者的合法权益，达到平等保护的目的。

第三，本案判决书写作格式规范、结构合理、内容完备；语言流畅精炼，通俗易懂，无错漏字；叙事清楚，准确反映案件审理程序，体现审判程序合法、公正；归纳案件争议焦点准确，判决理由围绕争议焦点逐次展开，逻辑严密、层次分明、论述充分、详略得当。

（点评人：王振宏，广东省第三届审判业务专家，广东省高级人民法院民一庭副庭长、三级高级法官）

**（2017）粤01民终268号裁判文书原文**

# 第六节　占有、使用高度危险物损害责任纠纷

## 49. 徐某某与中铁一局集团有限公司财产损害赔偿纠纷案*

【关键词】

民事诉讼　自认　证据审查

【裁判要旨】

在审理事实清楚、法律关系明确的损害赔偿案件时，没有充分证据证明损失具体数额，当事人在诉讼调解或和解时所作自认可以作为当事人的利益平衡点，亦是法官行使自由裁量权的基础。

### 一、简要案情

2013 年 8 月，中铁一局集团有限公司八标六工区修建高速铁路，其中在贵州省遵义市汇川区板桥镇大沟村境内玉皇阁隧道进行爆破施工作业，对徐某某的砖混结构房屋造成了损坏。2013 年 11 月 4 日，中铁一局八标六工区、大沟村民组、田湾村民组、板桥镇渝黔快铁指挥部、板桥镇大沟村委会，就做好案涉房屋受损程度资料，由中铁一局八标六工区负责联系评估单位进行鉴定评估，再按标准进行赔偿的事项达成协议。2014 年 3 月 19 日，以上各方再次达成补充协议，2014 年 3 月 31 日前完成评估，对评估不服的，可自行委托其他评估公司进行第二次评估。2014 年 3 月 27 日，中铁一局集团有限公司渝黔快铁土建八标项目经理部委托贵州叁赢房地产评估有限责任公司，对徐某某等房屋的修复价值进行评估，并作出估价报告，部分受损人认为该评估价格偏低。2014 年 5 月 9 日，在相关各方参加下的由大沟村委会召开的会议明确，就案涉房屋受损程度进行第二次评估，相关方选择代表全程参与。经委托贵州慧泉价格评估有限责任公司进行评估，且作出价格评估报告。大多数受

* （2017）黔 03 民终 4404 号。

损人依据相关协议和参考评估价格，对赔偿事项处理完毕。徐某某等12人仍对第二次评估结果不服，2014年9月28日委托贵州遵义天城价格评估咨询有限公司进行评估，该公司作出了价格评估咨询报告，本次评估费用23 000元。

徐某某向遵义市汇川区人民法院提起民事诉讼，请求判令中铁一局集团有限公司赔偿其房屋损失费33 404元。中铁一局集团有限公司认为其进行爆破施工作业时是对徐某某的房屋造成损害，但大多数受损人房屋受损问题已按协调意见处理，徐某某等8人自行委托评估，提出不合理赔偿要求，故请求一审法院依法驳回徐某某的诉讼请求。

一审法院认为，遵义天诚价格评估咨询有限责任公司作出的价格评估咨询报告，一是受徐某某等12人单方委托，二是该报告缺乏案涉房屋受损程度和案涉房屋受损后的修复方式，所以该报告不具有参考价值。徐某某既未能提举证据证明其房屋等财产受损程度，又拒绝进行司法鉴定，故徐某某属举证不能，判决驳回徐某某的诉讼请求。

徐某某向遵义市中级人民法院提起上诉，认为一审法院评估报告中以未体现“受损程度、修复方式”为由驳回其诉讼请求，属适用法律不当，请求撤销一审判决，依法改判。中铁一局集团有限公司认为，一审法院认定事实清楚，请求驳回上诉，维持原判。

本案争议焦点为，如何确定徐某某房屋受损程度。

## 二、撰写心得

司法权是判断权，司法过程最终指向的是司法结论，而以文字载体向当事人呈现诉讼过程与司法结论的是裁判文书。制作裁判文书是一项司法专业性很强的工作，不仅形式上要符合法律要求，而且就证据论证、案件事实认定、裁判理由和有关法律法规运用的阐明更是一套严谨的逻辑体系。

就制作民事裁判文书而言，准确归纳当事人的诉讼主张是进行事实论证的前提，对证据的举证、质证、论证和采信是事实论证的过程，叙述案件事实是事实论证的结果。由此可见，在法官判断过程中，证据采信和案件事实认定形成逻辑因果关系，有证据采信的“因”，才会有事实认定的“果”，证据采信是法庭调查的核心，同时也贯穿整个庭审。这就要求法官制作民事裁判文书，不仅要叙述当事人提交的证据类型、证据内容和证明目的，对方当事人的质证意见，而且要阐述法官依据法律规定、证据规则，运用逻辑推理等对证据“三性”论证采信过程，以此实现证据采信与裁判说理的有机结合。

通过证据查明的客观事实如何精准转化为法官裁判文书中认定的案件事实，是当前民事裁判文书改革应关切的问题。通过不断完善，让民事裁判文书更加成为弘扬社会主义核心价值观，传递社会正能量的重要途径。

（肖军，贵州省遵义市中级人民法院法官）

## 三、专家评析

本案关键在于损失具体数额的确定。法官具有一定的自由裁量权，不能仅凭当事人未举示充分证据证明具体损失的金额而驳回其诉讼请求。在酌定数额方面的裁量权并非完全主观，可以根据损失的客观情况，结合当地经济水平、市场价格等酌定因素，酌情认定具体损失金额。而本案承办法官兼顾法理、事理、情理，找到了一个自认的连接点，使裁量有更为坚实的法律基础，损失得到相应赔偿，纠纷得到有效化解，实现了法律效果与社会效果的有机统一。

（点评人：王伟伟，北京市社会科学院法学所助理研究员）

**（2017）黔 03 民终 4404 号裁判文书原文**

# 第四章　环境类

## 第一节　环境污染责任纠纷

### 50. 刘某某和郑州市人民检察院环境污染公益诉讼案*

【关键词】

环境污染损害　公益诉讼

【裁判要旨】

污染者因生产经营活动造成土壤严重污染，应当承担相应的责任。污染者如果认为自己不应当承担责任或者应当减轻责任，应当就其主张承担相应的举证责任，污染者举证证明具有下列情形之一的，人民法院应当认定其污染行为与损害之间不存在因果关系：(1) 排放的污染物没有造成损害可能的；(2) 排放的可造成该损害的污染物未到达该损害发生地的；(3) 该损害于排放污染物之前已发生的；(4) 其他可以认定污染行为与损害之间不存在因果关系的情形。仅能证明其他人曾经在被污染的土壤上从事过生产经营活动，但是没有证据证明其他人的经营行为造成土壤污染，不能认定污染土壤系由其他人与污染者共同造成，不能减轻污染者的责任。

## 一、简要案情

2018 年，郑州市人民检察院向郑州市中级人民法院起诉称，2015 年 1 月

* （2019）豫民终 778 号。

至2017年5月，刘某某在未取得《危险化学品经营许可证》《危险化学品安全使用许可证》的情况下，在郑州市惠济区注册成立郑州新旺化工有限公司，租用郑州市惠济区赵兰庄村黄河滩内一块土地（该地块位于黄河花园口地表饮用水源保护区，面积1374.54平方米）违法生产经营甲醇、二甲苯、敌敌畏等危险化学品，涉案金额2 306 745元。因未建立任何专门储存场所和保护、隔离设施，导致有毒有害液体通过渗漏、泄露进入地表，造成涉案土壤受到污染损害。同时，污染物通过挥发、扩散等形式从土壤中迁移或逸入空气、水体中，对生态系统和人类健康造成极大危害，严重侵害公共利益。郑州市人民检察院诉请判令刘某某将被污染土壤恢复至基线水平，或给付被污染土壤的治理、修复费用119.35万元、土壤环境损害鉴定评估费25万元、在省级媒体上发布污染警示。

一审判决：(1) 刘某某赔偿土壤修复费用119.35万元，该款项用于涉案场地土壤环境损害的修复。(2) 刘某某赔偿涉案鉴定费用25万元。(3) 刘某某于判决生效后10日内提交环境污染警示文稿，对其非法经营行为导致生态环境遭到破坏、损害社会公共利益的侵权行为向社会公众发布污染警示，该文稿经法院和公益诉讼起诉人郑州市人民检察院共同审核后，由刘某某于30日内在省级媒体重要版面上公布。如果刘某某拒不履行，将把判决主要内容在省级媒体重要版面予以公布，所需费用由刘某某负担。

刘某某提起上诉。二审确定本案的争议焦点有四个：一是对土壤污染损害问题是否需要重新鉴定；二是案涉被污染土壤是否存在其他的共同侵权人；三是刘某某应否承担修复费用；四是鉴定费用是否应当由刘某某承担。

第一，关于对土壤污染损害是否需要重新鉴定问题。河南生态环境损害司法鉴定中心出具的河环鉴〔2017〕土壤环境鉴评字第10001号《郑州市惠济区花园口镇赵兰庄村黄河滩刘某某农药厂环境损害鉴定评估报告》，系受郑州市惠济区人民检察院委托作出。刘某某申请重新鉴定的理由是该中心不具有土方工程造价、生态恢复工程造价的相关资质，无权对治理和修复污染土壤的费用进行鉴定评估。该鉴定中心的司法鉴定许可证鉴定范围包括土壤与地下水环境损害鉴定，本案涉及的鉴定事项即为土壤环境损害鉴定，而土壤环境损害鉴定包括土壤环境损害程度鉴定、因果关系分析、损害的量化和损失计算，治理和修复污染土壤的费用是土壤环境损害鉴定评估的组成部分，鉴定中心具备土壤与地下水环境损害鉴定资质，即有资质对治理和修复被污染土壤的费用进行鉴定。刘某某以鉴定中心没有相应的鉴定资质为由申请重新鉴定，缺乏事实依据。

第二，案涉被污染土壤是否存在其他共同侵权人的问题。刘某某提供的18张照片和证人证言尽管可以证明其他人在被污染的土地上经营过，但不能证明其他人的经营行为造成了土壤污染，也不能证明污染土壤系由其他人与刘某某共同造成。刘某某主张存在共同侵权人污染土壤，证据不充分。

第三，刘某某应否承担修复费用问题。修复被污染土壤是专业性很强的工作，自然人一般不具备修复的相应能力，刘某某提出自己进行修复，但未提供证据证明其有相应的修复能力，也未提出具体的修复方案，本案需要采取“换土法”进行修复，如果判决刘某某自己修复被污染土壤，难以保证修复的效果。并且，被污染土地位于饮用水源二级保护区，原审法院确定由当地政府主导修复污染土壤事宜，由刘某某承担相应的修复费用，更有利于保护生态环境，也符合《最高人民法院关于审理环境民事公益诉讼案件适用法律若干问题的解释》第20条第2款的规定。

第四，本案涉及的鉴定费用是否应当由刘某某承担的问题。本案系检察机关因刘某某经营农药厂造成土壤污染而提起的环境民事公益诉讼案件，鉴定是确定土壤污染损害情况及相应的修复方案的必要程序，对造成土壤污染损害后果的，鉴定费用损失应当由污染者承担。河南省高级人民法院作出二审判决：驳回上诉，维持原判。

## 二、撰写心得

本案是一起典型的环境民事公益诉讼案件，直接涉及黄河干流生态环境保护，我们对这个案件的审理高度重视。为了将这个案件办出好的效果，在开庭前我们与检察机关进行充分沟通，决定在“世界环境日”当天现场开庭、当庭宣判，邀请当地群众、执法机关、人大代表、政协委员等旁听庭审。为此，合议庭积极做好相关准备工作，为了能够撰写出高质量的裁判文书，合议庭一起阅卷、一起讨论，并就案件涉及的法律问题向专家请教。裁判文书初稿出来后，合议庭一起研究、修改，最终形成了一致意见。宣判前，合议庭又根据庭审情况作了认真修改和补充，当庭宣判取得了良好的法律效果和社会效果，双方当事人均服判息诉，旁听人员给予高度评价。在撰写裁判文书时，合议庭重点考虑了以下几个问题。

### （一）要坚决用最严格的制度、最严密的法治保护生态环境

“必须树立和践行绿水青山就是金山银山理念”，“只有实行最严格制度，

最严密的法治，才能为生态文明建设提供保障”。这是从事环境资源审判工作必须坚持的基本理念。具体到个案，要把这种理念贯穿于办案全过程，特别是要体现到裁判文书之中，把这种理念转化成具体的法律责任，让污染环境破坏生态者承担相应的法律后果。刘某某在黄河滩内非法经营农药厂，造成饮用水源二级保护区内的土壤严重污染，不仅要让其承担相应的刑事责任，而且还必须让其付出高昂的经济代价，以此震慑生态环境违法犯罪，教育引导广大人民群众自觉遵守生态环境保护方面的法律法规，积极参与到生态环境保护上来。特别是当前，黄河流域生态保护和高质量发展已经成为国家战略，服务保障这一国家战略是人民法院的使命和担当，用最严格的制度最严密的法治保护生态环境，是人民法院义不容辞的责任。一个案件办得好不好，一个判决写得好不好，最基本的要看能不能体现用最严格制度最严密法治保护生态环境的要求，要看能不能通过一个个鲜活的案例推动黄河流域生态环境保护，要看能不能通过好的判决促进黄河流域高质量发展。

**（二）要依法分配环境侵权案件的举证责任**

与传统的侵权案件相比，环境污染侵权案件有其特殊性，这种特殊性决定了审理环境污染侵权案件需要特殊的证据规则：一是环境污染主体的不平等性，加害一方常常具有很强的经济、科技、信息实力，而受害方则欠缺相应的能力。二是侵害过程的间接性、复合性，加害行为大多并不直接作用于受害人或者财产之上，而是通过环境这一介质对人或者物造成损害。三是损害结果的持续性、潜伏性，污染物不断排放，损害后果持续发生，即使用停止排放污染物，损害后果有时也不会立即消失，而会在环境中持续潜伏很长时间。基于以上因素，如采取传统的“谁主张谁举证”，则几乎成了原告“不可能完成的任务”，这对原告不公平。《侵权责任法》第 65 条[①]、第 66 条[②]规定，环境侵权适用无过错责任原则，因污染环境、破坏生态造成损害的，不论行为人有无过错，均应承担侵权责任。这样规定目的是加重污染者的责任，通过举证责任倒置，让污染者承担证明损害结果与其排污行为没有因果关系的证明。举证责任倒置并不是说环境民事诉讼中的原告不需要承担任何举证责任，原告仍应承担一定的举证责任。根据《最高人民法院关于审理环境侵

① 对应《民法典》第 1229 条。

② 对应《民法典》第 1230 条。

权责任纠纷案件适用法律若干问题的解释》第6条规定，原告应当提供证明污染者排放了污染物、损害的事实，以及污染者排放的污染物或者其他次生污染物与损害之间具有关联性。如果原告不能举证证明上述事实存在，就要承担败诉的后果。如果原告完成了上述事实的证明，则由被告承担其污染行为与损害之间不存在因果关系的证明责任，即根据《最高人民法院关于审理环境侵权责任纠纷案件适用法律若干问题的解释》第7条的规定，被告要证明排放的污染物没有造成损害的可能，排放的污染物未到达损害发生地，损害在污染物排放之前已发生，以及其他可以认定污染行为与损害之间不存在因果关系的情形。否则，被告应当承担相应的侵权赔偿责任。检察机关作为环境民事公益诉讼起诉人，其法律地位与原告相同，适用相同的证据规则。在撰写本案裁判文书时，合议庭充分考虑本案的特殊性，依法适用上述规则。检察机关举证证明了污染行为的存在，土壤污染损害的事实，并提供了鉴定意见证明土壤污染与原告排放的污染物有关系，应当认定已完成了举证责任。刘某某认为自己并非单一的排放污染物的侵权人，应当承担相应的举证责任，即证明其他人实施了污染行为并且造成了土壤污染，但从刘某某提供的证据来看，只能证明其他人曾经在此经营过，但没有提供相应的证据证明其他人存在污染环境的事实，更不能证明其他人的经营行为也是造成土壤污染的原因之一。所以，合议庭最终认定刘某某主张存在共同侵权人的证据不足，判决刘某某依法承担法律责任。

**（三）要将恢复性司法理念体现于裁判文书之中**

恢复性司法理念是环境民事公益诉讼的重要理念，这就决定了环境民事公益诉讼所追究的审判目标是要恢复生态环境的状态和功能，恢复原状这一责任方式应当成为主要责任承担方式。在环境污染损害发生以后，应当首先由被告采取有效措施修复生态环境，将其恢复到污染之前的状态，如果出现部分或者全部不能恢复的，应当采取替代性的修复方式。环境民事公益诉讼案件的裁判文书必须要体现上述恢复性司法理念。本案所涉土壤受到严重污染，首先应当让被告采取恢复原状的责任承担方式，检察机关的诉讼请求也明确了这一点，让被告修复被污染的土壤。同时，检察机关考虑到本案被告已被追究刑事责任，以及土壤修复的特殊性，即必须采取换土的方法才能恢复原状，被告明显不具备这一条件，于是主张也可以由被告承担相应的修复费用。合议庭结合本案的情况，认为修复被污染土壤是专业性很强的工作，自然人一般不具备修复的相应能力，刘某某提出自己进行修复，但未提供证据证明其有相应的修复能力，也未提出具体的修复方案，本案需要采取“换土法”进行修复，如果判决刘某某自己修复被污染土壤，难以保证修复的效果。并且，本案涉及的被污染土壤位于饮用水源二级保护区，由当地政府主导修复污染土壤事宜，由刘某某承担相应的修复费用，更有利于保护生态环境，也符合《最高人民法院关于审理环境民事公益诉讼案件适用法律若干问题的解释》第 20 条第 2 款关于“人民法院可以在判决被告修复生态环境的同时，确定被告不履行修复义务时应承担的生态环境修复费用；也可以直接判决被告承担生态环境修复费用”的规定。

（杨巍，河南省高级人民法院法官）

## 三、专家评析

本案的审理实现了法律效果与社会效果的统一，是人民法院用最严格的制度、最严密的法治，服务保障黄河流域生态环境和高质量发展的典型案例。生态文明建设是关系中华民族永续发展的根本大计，生态环境没有替代品，用之不觉，失之难存，尤其是土壤资源，一旦污染，难以逆转，修复难度大费用高，对于严重污染土壤的，不仅要追究其刑事责任，还要让其付出高昂的经济代价用来修复被污染的生态环境。郑州市人民检察院在刘某某被追究刑事责任后提起环境民事公益诉讼，要求判令刘某某修复被污染的土壤或者承担修复费用、支付鉴定费用并在媒体上发布污染警示，二审法院到黄河滩污染地巡回审判，根据《侵权责任法》第 66 条[①]，以及《最高人民法院关于审理环境侵权责任纠纷案件适用法律若干问题的解释》第 7 条的规定，科学分配举证责任，让刘某某承担相应的举证责任，并承担举证不能法律后果，不仅依法惩治了污染环境的行为，确保了被污染的土地得到及时修复，而且对当地群众起到了很好的警示教育，有利于推动全民参与黄河生态环境的保护。该案的审理，对检察机关提起环境民事公益诉讼，对人民法院确定污染损害赔偿责任，特别是在是否需要重新鉴定、是否承担侵权责任、如何修复被污染的土壤等方面确立了很好的标准，为同类案件的审理提供了重要参考。

本案系环境污染责任纠纷，在因果关系认定方面，理论部分分析不够，

① 对应《民法典》第 1230 条。

如果能够在理论方面多进行阐述，说理部分会更完善一些。

（点评人：王红建，郑州大学法学院教授、博士生导师）

**（2019）豫民终 778 号裁判文书原文**

# 51. 韩某某和中国石油天然气股份有限公司吉林油田分公司水污染责任纠纷案*

【关键词】

环境污染责任　侵权行为构成　损失认定　责任承担

【裁判要旨】

水污染案件中“排放污染物行为”不限于积极投放或导入污染物质的行为，还包括伴随企业生产活动的消极污染行为。

## 一、简要案情

韩某某与宝石村委会于1997年签订《承包草沟子合同书》后，取得案涉鱼塘的承包经营权，从事渔业养殖。2010年9月9日，中国石油天然气股份有限公司吉林油田分公司（以下简称中石油吉林分公司）位于韩某某鱼塘约1公里的大－119号油井发生泄漏，泄漏的部分原油随洪水下泄流进韩某某的鱼塘。中石油吉林分公司于2010年9月14日至9月19日在污染现场进行了清理油污作业。大安市渔政渔港监督管理站委托环境监测站作出的水质监测报告表明，鱼塘石油含量严重超标，水质环境不适合渔业养殖。韩某某请求法院判令中石油吉林分公司赔偿3 015 040.36元经济损失，包括2010年养鱼损失、2011年未养鱼损失、鱼塘围坝修复及注水排污费用。

一审法院认为，本案应适用一般侵权归责原则，韩某某未能证明损害事实及因果关系的存在，故判决驳回其诉讼请求。

二审法院认为，韩某某未能证明三次注水排污事实的发生，未能证明鱼塘围坝修复费用、2011年未养鱼损失与中石油吉林分公司污染行为之间的因果关系，故仅改判支持其2010年养鱼损失1 058 796.25元。

再审法院经审理认为，本案系因原油泄漏使鱼塘遭受污染引发的环境污染侵权责任纠纷。韩某某举证证明了中石油吉林分公司存在污染行为，

---

* （2018）最高法民再415号。

鱼塘因污染而遭受损害的事实及原油污染与损害之间具有关联性，完成了举证责任；中石油吉林分公司未能证明其排污行为与韩某某所受损害之间不存在因果关系，应承担相应的损害赔偿责任。排放污染物行为，不限于积极地投放或导入污染物质的行为，还包括伴随企业生产活动的消极污染行为。中石油吉林分公司是案涉废弃油井的所有者，无论是否因其过错导致废弃油井原油泄漏流入韩某某的鱼塘，其均应对污染行为造成的损失承担侵权损害赔偿责任。洪水系本案污染事件发生的重要媒介以及造成韩某某2010年养鱼损失的重要原因，可以作为中石油吉林分公司减轻责任的考虑因素。综合本案情况，改判中石油吉林分公司赔偿韩某某经济损失1 678 391.25元。

案件争议焦点在于：第一，本案是否构成环境污染侵权责任纠纷；第二，被侵权人养鱼损失责任承担及数额认定问题。

## 二、撰写心得

韩某某案作为一起典型的水污染案件，是分析此类水污染侵权责任纠纷的很好样本，对于如何在具体个案中认定环境侵权的构成，如何认定减免责是否成立，如何适用举证责任，都有很好的示范作用。因此，在判决行文架构上，依据相关法律、司法解释的规定，按照环境污染侵权行为构成要件逐一进行分析论证。该案判决严格按照水污染侵权案件的特殊举证责任规定，加重污染者的举证责任，加大对被侵权人的保护力度，督促石油企业加强对废弃油田的监管，有效防范和减少石油企业周边环境遭受破坏、污染的可能。

### （一）环境侵权行为的构成认定以及举证责任的适用

民事责任的构成要件是行为人承担民事责任必须具备的条件。通说认为，一般侵权行为以行为的违法性、损害结果、违法行为与损害结果之间的因果关系、行为人的主观过错为构成要件。在一般的民事侵权责任中，实行的是过错责任的归责原则，即承担民事责任的前提是要有故意或者过失的存在，没有过错原则上不承担责任；同时，被侵权人主张赔偿时，还要承担举证证明行为人有过错的责任。而基于更有利于制裁和遏制污染者行为并充分救济被侵权人的考虑，环境侵权责任适用无过错归责原则，即不问行为人主观上是否有过错，只要其行为与损害后果间存在因果关系，就应承担民事责任。[1] 无过错责任原则不能由法官自由决定是否适用，其适用范围由法律作出特别规定。依据《民法通则》第 124 条规定："违反国家保护环境防止污染的规定，污染环境造成他人损害的，应当依法承担民事责任。"[2]《侵权责任法》第 65 条规定："因污染环境造成损害的，污染者应当承担侵权责任。"[3] 此外，《环境保护法》及各单行环境保护法律[4]均未规定污染者的过错要件。换言之，法律明确规定了环境污染责任适用无过错责任。这样规定体现了法律公平、正义的原则，有利于切实保护环境污染被侵权人的权益，也有利于促使污染者努力做好环境污染防治工作，加强对生态环境的保护，履行企业环境保护的社会责任；同时与国际上通行的有关环境污染损害赔偿责任的归责原则及其发展趋势也是一致的。[5]《最高人民法院关于审理环境侵权责任纠纷案件适用法律若干问题的解释》（以下简称《环境侵权司法解释》）第 1 条第 1 款进一步予以了明确："因污染环境造成损害，不论污染者有无过错，污染者应当承担侵权责任。"[6] 据此，环境侵权责任的构成要件有：环境侵权行为、损害事实、环境侵权行为与损害事实之间存在因果关系三要件。[7] 水污染纠纷案件作为环境侵权纠纷案件的主要类型之一，同样适用无过错责任原则。向水体排放污染物的污染者，无论主观上是否有过错，只要在客观上造成了水污染损害，使他人的人身、财产受到损害的，除法律、司法解释规定的可以不承担责任的情形之外，都应承担相应的损害赔偿责任。

侵权行为的构成要件体现在司法裁判中，首要问题即双方当事人的举证责任分配。环境侵权责任的举证责任分配亦不同于普通侵权的诉讼规则。环境侵权行为的影响具有累积性、滞后性、潜伏性与隐蔽性，致害物质、致害

---

① 最高人民法院侵权责任法研究小组编著：《〈中华人民共和国侵权责任法〉条文理解与适用》，人民法院出版社 2016 年版。

② 《民法典》施行后，《民法通则》已废止。《民法典》第 1229 条规定："因污染环境、破坏生态造成他人损害的，侵权人应当承担侵权责任。"

③ 对应《民法典》第 1129 条。

④ 具体可见《环境保护法》第 41 条、《海洋环境保护法》第 90 条、《水污染防治法》第 85 条、《大气污染防治法》第 62 条、《固体废物污染环境防治法》第 85 条、《环境噪声污染防治法》第 61 条、《放射性污染防治法》第 59 条等。

⑤ 国际上通行做法及发展趋势，具体可参见最高人民法院研究室、最高人民法院环境资源审判庭编著：《最高人民法院环境侵权责任纠纷司法解释理解与适用》，人民法院出版社 2016 年版。

⑥ 该司法解释于 2020 年 12 月 29 日修正，修正后第 1 条第 1 款规定："因污染环境、破坏生态造成他人损害，不论侵权人有无过错，侵权人应当承担侵权责任。"

⑦ 最高人民法院研究室、最高人民法院环境资源审判庭编著：《最高人民法院环境侵权责任纠纷司法解释理解与适用》，人民法院出版社 2016 年版。

途径复杂多样，对人身、财产的损害证明专业技术性强。一方面，如果严格贯彻传统侵权责任法因果关系认定适用的条件说或等值理论，则本已处于弱势一方的被侵权人更难以保障其实体权利。为了解决这一问题，围绕因果关系证明，产生了疫学因果关系说、间接反证说、表见证明说、概率因果关系说等诸多学说。另一方面，为了减轻被侵权人的举证负担，保障被侵权人获得救济的权利，举证责任转移或者举证责任倒置制度应运而生。《侵权责任法》第66条规定："因污染环境发生纠纷，污染者应当就法律规定的不承担责任或者减轻责任的情形及其行为与损害之间不存在因果关系承担举证责任。"① 环境污染责任纠纷适用举证责任倒置原则，并不意味着完全免除被侵权人的举证责任，其仍应针对所主张的主要事实承担部分举证责任。《环境侵权司法解释》（法释〔2015〕12号）第6条规定："被侵权人根据侵权责任法第六十五条规定请求赔偿的，应当提供证明以下事实的证据材料：（一）污染者排放了污染物；（二）被侵权人的损害；（三）污染者排放的污染物或者其次生污染物与损害之间具有关联性。"② 依据上述规定，在包括水污染在内的环境污染责任纠纷案件中，被侵权人主张污染者承担环境侵权责任，应就污染者存在污染行为、自己受到损害承担举证责任，此外还应举出初步证据证明污染物或者其次生污染物与损害之间具有关联性；污染者则应就其行为与损害之间不存在因果关系承担举证责任。污染行为、被侵权人的损害这些基础事实的证明责任由被侵权人即原告来承担，对基础事实的证明在性质上属于本证，因此需要达到使法官确信的证明程度。如果不能达到相应的证明标准，则法官可以拒绝适用因果关系的举证责任倒置。③

1. 被侵权人应就污染者存在污染行为承担举证责任。污染行为是环境侵权责任的构成要件之一，没有污染行为，则不构成环境侵权。环境污染通常是指工矿企业等所产生的废气、废水、废渣、粉尘、垃圾、放射性物质等有害物质和噪声、震动、恶臭排放或者传播到大气、水、土地等环境之中，使

---

① 对应《民法典》第1129条。

② 该解释已于2020年12月29日修正，修正后第6条规定："被侵权人根据民法典第七编第七章的规定请求赔偿的，应当提供证明以下事实的证据材料：（一）侵权人排放了污染物或者破坏了生态；（二）被侵权人的损害；（三）侵权人排放的污染物或者其次生污染物、破坏生态行为与损害之间具有关联性。"

③ 最高人民法院研究室、最高人民法院环境资源审判庭编著：《最高人民法院环境侵权责任纠纷司法解释理解与适用》，人民法院出版社2016年版。

人类生存环境受到一定程度的危害的行为。[①] 环境污染行为经常涉及复杂的专业技术领域，被侵权人往往无法精准证明导致污染的原因，但被侵权人必须举证证明污染者确实实施过污染行为。司法实践中，能够证实污染者排放污染物的证据包括污染源的环境监测报告、排污申报表、企业生产记录、环保设施运行记录、环境侵权事故报告、负有环境保护监督管理职责的部门的调查材料、环境侵权及其事故调查处理报告、现场公证、现场证据保全形成的视听资料、勘验笔录、提取的物证等。

就本案而言，根据韩某某提供的证据及相关事实，足以认定中石油吉林分公司存在污染行为。根据查明的事实，中石油吉林分公司认可其大－119 号油井发生原油泄漏，泄漏的部分原油随嫩江洪水下泄流进韩某某的鱼塘，即中石油吉林分公司对于存在污染行为并无异议。中石油吉林分公司抗辩大－119 号油井系在嫩江涨水后被人为破坏从而发生原油泄漏，其本身没有实施污染和破坏环境的行为，不符合环境污染侵权构成要件。对此，《侵权责任法》第 68 条[②]规定，因第三人的过错污染环境造成损害的，被侵权人可以向污染者请求赔偿，也可以向第三人请求赔偿。同时，排放污染物行为，不限于积极地投放或导入污染物质的行为，还包括伴随企业生产活动的消极污染行为。废弃油井是油气勘探开发作业中的必然产物，由于技术、自然风险或者人为因素，废弃油井可能发生井喷、溢油、爆炸燃烧以及缓慢外泄、污染地下水层等情形，可能造成他人的人身损害、财产损失、环境损害风险或实质损害。根据预防优先及污染者负担原则，废弃油井的所有者或控制者应当按照法律的规定，采取措施对污染源进行有效的控制和风险防范，对因污染行为造成他人的人身损害、财产损失及环境损害，应当予以赔偿，进行环境治理。中石油吉林分公司是废弃油井的所有者，无论是否因其过错导致废弃油井原油泄漏流入韩某某的鱼塘，其均应对污染行为造成的损失承担侵权损害赔偿责任。

2. 被侵权人应就自己受到损害承担举证责任。环境污染的损害事实，是指污染危害环境的行为致使国家的、集体的财产和公民的财产、人身及环境

① 最高人民法院研究室、最高人民法院环境资源审判庭编著：《最高人民法院环境侵权责任纠纷司法解释理解与适用》，人民法院出版社 2016 年版。

② 对应《民法典》第 1233 条。

受到损害的事实。[①] 损害事实的存在是被侵权人请求损害赔偿的前提，没有损害事实的存在则请求赔偿无从谈起，污染者也不必承担赔偿责任。由于环境污染侵权往往具有潜伏性、隐蔽性，被侵权人难以准确、有力地举证证明潜在损失，但对于已经确定的损害应当通过必要的手段予以证明。

就本案而言，综合韩某某提交的松原市环境监测站2010年9月21日出具的案涉水质监测报告、捞油清单、鱼塘照片、证人证言等证据，可以认定鱼塘被原油污染、鱼塘中的鱼大量死亡的事实。韩某某的鱼塘因原油污染遭受损害的事实客观存在。

3. 被侵权人应举出初步证据证明污染物或者其次生污染物与损害之间具有关联性。如前所述，《侵权责任法》第66条规定由污染者就行为与损害之间不存在因果关系承担举证责任。《环境侵权司法解释》则采用因果关系推定，一定程度上减轻了原告的举证责任。但是，关于因果关系的证明责任并未发生完全转移，被侵权人仍应对是否存在因果关系提出初步证据，以证明污染者排放的污染物或者其次生污染物与损害之间具有关联性。由被侵权人对因果关系存在的可能性进行初步证明，提高了因果关系推定的科学性和可靠性。被侵权人的证明目标是举证证明因果关系的可能性而非确定性，污染行为与损害之间具有关联性的证明标准为低度盖然性标准，而不是高度盖然性标准或者排除合理怀疑标准。因此，被侵权人提出此类证据，不必严格到这些证据与污染者的行为之间具有必然的直接联系，只要存在证明的逻辑关系，即污染行为具有引起损害发生的可能性，最终由法官以事实推定的方式认定因果关系存在，除非污染者能证明因果关系不存在。在证明污染行为与损害结果之间具有关联性的时候，可以考虑以环境保护主管部门及其他环境监督管理部门的调查处理报告、鉴定机构的鉴定意见、学术论著、专家意见等作为证据。[②]

就本案而言，根据韩某某提供的证据及相关事实，足以认定原油泄漏造成的污染与韩某某鱼塘遭受损害之间具有关联性。案涉水质监测报告表明，鱼塘石油含量严重超标，水质环境不适合渔业养殖。综合证人证言等证据，可以认定原油泄漏与韩某某鱼塘中的鱼死亡之间具有一定关联性。中石油吉

① 最高人民法院侵权责任法研究小组编著：《〈中华人民共和国侵权责任法〉条文理解与适用》，人民法院出版社2016年版。

② 参见最高人民法院研究室、最高人民法院环境资源审判庭编著：《最高人民法院环境侵权责任纠纷司法解释理解与适用》，人民法院出版社2016年版。

林分公司主张案涉水质监测报告不具有证据效力，理由有二：一是水质样品并非取自污染发生时的现场；二是中石油吉林分公司并未参与监测。关于水质样品一致性问题，根据中石油吉林分公司一审提供的回收原油记录、再审审查询问时中石油吉林分公司安全科长刘某某的证人证言等，中石油吉林分公司曾于2010年9月14日至9月19日在污染现场乘船打捞清理油污。2010年9月19日，大安市渔政渔港监督管理站送样至松原市环境监测站检测。依常理推断，即使9月19日送检水质样品与9月9日刚泄漏时的样品不一致，在不存在新增污染的前提下，清理后的水质也应优于原油泄漏发生时的水质。中石油吉林分公司主张不排除同时期有其他污染发生，但是中石油吉林分公司每日乘船打捞清理，期间若有其他污染，中石油吉林分公司理应掌握相关情况，却未提供任何证据予以证明。关于监测程序问题，大安市渔政渔港监督管理站送样检测，系其依法履行渔政管理工作职责的行为，并非受一方当事人委托的行为。依据《渔业水域污染事故调查处理程序规定》第15条第1款“渔业环境监测站出具的监测数据、鉴定意见或其他具备资格的有关单位出具的鉴定证明是主管机构处理污染事故的依据”之规定，松原市环境监测站出具的水质监测报告，可以作为渔政监督管理部门处理污染事故的依据。中石油吉林分公司主张因其未参与监测故而水质监测报告无效，缺乏法律依据。

4. 污染者应就其行为与损害之间不存在因果关系承担举证责任。基于环境污染案件的复杂性、技术性以及污染者与受害者在能力上的不平衡性、在信息上的不对称性等现实情况，为整体上实现社会公平正义，《侵权责任法》第66条规定由污染者就行为与损害之间不存在因果关系承担举证责任。《水污染防治法》第98条亦规定：“因水污染引起的损害赔偿诉讼，由排污方就法律规定的免责事由及其行为与损害结果之间不存在因果关系承担举证责任。”

《环境侵权司法解释》第7条对于污染人如何反向证明因果关系不存在提供了指引性规定，具体情形包括：一是污染者排放的污染物没有造成该损害的可能。比如，污染者采取了合理的防治措施处理其排放的污染物，排放的物质已不具有致害性，或者经过鉴定，造成损害需要经过一系列的化学反应，而污染者所排放的该种重金属从属性上不可能参与相关化学反应。二是污染者排放了可造成该损害的污染物，但污染物并未到达损害发生地。比如，污染者排放的污染物与被侵权人的损害在空间上距离过远，理论上不可能造成损害。在本案中，案涉废弃的大－119 号油井距离韩某某鱼塘约 1 公里，一般情况下原油泄漏更多地体现为土壤污染或地下水污染，不至于流到 1 公里之外污染鱼塘。但实地勘查的结果是，事发当时嫩江洪水下泄将鱼塘周围数公里整个都连成一片，使泄漏的原油随着下泄的洪水流入 1 公里之外鱼塘，常态下不可能发生的事情在本案中实实在在发生并造成了损害。三是该损害于排放污染物之前就已发生。这里要注意的是，若污染者主张其对被侵权人的损害不承担赔偿责任，则不仅需要证明其排放的污染物是在被侵权人的损害发生之后，还要证明其排放的污染物没有加重被侵权人既有的损害。四是其他可以认定污染行为与损害之间不存在因果关系的情形。①

就本案而言，中石油吉林分公司未能证明其排污行为与韩某某所受损害之间不存在因果关系。石油漂浮在水面上会隔绝氧气导致水体缺氧，且石油中所含有毒物质亦会对水中生物造成影响，导致鱼类死亡。由于嫩江洪水下泄，将泄漏原油带至韩某某鱼塘，鱼塘中的鱼死亡亦发生于原油泄漏之后，这是双方当事人均认可的事实，故本案损害与污染行为之间存在明显的空间上、时间上的关联性。中石油吉林分公司主张韩某某 2010 年养鱼损失并非原油泄漏造成，而是由于嫩江涨水超过堤坝导致全部养殖的鱼类流失。但中石油吉林分公司对其主张仅提供了由大安市长江石油技术有限责任公司出具的一份《证明》，主要内容为“我公司于 2010 年 9 月……在河道管理区域内打捞漂浮在水面的泄漏原油……由于嫩江洪水上涨，当时河道管理范围内已全部被洪水淹没，嫩江江道已和全部河道管理区域的洪水连成一片，在水面上已看不到在河道管理区域内的鱼塘及鱼塘堤坝……公司捞油人员是乘船进入到河道管理区域内实施的捞油作业”。从《证明》内容来看，并不能充分证明鱼塘中的鱼系全部被嫩江洪水冲走这一主张，亦无法排除所泄漏的原油造成鱼塘中的鱼死亡的可能性，也无法排除韩某某为清理油污挖坝注水导致鱼塘中的鱼被冲走的可能性。因此，中石油吉林分公司并未完成法定的举证责任，其应承担相应的不利后果。

以上是环境侵权责任纠纷类型案件分析环境侵权构成及举证责任分配的一整套示范，本案被侵权人韩某某完成了原告应该承担的举证责任，举证证明了中石油吉林分公司存在污染行为，鱼塘因污染而遭受损害的事实及原油

① 最高人民法院研究室、最高人民法院环境资源审判庭编著：《最高人民法院环境侵权责任纠纷司法解释理解与适用》，人民法院出版社 2016 年版。

污染与损害之间具有关联性。中石油吉林分公司未能证明其排污行为与韩某某所受损害之间不存在因果关系。因此，中石油吉林分公司因其所有的大－119号油井泄漏原油造成韩某某财产损失，应承担相应的损害赔偿责任。

**（二）不承担责任或者减轻责任的认定以及举证责任的适用**

不承担责任或减轻责任的认定，与前述环境侵权行为的构成认定，属于两个层面的问题。先认定是否构成环境侵权，如果不构成环境侵权，则无认定不承担责任或者减轻责任的必要。只有在认定构成环境侵权的前提下，法官才进一步对污染者是否存在不承担责任或者减轻责任的情形进行审查。《环境侵权司法解释》（法释〔2015〕12号）第1条第2款规定："污染者不承担责任或者减轻责任的情形，适用海洋环境保护法、水污染防治法、大气污染防治法等环境保护单行法的规定；相关环境保护单行法没有规定的，适用侵权责任法的规定。"依据该条规定，在法律规定有减责或免责事由的，应当遵照执行。如果存在法律规定的不承担责任或者减轻责任的情形，则即便污染者构成环境侵权，其所承担的法律责任亦应得以减免。《民法总则》第180条规定："因不可抗力不能履行民事义务的，不承担民事责任。法律另有规定的，依照其规定。不可抗力是指不能预见、不能避免且不能克服的客观情况。"《水污染防治法》第96条第2款、第3款、第4款规定："由于不可抗力造成水污染损害的，排污方不承担赔偿责任；法律另有规定的除外。水污染损害是由受害人故意造成的，排污方不承担赔偿责任。水污染损害是由受害人重大过失造成的，可以减轻排污方的赔偿责任。水污染损害是由第三人造成的，排污方承担赔偿责任后，有权向第三人追偿。"依据上述规定，在水污染案件中，不可抗力（包括不可抗拒的自然灾害）、被侵权人故意系污染者不承担赔偿责任的法定事由，被侵权人重大过失系污染者减轻责任的法定事由。

不可抗力作为民事责任的免责事由，必须是在不可抗力作为损害后果发生的唯一原因时方能成立。如果当事人的行为对损害的发生和扩大产生作用力，就应当进一步查清不可抗力与损害结果之间的关系，确定当事人的行为在同时存在不可抗力的情况下对损害后果产生的作用。在当事人对损害的发生存在过错，或者在不可抗力造成损害后，因当事人的过错致使损害后果扩大的，当事人应就自己的过错承担相应的民事责任。本案即为分析此问题的一个样本。

如果水污染损害是由被侵权人故意造成的，污染者不承担责任，这种情况下可以认为是被侵权人“自甘风险”。如果水污染损害是由受害人重大过失造成的，可以减轻排污方的赔偿责任，这依据的是公平理念及诚信原则。

在因第三人原因造成水污染损害的情况下，污染者承担赔偿责任后，有权向第三人追偿。这包含三层含义：一是水污染损害是由第三人故意或者过失造成的，第三者应当承担责任。二是被侵权人起诉污染者的，污染者承担赔偿责任后，有权向第三人追偿。三是被侵权人也可以直接起诉第三人，要求赔偿损失。[①]《侵权责任法》第68条规定：“因第三人的过错污染环境造成损害的，被侵权人可以向污染者请求赔偿，也可以向第三人请求赔偿。污染者赔偿后，有权向第三人追偿。”《环境侵权司法解释》（法释〔2015〕12号）第5条进一步明确规定：“被侵权人根据侵权责任法第六十八条规定分别或者同时起诉污染者、第三人的，人民法院应予受理。被侵权人请求第三人承担赔偿责任的，人民法院应当根据第三人的过错程度确定其相应赔偿责任。污染者以第三人的过错污染环境造成损害为由主张不承担责任或者减轻责任的，人民法院不予支持。”之所以这样规定，还是为了更有力地保护被侵权人的实体权益。换言之，至少在外部责任上，第三人的过错并非污染者减轻或者免除责任的事由，仅能成为其承担终局责任大小的依据。[②]需要注意的是，这里的“第三人”不包括排污单位的工作人员，工作人员属于单位排污行为的施行者，其行为后果由排污单位承担。

就本案而言，对于韩某某主张的2010年养鱼损失，中石油吉林分公司提出若干抗辩事由，但这些理由都不能成为其不承担的事由，仅洪水的作用力可作为减轻其责任的考量因素。

《水污染防治法》第96条第1款规定：“因水污染受到损害的当事人，有权要求排污方排除危害和赔偿损失。”《环境侵权司法解释》（法释〔2015〕12号）第13条规定：“人民法院应当根据被侵权人的诉讼请求以及具体案情，合理判定污染者承担停止侵害、排除妨碍、消除危险、恢复原状、赔礼道歉、赔偿损失等民事责任。”第15条规定：“被侵权人起诉请求污染者赔偿因污染造成的财产损失、人身损害以及为防止污染扩大、消除污染而采取必要措施所支出的合理费用的，人民法院应予支持。”依据上述规定，法院综合本案情况，对于韩某某2010年养鱼损失、2011年未养鱼损失、鱼塘围坝修复

① 安建、黄建初主编：《中华人民共和国水污染防治法释义》，法律出版社2008年版。

② 最高人民法院研究室、最高人民法院环境资源审判庭编著：《最高人民法院环境侵权责任纠纷司法解释理解与适用》，人民法院出版社2016年版。

及注水排污费用予以合理支持，改判中石油吉林分公司赔偿韩某某经济损失 1 678 391. 25 元，有力地保障了被侵权人的合法权益。

（魏文超，最高人民法院法官）

## 三、专家评析

本案的典型性和代表性在于充分地反映了在具体的环境侵权纠纷的个案中，如何按照环境污染侵权行为构成要件，分析水污染侵权行为的构成，具有很好的示范意义。本案一审、二审、再审的裁判结果均不相同，分歧主要在于本案是否构成环境污染侵权责任纠纷以及被侵权人养鱼损失责任承担及数额认定问题。

本案的一审法院认为，本案应适用一般侵权归责原则，韩某某未能证明损害事实及因果关系的存在，故判决驳回其诉讼请求。二审法院认为，韩某某未能证明三次注水排污事实的发生，未能证明鱼塘围坝修复费用、2011 年未养鱼损失与中石油吉林分公司污染行为之间的因果关系，故仅改判支持其 2010 年养鱼损失 1 058 796. 25 元。再审法院经审理认为，本案系因原油泄漏使鱼塘遭受污染引发的环境污染侵权责任纠纷。韩某某举证证明了中石油吉林分公司存在污染行为，鱼塘因污染而遭受损害的事实及原油污染与损害之间具有关联性，完成了举证责任；中石油吉林分公司未能证明其排污行为与韩某某所受损害之间不存在因果关系，应承担相应的损害赔偿责任。并结合涉案鱼塘的治理情况与自然环境情况综合考虑了中石油吉林分公司减轻责任的因素，最终，改判中石油吉林分公司赔偿韩某某经济损失 1 678 391. 25 元。本案有两点指导意义：一是水污染侵权纠纷司法裁判中法的适用过程得到引领性的诠释。司法裁判是特定法律职业群体在法律规范的指引下，以特定的逻辑思维及论证方式对纠纷进行裁判的理性行为及过程。针对所涉韩某某鱼塘被污染的既成事实，司法裁判考量的是依据相关法律、司法解释的规定，按照环境污染侵权行为构成要件逐一进行分析论证。严格按照水污染侵权案件的特殊举证责任规定进行司法裁判，特别是对于双方当事人的举证责任分配的界定，充分保障了双方当事人的合法权益。二是司法裁判中法官释明权的行使。在环境污染责任纠纷案件中，被侵权人主张污染者承担环境侵权责任，应就污染者存在污染行为、自己受到损害承担举证责任，此外还应举出初步证据证明污染物或者其次生污染物与损害之间具有关联性；污染者则应就其行为与损害之间不存在因果关系承担举证责任。污染行为、被侵权人的损害这些基础事实的证明责任由被侵权人即原告来承担，对基础事实的证明在性质上属于本证，因此需要达到使法官确信的证明程度。如果不能达到相应的证明标准，则法官可以拒绝适用因果关系的举证责任倒置。尤其在被侵权人应举出初步证据证明污染物或者其次生污染物与损害之间具有关联性时，以“低度盖然性”对被侵权人的证明目标是举证证明因果关系的可能性而非确定性，污染行为与损害之间具有关联性的证明标准进行释明性的告知，即作为弱势一方的被侵权人提出此类证据，不必严格到这些证据与污染者的行为之间具有必然的直接联系，只要存在证明的逻辑关系，即污染行为具有引起损害发生的可能性，最终由法官以事实推定的方式认定因果关系存在，除非污染者能证明因果关系不存在。这种通过法官释明告知当事人举证的要求及法律后果的方式，为促进司法公正，构建和谐诉讼具有重要意义，也是对“司法为民”这一重要宗旨的理论实践。

（点评人：宋春雨，最高人民法院法官，全国审判业务专家）

**（2018）最高法民再415号裁判文书原文**

# 52. 张某某、邝某某和广东省广州市人民检察院水污染责任纠纷环境民事公益诉讼案*

【关键词】

环境侵权 民事 公益诉讼 共同侵权 固体废物 水塘污染 连带责任

【裁判要旨】

当事人承包农村水塘供他人倾倒固体废物并以此获利，对农村生态环境以及农产品安全造成严重危害，属于帮助他人实施污染环境的行为，与污染者的行为构成共同侵权，应对承包期间所有污染行为所造成的全部损害后果承担连带责任。

## 一、简要案情

张某某、邝某某自2012年开始承包大石古沙水塘，用以收纳陶瓷抛光粉渣、余泥等。承包期间，二人发布广告大量招收固体废物倾倒于大石古沙水塘，并收取一定费用。自2013年开始，大石古沙水塘的水面即可见垃圾。2014年6月，从化区环保局在执法过程中发现，大石古沙水塘内漂浮有大量生活垃圾，大石古沙水塘旁有招倒余泥的广告及邝某某的联系电话。经鉴定，大石古沙水塘由于长期倾倒建筑垃圾和生活垃圾等固体废弃物，其水体环境受到严重损害。广州市人民检察院对张某某、邝某某向法院提起环境民事公益诉讼。此案为广州市第一宗环境民事公益诉讼，审理过程中，合议庭主要碰到以下法律问题：

一是张某某、邝某某作为水塘承包人应否对鱼塘污染损害承担全部责任。张某某、邝某某抗辩称，其二人既非产生固体废物的个人，也没有实施向鱼塘倾倒固体废物行为，处置的建筑垃圾所涉及的工程项目已通过环评，涉案水塘事后也曾取得政府颁发的为期5个月的建筑废弃物处置许可，手续合法，

---

* （2018）粤民终2466号。

不应承担污染鱼塘的责任。合议庭认为，张某某、邝某某虽未直接实施向大石古水塘倾倒固体废物的行为，但其二人作为大石古水塘的承包人，在经营管理大石古水塘期间，准许他人向水塘倾固体废物，为他人实施污染行为提供帮助并以此获利，造成大石古水塘被污染。根据《侵权责任法》第9条[①]第1款，张某某、邝某某的行为属于帮助他人实施污染环境的行为，与污染者的行为构成共同侵权，应对承包期间所有污染行为所造成的全部损害后果承担连带责任。《侵权责任法》第13条[②]规定：法律规定承担连带责任的，被侵权人有权请求部分或者全部连带责任人承担责任。涉案污染行为持续时间长，污染者众多且情况不明，广州市检察院客观上也无法对污染者的侵权事实进行举证，故广州市检察院诉请张某某、邝某某对大石古水塘的污染损害承担全部责任，合法有据，应予支持。

二是关于大石古水塘受污染期间的生态环境服务功能损失费用应否赔偿的问题。在生态环境恢复原状之前，社会公众丧失所应享有的生态系统服务利益，仅是修复原状不能实现对这种服务利益损失的救济。理由是：根据《侵权责任法》第15条[③]的规定，恢复原状与赔偿损失是可以适用或合并适用的两种责任方式，二者之间不能相互吸收。恢复原状只考虑到财产、生态环境交换价值的恢复，没有考虑到财产、生态环境使用价值的损失。例如，树木被他人砍伐，在补种和生长期间，树木本应对生态环境贡献的光合作用功能丧失。在此情况下，除了要求责任人恢复原状外，还可以要求他赔偿损失。

三是能否以水塘抽样检测的水质已达到V类地表水标准为由免除张某某、邝某某的生态修复责任。生态环境修复需要制定合理的修复方案、采取专门的技术措施，来实现生态环境功能的恢复以及生态系统稳定良性运行，单一环境要素的指标正常，不能成为免除修复责任的依据。即使目前的抽样检测结果显示大石古水塘的水质达到地表水V类水标准，并不意味着大石古水塘的生态环境已完全恢复，污染者仍应承担环境修复责任。张某某、邝某某以抽样检测结果已达标为由，主张大石古水塘的污染已经修复、广州市人民检

---

① 对应《民法典》第1169条。

② 《民法典》施行后，《侵权责任法》废止。《民法典》第178条规定："二人以上依法承担连带责任的，权利人有权请求部分或者全部连带责任人承担责任。连带责任人的责任份额根据各自责任大小确定；难以确定责任大小的，平均承担责任。实际承担责任超过自己责任份额的连带责任人，有权向其他连带责任人追偿。连带责任，由法律规定或者当事人约定。"

③ 对应《民法典》第179条。

察院的诉讼目的已经实现，理据不足。

## 二、撰写心得

此案为广州市人民检察院提起的第一宗环境民事公益诉讼，二审期间，上诉人张某某、邝某某提交20多份证据，拟证明张某某并非涉案水塘承包人、涉案水塘在其二人承包前曾经发生过造成大石水塘污染事件及行为等事实，并针对一审判决提起10多项上诉请求，矛盾十分尖锐。法官立足双方的诉辩意见，精心安排庭审，认真撰写裁判文书，逐一详细回应上诉人的各项诉求，取得了良好的法律效果和社会效果。

### （一）将要件分析方法贯穿审判全过程

裁判文书是审判活动的最终产品，法官将认定的事实、适用的法律、判决的结果等信息通过裁判文书传递给当事人。因此，文书的质量归根结底取决于科学清晰的审判思路和严谨高效的审判过程。为保证审判活动的质量，法官在审理本案时将邹碧华法官所倡导的“要件审判九步法”贯穿全过程，严格执行以下步骤：（1）固定权利请求，明确当事人诉讼请求的含义、弄清当事人诉讼请求中的模糊含义；剔除当事人诉讼请求中矛盾之处；促使当事人更正明显错误、荒谬或非理性的诉讼请求。（2）确定权利请求基础规范。所谓的权利请求基础规范，是指当事人提出的权利主张所依据的法律基础。按上诉人提起的上诉请求所依据的事实和理由，审查、确定上诉人主张的法律关系，并在该法律关系基础上进行审理，这是确定审理思路的基础出发点。（3）确定抗辩权基础规范。在识别出上诉人的权利请求基础后，对检察院的答辩进行相应的审查，识别检察院是否提出抗辩及其抗辩权基础。（4）基础规范构成要件分析。找到权利请求基础规范及对立规范后，对基础规范的构成要件进行分析，把所有法律条文所包含的构成要件都分析出来，以便在进一步的审判中对案件事实与法律条文中的事实要件进行准确对照。（5）对诉讼主张进行检索，即根据基础规范构成要件分析，对比当事人的诉讼主张是否清晰、完备如存在相互矛盾或者不完备的情况，并予以释明，要求当事人补充、修正或明确。（6）整理争议焦点。根据双方的诉辩主张及其请求权基础规范，归纳案件争议焦点，并按照争议焦点引导诉讼过程。（7）要件事实证明。以案件的事实争议焦点为核心，组织各方当事人进行举证质证，包括帮助当事人理清举证、质证的基本任务和要求；分配举证责任，使承担举证责任的当事人明确知晓真伪不明情形下的风险所在；在证明过程中，法官及时将事实证明的阶段性结论告知当事人，促使其围绕阶段性结论展开诉讼行为；审查当事人是否已经用尽证明资源及证明方法，如存在明显缺陷，则指导其继续举证。（8）事实认定。当事人完成举证、质证后，应根据各方当事人所提供证据及法庭质证过程，认定案件事实；事实仍处于真伪不明状态时，则根据结果意义上的证明责任分配原则，认定相关案件事实。（9）要件归入并作出裁判，将查明的案件事实，与当事人主张所对应的法律规范构成要件，逐一进行分析比对，并在此基础上作出认定和裁判。

**（二）以详尽的证据分析夯实事实认定的基石**

证据分析则是事实认定，适用法律的基石，如果说说理是裁判文书的灵魂，那证据分析则是判决说理的精髓。俗话说，“打官司就是打证据”，不对当事人所提证据进行分析，说明其可信度，可采性及其证明力，再华丽精美的判决书也只能是一纸空文。针对上诉人不服一审判决，在二审阶段提交了多份证据的情况，法官在撰写文书时，加强了证据的分析说理：一是列明当事人提交的各项证据，全面反映庭审举证、质证及认证的全过程。二是对证据的可采用性进行审查，对各项证据客观性、合法性、关联性进行逐一分析。三是对证据的可采信性进行审查，对各项证据的证明力大小进行比较，运用基本法理、常识和经验，按照逻辑规律，构筑法律事实的证明链条。通过证据分析，明确告诉败诉方为什么法庭没有采信他们的证据，耐心解释他们败诉的理由，减轻他们的抵触、怨愤情绪，减少过激行为的发生，最大可能地发挥法律定分止争的功效。

**（三）以充分说理体现判决书“活的灵魂”**

我国是成文法国家，成文法的演绎推理方法决定了判决结果只能由具体的判决理由来阐述。优秀文书的说理，是将认定的事实与判决结果有机联系的纽带，也是法官借助判决理由将变动不居的社会生活与固定刻板的法律条文进行沟通的方式，是判决书“活的灵魂”。在撰写判决理由时，要兼顾以下要点：一是逻辑性，以认定的事实和选择的基础规范，以逻辑推理为思维方式阐述认定事实和适用法律之间的关系，有效展示思维过程。二是围绕争议焦点针对诉辩主张采纳与否逐个展开说理，分清是非，明确责任。三是结合情理。法安天下，德润人心，进行充分释法说理的同时，克服法律铁面、冷峻的一面，增添些人情味，彰显人性化，力求以理服人，以情动人，体现司法文书的宣传与教育功能。四是全面、准确地引用法律条文。处理好普通法与特别法之间的关系，凡特别法有规定的不必援引普通法；处理好基本原则与具体规定之间的关系，有具体法律规定的，不必援引基本原则；处理好程序法与实体法之间的关系，引用多个法律文件中既有程序法又有实体法的，应先引实体法。五是对当事人有法律适用建议的，应对采纳与否的理由作出说明，真实体现法官法律适用的考虑过程，切实体现裁判结果的公正性。

最后，忠实于法律与确保司法公正是对法官职业道德的基本要求，而这一基本要求必然通过裁判文书得以实现。民事法官只有毅然排拒可能影响公正裁判的各种诱惑、压力和偏私，秉持正义的司法理念和良好的职业道德，才能呈现给社会一份令人称道、洋溢着正义精神的民事裁判文书。从这个角度看，法官司法能力和职业道德的锻造永无止境。

（林小娴，广东省高级人民法院法官）

## 三、专家评析

众所周知，环境公益诉讼是近年来新兴的一类特殊诉讼，与传统民事诉讼相比，呈现如下基本特征：一是生态环境具有公共产品属性，污染环境、破坏生态行为往往缺乏直接受害人，其侵害对象是社会公共利益，诉讼主要目的是维护、恢复生态功能，在起诉主体、归责原则和救济方式上迥异于传统诉讼，深受生态保护、可持续发展、人与自然和谐相处等价值理念的影响；二是侵权因果关系的认定、损害后果特别是期间服务功能损失、环境修复费用的确定，既具高度的专业性、技术性，又具高度的不确定性。正是囿于环境公益诉讼裁判结果与价值判断、技术调查结论紧密关联，相关裁判文书论理往往显得“言简意赅”“点到为止”，与精密型司法的要求尚有一定距离。深入研读本案判决，尽管二审处理结论是维持原判，仍可以明显感觉二审判决的论理确是“用心之作”，判决书正文有 76 页，本院认为部分就占 23 页，承办法官在“吃透”证据、精心“寻法”的基础上，对事实的内心确认、法律适用的权衡酌处、评估方法及敏感系数的取舍过程进行了全面展现，证据采信条分缕析，论证主题层层推进，处理结果“水到渠成”，可谓一篇不可多得的环境公益诉讼优秀裁判文书。

个人认为，有价值的民事裁判文书主要包括以下三种类型：一是创建、形成一个新的裁判观点，为一类案件确立裁判标准；二是通过对既有裁判观点进行综合、归纳和甄别，进一步厘清、明晰裁判规则；三是对于事实真伪不明、法律关系复杂的案件，能定性准确又表述严谨，能语言平实又逻辑清晰，心证的形成如抽丝剥茧，论理的过程似如墙而进，初则从简至繁，终则化繁为简。本案裁判文书正属于第三类，具体分析如下：

第一，对侵权主体的认定，二审判决深入检视证据，细致比对证据，将内心确认过程以文字形式娓娓道来。张某某是否大石水塘承包人，涉及本案侵权责任主体的确定，是本案核心问题。双方为此共提交 12 份证据材料，虽然证据形式多样，证据内容繁杂，陈述互有矛盾，但二审判决没有以“大而化之”的论述回避争论的细节，而是以抽丝剥茧的方式，不惮其烦地逐个对证据的真实性、合法性和关联性进行分析，从正面角度证实，从反面角度证伪，可谓用“水磨功夫”化解事实认定难题。因此，本案虽然是以明显优势证据原则认定事实，但因工作做在实处和细处，仍具有充分的说服力。

第二，对损害赔偿范围及数额的认定，二审判决论述翔实，对涉及的法律问题和技术问题均进行了充分的阐释。首先，严格区分期间服务功能损失与环境修复费用，正确界定了环境生态污染的赔偿项目和赔偿范围。其次，环境损害是污染行为导致生态物理、化学或生物特性改变而对人类产生的不利后果，由此产生的生态系统提供服务价值减少、环境修复费用的具体量化有较大的不确定性，司法鉴定、调查报告、专家意见是解决上述问题的重要技术手段，但实践中因评估主体、评估方法的不同，评估结果可能差别甚大，极易引发争议。在对现行环境损害评估鉴定规范深入了解的基础上，二审判决未囿于技术结论，而是深入浅出，论证了以虚拟治理成本法确定期间损失的合理性，并确定以 3 倍系数计算损害赔偿数额，最终认定期间服务功能损失 1050 万元。

（点评人：王振宏，广东省第三届审判业务专家，广东省高级人民法院民一庭副庭长、三级高级法官）

**（2018）粤民终 2466 号裁判文书原文**

# 53. 重庆市巴岳山矿泉水有限公司和重庆华琦精细化工有限公司环境污染责任纠纷案*

【关键词】

环境侵权　水污染　因果关系认定

【裁判要旨】

鉴于地下水水质变化原因多样，可参考污染物排放时间、污染物种类与指标、地下水水质属性、水质变化情况等因素，综合认定排污行为与地下水水质变化之间是否存在因果关系，确定污染者应否承担生态环境损害赔偿责任。

## 一、简要案情

重庆市巴岳山天然矿泉水饮料厂成立于1998年，该饮料厂于2013年成立巴岳山公司，经营范围为饮料瓶（桶）装饮用水类。该公司取水许可证载明取水方式为提水，水源类型为地下水。采矿许可证载明开采矿种为矿泉水，开采方式为地下开采，开采深度为由346米至345米标高。

重庆华琦精细化工有限公司（以下简称华琦公司）成立于2002年，经营范围为生产销售无机精细化工系列产品及金属熔剂系列产品，以菱锶矿为原料生产六水氯化锶。排污许可证载明排放污染物为废水（COD、SS、氨氮、锶、石油类、硫化物）、废气（SO、烟尘）、噪声。

2017年9月22日，重庆市地质矿产勘查开发局208水文地质工程地质队作出《关于重庆市巴岳山矿泉水资源储量核实报告情况说明》，载明：巴岳山矿泉水水质发生变化，水质类型由重碳酸钙型水变为氯化钙型水，且水中CL－、钡和总硬度含量已超标，达不到《生活饮用水卫生标准（GB 5749—2006）》和《饮用天然矿泉水（GB 8537—2008）》标准，已不能作为天然饮用矿泉水。巴岳山矿泉水水质检测结果载明检测指标CL－、钡、总硬度在1994年9

* （2018）渝01民终7440号。

月 1 日检测的含量为 3. 41mg/L、0. 913mg/L，在 2017 年 7 月 27 日检测的含量为 428. 54mg/L、1. 48mg/L、642. 48mg/L。巴岳山公司于同日停止生产。2017 年 9 月 30 日，重庆市铜梁区国土资源和房屋管理局要求巴岳山公司立即停止开采矿泉水矿产资源。

2017 年 12 月 25 日，巴岳山公司举报华琦公司长期违法排放废气、废水、随意倾倒废渣行为。2018 年 3 月 5 日，重庆市铜梁区环境保护局作出回复，载明华琦公司属于环保手续合法企业，在生产过程中有燃煤锅炉废气、废水、废渣产生，废渣主要是燃煤碳渣和压滤废渣（滤渣），经现场检查没有发现违法排放废水、废气行为，该公司将 100 余吨滤渣堆放于巴岳山寨子坡原石英砂厂废弃采石场位置。

2018 年 1 月 12 日，巴岳山公司工作人员在寨子坡林场采集一个土壤样品，在栓牛水库采集一个水样样品，经重庆开元环境监测有限公司监测，送检水样中总硬度、钡、氯化物浓度分别为 3. 1mmol/L、0. 662mg/L、362mg/L；送检土壤样品中钡浓度为 130mg/kg，土壤浸提液中氯化物浓度为 365mg/L。

另查明，华琦公司厂址地理位置高于巴岳山公司厂址。2017 年 8 月 6 日，华琦公司与重庆市铜梁区双碾林场签订《协议书》，约定华琦公司使用位于巴岳山管护站寨子坡原石英砂厂采石场空闲地作为临时堆放生产废料中转场。

华琦公司曾因外排废水中化学需氧量、锶浓度超标，锅炉废气烟尘浓度超标受到行政处罚，2017 年 12 月因公司存在固体废物临时场所未采取符合国家环境保护标准的防护措施，受到行政处罚。

另查明，涉案巴岳山矿泉水水源地位于川东褶皱带华蓥山帚状构造的西山背斜北段东翼的中生界三叠系上统须家河组第四段（T3Xj4）砂岩含水层中，该矿泉水为远程补给深部循环的地下水。巴岳山公司及前身重庆市巴岳山天然矿泉水饮料厂经营期间，均未办理环评手续。审理中华琦公司陈述其生产过程产生的废水及固体废物中含有氯化物，但其未违法外排。再查明，《生活饮用水卫生标准（GB 5749—2006）》和《饮用天然矿泉水（GB 8537—2008）》标准规定，水质中 CL-、钡和总硬度含量限度分别应在 250mg/L、0. 7mg/L、450mg/L 范围内。

巴岳山公司认为华琦公司的生产排污行为导致其水源水质遭受污染，起诉请求华琦公司赔偿巴岳山公司股权转让款 6 800 000 元及资金占用损失，以及安置补偿职工费用 350 000 元。

重庆市渝北区人民法院一审认为，巴岳山矿泉水公司未能证明华琦化工公司排放了含 CL-、钡或影响总硬度的物质；栓牛水库采样检测结果仅表明该水库的水质情况，并不能反映该结果是否由华琦公司造成；遂判决驳回巴岳山公司的诉讼请求。

巴岳山公司不服上诉，重庆市第一中级人民法院经二审，认为首先，华琦公司超标排放的污染物与巴岳山公司矿泉水超标物质并不相同，其生产过程中虽会产生氯化物，但现有证据无法证明华琦公司向外排放了该物质。其次，华琦公司在寨子坡林场堆放固体废渣的行为发生在巴岳山矿泉水公司关停后。再次，水质中 CL－、钡和总硬度指标从 1994 年起逐年上升，其中钡浓度在 1994 年即已超过国家标准，而此时华琦化工公司尚未生产；拴牛水库送检水样中总硬度、钡浓度均在国家标准范围内，而巴岳山公司矿泉水在此前的总硬度、钡浓度均远超国家标准。拴牛水库送检水样和寨子坡送检土壤也远低于巴岳山矿泉水公司矿泉水在 2017 年 7 月 27 日的检测浓度。故现有证据不能认定涉案矿泉水 CL－、钡和总硬度超标系华琦公司排放污染物所致。此外，由于承压地下水是充满两个隔水层之间的含水层中的地下水，其埋藏深，不会受到地表水的渗漏，其水位、水量、水质等受水文、气候因素变化影响也较小，动态相对稳定，其不易受到污染。综上，判决驳回上诉，维持原判。

## 二、撰写心得

### （一）日常审理中做到“有心”

案多人少，案牍之劳，是一线法官常态。“有心”，会帮助我们发现有特点有影响案件或典型类案，法官的“有心”是习惯，更是习惯之后提升的能力。收案后每一环节，阅卷、庭前准备及审理工作中，我们都可多一份就案办案之外的思考，敏锐地找寻个案价值，好的文书源于好的案件素材。当我们阅卷发现某个案件可能涉及新类型问题、疑难问题，对实践具有指导意义的时候，这个案件就有成为案例的可能，而成为案例的基础则需要一篇优秀的裁判文书。故在收到卷宗之后，法官要仔细阅读当事人的诉辩意见，初步审阅证据材料，这个阶段需要确定原告的诉讼请求、请求权基础规范、原告主张的事实，被告答辩意见及其主张事实。在此基础上初步归纳争议焦点，考虑案件所涉的法律关系，是否需要向当事人进行释明，当事人的举证责任分配等，然后拟定调查重点和审理提纲。

### （二）案件事实是关键

文书是载体，传递的是案件审判的程序和实体处理的公正，案件事实的认定是基准。一篇好的文书，必然源于好的庭审，这要求法官需重视审理工作。一是根据拟定的审理提纲，在审理中引导当事人充分发表诉辩意见，围绕争议焦点举证。对当事人在审理中变更诉讼请求、举示新证据、申请调查取证及启动司法鉴定等，相应调整审查重点。这个阶段，一是就事实问题进行详细的询问，特别是涉及请求权基础规范构成要件的事实，需加以固定；二是就当事人讼争的法律关系听取双方意见，有的当事人的诉辩意见并不能表达他们的真实意图或者核心争点，需要法官敏锐地进行引导、加以释明，以确保案件审判效果。

**（三）加强证据审查和资料查阅工作**

在庭审之后，法官须对案件所涉重要事实、证据了然于胸，根据举证责任的分配确定当事人是否尽到其责任，初步分析是否需要依职权调查取证或是启动鉴定程序等，在对事实内容固定后分析当事人讼争法律关系。如遇疑难复杂、新型案件，可利用裁判文书网、法信、知网等知识库检索相关法律条文、类案裁判、司法观点和学者观点，对检索结果形成汇报，并初步形成自己的观点。在案件审理中涉及专业性较强的问题，多学习多向专家咨询请教，避免因案件事实的错误认定，导致裁判失去公信力。以本案为例，涉案巴岳山矿泉水水源为远程补给深部循环的地下水，系承压地下水，该承压地下水受污染原因与本案华琦化工公司的排污行为有无关联，因缺乏专业知识，在案件审理中，笔者走访了环科院相关专家，也查询了相关书籍，从而加深案件事实的判断。

**（四）发挥合议庭、法官会议机制作用**

在合议庭讨论过程中，充分发表自己的意见，提出关键性问题，并听取合议庭成员的意见。讨论的范围不局限于本案，而是一个案子中反映出的类案问题，可能是形成统一的裁判尺度、可能是创设新的裁判规则、可能是对现行立法和司法解释的补充性解释等，合议庭的讨论不能浮于表面，除了看到案件的法律价值之外，更应当看到案件处理的社会效果、体现的社会意义和价值导向。

**（五）精心打磨文书**

文书是案件审理全貌的反映，好的文书往往定分止争。文书的构架、说理分析，与我们日常多角度深层次的学习和积累息息相关，包括法律知识、学科知识、日常社会及生活经验。裁判文书格式是最高人民法院统一模板，但在“本院认为”部分如何展开对争议点的评述，如何在定分止争的说理中传递法律的精神和理念，是法官智慧和能力的展现。

首先，确定文书的框架结构，逻辑层次，要站在当事人、公众的角度审视文书逻辑是否清晰；其次，明确要适用的法律条文，理顺文书说理的次序，并根据论证的需要对某些重点事实问题叙写详细，以求事实认定与说理论证的对应；再次，围绕争议焦点进行重点阐述，文书说理要繁简得当、重点突出，内容全面、表述清晰，要起到裁判文书的教育指导作用；最后，对裁判文书进行校对，规范制作。以本案为例，先归纳争议点为：（1）华琦化工公司是否存在排污行为；（2）华琦化工公司的排污行为与巴岳山矿泉水公司水质发生变化的损害后果是否存在因果关系；（3）本案中，华琦化工公司是否承担侵权赔偿责任。再围绕争议点逐一展开说理，层层递进，清晰明了。

（李立新，重庆市第一中级人民法院法官）

## 三、专家评析

本案系环境污染责任纠纷案件，审理难点在于排污行为与损害后果之间是否具有关联性的认定，该问题亦是部分环境污染纠纷案件的焦点问题。在案件审理过程中，法院综合华琦公司污染物排放种类、排放的时间、源头与末端的水质数据等方面证据，结合涉案矿泉水为远程补给深部循环的承压地下水这一自然属性，认定排污行为与损害后果之间并无关联性，据此认为原告未尽到其举证责任。本文书最为突出的特点是，法官通过咨询相关专家，了解承压地下水特征，并将专家意见运用于裁判文书说理，充分发挥了专家专业作用，确保了裁判结果的科学性。本案判决体现了环资审判的复合性特征，裁判思路对同类案件具有一定的指导作用。

该文书格式规范，行文流畅，层次分明。对双方诉辩意见作了全面的阐述和概括，证据列举全面、详细，认证意见充分，事实叙写明确具体，在认定一审事实的基础上，对重要事实进行了补充查明。焦点归纳明确，分析论证部分理由阐释充实全面，针对性较强，与事实认定相互呼应。本案审理结果以及裁判文书均具有较强的示范性。

（点评人：张国庆，重庆市第一中级人民法院副院长、一级高级法官）

**（2018）渝 01 民终 7440 号裁判文书原文**

# 54. 重庆市人民检察院第一分院和重庆市昆仑化工有限公司水污染责任纠纷环境民事公益诉讼案*

【关键词】

环境民事公益诉讼　排污量确定　诉讼请求审查与释明

【裁判要旨】

1. 污染物排放的精确实际数量因客观证据所限已无法查明时，可综合生产量、单位产量污染物产出量，以及单次排污量、排污频次等予以推定。

2. 人民法院在环境民事公益诉讼中审查诉讼请求是否足以保护社会公共利益时，可从诉讼请求能否救济社会公共利益受到的现实损害，以及是否足以保证社会公共利益受损的风险得以消除两方面进行综合审查，以实现环境民事公益诉讼功能。

## 一、简要案情

原重庆昆仑化工有限公司为减少污染治理成本，修建应急池与暗管，将对硝基苯乙酮车间与应急池、观察井相连，连接长江。2015 年 4 月至 8 月 14 日，原重庆昆仑化工有限公司在未通过环境影响评价的情况下生产对硝基苯乙酮，将产生的废液通过暗管排放到应急池暂存，并多次将应急池内废液直排入长江，直至 2015 年 8 月 14 日夜间被查获。该公司共生产对硝基苯乙酮 154.25 吨，因生产工艺中用水量不衡定，故产生的废液总量准确数值现已无法查明，综合在案证据，废液总量至少 1542.5 吨，至多 2313.75 吨。经监测，该废液内含有有毒物质硝基苯类、总氰化物、锰、锌、铅、镍等，其中硝基苯类、总氰化物、锰含量严重超标。

2016 年 6 月，重庆昆仑化工有限公司名称变更为重庆市昆仑化工有限公

---

* （2018）渝 01 民初 669 号。

司（以下简称昆仑化工公司）。2016 年 12 月，昆仑化工公司注册资本增至 2000 万元。在此期间，该公司陆续投入 1592 万余元用于生产线升级改造，其中包括对硝基苯乙酮生产线的升级改造，并通过了环境影响评价及安全条件审查。

2018 年 3 月 27 日，重庆市渝北区人民法院作出刑事判决，认定该公司构成单位犯罪。

受重庆市人民检察院第一分院（以下简称重庆一分检）委托，重庆市环境科学研究院作出《鉴定评估报告》。该报告采用虚拟治理成本法，以重庆一分检认定的 1542.5 吨确定排污量，以被告治污设施实际运行成本及实际排放量确定单位虚拟治理成本为 40.22 元/吨，以受纳水体系Ⅱ类水域功能区确定环境功能区敏感系数为 7，认定被告外排对硝基苯乙酮母液中硝基苯类浓度超过基线水平 584 倍，导致暗管排放口附近长江水域生态环境受到损害，造成的环境损害量化数额 434 275.45 元。重庆一分检支付鉴定评估费 74 000 元。

重庆一分检履行诉前公告程序后，无适格主体提起诉讼，遂向法院提起诉讼。请求：（1）判令被告赔偿因违法排放工业有毒废水产生的生态环境损害费 434 275.45 元；（2）判令被告承担评估费 74 000 元、公告费 750 元；（3）判令被告向社会公众赔礼道歉。

重庆市第一中级人民法院经审理认为，重庆一分检针对其辖区内发生的破坏生态环境行为，依法履行相应诉前程序后，未有适格主体提起诉讼，其提起本案环境民事公益诉讼主体适格。

**（一）关于被告是否应承担因污染环境侵害公共利益的侵权责任**

昆仑化工公司违反法律规定，通过暗管向长江水域直接排放含有毒物质的废水，严重危及人体健康和其他生物的生存，加重长江流域负荷，对周边不特定公众的身体健康造成潜在危险，也可能造成水域内生物的死亡，其行为已损害社会公共利益，应当依法承担侵害社会公共利益的民事责任。

**（二）关于被告承担民事责任的方式和范围**

1. 生态环境损害修复费用。本案受损生态环境主要是长江水体，因其具有流动性，符合进行替代性修复的情形，加之被告本身并不具备生态环境修复的专业能力，故判决被告承担修复费用更为恰当。《鉴定评估报告》委托程序、鉴定依据合法，鉴定人员及机构具有相应资质，采用的损害评估方法具有客观性、科学性；排污量系依重庆一分检认定的 1542.5 吨而确定，由于排污量的精确实际数量因客观证据所限已无法查明，根据在案证据，对排放量的认定有两种路径：一是证据显示生产 154.25 吨对硝基苯乙酮排放的废液量为 1542.5 吨 ~2313.75 吨；二是按照暂存废液的应急池容量、排放次数计算，约排放废液 1775.76 立方米 ~2029.44 立方米，且被查处当天应急池中尚有不明数量的废液尚未排出。无论依何种路径计算，被告实际排污量均应不少于 1542.5 吨，重庆一分检认定污染物排放量为 1542.5 吨证据充分，应予认定。故对鉴定意见应予采纳。

该鉴定意见运用虚拟治理成本法，计算按现行的治理技术和水平治理排放到环境中的污染物所需要的支出，故《鉴定评估报告》确认的生态环境损害费实质为拟修复环境所支出的费用。

依据相关司法解释规定，人民法院认为人民检察院提出的诉讼请求不足以保护社会公共利益的，可以向其释明变更。重庆一分检对污染物排放量就低予以认定，并以此评估损害后果，提起诉讼请求。一方面，法院认为虽生产 154.25 吨对硝基苯乙酮产生的废液数量在 1542.5 吨 ~2313.75 吨之间均有可能，但除最低数值外，在该范围内认定其他数量均具有或然性、不确定性。另一方面，环境公益诉讼不仅为弥补当前损失，也需着眼于生态环境的未来。被告积极投入资金用于其对硝基苯乙酮生产线的升级改造，并通过了环境影响评价及安全条件审查，在继续服务于社会经济发展的同时，已消除了其生产经营行为污染环境、破坏生态的风险。故本案中公益诉讼起诉人的诉讼请求足以保护社会公共利益。

2. 评估鉴定费用及公告费用。重庆一分检为进行本案诉讼，实际支出了鉴定评估费 74 000 元、公告费 750 元，应予支持。

3. 赔礼道歉。被告违法排放并污染环境的行为侵害了社会公众享有美好生态环境的精神利益，理应向社会公众赔礼道歉。

综上，重庆市第一中级人民法院判决：昆仑化工公司赔偿生态环境修复费用 434 275.45 元，此款限于本判决生效之日起十日内付至法院指定账户，用于修复被损害的生态环境；昆仑化工公司于本判决生效之日起十日内，在省级或以上媒体向社会公开发表经本院审核认可的赔礼道歉声明；昆仑化工公司于本判决生效之日起十日内向重庆一分检支付鉴定评估费用 74 000 元、公告费 750 元。

判决后双方均未上诉。

## 二、撰写心得

本案是笔者所在法院受理的首例检察机关作为公益诉讼起诉人提起的环境民事公益诉讼案件，且被告的污染行为在当地造成了较大不良社会影响，所以本案的审理和裁判意义重大。为审理好此案，承办人以高度的责任心投入大量精力，组成“三审四陪”的 7 人合议庭公开开庭进行审理。为厘清本案争议焦点，就作为关键证据的鉴定意见通知鉴定人出庭参加诉讼，最终当庭宣判。该案从受理到审结仅用了不足两个月时间，本案庭审获评最高人民法院组织的第二届全国法院“百场优秀庭审”，而本案的裁判文书亦同时获评第二届全国法院“百篇优秀裁判文书”。现就该案裁判文书的撰写心得作一些分享。

裁判权是审判权的核心，而裁判文书是依法裁判的重要表现形式，它既是案件的执行依据，也是法官司法智慧外化的载体以及司法公开和法治宣传的重要形式。什么是一份好的裁判文书？笔者认为，依评价主体的不同，可从三个不同的层次加以评判：首先，以案件当事人作为评价主体，一份好的裁判文书应当做到格式规范、无错漏、争议焦点归纳准确、对当事人诉辩意见均予以回应和评判、法律适用和裁判结果正确；其次，以法律专业群体为评价主体，一份好的裁判文书应当做到事实认定精准翔实、对较为复杂的法律关系或在法律适用存在争议的问题说理精辟、论证充分、可读性强；最后，以一定历史时期的社会公众为评价主体，一份好的裁判文书应当做到通过对具有一定典型意义案件的裁判，体现社会主义核心价值观，实现对社会公众行为的指引功能。根据每个案件案情和社会影响的不同，未必每份法律文书都能达到后两个层次的标准，但至少作为法官在撰写文书时都应以此作为价值追求。

为实现这一价值追求，在撰写裁判文书，特别是具有特别价值案件的裁判文书时，笔者的经验至少有以下三点：（1）充分准备，扎实做好阅卷、庭前会议、庭审等基础性工作，充分听取当事人诉辩意见，仔细审查证据材料，进行类案及相关理论文章检索查阅；（2）发挥好团队作用，合议庭在评议时充分展开讨论，集思广益，审判辅助人员高度负责，确保裁判文书不出现错漏等瑕疵；（3）融入“法、理、情”，对实体法、程序法适用精准、分析透彻，运用公理、原理、常理论证裁判观点，根据案件情况还可融入法官情怀，展现司法温度。

具体到本案而言，受理案件后法院及时组织当事人召开了庭前会议，进行证据开示，听取双方诉辩观点及对证据的初步意见，为庭审的优质高效打下基础。合议庭针对本案在庭前及庭后均进行了评议，对裁判文书反复进行琢磨精修，书记员细心校对，最终确保了文书质量。

针对裁判文书的说理部分，承办人即采用了融入“法、理、情”的方法，提升文书说理的逻辑性、合理性和可读性。在论证被告是否应承担因污染环境侵害公共利益的侵权责任时，严格运用三段论的论证方式，首先引用适用的相关法律依据，再分析被告的违法行为、造成的损害后果及二者之间的因果关系，论证其符合侵权责任的构成要件。

而在论证被告行为造成损害后果大小时，因需认定其排污量，则运用常理进行分析——“本案所涉污染物排放的精确实际数量因客观证据所限已无法查明，但污染物排放量的认定对损害后果的最终确定不可或缺。根据在案证据，对排放量的认定有两种路径：一是证据显示生产 1 吨对硝基苯乙酮会产生 10 吨～15 吨废液，被告共生产 154.25 吨对硝基苯乙酮，由此认定排放的废液量为 1542.5 吨～2313.75 吨；二是证据显示暂存废液的应急池容积为 317.1 立方米，容量达 80% 时即排放，此时废液体积约为 253.68 立方米，共排放 7 次或 8 次，共约 1775.76 立方米～2029.44 立方米，且被查处当天应急池中尚有不明数量的废液尚未排出。无论依何种路径计算，被告实际排污量均应不少于 1542.5 吨，故公益诉讼起诉人认定污染物排放量为 1542.5 吨证据充分，有相应事实依据。重庆市环境科学研究院采用该排污量进行鉴定评估，本院予以采信”。

在论证被告应当承担赔礼道歉责任时，则融入带有一定感情色彩的表述，以体现司法温度——“长江横贯我国南部，被赋予母亲河的美誉，沿江孕育各具特色的地域文化，承载着国人对于美好生态环境的希冀。被告违法排放并污染环境的行为，在侵害社会公共利益的同时，也侵害了社会公众享有美好生态环境的精神利益，其除承担赔偿损失的民事责任外，理应向社会公众赔礼道歉，以示真诚悔改其过错，并主动接受公众监督”。

同时，文书中还充分考虑到本案系公益诉讼的特殊性，有别于普通民事诉讼“不告不理”的原则，对公益诉讼起诉人的诉讼请求是否足以保护社会公共利益进行了充分的论证，以体现人民法院为生态环境等公共利益提供司法保护的能动性——“本院亦对公益诉讼起诉人提出的诉讼请求是否足以保护社会公共利益予以关注。对此，本院认为，认定排污数量为 1542.5 吨的证据确实、充分，虽在民事诉讼程序中以高度可能性为案件待证事实证明标准，但具体到本案而言，生产 154.25 吨对硝基苯乙酮，产生的废液数量在 1542.5 吨~2313.75 吨之间均有可能，除最低数值外，在该范围内认定为其他数量均具有或然性、不确定性。另一方面，环境公益诉讼不仅为弥补当前损失，也需着眼于生态环境的未来。被告作为民营企业，在污染行为被查处后，积极投入资金用于其对硝基苯乙酮生产线的升级改造，并通过了环境影响评价及安全条件审查，在继续服务于社会经济发展的同时，已消除了其生产经营行为污染环境、破坏生态的风险。故本案中公益诉讼起诉人就低认定排污量委托鉴定评估，并依此提起诉讼请求，要求被告赔偿生态环境损害费 434 275.45 元，已经能够实现公益诉讼的目的，足以保护社会公共利益”。

甘甜的果实只会来自于辛劳的耕耘，用心用情撰写的裁判文书亦会成为法官最好的名片。在办案压力日渐增加的当下，法官也应该不忘“工匠精神”的初心，保留着把产品雕琢为艺术品的那份冲动，赋予自己的裁判文书独特的光彩。

（张力，重庆市第一中级人民法院法官）

## 三、专家评析

该案系涉水污染的环境民事公益诉讼案件，在审理上存在两个难点：一是如何认定被告污染物的排放量；二是如何审查公益诉讼人的诉讼请求是否足以保护社会公共利益。

关于如何认定被告污染物排放量的问题。本案虽有已决刑事案件生效判决，但民事侵权案件的构成要件与刑事案件不同，其中损害后果的认定在本案中存在较大争议。本案系暗管排放且持续数月，其排放行为较为隐蔽，加之排放至长江流域后，污染物已随水体流动转移、稀释，故污染物排放的精确实际数量因客观证据所限已无法查明。承办人综合在案证据，从两种途径认定排污量：一是根据生产量、单位产量污染物产出量计算总体排污量；二是根据单次排污量、排污频次推定污染物排放数量。综合两种途径得出的结论足以达到民事诉讼高度盖然性的证明标准，以证实鉴定意见采信数据的准确性。前述两种方法均可适用于同类案件，解决因客观证据难以固定致使实际排污量难以查明的难题。

关于如何审查公益诉讼人的诉讼请求是否足以保护社会公共利益的问题。为保护社会公共利益，相关司法解释赋予法院审查诉讼请求并作释明的职权，但对于审查内容却未予明确。本判决明确应从诉讼请求能否救济公共利益受到的现实损害，以及能否消除公共利益受损的风险两方面综合进行审查，判断诉讼请求是否足以保护社会公共利益，从而达到环境民事公益诉讼事后救济与事前预防之目的。本案判决对被告主动履行主体责任，优化生产方式与生产条件，采取措施防范环境污染风险的积极作为予以肯定，体现了坚持保护生态环境兼顾民营经济发展的裁判思路，秉持了协调、绿色的新发展理念，展现了人民法院服务保障高质量发展的司法作用，亦契合《民法典》绿色原则，具有较好的示范意义。

本判决归纳争议焦点完整、明确，证据分析认证详细、准确，叙事清楚，裁判说理部分与事实认定相互呼应，完整披露了承办法官的心证过程，清晰展现了适法路径，充分发挥了裁判文书的释法析理、教育示范作用，体现了保护公共利益的社会主义核心价值观导向。文书逻辑严密，层次清楚，条理清晰，重点突出，详略得当，堪称佳作。

（点评人：张国庆，重庆市第一中级人民法院副院长、一级高级法官）

**（2018）渝01民初669号裁判文书原文**

# 55. 安徽海德化工科技有限公司和江苏省人民政府环境污染侵权赔偿纠纷案*

【关键词】

民事　生态环境损害赔偿诉讼　分期支付

【裁判要旨】

企业事业单位和其他生产经营者将生产经营过程中产生的危险废物交由不具备危险废物处置资质的企业或者个人进行处置，造成环境污染的，应当承担生态环境损害责任。人民法院可以综合考虑企业事业单位和其他生产经营者的主观过错、经营状况等因素，在责任人提供有效担保后判决其分期支付赔偿费用。

## 一、简要案情

2014 年 4 月 28 日，安徽海德化工科技有限公司（以下简称海德公司）营销部经理杨某将该公司在生产过程中产生的 29.1 吨废碱液，交给无危险废物处置资质的李某某等人处置。李某某等人将上述废碱液交给无危险废物处置资质的孙某某处置。2014 年 4 月 30 日，孙某某等人将废碱液倾倒进长江，造成了严重环境污染。2014 年 5 月 7 日，杨某将海德公司的 20 吨废碱液交给李某某等人处置，李某某等人将上述废碱液交给孙某某处置。孙某某等人于 2014 年 5 月 7 日及同年 6 月 17 日，分两次将废碱液倾倒进长江，造成江苏省靖江市城区 5 月 9 日至 11 日集中式饮用水源中断取水 40 多个小时。2014 年 5 月 8 日至 9 日，杨某将 53.34 吨废碱液交给李某某等人处置，李某某等人将上述废碱液交给丁某某处置。丁某某等人于 2014 年 5 月 14 日将该废碱液倾倒进新通扬运河，导致江苏省兴化市城区集中式饮用水源中断取水超过 14 小时。上述污染事件发生后，靖江市环境保护局和靖江市人民检察院联合委托江苏省环境科学学会对污染损害进行评估。江苏省环境科学学会经调查、评估，

* （2018）苏民终 1316 号。

于2015年6月作出了《评估报告》。江苏省人民政府向江苏省泰州市中级人民法院提起诉讼，请求判令海德公司赔偿生态环境修复费用3637.90万元，生态环境服务功能损失费用1818.95万元，承担评估费用26万元及诉讼费等。

江苏省泰州市中级人民法院于2018年8月16日作出（2017）苏12民初51号民事判决：一、被告安徽海德化工科技有限公司赔偿环境修复费用3637.90万元；二、被告安徽海德化工科技有限公司赔偿生态环境服务功能损失费用1818.95万元；三、被告安徽海德化工科技有限公司赔偿评估费用26万元。宣判后，安徽海德化工科技有限公司提出上诉，江苏省高级人民法院于2018年12月4日作出（2018）苏民终1316号民事判决：一、维持江苏省泰州市中级人民法院（2017）苏12民初51号民事判决。安徽海德化工科技有限公司应于本判决生效之日起六十日内将赔偿款项5482.85万元支付至泰州市环境公益诉讼资金账户。二、安徽海德化工科技有限公司在向江苏省泰州市中级人民法院提供有效担保后，可于本判决生效之日起六十日内支付上述款项的20%（1096.57万元），并于2019年12月4日、2020年12月4日、2021年12月4日、2022年12月4日前各支付上述款项的20%（每期1096.57万元）。如有一期未按时履行，江苏省人民政府可以就全部未赔偿款项申请法院强制执行。如安徽海德化工科技有限公司未按本判决指定的期限履行给付义务，应当依照《民事诉讼法》第253条①之规定，加倍支付迟延履行期间的债务利息。

海德公司作为化工企业，对其在生产经营过程中产生的危险废物废碱液，负有防止污染环境的义务。海德公司放任该公司营销部负责人杨某将废碱液交给不具备危险废物处置资质的个人进行处置，导致废碱液被倾倒进长江和新通扬运河，严重污染环境。《环境保护法》第64条规定："因污染环境和破坏生态造成损害的，应当依照《中华人民共和国侵权责任法》的有关规定承担侵权责任。"《侵权责任法》第65条②规定，因污染环境造成损害的，污染者应当承担侵权责任。《侵权责任法》第15条③将恢复原状、赔偿损失确定为承担责任的方式。环境修复费用、生态环境服务功能损失、评估费等均为恢复原状、赔偿损失等法律责任的具体表现形式。依照《侵权责任法》第15条第1款第6项、第65条，《最高人民法院关于审理环境侵权责任纠纷案件适

① 对应《民事诉讼法》（2021年修正）第260条。
② 对应《民法典》第1229条。
③ 对应《民法典》第179条。

用法律若干问题的解释》（法释〔2015〕12号）第1条第1款、第13条之规定，判决海德公司承担侵权赔偿责任并无不当。

海德公司以企业负担过重、资金紧张，如短期内全部支付赔偿将导致企业破产为由，申请分期支付赔偿费用。为保障保护生态环境与经济发展的有效衔接，江苏省人民政府在庭后表示，在海德公司能够提供证据证明其符合国家经济结构调整方向、能够实现绿色生产转型，在有效提供担保的情况下，同意海德公司依照《民事诉讼法》第231条①之规定，分5期支付赔偿款。

## 二、撰写心得

任何一篇优秀的裁判文书，都离不开对谋篇布局、对所有细节的精雕细琢，优秀的裁判文书来自千锤百炼，来自认真思考、反复修改。得有几易其稿，甚至推倒重来的勇气，才能够写出真正高水平的裁判文书。

裁判文书的制作要符合逻辑，要有节奏感，条理清晰。裁判有其内在逻辑。在认真撰写、精心修改的同时，要跳出裁判文书，认真梳理案件审理的内在逻辑，防止出现逻辑错误。

### （一）归纳案由应当准确，这是确定审判逻辑的基础和前提

案由归纳准确，意味着我们所选择的法律条文不会出现明显偏差，为案件的正确裁判提供了正确的方向。例如，本案系生态环境损害赔偿诉讼，按照中共中央办公厅、国务院办公厅授权条款的要求，只有在当事人违反国家规定，造成重大生态环境损害时，才可以提起诉讼。依照该规定，作为生态环境损害赔偿诉讼案件，我们所确定的侵权责任归责原则是以侵权人违反国家规定为前提条件。

### （二）归纳诉辩意见要条理清晰，逻辑体系保持统一性

所谓条理清晰，也就是符合诉讼的基本逻辑。在对原告起诉请求、理由梳理基础上，依照法律规定及请求权分析法的内在逻辑归纳原告诉讼请求及理由。在对诉辩意见进行归纳时，可以不受当事人诉状相关内容的先后顺序的限制。只要能够把当事人的攻击、防御点都准确归纳出来，按照诉讼的逻辑架构，条理清晰地展示出来即可。

① 对应《民事诉讼法》（2021年修正）第238条。

**（三）根据请求权基础的内在逻辑以及举证责任的分配规则，分组列举相关证据**

依照诉讼防御的内在逻辑，分组列举相关证据。举证质证过程条理清晰，证据采纳合法、得当，证据采纳或不予采纳理由充分。在证据部分，按照诉讼的内在结构对各方当事人所提交的证据分板块分别举证、质证、认证。认定事实同样需要遵循相应的逻辑架构。简单案件按照时间顺序进行认定。复杂案件，在按照时间顺序进行认定的基础上，注重按照请求权分析法所确定的逻辑架构进行认定。

**（四）归纳的争议焦点应当明确具体**

准确归纳争议焦点，可以使得案件的审理重点突出，裁判说理更有针对性。但复杂案件的争议焦点往往较多，可能涉及案件能否受理，可能涉及侵权责任能否构成，可能涉及损失的价值量化是否科学、准确等事项。归纳争议焦点不能毫无逻辑，应当按照诉讼的逻辑架构予以明确。争议焦点也可以分不同层次、不同位阶。以本案为例，争议焦点包括：（1）江苏省人民政府是否具备提起生态环境损害赔偿诉讼的原告资格；（2）是否遗漏了必要的共同被告；（3）海德公司是否应承担生态环境损害赔偿责任，该争议焦点还可以进一步拆分为是否存在侵权行为、是否存在损害后果、海德公司实施的委托处置行为和生态环境损害之间是否存在法律上的因果关系、海德公司的行为是否违反了国家规定等下一位阶的争议焦点；（4）生态环境损害的计算是否正确；（5）服务功能的计算是否合理；（6）是否应当承担事务性费用等争议焦点。按照这一逻辑架构，就可以将争议焦点更为清晰地展示出来，从而说理提供坚实基础。

**（五）裁判理由要符合演绎推理的基本要求**

当案件较为复杂时，同样需要遵循演绎推理的基本要求。可以先论述演绎推理的基本逻辑架构，说明哪些事项是无争议事项，说理部分将重点就双方争议焦点展开。说理结束后，根据演绎推理的要求，给出相应的结论。就本案而言，原告关于服务功能损失的主张是否应当支持这一问题，法院经审查认为，服务功能损失的主张应当支持。其理由是：案涉污染事件造成了服务功能损失。数十吨 PH 值为 13.6 的高浓度废碱液倾倒进长江和内河，导致靖江自来水从长江水源地中断取水达 40 小时，污染区域大、持续时间长、后果严重。长江靖江段有水生动物 161 种，鱼类 148 种，重要鱼类 59 种，且有国家一级保护动物中华鲟、江豚和胭脂鱼。在长江靖江段有国家级水产种子资源保护区。案涉污染事件发生在长江禁渔期，这一时期正是长江水体生态环境最为敏感时期，也是长江水体中生物最为脆弱时期。由于鱼类适宜生存的 PH 值范围非常小，案涉污染行为对长江中鱼类繁殖和幼体生长必将造成严重损害。对这一区域存在的国家一级保护动物中华鲟、江豚和胭脂鱼等濒危物种的生存以及水产种子资源造成严重危害。生物种群所遭受的损害不可能在短期内恢复。新通扬运河地处里下河地区，系当地重要的饮用水水源和农业灌溉、养殖水源。新通扬运河系南水北调的主要通道，案涉污染事件导致新通扬运河自来水中断取水达 14 小时，且有证据证明污染事件已经造成了鱼类的死亡。可见，案涉污染事件造成了生态环境的严重破坏，且损害难以在短期内得到恢复，海德公司应当赔偿服务功能损失。

**（六）裁判文书的制作要尽可能地做到通俗易懂**

本案的审理，要涉及一些评估鉴定等证据的审查适用，涉及类比、推定等证明方法的采用，专业性相对较强，裁判文书容易充斥大量的专业词汇，从而显得较为晦涩，难以理解。但在该案裁判文书制作过程中，充分关注到裁判文书是法官向当事人、向社会公众说明裁判理由、裁判依据的载体，是辩理说法、发挥裁判教育引导作用的平台。因此，裁判文书不能过于繁琐、不能过于深奥，要善于用老百姓看得懂、能明白的语言，清晰、准确地认定事实、说明理由。使裁判文书能够清晰地传递法官裁判的逻辑、传递法律规则的真正内涵，从而使裁判能够更好地体现其价值。说明理由时，要善于将情理法相交融，将倡导的社会主义核心价值观、国家政策、公序良俗等影响裁判结果的因素进行必要的阐释。注重发挥裁判的指引、评价作用。

（陈迎，江苏省高级人民法院法官）

## 三、专家评析

本案属于环境污染民事公益诉讼中较为复杂的类型之一，争议事实多、认定难度大，对裁判者的审理能力和裁判智慧均是一次不小的考验。本篇裁判文书论述严密、要素齐备、层次分明，对二审中双方争议的原告主体资格，一审审判程序，评估报告的合法性、真实性，鉴定方法的规范性，生态环境损害数额的认定标准和方法以及是否应当考虑生态环境服务功能损失等争议较大的事项均进行了明确回应，阐述了裁判规则，充分展现了承办法官深厚的理论功底和优秀的撰写能力。

本案的文书逻辑缜密，层层递进，准确适用归责原则裁判案件。充分论述企业事业单位和其他生产经营者将生产经营过程中产生的危险废物交由不具备危险废物处置资质的企业或者个人进行处置，造成环境污染的，应当承担生态环境损害责任。并且在损失数额的计算中，认定可以采用类比的方式，参照污染物、污染区域、污染时间大致基本相同的评估结果计算生态环境损害，同时考虑生态环境的破坏程度、污染者的主观过错、污染行为的社会影响等因素，按照生态环境损害数额的适当比例酌定服务功能损失。在厘清各方当事人争议的同时，为环境污染案件办理过程中生态环境损失如何认定的难题提供了解决思路。

遵循“生态优先、绿色发展”理念，是我们一贯秉承和坚持的思路。在落实最严格制度最严密法治保护生态环境时，如何准确把握发展与保护协同共生的辩证关系，以保护生态环境促进经济发展，以保障经济发展反哺生态环境改善是环境司法面临的重要选择。裁判中，更需要环境资源案件裁判者不断创新裁判执行方式，既严惩污染行为、保护生态环境，又兼顾企业发展的正常需求。本案的处理即是生态环境损害赔偿执行方式问题的一次有效探索。我们注意到，海德公司在二审期间以企业负担过重、资金紧张，如短期内全部支付赔偿将导致企业破产为由，申请分期支付赔偿费用。江苏省人民政府也表示，在海德公司能够提供证据证明其符合国家经济结构调整方向、能够实现绿色生产转型，在有效提供担保的情况下，同意其依照《民事诉讼法》的规定，分5期支付赔偿款。裁判者最终考虑到企业的主观过错、经营状况、能否提供有效担保等多方面因素，最终采取探索建立“分期付款”方式，有效解决“案件执行企业经营难、案件不执行环境修复难”的两难问题。在保障环境修复工作顺利推进的前提下，判决海德公司在提供担保后5年内分5期缴纳修复费用，既保障了法律责任落实，又减轻了企业一次性赔偿的资金压力，为类似案件的办理提供了重要的参考路径。

（点评人：刘建功，全国审判业务专家，江苏省徐州市中级人民法院院长）

**（2018）苏民终1316号裁判文书原文**

# 56. 中国生物多样性保护与绿色发展基金会和秦皇岛方圆包装玻璃有限公司大气环境污染责任纠纷公益诉讼案*

【关键词】

民事　环境保护　大气污染责任　降低环境风险　减轻赔偿责任

【裁判要旨】

在环境民事公益诉讼期间，污染者主动改进环保设施，有效降低环境风险的，人民法院可以综合考虑超标排污行为的违法性、过错程度、治理污染设施的运行成本以及防污采取的有效措施等因素，适当减轻污染者的赔偿责任。

## 一、简要案情

被告秦皇岛方圆包装玻璃有限公司（以下简称方圆公司）系主要从事各种玻璃包装瓶生产加工的企业，拥有玻璃窑炉 4 座。在生产过程中，因超标排污被秦皇岛市海港区环境保护局（以下简称海港区环保局）多次作出行政处罚。2015 年 2 月 12 日，方圆公司与无锡格润环保科技有限公司签订《玻璃窑炉脱硝脱硫除尘总承包合同》，对方圆公司的 4 座窑炉进行脱硝脱硫除尘改造，合同总金额 3617 万元。

2016 年，中国生物多样性保护与绿色发展基金会（以下简称中国绿发会）对方圆公司提起环境公益诉讼，方圆公司加快了脱硫脱硝除尘改造提升进程。2016 年 6 月 15 日，方圆公司通过了海港区环保局的环保验收。2016 年 7 月 22 日，中国绿发会组织相关专家对方圆公司改造后的排污设备运行状况进行了考察，并提出相关建议。2016 年 6 月 17 日环保部门为方圆公司颁发《河北省排放污染物许可证》。2016 年 12 月 2 日，方圆公司再次投入 1965 万

* （2018）冀民终 758 号。

元，为四座窑炉增设脱硫脱硝除尘备用设备一套。

方圆公司于 2015 年 3 月 18 日缴纳行政罚款 8 万元。中国绿发会于 2016 年提起公益诉讼后，方圆公司自 2016 年 4 月 13 日至 2016 年 11 月 23 日，分 24 次缴纳行政罚款共计 1281 万元。

2017 年 7 月 25 日，中国绿发会向法院提交《关于诉讼请求及证据说明》，确认方圆公司非法排放大气污染物对环境造成的损害期间从行政处罚认定发生损害时起至环保部门验收合格为止。法院委托环境保护部环境规划院环境风险与损害鉴定评估研究中心对方圆公司因排放大气污染物对环境造成的损害数额及采取替代修复措施修复被污染的大气环境所需费用进行鉴定，起止日期为 2015 年 10 月 28 日（行政处罚认定损害发生日）至 2016 年 6 月 15 日（环保达标日）。

2017 年 11 月，鉴定机构作出《方圆公司大气污染物超标排放环境损害鉴定意见》，按照虚拟成本法计算方圆公司在鉴定时间段内向大气超标排放颗粒物总量约为 2.06 吨，二氧化硫超标排放总量约为 33.45 吨，氮氧化合物超标排放总量约为 75.33 吨，方圆公司所在秦皇岛地区为空气功能区Ⅱ类。按照规定，环境空气Ⅱ类区生态损害书为虚拟治理成本的 3～5 倍，鉴定报告中取 3 倍计算对大气环境造成损害数额分别为 0.74 万元、27.10 万元和 127.12 万元，共计 154.96 万元。

另查明，2015 年 3 月，河北广播网、燕赵都市网的网页显示，因方圆公司未安装除尘脱硝脱硫设施超标排放大气污染物被按日连续处罚 200 多万元。对于该网页显示内容的真实性，方圆公司在二审期间予以认可，故对于方圆公司在 2015 年 10 月 29 日之前存在超标排污的事实予以确认。

河北省秦皇岛市中级人民法院于 2018 年 4 月 10 日作出（2016）冀 03 民初 40 号民事判决：一、秦皇岛方圆包装玻璃有限公司赔偿因超标排放大气污染物造成的损失 154.96 万元，上述费用分 3 期支付至秦皇岛市专项资金账户（每期 51.65 万元，第一期于判决生效之日起 7 日内支付，第二、三期分别于判决生效后第二、第三年的 12 月 31 日前支付），用于秦皇岛地区的环境修复。二、秦皇岛方圆包装玻璃有限公司于判决生效后 30 日内在全国性媒体上刊登因污染大气环境行为的致歉声明（内容须经一审法院审核后发布）。如秦皇岛方圆包装玻璃有限公司未履行上述义务，河北省秦皇岛市中级人民法院将本判决书内容在全国性的媒体公布，相关费用由秦皇岛方圆包装玻璃有限公司承担。三、秦皇岛方圆包装玻璃有限公司于判决生效后 15 日内支付中国生物多样性保护与绿色发展基金会因本案支出的合理费用 3 万元。四、驳回中国生物多样性保护与绿色发展基金会的其他诉讼请求。案件受理费 80 万元，由秦皇岛方圆包装玻璃有限公司负担，鉴定费 15 万元由秦皇岛方圆包装玻璃有限公司负担（已支付）。宣判后，中国生物多样性保护与绿色发展基金会提起上诉。河北省高级人民法院于 2018 年 11 月 5 日作出（2018）冀民终 758 号民事判决：驳回上诉，维持原判。

法院生效判决认为，《最高人民法院关于审理环境民事公益诉讼案件适用法律若干问题的解释》（以下简称《环境公益诉讼司法解释》）第 23 条规定，生态环境修复费用难以确定的，人民法院可以结合污染环境、破坏生态的范围和程度，防止污染设备的运行成本，污染企业因侵权行为所得的利益以及过错程度等因素予以合理确定。本案中，方圆公司于 2015 年 2 月与无锡市格瑞环保科技有限公司签订《玻璃窑炉脱硝脱硫除尘总承包合同》，对其 4 座窑炉配备的环保设施进行升级改造，合同总金额 3617 万元，体现了企业防污整改的守法意识。方圆公司在环保设施升级改造过程中出现超标排污行为，虽然行为具有违法性，但在超标排污受到行政处罚后，方圆公司积极缴纳行政罚款共计 1280 余万元，其超标排污行为受到行政制裁。在提起本案公益诉讼后，方圆公司加快了环保设施的升级改造，并在环保设施验收合格后，再次投资 1965 万元建造一套备用排污设备，是秦皇岛地区首家实现大气污染治理环保设备开二备一的企业。

《环境保护法》第 1 条、第 4 条规定了保护环境、防止污染，促进经济可持续发展的立法目的，体现了保护与发展并重原则。环境公益诉讼在强调环境损害救济的同时，亦应兼顾预防原则。本案诉讼过程中，方圆公司加快环保设施的整改进度，积极承担行政责任，并在其安装的环保设施验收合格后，出资近 2000 万元再行配备一套环保设施，以确保生产过程中环保设施的稳定运行，大大降低了再次造成环境污染的风险与可能性。方圆公司自愿投入巨资进行污染防治，是在中国绿发会一审提出“环境损害赔偿与环境修复费用”的诉讼请求之外实施的维护公益行为，实现了《环境保护法》第 5 条规定的“保护优先，预防为主”的立法意图，以及环境民事公益诉讼风险预防功能，具有良好的社会导向作用。人民法院综合考虑方圆公司在企业生产过程中超标排污行为的违法性、过错程度、治理污染的运行成本以及防污采取的积极措施等因素，对于方圆公司在一审鉴定环境损害时间段之前的超标排污造成的损害予以折抵，维持一审法院依据鉴定意见判决环境损害赔偿及修复费用的数额。

## 二、撰写心得

本案系大气污染环境公益诉讼案件，在审判思路和裁判释法说理方面均体现出了环境公益诉讼的特点、目的和价值取向。重点有以下几个方面。

**（一）环境公益诉讼中法院的职权性应予强化**

环境公益诉讼案件中，环境损害的鉴定问题一直以来是司法审判中的一个难题。主要原因是鉴定机构少、鉴定周期长、鉴定费用高，鉴定问题一直以来是影响环境损害赔偿数额和案件审理期限的主要因素。本案二审期间，上诉人中国绿发会提出，在一审选取进行鉴定的时间段之前被上诉人方圆公司仍有超标排污行为并被处罚，并在二审庭审中提交了方圆公司超标排污被罚款的证据，方圆公司对该事实予以认可。故对于这一时间段环境污染造成的损害如何赔偿是二审面临的主要事实问题。二审法院考虑到再针对这一时间段的超标排污造成的损害进行鉴定成本高、耗时长，因此在综合考虑污染者超标排污造成后果的严重性、违法排污的获利与过错程度等因后素，对于一审鉴定时间段之外的超标排污造成的损害进行了酌定。避免了二次鉴定带来的成本高和周期长等问题。对损害赔偿进行酌定，不仅涉及法院的自由裁量权，也涉及法律适用与法律解释问题。

本案二审法院主要适用了《环境公益诉讼司法解释》第23条①规定，将被告企业违法排污的部分环境损害赔偿金予以折抵，是法院在维护公益与绿色发展之间的利益衡量，体现了法院在公益诉讼中的职权性。实质上，江苏省泰州水污染案中也有类似做法：法院一审判决6家被告企业赔偿环境修复费用共计1.6亿余元，二审法院进行了调整，“如6家被告企业能够通过技术改造对副产酸进行循环利用，明显降低环境风险，且一年内没有因环境违法行为受到处罚的，其已支付的技术改造费用可经验收后在判令赔偿环境修复费用的40%额度内抵扣”。在这个案例中，污染企业的环境修复费用会因其积极改进设备以及之后的合法经营而进行部分折抵。本文参照了江苏省泰州水

---

① 《最高人民法院关于审理环境民事公益诉讼案件适用法律若干问题的解释》（法释〔2015〕1号）第23条规定：“生态环境修复费用难以确定或者确定具体数额所需鉴定费用明显过高的，人民法院可以结合污染环境、破坏生态的范围和程度、生态环境的稀缺性、生态环境恢复的难易程度、防治污染设备的运行成本、被告因侵害行为所获得的利益以及过错程度等因素，并可以参考负有环境保护监督管理职责的部门的意见、专家意见等，予以合理确定。”该司法解释于2020年12月29日修正，该条未作修改。

污染案的裁判理念，对《环境公益诉讼司法解释》第 23 条进行了目的性解释，明确了环境公益诉讼案件对污染企业超标排污造成的损害，赔偿不是目的，让一个污染企业向绿色发展进行转换，更为重要。通过充分论证和解释法律提升了裁判的价值和理论高度。

**（二）环境公益诉讼更加强调预防功能**

环境损害波及面大、破坏程度严重，修复费用高昂。[①] 因此，环境司法在强调事后救济的同时，应兼顾预防原则。现代侵权责任法发展的重要特征亦是预防功能在不断加强。与其等到损害结果实际出现以后再进行救济，不如在损害结果发生之前就采取一定责任形式，更加有利于保障受害人，防患于未然。[②]《环境公益诉讼司法解释》的相关规定中，亦提倡事先预防和事后救济并重。

预防原则体现在环境审判的诸多方面，需要审判人员在实践中善于发现、予以重视并积极探索。第一，“停止侵害、排除妨碍、消除危险”均属于预防性责任承担方式。例如，在大气污染民事公益诉讼中，被告污染企业首先要做的即是主动或被迫停止排放污染物或停产，并在原告和法院的监督下积极采取改进生产工艺、更换污染设备等措施。其目的是防止环境污染、生态破坏的进一步扩大，预防性地消除不良影响。[③] 体现了风险预防原则。第二，公益诉讼判决的辐射效应具有预防功能。判决污染企业对造成的污染和环境侵害予以赔偿，并支付环境修复的费用、赔礼道歉等，不仅会对污染企业具有强大的震慑作用，对于周边其他同类企业也具有一定的影响，这种辐射效应实质上也是一种风险预防。因此，对于公益诉讼案件的审理和裁判，司法公开原则、宣传报道工作尤为重要，是实现公益诉讼判决辐射效应的重要环节。第三，也是本案的一个亮点，即企业在环保设备验收合格后，再次投入 1965 万元建造了一套备用排污设备，是秦皇岛地区首家实现大气污染治理环保设备开二备一的企业。不仅确保了生产过程中环保设备的稳定运行，也大大减低了再次造成环境污染的风险与可能性，实现了“保护优先、预防为主”的

---

① 吕忠梅：《环境司法理性不能止于“天价”赔偿：泰州环境公益诉讼案评析》，载《中国法学》2016 年第 3 期。

② 最高人民法院环境资源审判庭编著：《最高人民法院关于环境民事公益诉讼司法解释理解与适用》，人民法院出版社 2015 年版，第 267 页。

③ 吕忠梅：《环境司法理性不能止于“天价”赔偿：泰州环境公益诉讼案评析》，载《中国法学》2016 年第 3 期。

立法意图，以及环境民事公益是风险预防功能，具有良好的社会导向作用。笔者在二审判决书中，对于污染企业在诉讼期间的积极整改给予了高度肯定，在强调公益诉讼事后救济的同时，积极挖掘环境公益诉讼所起到的事先预防效果。让一个公益诉讼的判决不仅完成了环境损害的救济，并且能够改造一个企业，辐射其他企业，是环境审判实务中应当具备的重要审判理念。

**（三）体现了绿色发展的环境公益诉讼目的**

在本案审理中，一审法院始终本着环境保护与经济发展同时兼顾的理念，建议并督促企业抓紧改进防污设备，待达标后尽快恢复生产。体现了人民法院在审理公益诉讼案件时，既要考虑环境损害的赔偿，同时要考虑企业的承受能力和社会经济的发展。二审裁判文书中，将一审法院积极引导方圆公司向绿色企业转型发展的情况作了较为详细的阐述和说明，并从污染企业积极整改的角度评价了方圆公司在进入公益诉讼后其行为和理念的转变，并及时给予肯定。实现了改造企业向绿色发展这一环境公益诉讼特有的功能。

二审裁判文书秉持了习近平总书记的“绿水青山就是金山银山”的环境保护理念，对环境公益诉讼的目的和环境司法的价值进行了深层次的法理分析。不仅达到了损害救济与预防功能的双重效果，同时实现了环境保护与绿色发展并重原则。并通过个案审理，为社会公众树立了生态环境保护意识，推动形成绿色生产和生活方式，实现民法典的绿色原则，促进经济可持续发展。

（窦淑霞，河北省高级人民法院法官）

## 三、专家评析

该案例是京津冀首例大气污染环境民事公益诉讼。二审裁判文书获得2019年全国法院“百篇优秀裁判文书”奖项，同时入选了“人民法院2018年生态环境保护十大典型案例”“2018年度‘中国十大影响性诉讼’”，并在2019年12月，经最高人民法院审判委员会讨论决定，作为第132号指导性案例发布。

该案二审裁判文书释法明理详实充分、裁判逻辑清晰且能够站在环境公益诉讼功能和价值层面分析、说理，提升了整个案件的裁判质量和高度。

首先，环境公益诉讼案件，不能仅考量环境损害的赔偿，还应关注损失的止步。因此及时停止侵害，并避免环境损害的反复和扩大，实为一种预防功能的实现。本案中，被告污染企业不仅在法院和原告的督促下加快排污设备的升级改造步伐，积极缴纳罚款是对行政责任的承担，并在环保设施验收合格恢复生产后，再次出资近2000万元再行配备一套环保设施，确保了以后生产过程中环保设施的稳定运行，也大大降低了再次造成环境污染的风险与可能性。在个案中实现了《环境保护法》规定的“保护优先、预防为主”立法意图，强调了事后救济和事先预防并重原则。

第二，二审法院从环境公益诉讼目的解释适用了《环境民事公益诉讼司法解释》第23条的规定，对一审法院未予鉴定的环境损害部分，二审法院进行了酌定，并且对被上诉人排污的违法性、过错程度、积极治理污染的运行成本等进行综合考量后，对于其超标排污造成的损害进行了折抵性免除。裁判法官对于上述法条进行了深刻领悟并进行了目的性解释，更加符合保护环境与绿色发展相统一的原则，确认并支持污染企业向绿色企业发展，实现了环境公益诉讼的真正价值。

第三，通过该份裁判文书的说理，更加强调了环境公益诉讼不仅要把保护生态环境作为最重要的裁判衡量要素，同时力争将生态利益与经济利益并行不悖、协同发展作为诉讼的最佳目标。本案中，无论从企业在法院的督促下积极整改污染设备后迅速恢复生产，还是从排污设备的开二备一，都可以看出方圆公司在经过本案诉讼后从意识到行动的转化。这种通过公益诉讼使得一个污染企业转化为绿色发展企业，对当地企业起到了积极引领作用，这种以点带面的作用，对我国经济结构转型、绿色经济发展，起到良好的公益诉讼案件的辐射效应，具有积极的社会导向功能。

（点评人：魏文超，青海省高级人民法院副院长）

**（2018）冀民终758号裁判文书原文**

# 57. 中华环保联合会、江西龙天勇有色金属有限公司、常宁市沿江锌业有限责任公司和宜春市中安实业有限公司、湖南珊田投资集团汇金有色资源有限公司、新余市博凯再生资源开发有限责任公司、江西省新余市人民检察院环境污染责任纠纷案*

【关键词】

环境污染责任　生态环境损害　专家意见　损害数额计算　责任承担

【裁判要旨】

1. 对环境损害数额，可在参考专家意见基础上，考虑污染环境、破坏生态的范围和程度、生态环境恢复的难易程度、侵权主体过错程度等因素，结合当地经济发展水平，综合作出认定。

2. 为污染企业提供资金、向无资质的企业出售危险废物的，为无意思联络的分别侵权人，按过错及参与程度，确定应承担的责任比例。

## 一、简要案情

宜春市中安实业有限公司（以下简称中安公司）经营的粗铟工厂无危险废物经营资质、未依法取得建设项目环境影响评价审批同意、未配套任何污染防治设施。2016 年 1 月 6 日，中安公司与湖南珊田投资集团汇金有色资源有限公司（以下简称珊田公司）签订《合作协议》，约定珊田公司为中安公司的粗铟生产提供资金支持。2016 年 1 月至 4 月，中安公司从湖南、江西等地购入铅泥、机头灰等危险废物，用于非法生产提炼铁渣、锌渣、金属铟等产品。自 2016 年 1 月 4 日起，常宁市沿江锌业有限责任公司（以下简称沿江公司）分 8 次非法向中安公司提供“铅泥”，合计 291. 85 吨。自 2016 年 3 月 6 日起，新余市博凯再生资源开发有限责任公司（以下简称博凯公司）景源分公司分 12 次向中安公司提供机头灰合计 149. 14 吨。自 2016 年 2 月 22 日

* （2018）赣民终 189 号。

起，江西龙天勇有色金属有限公司（以下简称龙天勇公司）将无法进一步利用的机头灰与中安公司非法置换铅泥，分 17 次向中安公司提供机头灰合计 351.29 吨。中安公司在生产过程中，将未经处理的含镉、铊、镍等重金属及砷的废液、废水，通过私设暗管的方式，直接排入袁河和仙女湖流域。

本案属环境污染责任纠纷。法院生效裁判认为，本案主要涉及以下两个问题。

**（一）关于环境污染损害应如何确定的问题**

《最高人民法院关于审理环境侵权责任纠纷案件适用法律若干问题的解释》第 8 条规定：对查明环境污染案件事实的专门性问题，可以委托具备相关资格的司法鉴定机构出具鉴定意见或者由国务院环境保护主管部门推荐的机构出具检验报告、检测报告、评估报告或者监测数据。环境保护部华南环境科学研究所（以下简称华南研究所）为环境保护部公布的第一批环境损害鉴定评估推荐机构，其作出的《仙女湖水体污染事件应急处置阶段环境损害鉴定与影响评估报告》可以作为本案确定直接经济损失的依据。同时，华南研究所分别选用资源等值分析法及虚拟治理成本法对本次污染事件的生态环境损害进行量化后的金额分别为 9680 万元和 8610 万元。[①] 华南研究所按照虚拟治理成本法作出的生态环境损害数额是按照现行的治理技术和水平治理排放到环境中的污染物所需要的支出，适用于本案环境污染所致生态环境损害无法通过恢复工程完全恢复、缺乏生态环境损害恢复评价指标的情形，可以作为法院进行损害金额认定的参考。

《最高人民法院关于审理环境民事公益诉讼案件适用法律若干问题的解释》（法释〔2005〕1 号）第 23 条规定："生态环境修复费用难以确定或者确定具体数额所需鉴定费用明显过高的，人民法院可以结合污染环境、破坏生态的范围和程度、生态环境的稀缺性、生态环境恢复的难易程度、防治污染设备的运行成本、被告因侵害行为所获得的利益以及过错程度等因素，并可以参考负有环境保护监督管理职责的部门的意见、专家意见等，予以合理确定。"鉴于仙女湖大部分水域为景区水域，只有部分水域为饮用水取水口，专家意见按照地表水源地环境功能敏感系数 6 取值过高，法院按照娱乐用水环境功能敏感系数 4.5 取值。此外，环境民事公益诉讼的判决需要考虑环境保

① 需要说明的是，仙女湖水体污染事件特征污染物对袁河流域及仙女湖湖泊生物群落结构的影响在 2016 年 12 月基本恢复至基线水平，故华南研究所分别选用资源等值分析法及虚拟治理成本法对本次污染事件的生态环境损害进行量化。

护和当地经济发展之间的平衡。最高人民法院于2018年6月4日发布了《最高人民法院关于深入学习贯彻习近平生态文明思想为新时代生态环境保护提供司法服务和保障的意见》，该意见第2条规定："统筹协调经济社会可持续发展与生态环境保护的关系，找准环境保护、经济发展与人民群众环境权益之间的平衡点。"江西省系经济欠发达地区，企业的经济承受能力相对较弱，如一味追求判决的高数额，不但企业无法承受，实际上也无法执行到位，判决的法律效果和社会效果都难以保证。因此，综合考虑以上因素，对专家意见确定的环境损害赔偿数额予以调减，酌情认定本次环境侵权造成的生态环境损害量化数额为2260.125万元（高度浓度重金属废水量4100吨×单位治理成本3500元/吨×环境功能敏感系数4.5倍×35%）。

**（二）关于中安公司等5家公司责任如何承担的问题**

《侵权责任法》第12条规定："二人以上分别实施侵权行为造成同一损害，能够确定责任大小的，各自承担相应的责任；难以确定责任大小的，平均承担赔偿责任。"[①]《最高人民法院关于审理环境侵权责任纠纷案件适用法律若干问题的解释》（法释〔2015〕12号）第3条第2款规定："两个以上污染者分别实施污染行为造成同一损害，每一个污染者的污染行为都不足以造成全部损害的，被侵权人根据侵权责任法第十二条规定请求污染者承担责任的，人民法院应予支持。"[②] 结合本案来看，中安公司通过私设暗管的方式向袁河偷排重金属污染物直接导致本次污染事件，系直接的污染者。珊田公司、龙天勇公司、博凯公司、沿江公司分别只是提供资金或者危险废物，与中安公司并未有对上述非法排放行为的共同意思联络，且提供资金或者危险废物的行为并不必然导致本案污染事件和污染后果的发生，故不宜判定承担连带责任。中安公司从事非法经营危险废物的资金来源于珊田公司，珊田公司对环境侵权损害后果具有一定的过错；龙天勇公司、博凯公司、沿江公司分别向中安公司非法提供危险废物，对环境侵权损害后果亦具有一定的过错，均应当按照其过错承担相应份额的责任。综合中安公司等5家公司在环境侵权事件中的过错程度，认定中安公司承担65%的主要责任，珊田公司承担15%的次要责任，龙天勇公司、博凯公司、沿江公司分别按照提供的危险废物所

---

① 对应《民法典》第1172条。

② 该司法解释已于2020年12月29日修正，修正后，该款规定："两个以上侵权人分别实施污染环境、破坏生态行为造成同一损害，每一个侵权人的污染环境、破坏生态行为都不足以造成全部损害，被侵权人根据民法典第一千一百七十二条规定请求侵权人承担责任的，人民法院应予支持。"

占比例44.34%、18.82%、36.84%分担20%的次要责任。

## 二、撰写心得

在环境司法实践中，由于环境侵权问题具有较强的科学性和专业性，导致司法裁判对鉴定意见、专家意见等证据材料的依赖程度较高。而当前存在的鉴定机构少、鉴定周期长、鉴定费用高等问题更使环境损失计算成为环境司法中公认的难题。本案水污染公益诉讼对能动计算环境侵权损失进行了探索，有利于推动环境诉讼专门规则的确立。

### （一）技术判断与法律判断孰轻孰重

技术判断是采用技术手段对案件审理中的科学事实进行的判断，法律判断是基于法律思维对法律问题进行的判断。在司法实践中，技术判断是人民法院审理环境侵权案件纠纷的重要辅助手段，常见的有环境损害鉴定和专家意见。而囿于技术判断自身的局限性，一定程度上限制了其在环境司法实践中适用范围和参考价值。一方面，环境侵权的弥散性、复合性和累积性极大增加了搜集和固定相关证据的难度，导致部分案件根本不具备进行环境损害鉴定的基础条件。此外，高昂的鉴定费用也造成部分索赔金额较小案件不宜采用鉴定形式。另一方面，由于专家意见的选任条件、参与方式和证明效力等方面尚未明确和统一，使其科学性和公信力受到质疑。

环境资源审判中，对科学技术、环境标准的理解和适用往往是法官难以回避的技术屏障和知识壁垒。但科学毕竟不等同于法学，技术判断只是法官认定事实的辅助手段。法官不仅应对是否委托鉴定、鉴定意见、专家意见能否采信等问题作出判断，而且应对鉴定方法、虚拟治理成本法的系数等进行分析和判决，而非唯鉴定意见和专家意见是从，任由技术判断代替司法判断。在本案中，人民法院在确定生态环境修复费用等费用时并未受限于鉴定意见与专家意见，而是在综合考量污染环境、破坏生态的范围和程度、生态环境恢复的难易程度、侵权主体过错程度等因素的基础上，科学合理地确定了虚拟治理成本法的系数，并在此基础上计算生态环境损害量化数额，为准确把握技术判断与法律判断的关系作出了可资借鉴的探索与实践。

### （二）环境保护与经济发展如何统筹

近年来，伴随着环境保护理念的深入人心与公益诉讼的不断发展，污染者所需承担的侵权责任也随之加重。在环境公益诉讼数人侵权的案件中，由于侵权主体众多，损害后果严重，各侵权人所需承担的环境修复及赔偿的费用可能超过普通侵权案件几百甚至上千倍。高昂的赔偿费用固然可以对环境污染者起到震慑作用，但在司法实践中，许多污染者由于已被追究刑事责任或者自身履行能力较弱，无力一次性支付高昂的恢复环境以及赔偿的费用，导致判决实际执行效果较差。此外，某些经济实力较强但对实际污染损害作用较小的侵权人，如果需与其他丧失履行能力的侵权人承担连带责任，则难以避免落入共同侵权的“深口袋”陷阱，造成裁判实际执行中的明显不公平。而这些企业如果因为环境诉讼面临破产风险，当地经济发展、员工就业与社会稳定等问题也会给司法裁判的执行带来巨大阻力。

“对法律的，或者对任何一个个别法律现象的无视价值的思考都是不能成立的。”在环境侵权损失计算中，如何统筹环境保护与经济发展之间的关系，平衡各侵权人责任承担，无疑成为环境侵权案件审判和执行过程中必须面对的价值判断与利益衡量。本案中，中安公司在一审案件审理期间就已被吊销营业执照，其法定代表人及主管人员也被依法追究刑事责任，基本无力负担高达几千万元的环境修复及赔偿的费用，在此背景下，法院在遵循《最高人民法院关于深入学习贯彻习近平生态文明思想为新时代生态环境保护提供司法服务和保障的意见》“统筹协调经济社会可持续发展与生态环境保护的关系，找准环境保护、经济发展与人民群众环境权益之间的平衡点”的基础上，综合考量当地经济发展水平、被告过错程度及履行能力等因素，判决各被告按照其过错承担相应份额的责任，实现了政治效果、法律效果和社会效果的有机统一。

**（三）从“个案智慧”到“类案经验”**

环境损失的认定困局绝非个案，而破解之道在于能否从诸多类案中总结经验，并以此反哺个案裁决，形成相对统一的裁判规则和尺度。就环境损害而言，其影响因素甚多，然而哪些因素对最终损失的认定具有关键性、决定性作用，换言之裁判者应当将何种因素进行重点考量，选择不同、侧重各异，则结果相去甚远。聚焦环境资源诉讼专业性、技术性、外部性等特征，在计算环境损失时至少有以下几类问题需要我们正面回应：损害事实的变量如何衡量，使其在因果联系的基础上科学分析已然损害、潜在损害和关联损害；技术判断的边界如何把握，以避免其侵入法官的独立判断和自由裁量；裁判履行的效果如何优化，使其避免落入环境保护与经济发展非此即彼的“两难境地”；等等。上述案例，仅仅是对这些问题解决思路的一个典型体现，而环境损失计算的“类案经验”，也在类似案件的审理中逐步形成。为此，江西省高级人民法院提炼总结了一套损失计算方法——“环境损失计算五结合法”，即在认定环境损失时综合考量、统筹兼顾以下五大因素：一是原告的诉请，注重对原告诉请的合法性及合理性进行审查；二是查明的案件事实，在查明已经发生和将来极可能发生的环境损害事实之上进行裁判；三是鉴定意见、专家意见等证据材料，除必须作鉴定的案件外，其他案件可以参考相关领域内的专家意见来处理，或综合全案损失的情况酌定侵权损失；四是当事人的履行能力，适当考虑当事人的履行能力，在判决和执行中灵活运用多种修复方式；五是当地经济发展水平，既要考虑损害的后果，也要考虑对当地经济发展大局的影响。其中，原告诉讼请求是前提，查明案件事实是基础，专业技术认定是助力，被告履行能力是关口，实现绿色发展是目的，在环境损失计算中既要综合统筹，又要因案施策。

“法一成而难变，例以渐而有加。”江西法院将在今后的司法实践中不断打磨充实提升“环境损失计算五结合法”，为类案的处理提供更加完善的量化标准和审判思路。

（黄训荣，江西省高级人民法院法官）

## 三、专家评析

本案是江西省法院审理的第一例由社会组织提起的环境民事公益诉讼案件，涉及的仙女湖污染事件造成了仙女湖水质严重恶化和水生动植物大量死亡，新余市第三水厂停水近一周，数万居民用水受到影响，社会影响较大。本案涉及数人环境侵权的责任认定，判决对损害赔偿数额如何确定以及危废物质提供者、污染排放者、合作经营者应当承担何种形式的责任等公益诉讼中的新类型问题作了积极探索，较好地区分了各污染责任主体的责任范围，较好地处理了经济发展与环境保护的关系，对于类似案件具有一定的参考意义。

本案判决对双方争议要点辨法析理、说理充分、抽丝剥茧、丝丝入扣，将法院判决的考量因素充分展现出来，不仅充分考虑各涉事企业后续发展，还最大限度地保护了社会公众的环境诉求，实现了判决的法律效果、社会效果和政治效果的统一。本案的审理主要解决了两个法律适用难题：一是认定环境损害数额，可在参考专家意见基础上，考虑污染环境、破坏生态的范围和程度、生态环境恢复的难易程度、侵权主体过错程度等因素，结合当地经济发展水平，综合作出认定。二是认定为污染企业提供资金、向无资质的企业出售危险废物的，为无意思联络的分别侵权人，按过错及参与程度，确定应承担的责任比例。

### （一）关于环境损害数额的认定

专家意见运用资源等值分析法或虚拟治理成本法对生态环境损害进行货币量化，金额分别为 9680 万元和 8610 万元。但是，涉诉的几家企业经营规模均不大，所在的宜春、新余地方经济不发达，如按专家意见全额判决，几家企业都无法承担，而且即便判决，也肯定无法完全执行到位。考虑到仙女湖水质已通过水体流动和自然消解恢复正常，且仙女湖大部分水域为景区水域，只有部分水域为饮用水取水口，专家意见按照地表水源地环境功能敏感系数6取值过高，合议庭按照娱乐用水环境功能敏感系数4.5取值，并酌定按计算数值35%计算，确定了2260.125万元的环境损害量化数额。这一认定也符合《最高人民法院关于深入学习贯彻习近平生态文明思想为新时代生态环境保护提供司法服务和保障的意见》中关于找准环境保护、经济发展与人民群众环境权益之间的平衡点的要求。

**（二）关于责任范围及承担**

当前的环境公益诉讼中，较多起诉各被告承担连带赔偿责任。但是，从法理上说，承担连带责任必须有法律的明确规定或者当事人之间的约定。从法律规定上说，对于无意思联络的侵权人，只有每个侵权行为都足以造成全部损害的情况下，才承担连带责任，对于累积因素造成损害的，应当分别承担责任。从本案案情来说，各被告主观恶性不同，客观上对造成污染的参与程度也不同，判决分别承担责任，较好地体现了罚当其过。

2021年1月1日起施行的《民法典》侵权责任编对共同侵权行为的责任承担作了进一步明确具体的规定，如共同侵权行为的认定、连带责任的承担主体、被侵权人对部分连带或全部连带的选择，以及环境公益诉讼的惩罚性赔偿的适用，上述法律问题的适用规则在今后的污染环境侵权案件中可作进一步分析探讨。

（点评人：王世进，教授，中国法学会环境资源法学研究会常务理事、江西省法学会环境资源法学会副会长兼秘书长、江西理工大学环境资源法研究中心主任）

**（2018）赣民终189号裁判文书原文**

# 58. 重庆市人民政府、重庆两江志愿服务发展中心和重庆藏金阁物业管理有限公司、重庆首旭环保科技有限公司环境污染责任纠纷案*

【关键词】

民事　生态损害赔偿　共同侵权　损害量化数额

【裁判要旨】

1. 取得排污许可证的企业，负有确保其排污处理设备正常运行且排放物达到国家和地方排放标准的法定义务，委托其他单位处理的，应当对受托单位履行监管义务；明知受托单位违法排污不予制止甚或提供便利的，应当对环境污染损害承担连带责任。

2. 污染者向水域排污造成生态环境损害，生态环境修复费用难以计算的，可以根据环境保护部门关于生态环境损害鉴定评估有关规定，采用虚拟治理成本法对损害后果进行量化，根据违法排污的污染物种类、排污量及污染源排他性等因素计算生态环境损害量化数额。

## 一、简要案情

藏金阁电镀工业园位于重庆市江北区港城工业园区内，入住园区电镀企业产生的废水由重庆藏金阁物业管理有限公司（以下简称藏金阁公司）的废水处理站负责处理。藏金阁公司取得了排放污染物许可证，并拥有相关废水处理设备。2013 年 12 月，藏金阁公司与重庆首旭环保科技有限公司（以下简称首旭公司）签订《委托运行协议》，首旭公司承接藏金阁电镀工业中心废水处理项目。2016 年 4 月 21 日，重庆市环境监察总队执法人员在对藏金阁公司的废水处理站进行现场检查时，发现废水处理站中两个总铬反应器和一个综合反应器设施均未运行，生产废水未经处理从总排口排入外环境。2016 年 4

* （2017）渝 01 民初 773 号。

月22日至26日，经执法人员采样检测分析发现外排废水重金属超标，偷排废水总铬浓度为55.5mg/L、总锌浓度为2.85x$10^2$mg/L，总铜浓度为27.2mg/L，总镍浓度为41mg/L，分别超过《电镀污染物排标》（GB 21900—2008）的规定标准54.5倍、189倍、53.4倍、81倍，对生态环境造成严重影响和损害。2016年5月4日，执法人员再次进行现场检查，发现首旭公司将1号综合废水调节池的废水通过池壁上的120mm口径管网未经废水处理站处理直接排入港城园区市政废水管网进入长江。经监测，1号池内渗漏的废水中六价铬浓度为6.10mg/L，总铬浓度为10.9mg/L，分别超过国家标准29.5倍、9.9倍。据执法人员调查查明，首旭公司自2014年9月起，在明知1号综合废水调节池系废酸收集池改造而来，池中有一根120mm管网可以与直接通往长江的市政废水管网连通的情况下，仍然利用该管网将未经处理的含重金属废水直接排入长江，从2014年9月1日至2016年5月5日偷排废水量共计145 624吨。

2016年6月30日，重庆市环境监察总队以藏金阁公司超标排污为由，作出行政处罚决定，对藏金阁公司罚款5 807 200元。藏金阁公司向重庆市环境保护局申请行政复议，重庆市环境保护局作出维持行政处罚决定的复议决定。后藏金阁公司诉至渝北区人民法院，要求撤销行政处罚决定和行政复议决定。渝北区人民法院于2017年2月28日作出（2016）渝0112行初324号行政判决，驳回藏金阁公司的诉讼请求。判决后，藏金阁公司没有提起上诉，一审判决发生法律效力。

2016年11月28日，渝北区人民检察院向渝北区人民法院提起公诉，指控首旭公司承接藏金阁公司电镀废水处理委托运行项目，非法将未按程序处理达标的电镀废水直接排放至外环境，首旭公司、程某（首旭公司法定代表人）等构成污染环境罪，应依法追究刑事责任。渝北区人民法院于2016年12月29日作出（2016）渝0112刑初1615号刑事判决，判决首旭公司构成污染环境罪，判处罚金80 000元；程某等人构成污染环境罪，分别被判处有期徒刑九个月到六个月，并处罚金40 000元到10 000元。判决后，未提起抗诉和上诉，一审判决发生法律效力。

因偷排超标废水造成长江生态环境损害，重庆市人民政府、重庆两江志愿服务发展中心将首旭公司与藏金阁公司作为共同侵权责任人，请求判令两被告赔偿因偷排超标废水造成的生态环境损害赔偿费用14 416 776元用于异地替代修复，并承担因生态损害赔偿调查、鉴定评估、修复效果后评估产生的费用以及本案其他合理诉讼费用。

本案争议焦点为：（1）相关刑事诉讼、行政诉讼与本案的关系；（2）如何认定排污主体与受托排污企业的责任；（3）如何确定生态环境损害赔偿量化数额。

法院认为，藏金阁公司和首旭公司共同实施违法排污行为，造成环境污染的损害后果，构成共同侵权，判决藏金阁公司和首旭公司连带赔偿生态环境修复费用 1441.6776 万元，并在省级或以上媒体向社会公开赔礼道歉。

## 二、撰写心得

2017 年，重庆市第一中级人民法院受理了重庆市人民政府诉藏金阁公司、首旭公司环境污染责任纠纷一案，作为该案承办法官，这既意味着机遇也是挑战。

笔者认为，一篇好的裁判文书，通常有三个要素：一是案件具有典型性和代表性，这是条件要素；二是法律适用正确，说理论证充分，这是内容要素；三是格式规范，文字精当，这是形式要素。

就第一个要素而言，本案系全国首批、重庆首例生态环境损害赔偿诉讼案件，理论界和实务界关注度较高，同时，此案交织了民事、刑事、行政三种法律关系，还面临着一些程序法和实体法的空白地带，而解决好这些问题，必然会成就一篇好的判决和案例。长期从事调研工作的经历，使笔者养成了精品意识，“调研是更高层次的审判”，用调研思维办理案件是笔者一直推崇的办案风格，这个案件本身的复杂性和典型性决定了需要法官花费更多的心力去完成判决书。同时需要指出的是，通常认为精品案件“可遇而不可求”，此观点有待商榷，不妨换个角度更加辩证地看待这个问题，其实法官在与案件的关系中并不总是消极、被动的。的确，不是每个人或者每一次都能遇见此类新型疑难案件，但是笔者认为经典案件与优秀法官是相互成就的，缺乏精品意识和能力，好的案件也可能错过；反之，以工匠精神去认真对待每一个案件，产出精品案件的概率会大大增加。

就第二个要素而言，作出正确裁判是法官办案的应有之义，也是优秀文书的必然要求。要写出好的文书，首先必须有准确的裁判思路，这是优秀文书的前提条件，而有了这个前提条件，还需用文字准确地表达出来。那么，如何才能形成正确裁判并在文书中清晰呈现？首先，办好一个疑难案件，应当充分发挥合议庭功能。简单案件和复杂案件办理难易程度不同，因而办理模式也有差别，最高人民法院提出了简案快审、难案精审的指引，笔者个人在办案过程中也在践行这种理念。复杂案件的精审在办案中体现为合议庭反复论证、全面检索相关案例、广泛查阅资料等方式，尤其是合议庭讨论时要让不同观点充分碰撞，让各种疑问浮出水面，这是其后形成的文书说理全面、透彻的基础；在裁判文书撰写上则体现为注重从不同维度进行说理，对合议庭讨论时出现的争议观点或者理论界和实务界存在争议的观点在说理时不仅要从持方角度论证，还要从反方角度论证，也就是对可能被质疑的问题作出回应和阐释，这样质疑者才能从文书中找到解开疑虑的答案，从而最大限度地消弭争议，取得认同。其次，文书写作固然有很多奥妙，但逻辑性至关重要。“法律的生命不在于逻辑而在于经验”，这句名言毋宁说在强调经验的重要性，其实也从一个侧面反映出逻辑的重要性。如果说裁判思路是文书的灵魂，那么逻辑性则是文书的关键。裁判文书应当逻辑清晰、层次分明，文书的总体布局和各部分之间的关系都要符合逻辑，否则就会导致散乱无序，不知所云。宏观层面来讲，文书的基本逻辑进路是当事人情况及其诉辩—证据举示与事实认定—法律适用；微观层面来讲，每部分的标题要准确反映该部分的核心内容，每部分的开篇或结尾处要有概括总结，当事人诉辩称不能与法院认定事实相混同，对证据和事实的描述尽量避免重复交叉等。最后，深入、细致地展开辨法析理，不拘泥于当事人的诉辩理由。当事人提出的诉辩理由往往是不充分的，需要法官寻找规范、梳理事实并作出裁判。经过庭审以后，最终在判决书中认定的事实和说理其精细度一定是高于当事人提出的事实与理由的。司法裁判具有将模糊的事实清晰化，并矫正认识偏差的功能，这是法官撰写判决书时应当追求的目标。当然，法院裁判不能超出当事人诉讼请求，也不能脱离其选择的请求权基础。

就第三个要素而言，也就是对裁判文书具体写作技巧上的要求。归纳起来，有以下几点注意事项：（1）从写作定位来看，要考虑阅读者的体验，兼顾当事人、专业人士和社会公众等不同群体的感受，用他们均能理解和接受的方式进行表达，在格式体例和文字表述上注意从阅读者角度作出安排。（2）从写作方法来看，可以分步骤写作，第一步是厘清写作思路，搭建文书框架，找到每个焦点问题的论证路径；第二步是按照确定的框架结构和论证路径撰写文书初稿，说理部分最好一气呵成；第三步是放一放回头再看，对存在的问题作出修改完善，这一步可以多次进行。（3）从写作风格来看，裁判文书既有严格的规定性，又有一定的创造性。所谓规定性，是指文书样式必须符合最高人民法院的规定，用语亦应规范、庄重、精准，既不宜像写论文一样深奥晦涩，也不能像写散文一样任意发挥；所谓创造性，是指说理部分采用归纳法还是演绎法、证据罗列和事实认定采用何种逻辑结构以及文字言简意赅还是应说尽说等问题，均要根据案件的具体情况因案而异，同时，在符合规定性的基础上，也允许个人的写作风格得到适当的展现。比如，本案是环资案件，环资案件判决书应当发挥对公众的教育与指引功能，对此笔者在判决书中用较为文学性和人性化的语言作出了如下表述："本院认为，长江水域生态系统的维护需要公众参与，对其实施的破坏行为会侵害到千家万户乃至子孙后代的利益，二被告对长江生态环境的严重破坏行为，是对社会公众权益的损害，要求其公开赔礼道歉既是公众合法权利的体现，也是对其他类似行为的警示，还能够让二被告公开表达对于自身过错的深刻认识和真诚悔意。"在理性之中融入一点感性，更能引起共鸣，也彰显文书的个性化色彩。（4）从写作理念来看，"细节决定成败"，文书亦是如此。事物整体的重要性不言而喻，而细节同样不容忽视。每个部分的格式要统一、同一事物前后提法要保持一致、遣词造句要反复推敲、标题序号要规范准确、校对要做到零差错，本篇裁判文书中标点符号如何使用也查询了《标点符号用法》（国家标准），因为优秀文书不允许细节上有败笔，在文书写作上不能当"差不多先生"。此外，在文书撰写的初期，可以通过模仿快速提升写作技巧，《最高人民法院公报》刊登的文书是可以经常学习的对象。即便是一名成熟的法官，也需要通过借鉴和吸收来不断精进业务。

本案判决书篇幅较长，一方面，是由于其包含的法律适用疑难问题较多，有些问题甚至具有填补空白的意义，因此需要缜密说理才能完成论证；另一方面，系因本案关联案件较多，在提起生态环境损害赔偿诉讼之前，同一事实已经经过行政诉讼和刑事诉讼，前两者关于案件的事实和法律认定由于三种诉讼证明标准和实体依据的不同而必然与本案存在差异，如何在包容差异的前提下避免产生矛盾冲突，这对文书写作提出了较高的要求，因此相关内容着墨较多、理据翔实。

办理此类案件诚然具有较强的挑战性，但是对于淬炼法官的文书写作能力具有不同寻常的意义。优秀文书表现为裁判的准确、说理的精当、文字的优美，而法官在文书撰写过程中也体会到了司法的乐趣与美妙，并通过案件办理升华了对于环境资源审判以及长江生态保护的认识。用心写作，自有收获，但行前路，无问西东。

（贾科，重庆市第一中级人民法院法官）

## 三、专家评析

2015年，中共中央办公厅、国务院办公厅联合发文，确定在包括重庆市在内七个省市试点生态环境损害赔偿制度，本案便是试点期间产生的诉讼案件，属于全国首批、重庆首例生态环境损害赔偿诉讼案件。2017年12月，中共中央办公厅、国务院办公厅再次发文正式在全国推行生态环境损害赔偿制度。本案作为试点期间为数不多的诉讼案件之一，为生态环境损害赔偿诉讼的经验积累与制度完善提供了样本。宣判后，各方当事人均未上诉，一审判决发生法律效力，二被告及时主动向社会进行了公开赔礼道歉，学界和社会公众对于判决均反响良好，实现了政治效果、法律效果和社会效果的统一。

该判决具有特殊的示范意义。判决书不拘泥于侵权构成要件的论证，而重点关注公文书证中认定的事实是否能在相关民事诉讼中予以采信、赔偿数额的计算以及共同侵权的认定。对于本案中争议最大的“是否构成共同侵权”的问题，作出了令人信服的分析论证，而对于将生态环境损害赔偿诉讼和公益诉讼合并审理的问题也在合适位置简要而又精准地予以了说明。上述问题作为生态环境损害赔偿诉讼中的最核心问题，为以后生态环境损害赔偿诉讼中的相关问题解决手段提供了参考。

本案涉及水资源污染，受污染水体处于流动状态，生态环境损害数额的计算是一个难题。该判决采用了虚拟治理成本法对损害结果进行量化，并以替代修复的方式让侵权人承担侵权责任，这一判决将对水资源生态环境损害赔偿诉讼起到示范和指导作用。

该判决成功地在生态环境损害赔偿诉讼和公益诉讼中适用了“赔礼道歉”这一侵权责任形式，判决认为“赔礼道歉”一方面是对公共利益主体，即社会公众的尊重，另一方面也是被告对于其自身严重错误的反省。鉴于环境公益诉讼非私益性与环境侵权的严重性，赔礼道歉有其存在空间。于此，此次判决有先例之功用。

该次判决协调了司法部门与行政执法部门对于环境污染的职能分工，加大了环境违法整治的力度。环境污染案件事实在生活中通常较为复杂，并且往往同时违反《刑法》、相关环境保护条例与侵害公共利益。此判决在认定案件基本事实时，不仅认识到同一生活事实在刑事诉讼、行政诉讼与民事诉讼中的差异性，理顺了三类诉讼认定事实的逻辑差异，还成功地将前诉认定的事实，通过民事诉讼程序的“修剪”，巧妙植入民事诉讼对于事实的认定。此点既保持了司法的前后一致性，又节约了司法资源。

本判决书在逻辑推演上层层递进、环环相扣，对所有争议问题的回应与解释都蕴含于判决之中，说理深透、论证有力，文风刚柔相济，充分展现了裁判的艺术，堪称复杂案件判决书的写作范例。

（点评人：唐力，西南政法大学副校长、教授、博士生导师）

**（2017）渝 01 民初 773 号裁判文书原文**

# 59. 中华环保联合会与浙江新安化工集团股份有限公司等单位和个人环境污染责任纠纷案*

【关键词】

环境污染　公益诉讼　连带责任

【裁判要旨】

1. 污染物多数已被焚烧、填埋，损害后果难以判定的，人民法院应参考具有危险废物处理资质企业处置污染物价格，确定环境污染者治理费用，并依法确定不同污染者的责任。

2. 民事赔偿金用于修复受损的生态环境，与刑事判决罚金性质不同，民事责任未被刑事责任所吸收或覆盖，不能因刑事罚金而免除相应的民事赔偿责任。

## 一、简要案情

2012 年 3 月至 2013 年 5 月，浙江新安化工集团股份有限公司建德化工二厂通过宏安公司将磷酸盐混合液共计 11 370 吨运往山东省临邑县、玖新工贸，交由李某 1、李某 2 非法处置，并支付 50 ~ 80 元每吨不等的处置费，后李某 1、李某 2 将上述磷酸盐混合液予以销售。案发后，杭州市余杭区人民法院判决认定，被告单位浙江新安化工集团股份有限公司建德化工二厂等单位和个人的行为均已构成环境污染犯罪，判决被告单位浙江新安化工集团股份有限公司建德化工二厂犯污染环境犯罪，判处罚金人民币 6300 万元；被告单位宏安公司犯污染环境罪，判处罚金人民币 1300 万元；被告人徐某某犯污染环境罪，判处有期徒刑五年六个月，并处罚金人民币 300 万元。垦利县人民法院判决认定，李某 1、李某 2 在没有处置危险废物经营许可证的情况下，于 2012 年 3 月至 2013 年 4 月，从徐某某处运进化工二厂草甘膦母液综合利用过程中产生的磷酸盐混合液 10 650 吨，存储于山东省临邑县；于 2013 年 5 月运进 720

* （2017）鲁民终 1577 号。

吨，存储于玖新工贸，并对上述磷酸盐混合液进行销售。据此判决，李某 1、李某 2 犯污染环境罪，分别判处有期徒刑一年零六个月，缓刑二年，并处罚金人民币 3 万元。根据公安机关提供的证明材料，涉案磷酸盐混合液尚有部分存放于山东省东营市垦利县、德州市临邑县、河北省邯郸市境内。

中华环保联合会向一审法院起诉，请求判令被告停止违法行为，承担赔偿费用。一审判决被告立即停止非法外运处置磷酸盐混合液的行为，支付环境污染治理费用 22 740 000 元，支付原告中华环保联合会律师费 120 000 元。中华环保联合会、化工二厂、新安化工不服一审法院判决，向山东省高级人民法院提起上诉。二审确定三个焦点问题：一是被告行为是否构成环境污染或存在重大风险，是否应当承担民事赔偿责任。二是刑事判决罚金是否已包括本案的赔偿，判决被告承担连带责任是否有法律依据。三是判决被告承担原告在本案诉讼中的律师费是否合法合理。二审经审理，判决驳回上诉，维持原判。

## 二、撰写心得

撰写裁判文书是法官的基本职责，写好文书是法官的基本功。在多年的办案过程中，写了上千份的文书，有民事的，也有行政的，有一审、二审、再审的，有的复杂，有的简单。总结文书写作的经历，有三点深刻体会：

### （一）只有办好案，才能写好文书

裁判文书是案件过程和结果的载体，是在案件办理即将完成后对审理过程的回顾、梳理、总结，如果案件严格依照法定程序办理，事实查清楚，法律问题得到解决，自然就能够作出正确的裁判；如果案件办理程序、实体上有问题，就是有一支生花的妙笔，也不可能写出好的文书。从自己写作文书的经历来看，在有些案件裁判文书撰写过程中，能够发现一些办案过程中存在的程序和实体问题，有些能够弥补，有些留下了缺憾。比如，在某一个案件文书制作过程中，翻阅卷宗材料，发现案件曾经中止过，但并没有送达中止裁定的回证，还有的证据材料在庭审中质证过，开完庭并没有提交，也有的代理手续不完善，没有出庭函等。开庭后及时开始制作文书，检视卷宗，有些问题和瑕疵就能够得到弥补，促进案件质量的提高。除了程序问题，有时候还会发现实体问题，比如，在某一个案件的判决书起草过程中，遇到一个事实问题需要解决，发现在开庭过程中并没有向当事人进行核实，文书就没法写下去了，只好再次组织法庭调查。裁判文书是审判过程的记载，如果审判过程不完善，文书就不可能完美。因此，在案件办理过程中，特别是比较复杂的案件，笔者都需要考虑一个办案的预案，开庭前需要作哪些准备、庭审需要调查哪些问题、是否需要主动依职权调查、是否需要作鉴定、需要查阅哪些法律规定和判例等。只有做到心里有数，才能按部就班推进诉讼程序，解决案件中遇到的程序和实体问题，将案件办好，将文书写好。在办理（2017）鲁民终1577号案过程中，鉴于案件属于新类型案件，当事人众多、标的额大、案情复杂，承办人在开庭前进行了认真阅卷，梳理归纳了上诉中提到的问题，初步形成了二审的审理重点，对相关问题做到心里有数。本案中，除了有原被告，还有东营市环境保护局作为支持起诉人，开庭时就需要提前准备支持起诉人的席签，对于支持起诉人在何时发表意见、能否参加法庭调查和辩论等，都需要做好预案。有些问题虽然只是细节问题，但细节往往决定成败。

**（二）既要规范制作，又要灵活处理**

裁判文书作为国家公文，必须遵循一定的格式，包含一定的要素，体现规范性和权威性。一份判决书承载着生命、财产、是非曲直、公平正义，写作文书不可不慎。以一审民事判决书为例，《民事诉讼法》第152条规定："判决书应当写明判决结果和作出该判决的理由。判决书内容包括：（一）案由、诉讼请求、争议的事实和理由；（二）判决认定的事实和理由、适用的法律和理由；（三）判决结果和诉讼费用的负担；（四）上诉期间和上诉的法院。判决书由审判人员、书记员署名，加盖人民法院印章。"[①] 上述内容是法律规定的，在判决书中一项也不能缺少。为了规范裁判文书制作，最高人民法院发布了各类裁判文书样式，为我们制作裁判文书提供了模板，有利于减少不规范问题的发生。根据裁判文书制作规范，文书的撰写要做到格式统一、逻辑严密、用语准确。一般民事判决书由三个部分构成，标题、正文、落款，标题包括法院名称、文书名称和案号；正文部分包括首部、事实、理由、裁判依据、裁判正文、尾部；落款包括署名和日期。这些基本要素都必须具备，否则判决书就不规范，存在瑕疵。从日常制作文书过程来看，不少法官习惯于用已有的文书模板套改，比较容易出现的问题是，有些当事人及代理人名称、案号、审判人员等没有修改，出现张冠李戴现象，也有的文书会遗漏和错误。当然，文书制作并不总是按图填字，根据文书的不同，还应该作出灵活处理。以本案判决书为例，由于案件当事人众多，争议的问题也不少，有

① 对应《民事诉讼法》（2021年修正）第155条。

些问题在一审中已经涉及或解决，有些争议一审没有涉及，二审对于一审已经查明的事实，就可以作简单概括，对于仍有争议的问题，重点进行分析，做到详略得当、条理清晰。

**（三）要说透法理、事理和情理**

法官的重要职责就是要正确查明事实、准确适用法律、作出公正裁判。对于一些复杂的案件，制作裁判文书的过程就是一个艰苦地查明事实的过程，也是一个复杂的适用法律过程，更是一个反复权衡作出恰当裁判结果的过程。认定事实离不开法律，适用法律也不能脱离案件的事实，所以法官的目光总是往返于事实与法律之间，努力追求裁判结果的公平正义。就本案而言，焦点问题是环境侵权责任是否成立、责任主体、责任形式等，其中，争议比较大的问题是损害后果的确定。任何侵权都需要有损害后果，才能够确定侵权人的责任。但本案中，由于污染物大部分被焚烧、填埋，在刑事案件中也无法完全查清楚具体的非法处置情况，在民事案件中，这些被非法处置的化工废物到底能够造成多大的损害，在不能量化的情况下，如何确定被告人的责任，既是一个事实问题，也是一个法律问题。在案件庭审过程中，被告就提出化工废物大部分被焚烧，空气有自净能力，所以没有产生危害后果。虽然生态环境修复费用难以确定，但生态环境作为一个整体，其承载能力有限，污染物流入其中，必然要造成环境质量下降和损害结果发生，污染者也不能以环境有自净能力、环境修复费用难以确定为由而不承担环境侵权责任。参照具有危险废物处置资质的企业处理此类污染物的合同价格，并综合考虑相关因素，确定本案的修复费用为 2274 万元，用于环境治理和生态恢复，既符合法律规定精神，也有一定的合理性。本案中还有一个新问题需要解决，就是环境公益诉讼律师代理费用依法由败诉的被告承担，但是费用的标准如何确定，并没有明确的规定。实践中，也有一些不同认识，有的人认为既然律师从事公益诉讼案件代理，就是在做公益，不收或少收代理费；也有的认为，既然由败诉的污染者承担，收得越多越好；有的认为应当以实际发生的费用为准，也有的认为应当参照律师代理普通案件的费用标准，合理确定一个数额。在相关规定不明确的情况下，本案综合案件的复杂程度、开庭次数，确定一个较为合理的费用标准，判决由污染者承担，也具有一定的合理性。

（张传毅，山东省高级人民法院法官）

## 三、专家评析

“文以载道”，裁判文书在形式上是案件办理过程的全记录，载明了案件的当事人、审理过程、事实认定、法律适用和裁判结果，在实质上是载明的是司法机关对是非曲直的判断，对公平正义的宣示。裁判文书作为国家公文的一种，既要具有公文的规范性、严谨性和权威性，同时不同的裁判文书也会带有不同写作者的风格，体现出写作者的文字表达、逻辑推理等能力。

（2017）鲁民终1577号民事判决书有以下几个特点：

**（一）格式规范**

针对不同类型的案件，最高人民法院规定了不同的判决书样式，判决书的制作者不能脱离开文书样式而创新，文书必须具备所有的要素，否则就是不规范的，更谈不上优秀判决书。这篇文书涉及的当事人众多，案情较为复杂，但判决书严格按照格式要求，写明法院名称、案号、当事人及诉讼代理人基本情况，案件由来、审判组织和开庭审理等过程。主文部分按照原审情况、上诉答辩情况，以及二审审理情况等逻辑顺序排列，要素齐备，从格式上讲，这是一篇中规中矩的范文。

**（二）说理充分**

文书说理的过程最能反映出作者认定事实、适用法律的能力，只有正确的说理才能得出正确的裁判结果。说理的过程就是三段论的运用，即当事人争议的问题是什么，法律（大前提）是如何规定的，与争议问题有关的事实（小前提）是什么，法院的意见（结论）是什么。本案争议的问题较多，各方当事人均提起上诉，针对被告是否构成环境侵权、责任承担方式、刑事罚金与民事赔偿的关系、环保联合会的诉讼支出负担等问题，判决书进行了充分的说理，特别是在污染物已经无法找到、生态环境修复费用难以确定的情况下，对污染者法律责任的理论基础、赔偿数额的确定等问题，进行了较为有力的说理论证，具有一定参考意义。

**（三）简洁明了**

“简洁就是力量”，裁判文书不需要长篇大论，不需要过多体现个人的情感，如果文字冗长，言之无物，既浪费了有限的资源，也损害了文书的权威。曾经有一段时期，文书越长越好，篇幅越长说理越充分的观念影响了文书的制作，产生了不好的社会效果。近年来，简式文书、表格式文书得到推崇，反映了社会对裁判文书制作的新的认识。这篇判决书涉及的问题较多，但整个判决书用语比较简洁，正确处理了一、二审判决的内容，没有重复啰唆，也没有晦涩难懂的地方，删繁就简，繁简得当。

（点评人：崔勇，山东省高级人民法院审判委员会委员，二级高级法官，环境资源审判庭庭长）

（2017）鲁民终 1577 号裁判文书原文

# 60. 中盐重庆长寿盐化有限公司、四川盐业地质钻井大队和重庆市长寿区珍心鲜农业开发有限公司环境污染责任纠纷案*

【关键词】

环境污染　无意思联络数人侵权　参与度　修复责任

【裁判要旨】

1. 在无意思联络数人环境侵权案件中，存在多个污染源头和多次污染行为时，可从空间和时间两个维度入手，结合自然科学知识，综合地域区位、检测数据等因素认定单次污染行为与损害后果的参与度。

2. 当事人之间就单次环境污染的损害后果达成的赔偿协议并不免除侵权人对后续污染行为的责任承担，亦不免除侵权人应当承担的修复责任。

## 一、简要案情

中盐重庆长寿盐化有限公司（以下简称中盐长寿公司）在重庆市长寿区建立采液体盐基地及其配套设施，其中矿井包括长平二井、长平三井，长平二井于2010年已投入生产。2011年3月15日，中盐长寿公司与四川盐业地质钻井大队（以下简称四川钻井大队）约定由后者负责长平三井的施工，并承担进场、施工、撤离过程中发生的相关环保事故的处理责任，承担相应的经济、法律责任等。

长平三井建设地点位于重庆市长寿区珍心鲜农业开发有限公司（以下简称珍心鲜公司）农业基地西侧约30米。四川钻井大队在长平三井钻井过程中产生的污水给该农业基地造成污染，特别是2011年11月后，污染物流入农业基地，造成珍心鲜公司损失。经当地镇政府调解，双方于2012年2月14日签订协议约定由四川钻井大队支付珍心鲜公司50万元，作为对当年和今后涉及一切损失的补偿。2012年1月15日，四川钻井大队将长平三井地下部分交

* （2016）渝01民终8972号。

付中盐长寿公司生产使用，后继续对该井地面工程进行施工。2012 年 4 月至 5 月，因四川钻井大队处理、填埋措施不当，致使珍心鲜公司农业基地受到污染。

中盐长寿公司所有的长平二井位于珍心鲜公司农业基地西北侧约 100 米。2012 年 4 月，长平二井配套管道发生泄漏，珍心鲜公司等企业向当地镇政府反映，有关部门先后多次组织调解，并共同选定鉴定机构进行鉴定和评估。2013 年 1 月 5 日，西南大学司法鉴定所作出鉴定意见：（1）在鉴定期内所采集长寿区现代农业园区基地土壤（主要包括长平三井、长平二井附近农田）与对照相比，存在一定的污染……（3）本案鉴定范围内的环境污染损害包括财产损害和污染修复所需费用两部分，珍心鲜公司财产损害为 27. 67 万元，污染修复所需费用为 9. 848 万元。该司法鉴定意见书对鉴定方法、鉴定过程、样品采集、对比数据等作了详细说明，并载明：珍心鲜公司农业基地离长平三井最近，受污染面积为 37. 12 亩；各采样点盐污染指数表明土壤的超标情况随着与长平三井、长平二井距离的增加，其周边土壤污染程度呈现出递减趋势，各采样点地表水水质指数表明距离长平三井、长平二井越近，水质越差。

珍心鲜公司为维护合法权益提起诉讼，请求判令：四川钻井大队、中盐长寿公司立即停止侵害，恢复被污染土地原状；赔偿农产品损失 129. 92 万元、土壤修复期间损失 6. 494 万元。

重庆市渝北区人民法院经审理认为，四川钻井大队与中盐长寿公司分别实施了环境污染行为，在主观上不具有关联性与意思联络，且中盐长寿公司、四川钻井大队也未举示排放污染物数量、污染珍心鲜公司农业基地范围等证据，故应根据《侵权责任法》第 11 条[①]的规定承担连带责任，判决中盐长寿公司、四川钻井大队对珍心鲜公司的土地采取恢复原状的措施，若未采取恢复措施，由珍心鲜公司采取恢复原状的措施，并由中盐长寿公司、四川钻井大队支付修复费 9. 848 万元；中盐长寿公司、四川钻井大队连带赔偿珍心鲜公司土壤修复期间产出损害 6. 494 万元及农产品减产损失。

一审宣判后，中盐长寿公司与四川钻井大队不服上诉，重庆市第一中级人民法院认为，单就长平二井、长平三井各自的侵权行为尚不足以造成本案

① 对应《民法典》第 1171 条。

全部损害后果，应适用《侵权责任法》第12条①规定，并根据长平二井、长平三井的区位因素以及污染次数确定由四川钻井大队承担60%赔偿责任，中盐长寿公司承担40%赔偿责任。因四川钻井大队已对长平三井第一次污染损害后果进行赔付，故需确定长平三井两次污染行为原因力，并对第一次污染后果予以剔除，根据每次污染行为距离鉴定的时间先后因素，确定第二次污染行为原因力占损害后果的36%，对一审判决予以改判。判决中盐长寿公司、四川钻井大队于判决生效之日起30日内采取措施恢复珍心鲜公司被污染土地原状，如逾期未采取恢复措施，则由珍心鲜公司在期限届满之日起30日内采取恢复原状的措施，中盐长寿公司支付修复费用3.94万元，四川钻井大队支付修复费用5.908万元。中盐长寿公司支付珍心鲜公司土壤修复期间的产出损害2.597万元及农产品减产损失；四川钻井大队支付珍心鲜公司土壤修复期间的产出损害2.338万元及农产品减产损失。

## 二、撰写心得

优秀的裁判文书往往系对同类案件的法律适用、法律关系认定、新类型权利确认具有指引价值的案件，或者案情引发社会舆论的关注、需要进行价值衡平的案件。

本案中环境污染行为较为隐蔽，损害后果具有潜伏性，加之污染物在土壤中迁移、扩散，多次污染行为的损害后果难以区分，故如何厘清不同污染主体的责任系本案的核心争点，这个问题在具备多次污染行为、污染主体的案件中均存在，如果能够从中提炼出裁判规则，并在文书写作中详细分析论证，即属于对同类案件法律适用问题具有指引价值的案件，具有较好的示范意义，多年一线审判的经验，使笔者敏锐地认识到这是一个有价值的案件。

接下来的工作中笔者从以下几个方面着手。

**（一）细致阅卷**

这是一个二审案件，通过阅卷，双方的诉争点、对事实的陈述、举证，以及一审的审理和裁判思路，了然于心。

**（二）专业学习和了解**

本案涉及土壤污染，专业性强，对土壤污染的特性、土壤的净化修复方式等，庭前笔者查阅了大量文章专刊，这也引导笔者在接下来的审理中对涉

① 对应《民法典》第1172条。

案土壤在遭受多次污染情况下，其损害后果和原因力的关联性进行更深层次思考，以及对可能涉及的相关事实，如何从证据链中去锁定固化，为接下来的审理作准备，避免遗漏与案件相关事实。办案中学习，学习中办案，法官经验的积累也由此而来。

**（三）强化庭审**

如同孕育一个孩子，每一环节都不容忽视，裁判文书不是妙笔即可生花，法律事实是文书的骨骼和血肉。试想，如果案件事实是歪曲的，再强的文字功夫，失却了基准，何谈公正的判决？庭审是查明事实的重要环节，也是裁判文书承载主要内容，裁判文书中所有的分析认定和适用法律，都得依据法律事实去展开。在本案审理中，各方当事人对西南大学司法鉴定所作出的关于涉案珍心鲜农业公司在内土地的污染情况、损害程度、损害费用的鉴定报告无异议；同时，各方当事人一致认可，在鉴定机构于 2012 年 7 月对涉案土地采样鉴定后，无新的侵权事实发生。由此，本案的主要争议点就锁定在涉案土地受污染损害的原因、损害后果认定，以及赔偿责任主体的确定及其责任承担方式。围绕此争议，对实施多次侵权行为的主体、多次损害的侵权事实，从证据上强化审查，以确认法律事实。笔者认为，好的文书，必然源于好的庭审。

**（四）精心撰写**

文书承载的不仅案件审理全貌，也是法官的能力和智慧。本案的案情复杂，涉及多个侵权事实及多个侵权主体，案件经合议后，如何将案件审理的全过程在裁判文书中展现，笔者在动笔前，进行了充分考量，就如何构建此案文书框架，争议点的归纳以及阐述问题的切入点等进行了反复思考。一方面，从双方无争议的土壤污染现状入手，分析导致受损现状的行为原因（侵权事实及实施主体）为：一是四川钻井大队在对长平三井施工钻井工程中产生的污染；二是四川钻井大队在处理、填埋长平三井产生的污染物过程中措施不当所产生的污染；三是中盐长寿公司已建成并使用中的长平二井管道泄漏造成污染。另一方面，在针对同一侵权主体多次污染行为及不同侵权主体污染行为导致损害后果，如何认定原因力的问题，结合鉴定报告和土壤污染特性，进行递进式分析，层层剥离。首先，根据鉴定报告载明“土壤和地表水水质受污染程度随距离长平三井、长平二井越近，污染指数越高”，而长平三井位于珍心鲜农业公司农业基地西侧，距离约 30 米，长平二井位于珍心鲜农业公司农业基地西北侧，距离约 100 米，由此把污染源离受损土壤距离作为受损土壤原因力评判，进一步分析涉案土地现有损害后果的两个污染源中，长平三井的原因力较大，长平二井的原因力较小。其次，从土地污染特性着点阐述，考虑土壤污染具有隐蔽性和滞后性特点，是长期累积的过程，同时，污染程度又会随着土地的自我修复功能不断衰减，在确定两次污染行为对损害后果各自原因力大小时，对两次污染行为发生时间的先后因素作原因力分析，从而认定第一次污染行为在前，与鉴定报告确定损害后果的时间间距较长，其对损害后果的作用力应相对较弱；第二次污染行为在后，与鉴定报告确定损害后果的时间间距较短，其对损害后果的作用力应相对较强。行之笔端，一篇逻辑严明、说理透彻的文书便完成了。

本案文书同时获得 2017 第二届全国环境资源审判优秀裁判文书一等奖，本案获 2018 年人民法院服务保障新时代生态文明奖设十大典型案例。这也是笔者法官生涯的收获吧。

（李立新，重庆市第一中级人民法院法官）

## 三、专家评析

本案系典型的“多因一果”环境污染案件，当多个污染行为与损害后果之间呈现复数因果关系时，因污染行为具有隐蔽性，损害后果具有潜伏性，污染物在外环境中会扩散、迁移等特点，对单次污染行为的损害后果难以认定，进而无法确定单个污染者的责任，该问题是审判实践中长期存在的疑难问题。本案中，两处污染源、先后三次污染行为排放的污染物在受损土壤中渗透、迁移、扩散，共同结合造成同一不可分的损害后果，由此可推知单一污染行为尚不足以造成本案全部损害后果，应适用《侵权责任法》第 12 条，由各侵权人承担按份赔偿责任。生效判决从空间和时间两个维度入手，结合受污染地域区位、受损环境检测数据、自然科学相关知识进行分析，合理确定单次污染行为各自原因力的大小，解决了本案的核心争点，为审查同类案件提供了科学、客观的裁判思路和可供普遍适用的裁判规则，体现了环境资源审判的专业性。

此外，因环境污染行为不仅会导致被侵权人的财产损失，也会直接对环境造成不良影响，甚至造成不可逆的损害后果，本案判令侵权人赔偿损失的同时承担修复责任，遵循了生态环境的特点和规律，体现了环境侵权救济中以修复环境为中心的司法理念，亦契合《民法典》绿色原则。

本案判决争点归纳准确，证据分析充分，事实认定清楚，说理清晰透彻，结构清晰完整。撰写人以缜密的逻辑思维，纯熟的写作技巧，将法律适用的推演过程清晰透彻呈现在文书中。从本案文书中可透视事实到法律的逻辑映射路径，一窥撰写人深厚的理论功底，特别是关于责任主体确定及其责任承担方式的分析鞭辟入里、丝丝入扣，展现出撰写人的职业素养和司法智慧，是一篇上乘之作。

（点评人：张国庆，重庆市第一中级人民法院副院长、一级高级法官）

**（2016）渝 01 民终 8972 号裁判文书原文**

# 第二节　生态破坏责任纠纷

## 61. 江苏省泰州市人民检察院和王某某等59人生态破坏民事公益诉讼案*

【关键词】

非法捕捞　组织化收购　长江生态破坏　侵权责任

【裁判要旨】

1. 当销售是非法捕捞的唯一目的，且收购者与非法捕捞者形成了固定的买卖关系时，收购行为与非法捕捞造成的生态资源损害后果之间具有法律上的因果关系，收购者应当承担侵权责任。

2. 生态资源损失难以确定时，应结合生态破坏的范围和程度、资源的稀缺性等因素，充分考量非法行为方式的破坏性、时间敏感性和地点特殊性，酌情作出判断。

3. 侵权者在生态破坏行为引发的刑事案件中退缴的违法所得可以在公益诉讼案件中其所应当承担的生态资源损害赔偿范围内予以抵扣。

### 一、简要案情

2018年1月至4月，丁某某等39人单独或共同在长江干流水域，使用网目尺寸小于3毫米的张网等禁用渔具，非法捕捞鳗鱼苗。高某某等7人明知所收购的鳗鱼苗系非法捕捞所得，仍在靖江市安宁港、蟛蜞港等地，分别多次向非法捕捞人员收购鳗鱼苗，并出售给王某某等13人。

2018年初，王某某等13人通过签订合伙协议、共同出资等方式建立收购鳗鱼苗的合伙组织。并于同年1月至4月间，在明知所收购的鳗鱼苗系非法捕捞所得的情况下，进行收购并统一对外出售，均分非法获利。王

* （2019）苏01民初2005号。

某某等 13 人按区域划分分工，至靖江市安宁港、蟛蜞港，南通市通州区小李港闸、开沙岛等地，向高某某等 7 人以及丁某某等 39 人非法贩卖或捕捞人员收购长江鳗鱼苗 116 999 条，后加价出售给秦某某以及其他人员。

2018 年 1 月至 3 月，秦某某在明知王某某等 13 人向其出售的鳗鱼苗系在长江水域中非法捕捞的情况下，向王某某等 13 人收购长江鳗鱼苗合计 40 263 条。

2019 年 7 月 15 日，公益诉讼起诉人泰州市人民检察院以王某某等 59 人实施非法捕捞、贩卖、收购长江鳗鱼苗行为，破坏长江生态资源，损害社会公共利益为由提起民事公益诉讼，请求判令相关被告对所造成的生态资源损害结果承担连带赔偿责任。

中国水产科学研究院淡水渔业研究中心出具专家评估意见认为：鳗鱼属于江苏省重点保护鱼类，至今无法人工繁殖，其群落必须依靠自身繁殖。使用禁用网具进行大量捕捞鳗鱼苗，必然破坏鳗鲡族群稳定，导致生物多样性减少；捕捞鳗鱼苗的行为会对其他渔业资源造成损害。该行为易误捕其他保护物种，且张网作业多集中在鱼类繁育区，渔获物绝大部分属于鱼类幼苗，对整个鱼类群落稳定产生威胁。高度的捕捞强度会导致水生生物减少，水域食物链遭到破坏，威胁长江水域生态系统的稳定性和生物多样性。受包括过度捕捞等高强度人为活动的影响导致长江水生生物的生存环境趋于恶化、重要栖息地丧失，生物多样性持续下降，珍稀特有鱼类全面衰退，部分物种已功能性灭绝，经济鱼类资源量接近枯竭。本案所涉及的鳗鱼为日本鳗鲡，在 2014 年被世界自然保护联盟列为濒危物种，在禁渔期采用网目尺寸小的鳗苗网非法捕捞，会对鳗鱼种群繁衍造成损害且数量巨大。本案的渔业资源损失不仅包括鳗鱼资源损失，还包括兼捕或误捕其他鱼类的数量，以及造成水生生物多样性下降等生态损失。

靖江市价格认定中心认定，2018 年 1 月 1 日至 3 月中旬，长江鳗鱼苗价值为 35 元/条；3 月下旬，长江鳗鱼苗价值为 30 元/条。

与本案相关的刑事案件中，法院以非法捕捞水产品罪和掩饰、隐瞒犯罪所得罪，分别判处丁某某、王某某、秦某某等被告人有期徒刑、拘役，单处或并处罚金，相关被告人在该案中分别退缴了 100 元至 185 757 元不等的违法所得。

王某某等 59 名被告共同表示认识到自身行为造成的不良影响，愿意在媒体上公开赔礼道歉，请求法院依法认定包括鳗鱼资源损失在内的渔业资源损失；请求在与本案相关的刑事案件中已经退缴的违法所得在本案生态资源损害范围内予以抵扣。王某某、秦某某等部分被告认为，收购者并未直接实施非法捕捞行为，也没有教唆、帮助行为，在收购时并不知道捕捞的方式和鳗鱼苗的来源，未与捕捞者产生非法捕捞的意思联络，尽管在收购行为上存在过错，但本案的损害结果在捕捞行为发生时即已产生，收购行为与本案损害结果之间并无因果关系，收购者不应对非法捕捞造成的生态资源损害结果承担侵权责任。丁某某等捕捞者认为，收购者应当与捕捞者承担连带责任，没有买卖就没有非法捕捞，所以收购者的过错更大。

本案的争议焦点主要集中于：（1）被告是否应当承担赔偿责任，收购者是否应当与捕捞者之间承担连带责任；（2）生态资源损失如何认定；（3）已经退缴的违法所得能否抵扣本案生态资源损害赔偿数额。

法院审理认为：（1）丁某某等39名捕捞者非法捕捞鳗鱼苗，依照《侵权责任法》第6条[①]规定，应当在其各自非法捕捞范围内承担相应的赔偿责任。本案中收购者明知鳗鱼苗系非法捕捞而来仍然进行收购，非法捕捞与收购形成了完整的利益链条，收购诱发了非法捕捞，共同造成生态资源损害。在这一链条中，相邻环节被告之间存在相互利用、彼此支持的行为分担情形，均从非法捕捞行为中获得利益，具有高度协同性，行为与长江生态资源损害结果之间具有法律上的因果关系。针对鳗鱼苗这一特定物种，没有大规模的收购，捕捞行为毫无价值，采用“绝户网”进行大规模非法捕捞，必然导致生态资源严重破坏。捕捞者和收购者之间、王某某等13人之间、其他收购者与王某某等13人之间、王某某等13人与秦某某之间均应当依照《侵权责任法》第8条[②]规定在各自所涉及的侵权责任范围内对生态资源损害结果承担连带赔偿责任。（2）《江苏省渔业管理条例》第38条规定，违反本条例规定，造成国家渔业资源损失的，渔业资源损失的赔偿，按照渔业生物致死量的0.5到3倍计算。鉴于非法捕捞鳗鱼苗对生态资源造成实际损害，结合案涉非法捕捞鳗鱼苗方式的破坏性、时间的敏感性和地点的特殊性，酌定以鳗鱼资源损失价值的2.5倍确定生态资源损失。（3）被告在与本案相关的刑事案件中已经退缴的违法所得与生态资源损害赔偿具有同质性，可以予以抵扣本案生态资

① 对应《民法典》第1165条。
② 对应《民法典》第1168条。

源损害赔偿数额。

法院判决：王某某等13名非法收购者对其非法买卖116 999条鳗鱼苗所造成的生态资源损失8 589 168元共同承担连带赔偿责任；秦某某对其非法收购40 263条鳗鱼苗所造成的生态资源损失3019 725元与王某某等13人在前述判项范围内承担连带赔偿责任；丁某某等39名捕捞者，根据其捕捞的鳗鱼苗数量，在能够明确其下游直接收购者的情况下与直接收购者承担连带赔偿责任、在无法明确或者因捕捞造成鱼苗死亡的情况下对所造成的生态资源损失承担相应赔偿责任；高某某等7名收购者，根据其参与非法买卖的鳗鱼苗数量，在能够明确其下游直接收购者的情况下与直接收购者承担连带赔偿责任、在无法明确或者造成鱼苗死亡的情况下对所造成的生态资源损失承担相应赔偿责任。

王某某等11人不服一审判决，提出上诉。江苏省高级人民法院二审判决：驳回上诉，维持原判决。

## 二、撰写心得

酷渔滥捕是破坏长江水生生物资源最主要、最直接的因素之一。本案是江苏环境资源审判“9+1”机制正式运行后，南京环境资源法庭立案受理、公开开庭审理并作出裁判的第一起案件，也是自2016年1月国家调整长江流域禁渔期以来，全国首例判令从捕捞、收购到贩卖长江鳗鱼苗“全链条”承担生态破坏赔偿责任的案件，充分体现了江苏法院“用最严格制度最严密法治”保护长江生态环境的决心和力度。本案审理中，省、市人大代表多人旁听庭审，中央电视台对庭审进行全程现场直播，并制作专题节目予以报道，《人民日报》、央视网、交汇点等全国40余家国内主流媒体对庭审及审理进程进行跟踪报道，超过1700万网民在线观看庭审。被告在庭审中公开赔礼道歉，具有良好的宣教引导意义。最高人民法院院长周强对本案审理方式及成效作出重要批示予以肯定。本案系“2019年度人民法院十大民事行政及国家赔偿案件”，是全国法院环境资源审判领域唯一入选的案件，先后入选“2019年度人民法院环境资源典型案例”“全国法院优秀案例分析评选活动二等奖”“第四届全国环境资源审判优秀业务成果评选活动案例类一等奖”“江苏法院2019年度十大案件”，充分展现了江苏法院在法治护航长江生态方面的努力与成效，裁判文书的说理有效配合“长江十年禁渔”的实施，树立裁判规则、引领认知判断，彰显了江苏法院服务长江大保护的坚定决心，取得了广泛的社会影响和好评。对维护长江地区生态安全，全面加强长江水生生物保护工作，实现人与自然和谐共生具有积极意义。

**（一）详略得当，创新文书写作风格**

（1）本案除公益诉讼起诉人外，涉及被告总数合计多达59人，部分当事人还分别委托了不同的诉讼代理人，给裁判文书的撰写工作造成了一定的困难。我们在裁判文书的首部采取略写（被告：王某某等59人），各被告自然信息放在裁判文书尾部审判组织之后，列明各被告具体身份信息的方式进行处理，有效简化了裁判文书的书写方式。（2）鉴于本案被告人数众多，为便于文书阅读，我们根据当事人实施行为的不同类型，对59名被告进行了分类，分别为非法捕捞者、收购者、最终收购者等多个层面，并在文书的首部及诉辩意见中逐类写明，有效展示被告行为及抗辩意见。（3）在审理查明事实部分，由于案涉事实众多，我们对经过质证认证各方无争议的证据采取简写的方式列明处理。并采取列表和要素展现的方式，充分展示了非法捕捞者实施的捕捞行为、参与人员、时间、地点、网具，以及鳗鱼苗流向，非法收购者实施的非法收购行为、时间、地点及鳗鱼苗最终流向等必备要素，使案件事实一目了然，便于阅读及事实展现。对于相关被告在刑事案件中存在退缴违法所得的情况，同样采取表格方式进行列明。

**（二）要素齐备完全，充分展现办案过程和对案件事实的严谨查明**

（1）在案件的由来及审理过程部分，详细展现案件的受理审理基本情况、诉讼各环节包括庭前会议、庭审参加人员情况。文书撰写过程中，严格按照请求权分析方法展示分析公益诉讼起诉人的诉讼请求以及被告的抗辩意见，结合《侵权责任法》的相关规定，进行论述说理，逐项分析。在诉辩意见部分，高度归纳总结公益诉讼起诉人的意见以及59名被告的集中意见和各自独立意见，对各方当事人无争议的意见进行总结归纳，有争议的部分做到充分展示、相互呼应。（2）在案件事实查明部分，针对部分被告对其非法捕捞或收购鳗鱼苗数量提出异议的情况，充分关注到当事人的抗辩意见，结合当事人的讯问笔录中记载的供述，详细进行分析论证、仔细核对，对于有争议的一笔买卖数量，进行了核减。（3）针对争议较大的收购以及最终出售的鳗鱼苗数量及性质问题，结合《最高人民法院关于适用〈中华人民共和国民事诉讼法〉的解释》第90条规定进行充分论证说理，认定该条文从证明行为和证明结果两个方面规定了当事人对所提出的诉讼请求所依据的事实或反驳诉讼请求所依据的事实应当承担的举证责任，并结合案件基本事实，依法分配举证责任，最终认定案涉鳗鱼苗的数量。（4）对科学事实的认定过程如实详细归纳展示，在文书中详细写明了专家评估意见以及专家评估意见的出具人出庭接受各被告方询问的问题和回答意见。充分展示了长江渔业资源目前状况、禁捕期捕捞会对鱼类繁衍造成何种影响、用禁用网具捕捞长江鳗鱼苗对长江生态环境具有何种危害、生态环境损害和生物多样性的损害如何修复更为科学等问题，直击争议焦点、回应社会关切。

**（三）说理透彻、论述充分，有效展示裁判思维理念**

（1）在文书说理部分，充分运用请求权分析方法，结合查明事实，认定本案中捕捞者违反法律法规规定，非法捕捞鳗鱼苗，依照《侵权责任法》第6条规定，应当在其各自非法捕捞范围内承担相应的赔偿责任。收购者明知鳗鱼苗系非法捕捞而来仍然进行收购，收购者与生态资源损害之间有法律上的因果关系，应当依照《侵权责任法》第8条规定在各自所涉及的生态资源损失范围内承担连带赔偿责任。并在裁判理由部分论述指出，针对鳗鱼苗这一特定物种，没有大规模的收购，捕捞行为毫无价值。非法捕捞造成生态资源的严重破坏，当销售是非法捕捞的唯一目的，且收购者明知鳗鱼苗系从长江非法捕捞而来仍然予以收购，收购者与非法捕捞者形成了固定的买卖关系时，其非法收购行为是诱发“绝户网”大规模非法捕捞进而导致生态资源严重破坏结果发生的重要环节。收购行为诱发了非法捕捞，收购行为与非法捕捞造成的损害之间具有因果关系，“没有买卖就没有伤害”，必须从源头上彻底切断非法利益链条，让非法收购、贩卖鳗鱼苗的共同侵权者付出经济代价，收购者应当与非法捕捞者对破坏长江生态的后果共同承担连带赔偿责任，从而遏制非法捕捞行为的再次发生。本案文书充分论述展示了一定条件下的收购者应当和非法捕捞者承担连带责任的法律依据和事实基础，为类案裁判提供了有效思路。（2）综合衡量生态破坏后果的严重性，科学计算得出生态资源损失，并在文书中对这一思考过程进行全面揭示。综合专家意见以及捕捞者的捕捞方式、频率、期间、地点等多种因素考量，在裁判文书中认定，案涉非法捕捞鳗鱼苗方式对长江生态资源具有较大的破坏性，捕捞次数多、捕捞网具多、捕捞区域大，必将对长江生态资源产生较大危害。非法捕捞鳗鱼苗的时间较为敏感、地点特殊。写明相关被告实施非法捕捞行为的地点主要位于长江干流水域，系日本鳗鲡洄游通道，在洄游通道中对幼苗进行捕捞，使其脱离自然水体，不仅妨碍鳗鲡种群繁衍，且同时误捕其他渔获物，必将导致其他长江水生生物减少并造成其他鱼类饵料不足，进而造成长江水域食物链相邻环节的破坏，进一步造成生物多样性损害，亦可能对相关区域的生态服务功能和生态安全产生影响。认定非法捕捞行为，造成鳗鱼资源在生物系统中一定程度灭失的直接损失、捕捞鳗鱼苗时相关鱼种在逃逸过程中造成的伤害损失、使用网目较小的网具捕捞鳗鱼苗过程中，由于误捕其他渔获物造成大小鱼虾贝蟹、鱼卵、浮游生物等其他鱼类及其苗种的损失，最终酌定本案中对于包括鳗鱼资源损失在内的渔业资源损失赔偿按照鳗鱼资源损失总量的2.5倍进行计算，为类似案件的科学裁判提供依据。（3）当一个违法行为同时侵犯多重法益，就可能面临多个法律责任的承担，从而产生责任竞合。我们充分注重考量生态环境的保护与被告的生存发展权利之间的平衡，准确把握被告退缴违法所得和生态损害赔偿责任款项的关系，在文书中充分论述认定两者具有同质属性并予以抵扣，同时明确在被告确无履行能力的情况下，可以考虑采用劳务代偿的方式，通过参加所在地渔政部门开展的保护长江生态环境等公益性质的活动，或者配合参与长江沿岸河道管理、加固、垃圾清理等方面的工作，按照从事劳务行为的具体内容、强度及时间，经相关部门统计及量化后，在其应当承担的赔偿数额范围内予以折抵，为长江生态修复提供了有效路径。（4）对公益诉讼起诉人要求被告公开赔礼道歉的诉讼请求，考虑到本案审理过程中，中央电视台等多家国内主流媒体对庭审进行了全程现场直播报道，宣传教育效果明显，且各被告已在庭前会议中或经委托诉讼代理人当庭通过媒体表示，对于非法捕捞、收购、贩卖鳗鱼苗造成生态破坏、损害社会公共利益的行为向社会公开进行赔礼道歉，我们在裁判文书中直接以该项诉讼请求的内容已经在案件审理中得以实现，明确不再另行判决，取得了良好的效果。（5）考虑到本案被告众多、关系复杂，我们在裁判主文部分着重写明各被告各自应当承担的份额以及责任承担的最高限额，用“第×项范围内承担连带赔偿责任”及“第×项应当承担的总额范围内承担连带赔偿责任”的方式进行科学表述，明确责任主体和承担数额，并明确款项缴纳时间及赔偿款项将在论证后拟订方案用于长江生态修复。同时，在裁判文书最后部分当事人自然信息之后，以“责任承担数额表”的方式进行列明，为案件执行工作打好基础，防止超额执行。

（刘尚雷，江苏省南京市中级人民法院法官）

## 三、专家评析

裁判文书是法官办理案件水平的重要体现。这份文书整体结构要素齐备、层次分明，特别是事实查明部分和被告责任承担部分创造性地运用列表形式进行撰写，将较为复杂的案件关系清晰明确地进行了有效展示，阅读性强，创新了环境民事公益诉讼文书的写作方式，值得肯定。文书说理部分逻辑清晰、论证透彻，严格运用请求权分析方法进行裁判并展开论述，充分体现了案件承办法官在本案办理过程中的思考与担当。

本案裁判结果准确，责任分配适当，对于各方争议较大的长江鳗鱼苗的数量认定和举证责任分配、退缴的违法所得能否与生态资源损害赔偿款项予以抵扣等问题，文书中均直面回应，详细论证，展现了较好的理论功底和优秀的文书撰写能力。文书中还充分体现了环境资源案件审判中对专家意见的全面展示和分析认证过程，对综合衡量生态破坏后果的严重性、生态资源损失计算的科学性进行了全面揭示，有效发挥了环境司法的教育作用。

环境司法的职能在于通过依法审理案件，引导公众树立正确的生态文明观，自觉遵守生态环境保护法律法规，共同善待生态环境，守护绿水青山，引导已经污染环境、破坏生态的侵权者主动修复遭受损害的生态环境。通过本案的审理我们可以注意到，本案所涉及的非法捕捞行为与收购行为已经形成了完整的利益链条。收购是非法捕捞实现获利的唯一渠道，缺乏收购行为，非法捕捞难以实现经济价值，也就不可能持续反复地实施。因此，本案高度组织化的收购行为和收购活动日常化、经常化是造成长江生态资源破坏的重要因素。运用经济手段实现全链条担责，是有效遏制非法捕捞行为的方式，文书充分论述一定条件下的收购者应当和非法捕捞者对生态资源损害承担连带赔偿责任，具有良好的典型示范意义，为类案裁判提供了有效思路。

精品案例和优秀文书是环境资源审判的闪光点，也是发挥环境司法功能最直接、最有效的方式。面对环境资源审判工作已经向纵深化、精细化方向不断发展的趋势，环境民事公益诉讼类案件的文书应进一步加强对环境司法基础理论的引用和论述，寻找裁判依据的理论之根、制度之源，充分体现环境司法引领价值。本案文书对于归责原则的适用基础论述可进一步提升。另外，文书在诉讼费用承担部分虽确定部分被告共同负担诉讼费用，但未明确被告各自应当负担的数额，存在缺憾，可考虑综合衡量各被告在共同侵权中所起的作用和获利的情况，确定诉讼费用分摊比例。

（点评人：刘建功，全国审判业务专家，江苏省徐州市中级人民法院院长）

（2019）苏01民初2005号裁判文书原文

# 62. 新郑市薛店镇人民政府、新郑市薛店镇花庄村民委员会和中国生物多样性保护与绿色发展基金会及新郑市林业局、新郑市旅游和文物局、新郑市教育体育局环境民事公益诉讼案*

【关键词】

生态保护民事公益诉讼　古树名木　非法移栽　生态服务功能

【裁判要旨】

未经林业行政主管部门审批，在未办理移栽手续的情况下，移栽1870棵枣树并致枣树大面积死亡，属于破坏生态环境、损害社会公共利益的行为，产生生态服务功能损失，应当承担恢复林地、植被和赔偿相应损失的法律责任。

## 一、简要案情

2014年10月31日，新郑市发展和改革委员会作出《关于新郑市薛店镇好想你社区幼儿园项目可行性研究报告的批复》，同意实施薛店镇好想你社区幼儿园项目，拟建地点位于薛店镇S102北侧，解放北路西侧，东临园林大道，西邻好想你社区。因上述项目拟占用土地属新郑市薛店镇花庄村民委员会（以下简称花庄村委会）集体所有，土地上栽种有枣树，2014年1月，经新郑市薛店镇人民政府（以下简称薛店镇政府）组织、协调，花庄村委会相关人员带领本村人员和施工队在未依法办理采伐和移栽手续的情况下，对位于花庄村西北地的枣树进行移栽，经新郑市森林公安局认定，共移栽枣树1870颗，涉及198.5亩枣林地，薛店镇政府称上述枣树被移栽至王张村的中华古枣园内。经一审法院现场勘查，位于王张

* （2018）豫民终344号。

村的枣树移入地现场有死亡枣树680棵。对薛店镇政府移栽枣树的行为，林业局曾于2014年3月18日下发过通知，要求其补种移栽树木5倍（9500株）的树木，并于2015年3月31日完成。一审法院于2016年6月28日对位于花庄村的枣树移出地现场进行现场勘查发现，涉案土地上已建成三层楼房一座，公示栏显示系薛店镇花庄村完全小学幼儿园项目。另查明，薛店镇花庄村树立有编号为“新保038”号的新郑市古枣树薛店镇花庄村保护区牌子，该牌载明对位于新郑市薛店镇花庄村1023亩古枣林实施文物级保护。该古枣林共有百年以上古枣树17 660株，其中一级保护古枣树691株（树龄500年以上，并实施单株挂牌保护），二级保护古枣树1857株（树龄300年～499年），三级保护古枣树15 112株（树龄100年～299年）。保护单位为新郑市人民政府，责任单位有林业局、新郑市红枣科学研究院和旅游局。

中国生物多样性保护与绿色发展基金会（以下简称绿发会）向法院提起环境公益诉讼。一审法院判令：一、薛店镇政府及花庄村委会停止继续实施违法移栽或者采伐枣树的行为。二、薛店镇政府及花庄村委会应于本判决生效后十个月内，根据气候状况，按照《造林技术规程》（GB/T 15776—2016）标准并结合当地林业部门造林技术要求补种因被移栽致死的枣树数目5倍的林木，并对补种的林木抚育管护三年（管护时间从补种的林木经验收合格之日起计算）；不能在指定期限内恢复林地植被的，原审法院将依法指定由第三方代为恢复，恢复费用由薛店镇政府及花庄村委会共同承担。三、薛店镇政府及花庄村委会应于判决生效后十日内，共同赔偿生态环境受到损害至恢复原状期间服务功能损失3 616 818.9元（支付到原审法院指定账户），该款用于本案的生态环境修复或异地公共生态环境修复。四、薛店镇政府在本判决生效后在位于王张村的枣树移入地现场展示因移栽致死的古枣树，并于判决生效后30日内在该枣树移入地现场设立警示标识，作为今后对生态环境保护的宣传、教育和警示基地。五、薛店镇政府及花庄村委会应当于判决生效后10日内向原审法院提交赔礼道歉文稿，对其未经法定程序移栽枣树致死，导致生态环境遭到破坏、损害社会公共利益的侵权行为向公众赔礼道歉，经原审法院审核后应于30日内在国家级媒体上公布。六、薛店镇政府及花庄村委会应于判决生效后10日内支付绿发会差旅费、律师费等费用117 031元。七、驳回绿发会的其他诉讼请求。

薛店镇政府及花庄村委会不服提起上诉，二审法院依法改判：一、维持河南省郑州市中级人民法院作出的（2016）豫01民初705号民事判决第一、二、三、五、六、七项；二、变更河南省郑州市中级人民法院作出的（2016）豫01民初705号民事判决第四项为：薛店镇政府于本判决生效后在位于王张村的枣树移入地现场展示因移栽致死的古枣树，期限为一年（从警示标识设立之日起算），并于判决生效后30日内在该枣树移入地现场设立警示标识（包括图片及说明，需经原审法院审核同意），作为今后对生态环境保护的宣传、教育和警示基地。

本案的争议焦点主要是：(1) 涉案枣树是否属于古树名木。(2) 关于本案侵权行为主体的确定问题。(3) 关于薛店镇政府及花庄村委会是否应当承担破坏生态的侵权责任的问题。(4) 生态服务功能费用如何确定的问题。

第一，涉案枣树是否属于古树名木问题。古树名木的认定，要在相关行政机关的组织下，进行专家鉴定、定级，统一登记、编号、建档，确定管护责任单位或责任人，进行养护、管理。根据2011年10月25日郑州市人民政府作出的《关于加强古树名木保护工作的通知》，郑州市现存的古树名木有2781株，并不包含涉案的被移植或采伐的枣树。案涉古枣树虽不属于古树名木，但均有上百年的树龄，即使是经济林，也具有一定的生态价值，同时承载着深厚的人文价值，被移栽致死必然产生服务功能损失。

第二，关于本案侵权行为主体的确定问题。侵权责任应当由实施侵权行为的人承担。本案中，经薛店镇政府组织、协调，花庄村委会相关人员带领本村人员在未依法办理采伐和移栽手续的情况下，对位于花庄村西北地的枣树进行移栽，并导致被移栽枣树死亡的后果，该行为后果应由薛店镇政府和花庄村委会共同承担。教体局仅负责涉案土地上的学校建设，林业局、旅游局、教体局均未实施非法移栽枣树侵权行为，故要求林业局、旅游局、教体局共同承担侵权责任的诉讼请求不能成立。

第三，关于薛店镇政府及花庄村委会是否应当承担破坏生态的侵权责任的问题。本案中，薛店镇政府及花庄村委会在未办理采伐手续的情况下，违法移栽枣树1870棵，并导致被移栽的枣树死亡，致使生态环境被破坏，应当承担破坏生态的侵权责任。

第四，生态服务功能费用如何确定的问题。经咨询有关专家，参照《第八次全国森林资源清查河南省森林资源清查成果》及《河南林业生态省及提升工程建设绩效评估报告》的相关内容，以河南省2016年平均每亩林地森林生态价值为3644.15元的标准，行使自由裁量权，酌定涉案的198.5亩枣林地服务功能损失为5年的森林生态价值，即3 616 818.9元。

## 二、撰写心得

本案是由郑州市中级人民法院一审判决，上诉到河南省高级人民法院二审部分改判后，又申诉到最高人民法院，最高人民法院最终驳回当事人的再审申请的案件。

本案二审裁判文书撰写中，重点把握了以下几个方面。

**（一）坚持尊重事实、依法发挥职能作用**

坚持在诉讼平等、中立裁判的基础上，最大限度地维护环境公共利益。本案审理期间，为弄清案件事实，合议庭多次去枣树砍伐和移栽地实地勘察，走访相关单位、社会组织及村民。鉴于本案具有的高度专业技术性和复合性的特点，多次走访有关专家，咨询有关专业技术问题。案件审结后，针对公益诉讼中遇到的理论问题，组织专家学者开展公益诉讼研讨。

**（二）坚持注重预防原则**

在环境民事公益诉讼中，要求损害生态环境者承担预防性责任的方式，是落实环境保护法预防原则的重要手段之一。《最高人民法院关于审理环境民事公益诉讼案件适用法律若干问题的解释》第1条对环境民事公益诉讼的起诉条件作了规定，这一规定中明确环境民事公益诉讼不仅可以针对已经发生的损害社会公共利益的行为，也可以针对具有损害社会公共利益的重大风险的行为。薛店镇政府及花庄村委会未办理移栽手续移栽花庄村1870棵枣树的行为虽已实施结束，但因在薛店镇范围内，仍存在数量巨大的枣树，多数枣树树龄较长，为防止后续继续非法实施破坏生态的行为，故判令薛店镇政府及花庄村委会停止继续实施非法移栽或者采伐枣树的行为。

**（三）坚持修复为主原则**

生态环境被污染或者破坏后，对社会公共利益而言，恢复原状是最重要的诉求。《最高人民法院关于审理环境民事公益诉讼案件适用法律若干问题的解释》第20条规定，原告请求恢复原状的，人民法院可以依法判决被告将生态修复到损害发生之前的状态和功能。无法完全修复的，可以准许采用替代性修复方式。针对本案的实际情况，本案适用了异地修复、限期履行、第三方治理等生态修复责任方式。薛店镇政府及花庄村委会未经林业行政主管部门审批，在未办理移栽手续的情况下移栽 1870 棵枣树并致枣树大面积死亡，属于破坏生态环境、损害社会公共利益的行为，依据上述法律规定，其应当承担恢复林地、植被的法律责任。结合《森林法实施条例》第 39 条第 2 款的规定，二审依法维持一审法院判令被告薛店镇人民政府及花庄村村民委员会根据气候状况，在判决生效后十个月内按照技术要求补种被移栽致死的枣树数目 5 倍的林木，并对林木抚育管护三年（管护时间从补种的树木经林业行政主管部门验收合格之日起计算）。不能在指定期限内恢复林地、植被的，法院将依法指定由第三方代为恢复，恢复费用由薛店镇政府和花庄村委会共同承担。

**（四）坚持损害担责原则**

在本案中，除了判令薛店镇政府及花庄村村民委员会承担预防性责任和恢复性责任，还判令承担赔偿性责任，即赔偿服务功能损失。《最高人民法院关于审理环境民事公益诉讼案件适用法律若干问题的解释》第 21 条规定，原告请求被告赔偿生态环境受到损害至恢复原状期间服务功能损失的，人民法院可以依法予以支持。新郑是我国的红枣之乡，本案涉及枣树树龄较长，承载着当地群众的记忆和乡愁。被告薛店镇人民政府和花庄村村民委员会在未办理移栽手续的情况下，违法移栽枣树的行为，对社会公共利益造成了损害，应当赔偿生态环境受到损害至恢复原状期间服务功能损失。经咨询有关专家，依据《第八次全国森林资源清查河南省森林资源清查成果》及《河南林业生态省及提升工程建设绩效评估报告》，河南省 2016 年平均每亩林地森林生态价值为 3644.15 元（森林生态价值包括涵养水源、保育土壤、固碳释氧、营养物质积累、净化环境、生物多样性、农田防护、森林休憩等价值），参照这一数据，则本案涉及 198.5 亩枣林地一年的森林生态价值为 723 363.78 元。二审依法维持一审法院根据本案侵权责任人破坏生态的范围和程度、生态环境的稀缺性、生态环境恢复的难易程度、侵权责任人过错程度等因素，酌定服务功能损失为所涉枣林地五年的森林生态价值，即判令被告薛店镇人民政府及花庄村村民委员会赔偿服务功能损失 3 616 818.9 元。该款用于本案的生态环境修复或异地公共生态环境修复。

### （五）坚持法律效果和社会效果相统一原则

本案一审中，郑州中院就通过本院官方网站及时发布开庭公告，社会各界群众、新闻媒体记者和专家学者旁听了庭审。二审中郑州航空工业管理学院200名师生旁听庭审。庭审持续近3个小时，对于加强法治教育，强化高校师生的环保理念，宣传人民法院依法惩治环境污染行为的决心具有积极意义。同时，为更好地警示教育他人、预防后续侵害继续发生，一审法院从因地制宜的角度出发，判令薛店镇政府在位于王张村的有大量死亡枣树的枣树移入地现场展示因移栽致死的古枣树，但没有对展示时间予以限制有所不妥。二审根据现场展示的目的、现场死亡古枣树情况以及土地后续使用情况，酌定展示一年，并在该枣树移入地现场设立警示标识，作为今后对生态环境保护的宣传、教育和警示基地。

（高光，河南省高级人民法院法官）

## 三、专家评析

环境保护工作功在当代、利在千秋。党的十九大报告明确把“坚持人与自然和谐共生”纳入新时代坚持和发展中国特色社会主义的基本方略，指出“建设生态文明是中华民族永续发展的千年大计”“必须树立和践行绿水青山就是金山银山的理念”“像对待生命一样对待生态环境”。该案系全国第一起涉及自然遗迹保护的公益诉讼案件。近年来，我国城镇化快速发展，因为征地拆迁导致不可移动文物、名木古树等遭到破坏等情况时有发生，本案就是在政府征迁过程中引起的诉讼。该案的审理，拓宽了我国环境公益诉讼的范畴，把自然遗迹纳入公益诉讼保护的范围，在立案上是一个突破，大大丰富了公益诉讼的内容。本案的裁判，亦更多地体现出恢复性司法及可持续发展的要求，不仅判决被告补种5倍的树木，而且注意到新郑市是我国的红枣之乡，大量的枣树、枣林所形成的生态环境蕴藏着丰富的历史人文资源，是当地生态文明的标志，涉案的被移植或采伐的枣树数量大、树龄长，在维持生态平衡和环境保护中有着不可替代的作用，判决破坏者承担了服务功能损失3 616 818.9元、在现场展示移栽致死的古枣树1年等，对于修复被损害的生态环境，推进生态文明建设，促进经济社会可持续发展具有重要的意义。另外，本案的裁判，还丰富了民事环境公益诉讼的责任承担方式，为后续的民事公益诉讼提供了可以借鉴的先例。该案产生了较好的社会影响，是河南法院大力推进公益诉讼案件审判工作，充分发挥审判职能作用，为推进生态文明建设提供有力司法保障的充分体现。

（点评人：王红建，郑州大学法学院教授、博士生导师）

**（2018）豫民终 344 号裁判文书原文**

# 63. 重庆市人民检察院第三分院和张某环境损害赔偿案*

【关键词】

检察公益诉讼　环境损害赔偿　专家参与　代履行

【裁判要旨】

环境公益诉讼案件确定被告应承担的民事责任时，应贯彻生态修复优先原则，在被告无力履行环境修复义务的情况下，判令其承担修复费用并承担环境自受到损害至恢复期间的环境服务功能损失。环境服务功能损失数额的确定可以引入专家参与诉讼，形成专家意见，法院参考专家意见结合案件实际情况进行酌定。

## 一、简要案情

重庆市南川区水江镇山水村5组“大湾”处山林所有权人为山水村5组。2005年，根据南川区林业局统一规划，该片山林被划为水源涵养林地。2016年8月至12月29日，被告张某在未取得政府主管部门许可的情况下，擅自在“大湾”山林内占用林地开办小煤窑，安排他人驾驶挖掘机，采取破坏地表植被、向下深挖的方式非法采煤，销赃后获赃款566 291元。2017年5月10日，经重庆市南川林业司法鉴定所鉴定，被告张某非法占用公益林地面积14.5亩，已占林地林业种植条件已被严重毁坏，其地类已发生改变。重庆市南川区林业局于2016年8月4日对张某作出行政处罚，决定对其罚款12 000元，并责令其限期恢复林地原状。2018年3月21日，重庆市涪陵区人民法院作出（2018）渝0102刑初3号刑事判决，认定被告人张某犯非法采矿罪，判处有期徒刑三年，并处罚金人民币50万元。追缴被告人张某犯罪所得赃款人民币566 291元，上缴国库。

2018年3月15日，重庆市南川区国土房管执法大队委托重庆一零七市政

* （2018）渝03民初433号。

建筑工程有限公司对涉案地块的地质现状进行调查并对因张某非法采煤形成的人工边坡等所需治理费用进行估算。调查结论为：（1）调查区位于山水村5组，区内整体地形复杂，区内的主要地质问题为矸石堆失稳以及边坡失稳。（2）区内矸石堆形成时间约一年半，其纵长约200米，横宽约30米，平均厚度约3米，总体积约1.8万立方米。矸石堆现状工况下整体处于稳定状态，由于矸石堆放坡度较陡，结构松散，在暴雨的诱发下极易沿矸石内部产生的圆弧滑动。（3）调查区内边坡现状处于稳定状态，由于受开挖扰动、岩体裂隙切割以及风化剥蚀的影响，在未来易发生掉块及边坡局部垮塌，区内边坡坡度较陡，未来容易沿岩体破裂角发生变形破坏。（4）根据调查区内矸石及边坡的分布特征、稳定性、破坏模式及影响对象等综合分析。采取设置挡墙+排水沟+采坑回填+放坡的方案进行治理，治理费用约为33.7万元。2018年3月31日，重庆市人民检察院第三分院委托重庆市南川林业司法鉴定所对张某非法采矿造成生态破坏的林地恢复费用进行鉴定，鉴定意见为：山水村5组大湾处非法开办小煤窑占用林地面积1.0407公顷（15.61亩），被占林地原为灌木林地，森林类别为一般公益林区，林种为防护林。被占用林地原有植被和种植条件已被严重破坏，形成了高低不平的土丘和深达3米~4米的坑洞。加之该林地下方，有一处当地村民早期建立的养殖规模约120头牛羊的养殖圈舍，牛羊实行野外放养。恢复该林地的植被，必须进行土地整理后方能进行植树造林，并设置围栏，避免牛羊进入损毁。经测算，恢复受损林地植被需资金46 380元。其中（1）平整土地5200立方米，经费10 400元；（2）苗木4160株，种苗费2080元；（3）打窝整地、栽植苗木、抚育管理、安装围栏等用工150人，人工费15 000元；（4）设置围栏630米，设施费18 900元。

诉讼中，针对本案张某非法采矿损害生态环境所造成的环境服务功能损失，2018年11月18日，长江师范学院绿色智慧环境学院接受重庆市人民检察院第三分院的委托出具《关于被告张某破坏生态环境一案生态环境服务功能损失评估的意见》。该意见认为受损的15.61亩林地对应的环境服务功能损失共计约255 995.19元。具体组成如下：（1）调节功能。①气候调节功能损失（理化反应联系法和市场价值法）32672.78元；②水源涵养功能损失（理化反应联系法和替代产品法）5353.25元；土壤保持功能损失（理化反应联系法和替代产品法）548.49元。（2）支持功能。①维持生物多样性功能损失（市场价值法）748.44元；②固碳功能损失（造林成本法）216 672.23元。

重庆市人民检察院第三分院于2018年6月29日在《检察日报》刊发公

告，告知符合条件的社会组织可以提起民事公益诉讼。公告期满，没有法律规定的组织提起民事公益诉讼。该院遂决定依法向重庆市第三中级人民法院提起公益诉讼。该院认为，张某擅自占用“大湾”公益林开办小煤窑，造成林地被严重破坏，其开采时所挖掘的泥土未回填，危及当地村民生命财产安全，严重损害了社会公共利益。在无其他公益组织起诉的情况下，依据《民事诉讼法》第55条①，《最高人民法院、最高人民检察院关于检察公益诉讼案件适用法律若干问题的解释》第13条②之规定提出诉讼，请求：（1）判令被告张某修复山水村5组“大湾”林地生态环境，承担生态环境修复费用合计38.338万元；（2）判令被告张某赔偿环境自受到损害至恢复期间的服务功能损失（以专家咨询意见为准）；（3）判令被告张某承担鉴定、调查评估、专家咨询、公告费用共计2.55万元；（4）判令被告张某向社会公众赔礼道歉。

案件焦点：（1）重庆市人民检察院第三分院提起本案环境民事公益诉讼是否合法，是否具备诉讼主体资格；（2）被告张某应如何承担其破坏林地生态环境的修复责任，修复费用应如何认定；（3）本案环境服务功能损失应如何确定。

## 二、撰写心得

公益诉讼起诉人重庆市检察院第三分院诉被告张某环境损害赔偿民事公益诉讼，是检察公益诉讼制度施行以来重庆市受理的首例环境类检察公益诉讼。重庆第三中级人民法院党组高度重视，于2008年11月2日受理后，由陈洪副院长担任审判长，抽选案发地具有行业代表性的4名人民陪审员与环资庭3位审判员组成7人合议庭，于同年11月29日上午在案发地南川法院公开开庭审理，到同年12月18日公开宣判，本案的审理仅用了46天。

本案引入专家参与诉讼，自重庆市高级人民法院组建的环境资源审判专家库精心挑选4位专家组成专家组，对本案环境服务功能损失出具专家咨询意见。同时，邀请市人大代表、市政协委员旁听庭审，对公开宣判过程进行

① 对应《民事诉讼法》（2021年修正）第58条。

② 该解释已于2020年12月29日修正，修正后第13条规定：“人民检察院在履行职责中发现破坏生态环境和资源保护，食品药品安全领域侵害众多消费者合法权益，侵害英雄烈士等的姓名、肖像、名誉、荣誉等损害社会公共利益的行为，拟提起公益诉讼的，应当依法公告，公告期间为三十日。公告期满，法律规定的机关和有关组织、英雄烈士等的近亲属不提起诉讼的，人民检察院可以向人民法院提起诉讼。人民检察院办理侵害英雄烈士等的姓名、肖像、名誉、荣誉的民事公益诉讼案件，也可以直接征询英雄烈士等的近亲属的意见。”

互联网直播，重庆电视台、华龙网等媒体对本案进行了宣传报道，被告在宣判后当庭通过互联网向社会公众赔礼道歉，表示服从判决，愿在出狱后尽自己所能修复受损环境。本案集中体现了惩罚环境违法行为、环境修复优先、保障公众参与、效率原则等环境资源司法理念，实现了预期的法律效果和社会效果。

本案虽系新类型案件，但案件本身事实并不复杂，法律适用也不存在疑难，审理进程较为顺利，被告当庭向社会公众道歉并表示服从一审判决，也让人切实看到了法治的力量和环资审判教育与惩治相结合之司法目的的实现。本案文书虽承蒙大家的厚爱得以入选百篇优秀之列，但平心而论，文书本身的撰写并无特别优秀之处，更加值得大家关注和思考的，其实是环境资源检察公益诉讼这一崭新制度本身的价值，以及人民法院在贯彻习近平法治思想推动生态文明建设的履职实践中的可贵探索和不断创新。有鉴于此，作为承办法官，总结反思本案审理过程，一些感受、思考和建议值得记录下来，以期随同本案裁判文书的展示宣传对环境资源公益诉讼制度本身的建设有所裨益。

一是人民法院应主导环境损害赔偿类公益诉讼案件的执行。生态环境修复旨在利用补偿性恢复等工程措施实现生态环境损害的等值填补，该目的决定了环境修复这一法律义务的执行明显不同于传统民事案件，具有公益性、耗时长、耗资大、技术性强等鲜明特点。而现有立法关于环境资源修复案件执行程序、资金来源、监管验收程序等均欠缺明确的规定，检视各地对环境资源案件执行所进行的探索，也不同程度地存在理念和方法上的差异。其一，原告申请执行的动力不足。环境修复类案件的公益性决定了诉讼权利人与实体权利人并不对等，诉讼主体自身无利，故推动案件执行乏力，执行程序启动困难。其二，公众无法参与和监督。法院一般在审理阶段通过公开审理，公告诉讼进程，吸纳人民陪审员参加合议庭等方式实现公众参与，而执行环节缺乏公众参与。其三，司法与行政各责任主体的联动配合欠缺法定机制。环境修复要经过众多环节，法院的判决与落实，环保部门的检测与验收，每个环节都有不同的主体参与，即每个环节都是独立的，但这种独立对于法院执行工作的落实而言构成很大的挑战。综上，将以“群防群治、公众参与”为内在要求的环境保护问题事实上转化为法院一家的事情，而法院受职责所限，很容易演变成“执行难”案件。由此，环境修复民事公益案件的执行问题亟待重视和研究。2020 年，重庆市第三中级人民法院出台《生态环境修复案件执行督促机制实施办法》，探索“恢复性司法实践+社会化综合治理”的工作机制，以期通过由法院主导的主动跟踪督促机制，联合各方力量，最大限度促进受损环境得到有效修复，防止环境修复案件出现执行难。

二是建议在全国层面设立环境修复公益基金。因现行法律对环境修复费用的受领主体未作规定，司法实践中，修复资金接收主体众多，监督管理缺位。其一，生态环境修复资金除被告自行筹措自己直接支配使用之外，接收主体有的是审理案件的法院执行账户，有的是地方政府财政账户，有的在审查起诉阶段支付至刑事案件的公诉机关账户。部分罚金及被没收财产直接进入同级财政，无法提取用于实际的环境修复工作。其二，环境污染侵权民事案件往往涉及环境污染行政违法和刑事犯罪，污染主体的财产多数已被没收或者用于缴纳罚金，或者先行缴纳了行政罚款，先行后民、先刑后民的诉讼架构，最终导致污染主体丧失了民事部分的赔偿能力，公益诉讼裁决执行不能。这种多主体接收、监管、控制修复资金的情况，不仅导致资金监管、权责不明，显然也给修复执行工作的有效开展造成困难，导致实际上的监管缺失。其三，直接将环境公益诉讼、生态环境损害赔偿诉讼中判赔的资金注入国库，或通过法院专户的形式对资金进行管理，均不利于赔偿资金的使用，难以实现资金专用于生态环境修复的目标。2015年，贵州省清镇市人民法院以个案为契机与中国生物多样性保护与绿色发展基金会展开合作成立生态环境修复（贵州）专项基金，用于承接贵州部分地区环境公益诉讼案件的资金收益。下设专项管理基金负责管理使用公益诉讼产生的生态环境修复资金，在资金的使用过程中把案件负责法官纳入基金管理委员会成员中，以更加安全、科学、有效为目标对生态修复金进行管理，将资金更好地用于生态环境的修复。此做法可资借鉴推广。

三是倡导大力发展生态环境修复第三方市场主体。其一，切实保障环境公益组织的健康发展。地方政府及其环保部门在对环保组织进行监管的同时，更要切实采取措施，大力支持环境公益组织的发展，为其营造良好的发展环境。其二，大力发展环境修复和治理专业机构。实践中常见的生态环境修复方式均为委托第三方治理模式，由专业的环保修复公司负责。因此，需要政府对该类公司采取扶持政策并开展有效的监管。其三，大力培育环境资源损害鉴定评估机构。实践中，因既具有环保专业资质又具有司法鉴定资质的鉴定机构较少，而市场需求量较大，导致鉴定难、鉴定贵问题突出。国家应加大对环境资源损害鉴定评估机构的培育力度，以适应环境司法的现实需要。

其四，进一步发挥专家作用。鼓励和支持专家担任环境公益诉讼案件的人民陪审员。积极借鉴英美法系的专家证人制度，规范当事人委托专家辅助人的方式，探索拓宽专家辅助人职责，最大限度发挥专家辅助人制度功能。

（贺付琴，重庆市第三中级人民法院法官）

## 三、专家评析

1. 本案系新兴的涉环境类检察公益诉讼案件，判决书完整展现了该类案件的特殊程序性要求以及主要裁判规则，审理过程既贯穿了环资公益诉讼崭新的司法理念和价值选择，又体现了具体司法实践中人民法院在环资立法相对不足情形下的可贵创新，对同类案件的审理具有较强的参考和借鉴意义。

2. 在合议庭的组成上，本案抽选案发地 4 位人民陪审员与 3 位审判员共同组成 7 人合议庭，既是司法公开的内在要求，也彰显了人民法院主动接受人民监督的鲜明立场，既是贯彻环境资源公益诉讼公众参与司法理念的典型方式，也客观上增强了审判结果的权威性和可接受度。

3. 本案借鉴国外成熟的专家证人制度，引入高校环保专家学者参与诉讼。对审判实践中较难确定的环境服务功能损失，探索由专家组出具专家意见书，法院参考专家意见，综合考量被告已承担的刑事和行政责任大小、履行能力、当地经济发展水平等因素，对责任数额进行酌定。既有效节约了当事人诉讼的经济成本和时间成本，也在一定程度上给法官行使自由裁量权提供了基础参照和依托，易被双方当事人接受，本案一审判决后双方均服判息诉，实现了较好的法律效果和社会效果。

4. 对于环境修复费用的认定，采用传统的司法鉴定评估手段，依法由具有相应资质的评估机构出具修复方案并对修复费用进行估算。法院组织双方当事人对修复方案的必要性、可行性以及修复费用的客观性进行质证后，可以此作为确定环境修复费用的依据。

5. 在责任承担方式上，结合被告正在服刑且无实际修复能力的实际情况，选择判令被告承担相应的修复费用，并在判决主文中明确该款用于当地受损生态环境修复或与其相关的公共生态环境修复，此系环境修复义务“代履行”的积极探索，有利于受损环境的及时修复，也为接下来的案件执行环节法院或者公益诉讼起诉人委托第三方机构代履行修复义务提供了基本条件。

6. 本判决当庭宣判后，被告即当庭向社会公众赔礼道歉，有效发挥了环境资源审判的教育功能和法治宣传功能，体现了人民法院积极履行司法职能推动生态文明建设的主动作为。

7. 本判决认定事实清楚，依据充分，说理逻辑清晰，法律依据准确，层层深入论证了破坏生态应承担的各项民事责任，较好地展现了环境修复优先、公众参与、效率原则等环境资源司法的崭新理念，可资作为环境资源司法典型案例。

（点评人：罗伟，重庆市第三中级人民法院副院长、二级高级法官）

**（2018）渝03民初433号裁判文书原文**

# 第五章　特殊诉讼程序

## 第一节　第三人撤销之诉

### 64. 深圳市茂商会小额贷款有限公司和吉安市卓越建筑工程有限公司、江西井冈山盛泰通讯技术有限公司第三人撤销权之诉案*

【关键词】

主体资格　建设工程价款优先受偿权　起算时点

【裁判要旨】

1. 建设工程价款优先受偿权与抵押权指向同一标的物，抵押权的实现因建设工程价款优先受偿权的有无以及范围大小受到影响的，应当认定抵押权的实现同建设工程价款优先受偿权案件的处理结果有法律上的利害关系，抵押权人对确认建设工程价款优先受偿权的生效裁判具有提起第三人撤销之诉的原告主体资格。

2. 建设工程价款优先受偿权不属于物权确权的情形，不适用《最高人民法院关于适用〈中华人民共和国民事诉讼法〉的解释》第 357 条的规定。

3. 人民法院在调解书中未明确建设工程款享有优先受偿权的，并不妨碍权利人申请行使其优先受偿的权利。

---

* （2018）赣民撤 1 号。

4. 非因承包人的原因，建设工程未能在约定期间内竣工，承包人依据《合同法》第286条①规定享有的优先受偿权不受影响；承包人行使优先受偿权的期限为六个月，自建设工程合同约定的竣工之日起计算。

## 一、简要案情

2013年11月8日，茂商会公司与深圳盈烨创新通讯技术有限公司（法人代表：蔡某某）签订《借款合同》（合同编号：MCCMDY20130124），深圳盈烨创新通讯技术有限公司向茂商会公司借款500万元整，借款期限自2013年11月11日至2014年1月10日。该笔借款由盛泰公司、蔡某某、深圳润鸿鑫速贷资产基金有限公司提供担保，承担连带保证责任。同日，盛泰公司与茂商会公司签订《抵押合同》，用其位于江西省井冈山君山大道南侧的厂房（证号：井开区房字第A0×××1、A0×××0号）为深圳盈烨创新通讯技术有限公司的借款提供抵押担保。2013年11月11日，盛泰公司以上述厂房为标的为茂商会公司办理了房他证井开区他字第184号抵押登记，抵押期限为2013年11月11日至2014年1月10日。

茂商会公司因与深圳盈烨创新通讯技术有限公司、盛泰公司、蔡某某、深圳润鸿鑫速贷资产基金有限公司借款合同纠纷，深圳仲裁委员会根据茂商会公司与深圳盈烨创新通讯技术有限公司签订的《借款合同》中的仲裁条款，于2014年9月1日受理了该合同纠纷的仲裁申请，受案号为深仲涉外受字（2014）第83号。茂商会公司在该案的仲裁过程中，向广东省深圳市福田区人民法院申请诉讼保全，申请保全深圳盈烨创新通讯技术有限公司、盛泰公司、蔡某某、深圳润鸿鑫速贷资产基金有限公司名下价值612万元的财产。广东省深圳市福田区人民法院于2014年10月11日作出（2014）深福法立保字第448号民事裁定，裁定查封、扣押或冻结深圳盈烨创新通讯技术有限公司、盛泰公司、蔡某某、深圳润鸿鑫速贷资产基金有限公司名下价值612万元的财产。广东省深圳市福田区人民法院于2014年10月23日委托江西省吉安县人民法院向井冈山经济技术开发区规划建设环保局送达（2014）深福法立保字第448号民事裁定及协助执行通知书：查封盛泰公司名下位于江西省井冈山君山大道南侧的厂房（证号：井开区房字第A0×××1、A0×××0

---

① 对应《民法典》第817条。

号)，查封期限为两年，自2014年10月23日至2016年10月23日。2015年2与5日，深圳仲裁委员会作出（2015）深仲裁字第183号裁决书，裁决：（1）深圳盈烨创新通讯技术有限公司偿还茂商会公司借款本金人民币500万元、利息12.5万元与违约金人民币27.3万元（利息暂计至2014年8月11日，此后利息按合同约定的利率标准计至全部债务清偿之日止。违约金暂计至2014年8月11日，按合同约定之月利率上浮30%计算至全部债务清偿之日止)。（2）盛泰公司位于江西省井冈山君山大道南侧的厂房（证号：井开区房字第A0×××1、A0×××0号）的抵押房产处置所得之价款用于偿还深圳盈烨创新通讯技术有限公司、盛泰公司、蔡某某、深圳润鸿鑫速贷资产基金有限公司所欠的贷款本金、利息及其他费用，不足部分由蔡某某、深圳润鸿鑫速贷资产基金有限公司继续共同清偿；等等。

2014年9月3日，卓越公司因与盛泰公司建设工程施工合同纠纷案起诉至原审法院。原审法院于2014年11月28日就该案作出（2014）吉中民三初字第26号民事调解书，该调解书中确认：2011年10月16日，卓越公司与盛泰公司签订一份《建设工程施工合同》，约定卓越公司承建盛泰公司位于井冈山经济技术开发区的生产厂房5#、6#、8#、9#楼、道路围墙及附属工程，竣工日期为2014年4月16日，工程总价款为1400万元。因盛泰公司未按约定支付工程款，卓越公司无法继续施工。卓越公司与盛泰公司经协商确认已完工程造价为8 216 486.51元，盛泰公司已支付工程款3 056 486.51元。该调解书同时确认以下调解内容：（1）盛泰公司支付卓越公司工程款516万元及利息（自2014年11月28日起按中国人民银行同期贷款利率计算利息至实际付清之日止），卓越公司对5#、6#厂房及8#、9#厂房基础的变卖、拍卖款优先受偿；（2）盛泰公司同意支付卓越公司2013年11月10日至2014年9月3日期间的利息15万元；（3）上述一、二项，盛泰公司于2014年12月30日付清；（4）案件受理费50 033元减半收取25 016.5元，由卓越公司负担12 508.5元，盛泰公司负担12 508元。该调解书生效后，经卓越公司申请，原审法院于2015年1月12日立案执行，案号为（2015）吉中执字第12号。原审法院执行立案后，委托江西省地源评估咨询有限责任公司对盛泰公司所有的位于吉安市高新区君山大道南侧的工业用地及房产和所属围墙进行价值评估，5#、6#厂房估值分别为287.264万元、287.264万元，宗地土地估值611.94万元。先后经过三次公开拍卖，2016年6月3日，吉安市井冈山开发区金庐陵经济发展有限公司以1880万元拍得上述房产及所附国有土地使用权。2016年6月12日，原审法院确定卓越公司在5#、6#厂房的拍卖款范围内优先受偿516万元，茂商会公司于2016年6月17日向原审法院提出执行异议，原审法院于2016年8月4日以（2016）赣08执异10号执行裁定驳回其异议。茂商会公司对该执行裁定不服，向江西省高级人民法院申请复议。2016年11月24日，江西省高级人民法院作出（2016）赣执复33号执行裁定书，裁定撤销原审法院（2016）赣08执异10号执行裁定，发回原审法院重新审查。

2016年11月14日，茂商会公司以卓越公司、盛泰公司为被告向原审法院提起第三人撤销之诉，请求撤销原审法院（2014）吉中民三初字第26号民事调解书。原审法院以茂商会公司不构成（2014）吉中民三初字第26号案件第三人主体资格为由，于2016年12月13日作出（2016）赣08民撤1号民事裁定，裁定对茂商会公司提起的第三人撤销之诉不予受理。茂商会公司不服该裁定，向江西省高级人民法院提起上诉。2017年3月16日，江西省高级人民法院作出（2017）赣民终81号民事裁定书，裁定撤销原审法院（2016）赣08民撤1号民事裁定，指令原审法院立案受理。原审法院遂于2017年5月18日立案受理本案。

另查明，原审法院调取的涉案5#厂房的竣工验收备案表中没有载明5#厂房的竣工验收时间，只载明5#厂房的竣工验收备案日期是2013年10月30日。涉案6#厂房的竣工验收日期为2013年5月20日，备案日期是2013年10月30日。2013年11月1日，吉安市房地产管理局为盛泰公司办理涉案5#厂房产权证（房产证号：房权证井开区房字第A0×××0号）、6#厂房产权证（房产证号：房权证井开区房字第A0×××1号）。

茂商会公司向一审法院提出诉讼请求：依法撤销吉安市中级人民法院（2014）吉中民三初字第26号民事调解书；本案诉讼费用由卓越公司、盛泰公司承担。

一审法院判决驳回茂商会公司的诉讼请求。茂商会公司提起上诉。

本案二审的争议焦点为：原审法院（2014）吉中民三初字第26号民事调解书应否予以撤销，包括以下三个层面：（1）（2014）吉中民三初字第26号民事调解书确认卓越公司对5#、6#厂房及8#、9#厂房基础的变卖、拍卖款享有优先受偿权是否违反法律的强制性规定？（2）卓越公司是否对于尚欠的516万元工程款享有合法的优先受偿权？（3）卓越公司是否在法定期限内主张工程款优先受偿权？

## 二、撰写心得

2012 年《民事诉讼法》第 56 条增加了第 3 款，新规定了第三人撤销之诉制度，旨在保护受错误生效裁判损害的未参加原诉的第三人的权益。该案是第三人撤销之诉的典型案例。该案判决作出后，茂商会公司不服，向最高人民法院申请再审，最高人民法院于 2019 年 3 月 19 日作出（2019）最高法民申 275 号民事裁定，对本案二审判决所作出的事实认定以及法律适用等均予以了充分肯定，并驳回茂商会公司的再审申请。2020 年 5 月 6 日，本案承办法官胡国运突发疾病，在工作岗位上因公殉职，年仅 55 岁。先后被追授“全国模范法官”“全省优秀共产党员”“五一劳动奖章”等荣誉。胡国运法官长期担任江西省高级人民法院民一庭庭长，业务精湛，为人正直，被评为全省审判业务专家，为全省法院民事审判工作发展作出了卓越贡献，他的离去是全省民事审判工作的重大损失。本书的编撰与出版将是对胡国运法官的最好缅怀与纪念。

## 三、专家评析

（2018）赣民撤 1 号民事判决书涉及建设工程优先受偿权与抵押权的冲突、调解书对建设工程优先受偿权确认的法律效力、发包人与承包人之间调解确定的工程款效力、烂尾工程建设工程优先受偿权的起算时点等复杂法律问题。胡国运法官运用其丰富的专业知识和娴熟的说理技巧，条分缕析，层层递进，论证充分，说理透彻。该案二审判决不仅裁判结果正确且具有以下特点：案由类型新颖、诉辩主张概括简明准确、证据列载清晰、证明对象表达准确、证据认定说理充分、审理查明案件事实清楚、说理逻辑严谨、层次清晰、论证有力、适用及引用法律条文正确、裁判主文表述符合规范要求且准确无歧义、语言流畅、用语规范。总之，该判决是难得的精品裁判文书写作范例。

（点评人：龚雪林，江西省高级人民法院立案二庭庭长）

**（2018）赣民撤 1 号裁判文书原文**

# 第二节 执行异议之诉

## 65. 王某某和成都农村商业银行股份有限公司、何某执行异议之诉案*

【关键词】

民事权益　排除执行　借名买房　基本生活保障

【裁判要旨】

对于案外人排除强制执行的主张能否成立，法院应当在依据法律、司法解释的规定认定相关当事人对执行标的的民事权利（益）的实体法性质和效力的基础上，通过对相关法律规范之间的层级关系、背后蕴含的价值以及立法目的的探寻与分析，并结合不同案件中，相关当事人的身份职业特点、对于执行标的权利瑕疵状态的过错大小，与执行标的交易相关的权利行使状况、交易履行情况，以及进一步探寻的执行标的对于相关当事人基本生活保障与秩序追求的影响等具体情况，综合加以判断。

## 一、简要案情

2008年12月2日，王某某与湖南湘潭市雨湖区三羊开泰服饰连锁湘潭店（以下简称服饰店）签订《劳动合同书》，约定服饰店为发展需要，聘请王某某为部门经理；合同期限自2009年1月1日起至2018年12月31日止；王某某的工资为每月2500元。同日，双方签订《劳动合同补充协议》，补充协议第1条约定：在王某某与服饰店签订10年以上有固定期限的劳动合同并实际履行的条件下，服饰店无偿提供给王某某住房1套作为福利待遇。此项待遇是服饰店额外地、有条件地为王某某提供的特殊待遇，与王某某的劳动报酬以及正常的福利待遇无关。补充协议第3条约定：（1）房屋以公司指定人员

*（2019）最高法民终370号。

的名义办理房屋产权证和土地使用权证，办理费用由服饰店承担。（2）房屋首付款由服饰店和王某某各支付50%，王某某在服饰店工作满10年时，服饰店将王某某支出的首付房款一次性支付给王某某。（3）房屋按揭款由服饰店和王某某各支付50%；当年的按揭款先由王某某全额支付，次年1月份服饰店一次性支付给王某某上一年代服饰店支付的按揭部分，今后按揭款的支付均按此支付办法类推；合同期满后，所有房屋按揭款支付完毕后30日内，服饰店将王某某所承担的按揭款部分一次性结算给王某某。补充协议第4条约定：住房的房屋产权证和土地使用权证以及购房发票等与该房屋有关的所有手续由服饰店保管，待王某某按约定履行完劳动合同及补充协议约定的义务后，服饰店将房屋过户给王某某，王某某才取得该房屋所有权；本合同签署后房屋购买之时，王某某对房屋取得的是使用权，即王某某必须在现有工作岗位（或经调整后的更高层次工作岗位）正常工作10年以上，才能取得房屋的所有权。在合同约定的王某某工作期限届满之前，王某某对房屋只享有使用权和出租收益权，对房屋不享有处置权，不得转让、抵押、赠与。补充协议第11条约定：如果甲方公司因各种意外情况发生，迫使甲方无法再维持经营，公司解散时，本合同继续履行（即任何一个股东都有权要求王某某继续履约至合同期满）。

2009年6月13日，王某某、何某作为买受人与四川南欣房地产开发有限公司（以下简称南欣公司）签订《商品房认购协议》，约定由王某某、何某认购南欣公司开发的比华利国际城1期×栋×层房屋。房屋总价为602 082元，定金为3万元。协议签订当日，王某某支付南欣公司定金3万元。首付款共292 082元，服饰店实际支付11万元，王某某实际支付182 082元。此后，王某某与其配偶汤某某每月将按揭款存入何某账户，并以何某的名义每月支付按揭款。2017年7月31日，王某某的配偶汤某某通过银行内扣的方式将剩余按揭款246 161.83元全部偿还。

2010年10月至2011年1月，王某某对案涉房屋进行了装修，并入住至今。

2010年10月9日，案涉房屋登记到何某及其配偶鲜某某名下，登记坐落为四川省成都市锦江区佳宏路220号×栋×号。2017年8月24日，何某和其配偶离婚，约定房屋归何某所有，并将房屋变更登记到何某名下。

服饰店于2014年年底注销，之后，王某某在公司其他连锁门店继续履行劳动合同至期满。2018年1月28日，服饰店的代表陈某某出具《情况说明》，载明：服饰店于2014年注销，王某某与该店签订的劳动合同所涉及的劳动年限已经临近10年，该店赠送给王某某的比华利国际城住房已经属于王某某所有，王某某自己交纳了全部按揭款，公司出资部分是公司对王某某工作的福利奖励。

另查，2017年8月2日，成都农村商业银行股份有限公司簇桥支行（以下简称成都农商行簇桥支行）因与陈某某、周某某、彭某某、何某、眉山市旗胜建材有限公司保证合同纠纷案，申请在1.1亿元范围内，查封陈某某、周某某、彭某某、何某、眉山市旗胜建材有限公司的财产。

2017年8月23日，四川省高级人民法院作出（2017）川民初85号财产保全裁定，在1.1亿元的范围内，查封了包括案涉房屋在内的36套房屋。2018年2月5日，王某某以其系案涉房屋的实际所有人为由提出执行异议，请求解除对房屋的查封。四川省高级人民法院裁定驳回了王某某的异议；王某某不服，提起案外人执行异议之诉，请求确认其对案涉房屋享有所有权，并解除对案涉房屋的查封。

本案的主要争议焦点是：王某某是否就案涉房屋享有足以排除强制执行的民事权益。

## 二、撰写心得

裁判文书是人民法院文明和公正司法的载体，优秀的裁判文书能够反映案件审理的全部过程，彰显“事实清楚、辨析分明、裁判公正”。

**（一）每一个案件都有自己的特性，细节中存在着影响裁判的多种因素，因此，法官必须反复推敲证据材料，根据证据材料最真实地还原案件事实**

本案中，王某某与服饰店约定，由王某某和服饰店各出资一半购买房屋（实际上绝大部分房款均由王某某支付），并将房屋登记到服饰店指定人名下，王某某享有使用收益的权利，劳动合同期限届满后，房屋登记过户至王某某名下。现在王某某并未在服饰店履行劳动合同至约定的期限，那么，是什么原因导致了这种情况的发生？王某某作为劳动者是否对此负有责任？由于劳动合同关系案涉房屋的约定实际上是一种附条件的行为，因此，在判断王某某对案涉房屋的民事权益与强制执行债权人的债权之间何者更值得保护时，王某某履行劳动合同的事实显然有着不小的影响，因此笔者在办案及写作文书过程中着重对此进行了深入的挖掘。事实表明，虽然服饰店在2014年注销，但根据合同约定，王某某在服饰店注销后仍有义务按照服饰店股东的要求继续履约至合同期满，王某某也实际继续在其他连锁服饰店工作至10年劳动合同期满，服饰店实际经营者之一陈某某亦出具《情况说明》，表示服饰店与王某某签订的劳动合同涉及的劳动年限已临近10年，王某某交纳了剩余全部按揭贷款。王某某诚实守信地履行了劳动合同约定的义务。

**（二）执行异议之诉案件审理所面对的是对执行标的存在着竞争关系的主体之间民事权益的冲突，因此两者的权利性质、背后蕴含的价值都是作出裁判所不能忽视的重要因素**

从相关各方对于房屋权利的来源看，王某某与服饰店之间系劳动关系，根据双方约定，在劳动合同履行期间，王某某对案涉房屋享有占有、使用、收益的权利，并且随着劳动合同的持续履行，王某某最终将在合同履行期满后获得案涉房屋的所有权；何某作为名义上的登记所有人，其目的仅是约束王某某按照合同履行完毕10年的劳动合同义务，而对案涉房屋并不享有其他任何权利。合同履行期满后，王某某享有针对案涉房屋请求何某协助办理过户登记的权利。本案中，虽然服饰店在2014年注销，但根据合同约定，王某某在服饰店注销后仍有义务按照服饰店股东的要求继续履约至合同期满，王某某也实际继续在其他连锁服饰店工作至10年劳动合同期满。在合同履行期满后，王某某对案涉房屋享有相应的权利。而成都农商行簇桥支行与何某之间系保证合同关系，前者对案涉房屋的权利系源于强制执行程序，背后的基础是其作为商事主体对何某享有的基于何某应当履行保证责任而形成的债权，且没有证据证明该债权系基于对案涉房屋登记权利状态的信赖而形成。

**（三）一份好的裁判文书，应当是理、情、法的融合，要向大众传递司法的温度**

本案所涉纠纷表面上体现为当事人之间的借名买房关系，但实际上背后体现出的是我们应如何对劳动者劳动报酬加以保护。《劳动合同补充协议》明确服饰店提供的案涉房屋系“作为福利”，并将此项福利称为“服饰店额外地、有条件地为王某某提供的特殊待遇”。从当事人的约定以及劳动合同的履行看，案涉房屋将因王某某履行了劳动合同约定的义务而归王某某所有，因此其中显然包含了一定的劳动对价因素，在某种程度上而言，王某某对于案涉房屋享有的权利中实际上凝结着其为用人单位工作10年的劳动付出，应属于广义的劳动报酬范畴。实际上，案涉房屋目前绝大部分房款均由王某某实际支付，王某某已于2011年装修完毕入住至今。案涉房屋系服饰店为防止王某某提前离职等原因而暂且登记在服饰店的指定人名下，王某某是基于其处于劳动合同这一不完全平等的民事法律关系中的弱势地位而被动接受服饰店关于案涉房屋的权属登记安排，其并非积极主动地通过这种方式获取不正当利益，且亦未损害国家利益和社会公共利益，故不具有可责难性。而且，王某某一家在案涉房屋居住至今，该房屋系王某某一家基本生活居住的保障。这些事实因素对于我们公平公正地看待王某某对于案涉房屋所享有的权利有着重要的影响。在这种情况下，对于作为王某某应得的劳动报酬一部分的案涉房屋，给予高于房屋名义登记人的强制执行债权人成都农商行簇桥支行的保护，于情于理，都更有说服力。

（司伟，原最高人民法院法官）

**（2019）最高法民终 370 号裁判文书原文**

# 66. 民和义德商贸有限公司和黄某某、刘某 1 案外人执行异议之诉案*

【关键词】

下落不明　排除强制执行　房屋买卖

【裁判要旨】

被执行人下落不明时，案外人对案涉房产主张权益的，法院应审查买卖合同及付款行为的真实性。案外人不能确定合同签名确系被执行人的签名时，法院对合同的真实性不予认定。案外人提供的付款证明不能证明确系支付的案涉房款时，法院亦不能认定案外人已支付全部价款。

## 一、简要案情

2014 年 4 月 27 日，民和义德商贸有限公司（以下简称民和义德公司）与刘某 1 签订了《房屋转让协议》，刘某 1 将位于西宁市城西区西川南路 23 号 ×号楼×室房屋转让给民和义德公司，合同约定房屋转让价款为 500 000 元。签订该房屋转让协议后，因刘某 1 未与民和义德公司办理房屋产权登记过户手续，该房屋至今没有过户至民和义德公司名下。后因黄某某诉刘某 1 民间借贷纠纷案，法院拍卖该涉案房屋时，民和义德公司认为法院执行拍卖涉案房屋损害了民和义德公司享有的合法权益，其作为案外人于 2017 年 12 月 12 日向青海省西宁市中级人民法院提出了执行异议，该院驳回了民和义德公司的异议请求。民和义德公司遂向青海省西宁市中级人民法院提起案外人执行异议之诉。

另查明，西宁市城西区西川南路 23 号×号楼×室房屋系刘某 1 与青海成林房地产开发有限公司签订《商品房预售合同》予以购买，并在西宁市房屋权属登记中心办理期房网上签约备案登记。

二审中查明，案涉《房屋转让协议》上“刘某 1”的签名与《业主验房

* （2019）青民终 6 号。

记录表》《装修申请表》和《业主入住和物业管理服务协议书》上业主姓名“刘某1”的签名均不一致。民和义德公司提交的房款收条上“刘某2、刘某1、李某某”的签名为同一人笔迹，该3人目前均联系不上。民和义德公司提交的交款凭证银行承兑汇票和汇票收条的收款人系刘某2，该收条出具时间早于案涉《房屋转让协议》和《委托书》的签订时间。

法院生效裁判认为，民和义德公司提交的《房屋转让协议》上“刘某1”的签名与《业主验房记录表》《装修申请表》和《业主入住和物业管理服务协议书》上业主“刘某1”的签名不一致，无法确认哪份签名系刘某1本人所签，《房屋转让协议》及《委托书》是否为刘某1本人真实意思表示，亦无其他证据予以证实。民和义德公司提交的刘某2收到银行承兑汇票的收条上载明的时间早于案涉《房屋转让协议》和《委托书》的签订时间，该收条上仅载明收到承兑汇票，无法证明刘某2收到的这张承兑汇票即为民和义德公司向刘某1支付的购房款，民和义德公司以刘某2收到承兑汇票为由主张已向刘某1支付了案涉房款无证据予以证实，法院不予采信。民和义德公司在签订《房屋转让协议》时对案涉房屋网签在刘某1名下是明知的，国家明令禁止商品房预购人将购买的未竣工的预售商品房再行转让，民和义德公司在明知案涉房屋为预售商品房，房屋网签在刘某1名下，在刘某1尚未取得房屋所有权证之前房地产主管部门不予办理转让手续的情况下，依然与刘某1签订《房屋转让协议》，其对没有办理过户登记手续存在一定过错。综上，法院认为民和义德公司并不符合《最高人民法院关于人民法院办理执行异议和复议案件若干问题的规定》第28条规定的可以排除执行的情形，对其诉讼请求予以驳回。

## 二、撰写心得

裁判文书不但是人民法院呈现给当事人的反映诉讼进程、诉讼结果的法律凭证，也是连接和沟通法院和社会公众的桥梁和纽带。裁判文书的最大价值在于为当事人和社会公众所认可、信服和接受，使司法公信力得以彰显。一份高质量的判决书，不仅能带给人们赏心悦目明辨是非之感，还有助于增强法治辐射功能与法律宣传效果，积淀法律文化，提高司法公信力。

### （一）裁判文书制作要求

总体上，裁判文书从格式上讲是按照提出问题（当事人的诉辩主张部分）、分析问题（认定事实及说理部分）、解决问题（裁判文书的主文裁判结果部分）进行安排设计。而在裁判文书写作中具体到每一部分或每一段落也要讲究排篇布局。2016 年 6 月 28 日，最高人民法院审判委员会审议通过的《人民法院民事裁判文书制作规范》和《民事诉讼文书样式》，为全国四级法院和广大法官提供了统一遵行的标准化文本，这既是严格公正司法的必然要求，也是司法活动、司法行为规范化、公开化的必然体现。该文件的出台，明确了裁判文书的功能和定位。对当事人而言，裁判文书是人民法院对当事人诉讼请求的回应，对诉讼争议作出判断并对当事人实体权利义务进行分配，为当事人实现其实体利益提供依据。对人民法院而言，裁判文书是法官对于民事案件审判的最终结论。就裁判文书的社会功能而言，它通过分析说理，向当事人和社会展示裁判结论的合理性、合法性、公正性、终局性。在一定意义上可以说，裁判文书是司法过程的总结，是审判成果的结晶，是司法公正重要的载体和最终体现。对裁判文书的制作，最高人民法院提出明确要求：要素齐全、结构完整、格式统一、逻辑严密、用语准确、繁简得当。基于此，在制作裁判文书时应把握以下几点：

1. 在裁判文书中体现以审判为中心，突出不同审级。制作上，要从完善审级制度出发，不同审级要有不同的裁判文书写作重点。比如，一审判决书应把重点放在认定案件事实和确定法律适用上，做到以事实为依据，以法律为准绳；二审判决书应把重点放在解决事实和法律争议的说理上，努力做到胜败皆服，使大部分案件实现两审终审；再审判决书则应把重点放在依法纠错，保证国家法律统一适用上，实现审判的终局性，维护司法权威。

2. 对裁判说理应有具体要求。裁判文书既是司法公正的最终载体，它不仅应当在结论上体现法院裁判的公正，而且对案件事实认定、法律争议应当通过透彻的说理，明辨是非曲直。在说理上，不仅要根据不同审级确定说理重点，还要做到繁简得当。对复杂、疑难、新型、典型、有争议、有示范价值的案件，说理要详细、深入和透彻；对简易、小额、无争议案件的裁判说理要简化，可以采用要素式、令状式和表格式的简单裁判文书样式，减轻法官工作量。同时，还要细化说理要求，对证据审查认定理由，案件事实认定以及解释法律根据和案件事实具有法律上的逻辑关系的理由上要充分论述，对原审裁判中当事人的诉辩情况及当事人对原审中认定的没有争议的事实，应当予以简化。

3. 裁判文书中应对争议焦点内容进行全面评述。争议焦点是法官归纳并经当事人认可的关于证据、事实和法律适用争议的关键性问题。争议焦点既是庭审的主要内容，也是制作裁判文书的主线，找准争议焦点能够方便组织证据认定、事实认定和说理部分的论述。同样，焦点问题能否处理好，也是当事人能否信服裁判结果的重要方面。司法实践中，可能发生法庭审理遗漏争点的情况。一个好办法就是制作 1 份清晰而详细的争点清单，然后按照一定的诉讼逻辑次序一个一个争点审理，这样，法官就不容易遗漏争议焦点，审理思路也不会乱。争点整理可以按以下几个步骤展开：

第一，正确发现、固定争点。法官要基于法律关系，从当事人诉辩主张所依据的法律规范出发，发现、固定直接影响法律规范各项要件成立或满足的事实争点，以及争点法律规范能否适用的法律争点并记录在案。

第二，围绕争点进行审理。围绕争点审理是提高庭审效率的根本途径。思路上有所欠缺的当事人，往往会在这方面存在较大问题，经常辩论不到位或者遗漏重要辩论要点，法庭要及时组织引导当事人发问，这也是争点整理的一项重要内容。

第三，争点整理要以构成要件为基本要素。基本要素的明确，有利于解决争点整理笼统和琐碎的问题，离开基本要素，则趋于混乱。争点整理过程中，其基本要素应当是基础规范的构成要件。争点应等于构成要件，这样恰恰好。争点范围大于构成要件，过于笼统；争点范围小于构成要件，过于琐碎。

第四，争点整理过程中争点的多层次性。法官整理争点的第一种方法是逐步深入法，即随着审理活动的推进而不断把争点引向深入，这样，当事人也随着法官的归纳不断把诉辩的重心引向深入。法官整理争点的第二种方法是结合法，即将不同层次的争点综合起来进行归纳。在争点整理的过程中，除了争点的多层次性，法官还要特别注意争点会不断变化，即争点的可变化性和非恒定性。如违约之诉中，最初的争点可能是合同是否成立，然后会变成意思表示是否一致，最后转化为承诺与要约是否达成一致。

第五，争点整理的随机性和灵活性。法官应注意随时随地进行争点整理，而不是机械地在某个时间点归纳一下即告结束。为充分发挥争点整理的作用，应把争点整理贯穿于审理的全过程。这就需要法官必须高度重视争点整理的重要性，提高庭前准备的质量，提高庭审中的专注力，提高审判员和书记员的配合意识（法庭记录有严格的技术性要求，既要有较快的文字处理能力，亦要有较为专注的工作能力，还要有较强的归纳能力，以确保记录的客观、全面、清晰），同时法官还应当提高归纳能力。这个能力的培养需要长期的积累，亦需要进行专业的训练，归纳能力具有长期性及可训练性。归纳能力具有一定的规律，重点在于寻找当事人诉讼意见的分歧点，一是要有一种复杂问题分解成简单问题的能力；二是要有一种寻找相同点和不同点的能力；三是要有抓住权利基础、剖析审判思路主线的能力。

**（二）裁判文书释法说理的具体要求**

我们都知道，“裁判文书是法院的门面、法官的脸面”。一份文字精练、说理透彻、逻辑严密的裁判文书，赢得的是当事人的信服，树立的是司法的权威。为加强和规范裁判文书释法说理，最高人民法院 2018 年 6 月 1 日印发《最高人民法院关于加强和规范裁判文书释法说理的指导意见》。该意见要求，裁判文书要阐明事理、释明法理、讲明情理和讲究文理，并从审查判断证据说理、认定事实说理、适用法律说理、行使自由裁量权的说理方面提出以下具体的要求：

1. 裁判文书释法说理，要阐明事理，说明裁判所认定的案件事实及其根据和理由，展示案件事实认定的客观性、公正性和准确性；要释明法理，说明裁判所依据的法律规范以及适用法律规范的理由；要讲明情理，体现法、理、情相协调，符合社会主流价值观；要讲究文理，语言规范，表达准确，逻辑清晰，合理运用说理技巧，增强说理效果。阐明事理、释明法理、讲明情理、讲究文理，是立体构建裁判文书释法说理的 4 个维度。

第一，阐明事理是作出公正裁判的基石。阐明事理，即要说明裁判所认定的案件事实及其根据和理由，展示案件事实认定的客观性、公正性和准确性。所谓“以事实为依据”即指法官所认定的案件事实是其作出最终裁判的依据。因此在释法说理中首先应当体现法官对事实、证据的判断力及其有根据的理由，阐明事理是法官作出公正裁判的基石。法庭审理查明的事实都需要得到证据的证明，证据裁判的内容应当成为阐明事理的重点。

第二，释明法理是作出公正裁判的钢筋。释明法理，即要说明裁判所依据的法律规范以及适用法律规范的理由。当法官通过证据的审查与运用阐明事理后，就应当依据法律规范，运用法理分析问题，释明法理，这是作出公正裁判的钢筋。

第三，讲明情理是作出公正裁判的混凝土。司法裁判的结果不仅应当合法，而且应当合情合理。法律源于社会生活，法律目的在于规范社会生活，故而法律精神与社会情理息息相通，情理蕴含于法律之中。在裁判说理中要讲明情理，体现法、理、情相协调，符合社会主流价值观，这是作出公正裁判的混凝土。

第四，讲究文理是作出公正裁判的黏合剂。裁判文书释法说理应当使用符合国家通用语言文字规范和标准的语言，行文应当规范、准确、清楚、朴实、庄重、精练，表达准确，逻辑清晰，合理运用说理技巧，增强说理效果。讲究文理是作出公正裁判的黏合剂。值得注意的是，释法说理的内容在保持法律专业特征的同时，应当摒弃概念化、公式化、八股文的陋习，把握好专业化与朴素性的关系。既要在事实认证和法律适用上严谨准确，又要通俗易懂，不仅要体现裁判文书的严肃性和法律专业化，同时又要兼顾文书的大众性与朴素性的特征，让非法律专业的社会公众仅凭普通文化知识、道德情感和公序良俗认知就可以看得懂、辨得明。因为裁判文书的主要受众是当事人和一般社会公众，而裁判文书释法说理是以“让人感觉到的方式”来呈现司法公正的重要环节和关键载体，因此其中的法言法语的运用应当以普通公众的理解认知为限度，超越此限度则是司法判决领域法律性过于专业化的表现。用公众接受的语言诠释法理，做到专业化与大众化相结合，自然能够增进社会公众对司法裁判的信任和理解。

2. 裁判文书释法说理，要符合社会主义核心价值观的精神和要求。司法对于社会公众的行为方式具有鲜明的指引作用。党的十八大以来，在各领域培育和践行社会主义核心价值观成为全社会的共识，中共中央办公厅、国务院办公厅出台了《关于进一步把社会主义核心价值观融入法治建设的指导意见》，明确提出要用公正司法培育和弘扬社会主义核心价值观，强调裁判文书释法说理要符合社会主义核心价值观的精神和要求。现代社会法律越来越专业化，普通社会公众对生硬的法律条文和法律专业术语并不熟悉，他们更乐于从活生生的司法裁判释法说理中理解法律规则及其蕴含的道德评价。释法说理是司法裁判所确立的法律规则及其蕴含的道德评价得以在社会传播并被公众所接受的重要途径。一些与道德评价具有密切关联的案件，司法裁判释法说理得当与否，会对社会公众的认知和行为方式产生巨大的影响。释法说理不当，对司法公信力会产生严重负面影响；释法说理得当，会极大提升司法公信力，促进公众对社会主流价值取向的认可。

3. 裁判文书中对证据的认定，应当结合诉讼各方举证质证以及法庭调查核实证据等情况，根据证据规则，运用逻辑推理和经验法则，必要时使用推定和司法认知等方法，围绕证据的关联性、合法性和真实性进行全面、客观、公正的审查判断，阐明证据采纳和采信的理由。涉及举证责任分配或者证明标准争议的，裁判文书应当说明理由。裁判文书应当结合庭审举证、质证、法庭辩论以及法庭调查核实证据等情况，重点针对裁判认定的事实或者事实争点进行释法说理。依据间接证据认定事实时，裁判文书应当围绕间接证据之间是否存在印证关系，是否能够形成完整的证明体系等进行说理。采用推定方法认定事实时，裁判文书应当说明推定启动的原因、反驳的事实和理由，阐释裁断的形成过程。

**（三）裁判文书制作中的“八个一致”**

司法体制改革的“燃灯者”邹碧华，从审判管理的角度研究和总结出一套裁判方法，将民商事案件的审理分解成九个步骤，为法官厘清思路、提高办案技能作出了杰出贡献。他撰写的《要件审判九步法》，在裁判文书写作中仍然可以发挥作用。我们可以根据“要件审判九步法”的基本方法，确立一套裁判文书制作的实质性标准，即“八个一致”原则。

第一个一致：当事人的诉辩称与卷宗记载一致。目的是确保裁判文书客观真实反映当事人的诉辩主张。

第二个一致：当事人的诉讼主张与基础规范一致。这一要求实质上就是“九步法”中第 5 步“诉辩主张的检索”。强调这个，包含两层意思：一是其主张的事实、理由必须在形式上能够支持其权利；二是其提出的主张必须符合基础法律规范的要件要求。这两个要件是他必须满足的要件，裁判文书中应当有反映。

第三个一致：当事人的诉讼证据与诉讼主张一致。这个一致隐含了另外一个一致，即举证、质证必须与诉辩主张相一致。在举证、质证层面，当事人提出的所有事实主张，都必须有相应的证据记载相对应，即载明当事人对自己的主张提出的证据；载明对方当事人的态度；载明当事人无法或拒绝提供证据的情况。

第四个一致：当事人的诉讼争点与诉讼主张一致。争点归纳存在的问题有：（1）不归纳争点；（2）归纳的争点过于笼统；（3）争点过于琐碎（即所有分歧均作为争点）；（4）争点重复；（5）遗漏争点。争点和主张一致可以用来检查裁判文书，相互对应，前后一致。

第五个一致：认定事实与事实争点一致。裁判文书必须把法官对所有争点的认定记录下来。这样能有效突出案件的审理重点，为裁判说理奠定基础，也表明法官在认定事实方面的自由裁量权受证据规则的约束，使公众在阅读裁判文书时能真实地体会到法官“断案”的从容，从而使司法裁判获得正当性。

第六个一致：法律理由与法律争点一致。如当事人认为案件系争的法律关系是无权处分而非无权代理，这是一个法律争点，法官就必须对这个法律争点做出回应，也就是说法官必须就法律关系的性质是无权处分还是无权代理做出明确的结论，并且给出作出这一结论的理由，对判决理由的说明，不仅是法官的权利，更应是其义务和职责，离开了充分的说理及论证，司法判决的合法性和合理性就会受到质疑。这条规则里隐含了两条检查裁判文书的重要方法：一条是可以检查“本院认为”部分是否出现了“当事人诉辩称”和“本院查明”中未曾出现过的事实；另一条可以检查“本院认为”是否对所有法律争点及事实争点的认定理由作出了回应。

第七个一致：判决主文与诉讼请求一致。判决主文确定的权利义务应与当事人的诉讼请求相一致，体现“不告不理”和意思自治原则；判决主文应对所有诉讼请求作出支持、部分支持或不予支持的明确结论；判决主文不能超出诉讼请求范围。“判如所请”是民事诉讼的一个基本原则，判决如果超出当事人诉请，就属于应当提起再审的范围。做到以上要求，要坚持以下两句话：“把好事情做正确”（法官要能动司法，追求办案效果，也要树立程序意识，判得合法）；“把正确的事情做好”（判决要在法律效果正确的情况下，取得社会效果）。

第八个一致：引用的法律条文与判决主文一致。保证每一条判决主文都有具体的法律条文作支撑。

优秀的裁判文书包含着必然因素和偶然成分，不是每一个裁判者仅凭个人能力都能任意将一篇裁判文书写得优秀，但是每一个裁判者都应当把每一篇裁判文书写得合乎规范。虽然案情千变万化，但撰写一篇合乎规范裁判文书其实是有规律可循的。裁判者以法律关系为中心，在法律关系框架内按照演绎推理的逻辑方式串联起要件事实、证据分析、法律适用这“三个基本点”，在遵循各类裁判文书制作的基础上，进一步挖掘裁判文书制作理念，抓住裁判文书制作的核心要素，并以演绎推理的逻辑路径加以串联，就可以制作一篇说理充分、论证严谨的裁判文书了。一份好的裁判文书，最关键的因素是价值观，裁判者要在生活体验、人生阅历、日常生活的基础上，运用形式逻辑去追求法律真实，并且站在人文立场上进行价值判断，这就是一条人文途径。法官思维中沉淀着大量观念、意识和情感的精神要素，内化为法官的思维方式和思维习惯，法官只有充分地调动这些精神，才能将法律意图和法律精神有机地个别化，最终凝结成个案的公正处理。法律职业需要人文关怀，具有人文关怀的法律方法才会拥有灵魂。希望法官在追求司法公正的道路上能自觉培养这份人文关怀情感，扛起一份责任，做一名有情怀、有温度、有法治韵味的法官，守初心、致良知，秉一腔为民热血，修一身浩然正气，破利惑之心，立守正之心，让人民群众在每一个司法案件中感受到公平正义。

（陈玉静，青海省高级人民法院法官）

## 三、专家评析

本案是一起典型的由案外人民和义德公司提起执行异议之诉的案件。一审法院依据《物权法》第9条[①]、《民事诉讼法》第64条第1款[②]、《最高人民法院关于适用〈中华人民共和国民事诉讼法〉的解释》第90条的规定，认定该案外人民和义德公司不享有足以排除强制执行的民事权益，进而判决驳回原告的诉讼请求。本案二审审理没有局限于一审证据不足的裁判逻辑和判驳的裁判结果，而是着眼于对涉案证据深刻分析和法律适用的拓展。首先通过对涉案关键证据的证明力的大小进行综合归纳分析评判，认定上诉人民和义德公司以刘某收到承兑汇票为由主张已向刘某某支付了案涉房款的上诉理由无证据予以证实；其次拓展法律适用，一是参照国务院办公厅转发建设部等部门《关于做好稳定住房价格工作意见的通知》，并依据该通知第7条中指出禁止商品房预购人将购买的未竣工的预售商品房再行转让。在预售商品房竣工交付、预购人取得房屋所有权证之前，房地产主管部门不得为其办理转让手续。法院据此认定上诉人民和义德公司在明知案涉房屋为预售商品房，房屋网签在刘某某名下，在刘某某尚未取得房屋所有权证之前房地产主管部门不予办理转让手续的情况下，依然与刘某某签订《房屋转让协议》，其对没有办理过户登记手续存在一定过错。二是深入细致释明和解读《最高人民法院关于人民法院办理执行异议和复议案件若干问题的规定》第28条规定的情形。正是基于对涉案证据深刻分析和法律适用的拓展，二审法院最终确定上诉人的主张并不符合《最高人民法院关于人民法院办理执行异议和复议案件若干问题的规定》第28条规定的可以排除执行的情形，故而维持一审法院驳回民和义德公司诉讼请求的判决。

该判决书格式统一，要素齐全，结构完整，繁简得当，逻辑严密，语言

---

① 对应《民法典》第209条。

② 对应《民事诉讼法》（2021年修正）第67条。

文字表达严谨周密、凝练简洁、措辞恰当、语义明确、没有歧义。对一审判决认定事实所出现的瑕疵也予以纠正。

（点评人：倪胜利，青海省高级人民法院聘用评查法官）

**（2019）青民终6号裁判文书原文**

# 67. 李某1和谢某某、深圳中核商贸有限公司，深圳市天银实业有限公司、深圳市金澜投资有限公司、深圳市维富化工有限公司、李某2案外人执行异议之诉案*

【关键词】

不动产物权　执行异议之诉　恶意串通　无效合同

【裁判要旨】

进入执行程序后，被执行人以不合理低价、非正常速度、非正常支付手段等出卖名下不动产，法院可以认定被执行人具备转移财产、逃避执行的恶意；案外人知悉被执行人的情况，低价受让不动产，并相互配合、积极协助，法院可以认定被执行人与案外人恶意串通，双方签订的买卖合同损害了申请执行人的利益，依法应被认定为无效合同。

## 一、简要案情

李某1诉深圳中核商贸有限公司（以下简称中核公司）、深圳市天银实业有限公司、李某2等借款合同纠纷案，深圳市福田区人民法院（以下简称一审法院）作出的（2013）深福法民一初字第4079号民事调解书已发生法律效力。因中核公司等未履行义务，李某1向一审法院申请执行，一审法院查封了登记于中核公司名下的联合广场A栋××1、××1、××0号房产。2014年2月18日，李某1与李某2达成执行和解，2014年2月19日，一审法院裁定解除对涉案房产的查封。因被执行人未按和解协议履行还款义务，2014年3月20日，李某1申请恢复执行并查封涉案3套房产。2014年4月17日，一审法院查封涉案3套房产。案外人谢某某对查封提出异议，称其已于一审法院查封之前向中核公司支付全部价款购买了涉案房产并正在办理产权转移登记，请求解除查封并中止对涉案房产的执行。一审法院裁定驳回谢某某的执行异议。谢某某提起本案诉讼。

---

* （2018）粤民再47号。

谢某某提交了与中核公司签订的落款日期为2014年4月3日的深（福）房现买字（2014）第3569号、3570号、3571号3份《深圳市二手房买卖合同》，约定：中核公司将涉案3套房产出售给谢某某，不含税费总价款为13 766 274元。谢某某还提交了与中核公司签订于同日的《房地产转让合同书》3份，约定不含税费合计成交价14 999 999元，并专门约定备案合同与本合同不一致的以本合同约定为准。落款时间为2014年4月3日的《委托付款证明》，显示谢某某委托深圳市源运祥商贸有限公司（以下简称源运祥公司）代为支付房款。同日11时28分，源运祥公司向中核公司0039××××74账户转入1500万元，用途载明为"往来结算款"。同日，谢某某向深圳市房地产权登记中心递交了上述3套房产的二手商品房转移登记申请材料，2014年4月10日，谢某某缴纳了房产所有权登记费、交易手续费等部分税费。谢某某还提交了落款为2014年4月3日的《房屋交接书》、缴纳维修金和管理费的收款收据和发票、中核公司代租户转交租金的收据。2016年6月3日，深圳中旅联合物业管理有限公司联合广场管理处出具证明，证明2014年4月3日谢某某委托罗某办理了收房手续。

中核公司曾将涉案3套房产抵押给上海银行深圳龙岗支行取得贷款1650万元。源运祥公司于2014年4月3日向中核公司转入的1500万元进入公司账户后已用于清偿中核公司对上海银行的贷款。2014年8月13日，深圳市国资源土地房地产资产评估有限公司应中核公司委托出具涉案3套房产估价报告，评估基准日是2014年7月3日，评估总值为2013.7650万元，预计税款为363.3174万元。

一审法院认为谢某某没有支付全部价款，没有在一审法院查封房产之前实际占有涉案3套房产，判决驳回谢某某的诉讼请求。谢某某提起上诉。二审法院认为，双方签订合法有效买卖合同，谢某某支付了房款，办理了房产交接登记，递交了商品房转移登记申请材料，履行了买卖合同义务，可要求中核公司完成过户手续，谢某某就涉案房产享有足以排除强制执行的民事权益，改判法院不得执行涉案房产。

李某1申请再审，广东省高级人民法院裁定提审。再审期间，李某1提交了深圳市福田区人民法院（2017）粤0304刑初489号刑事判决书，该判决书审理查明："2014年3月，因被告人李某2未如期履行民事调解书，李某2杰申请法院强制执行。2014年4月，被告人李某2将深圳市中核商贸有限公司所有的位于深圳市联合广场的三套房产出售给他人，并将上述伪造的深圳市中核商贸有限公司的《企业法人营业执照（副本）》交给其公司员工杜某某拿去深圳市不动产登记中心申请办理了该三套房产的解除抵押手续。”

再审认为本案再审争议焦点主要有以下两点。

一是谢某某在人民法院查封之前是否签订合法有效的书面买卖合同。再审认为，中核公司因未清偿债务而进入执行后，利用执行和解对涉案房屋解封期间与谢某某签订房屋买卖合同，中核公司法定代表人李某2伪造中核公司营业执照副本办理涉案房产解除抵押手续，且约定的买卖价格远低于评估价，也低于抵押债权金额，可以认定中核公司在执行中低价转让房产，恶意逃避执行。谢某某与中核公司在2014年4月3日合同签订当日完成涉案房产抵押解除、合同款项的委托支付、房屋交接手续及递交涉案三套房产转移登记申请材料，说明双方高度信任，紧密配合。谢某某在明知涉案房产已办理抵押、房产价值大于抵押债权额的情况下，以低于抵押债权额受让房产，并签订“阴阳合同”，可以认定谢某某协助中核公司逃避执行。根据《合同法》第52条规定，本案中核公司作为被执行人，在进入强制执行程序后，与谢某某相互串通，低价转让涉案房产，逃避执行，损害申请执行人的利益，所签房屋买卖合同依法应认定为无效。

二是谢某某是否已支付全部价款。再审认为，3份《深圳市二手房买卖合同》约定总价款13 766 274元，《房地产转让合同书》约定总价款14 999 999元，谢某某委托源运祥公司支付房款的合同依据为《深圳市二手房买卖合同》，依据该合同源运祥公司支付的房款应该为13 766 274元，而源运祥公司实际向中核公司转账金额为15 000 000元，与委托书不一致；且源运祥公司在付款用途载明为“往来结算款”，与委托付款的性质不同。源运祥公司作为公司法人替他人支付房款，不按委托付款书约定金额支付，不标注真实付款用途，与常理相悖。中核公司未在收款后为谢某某出具购房款发票或收据，不排除源运祥公司与中核公司有其他经济往来的可能，谢某某提供的证据不足以证明其支付了涉案房屋价款。

再审据此改判撤销二审判决，维持一审判决，驳回谢某某的诉讼请求。

## 二、撰写心得

笔者曾在立案庭从事过信访工作，深知裁判文书对当事人息诉罢访的重要作用；也曾担任过广东省法官学院裁判文书写作的授课老师，懂得一篇好裁判文书来之不易。

**（一）始终重视裁判文书撰写**

裁判文书是人民群众感受公平正义的载体。努力让人民群众在每一个司法案件中感受到公平正义，是每一位法官应有的不懈追求。对参加诉讼的当事人，可以在诉讼程序中感受司法文明和司法公正，但最终一个案件能否实现胜败皆服，案结事了，最为重要的是裁判文书是否把当事人的主张都进行了呈现和回应，是否把胜诉或败诉的道理都讲清楚，这决定当事人是否还要上诉、申请再审或上访。对没有参加诉讼的其他人，譬如上级法官、人大代表、法学教授或者普通民众，他们判断一个案件是不是公正，唯一的依据就是裁判文书，尤其是裁判文书中展示的证据是否充分、事实是否清楚、推理是否清晰、定性是否准确、法律适用是否正确，这决定他们对法官责任心、公正心和法官水平的评判，决定他们对法院工作是正面还是负面的评价，直接影响司法在人民群众心中的地位。最高人民法院要求裁判文书上网，就是要通过全面展示司法判决，来树立人民法院公正司法形象，从而提高司法地位和司法权威。因此，撰写好裁判文书，就是为传播正义、树立司法权威、建设社会主义法治国家添砖加瓦。

裁判文书是法官能力的综合体现。在笔者看来，除了政治坚定、公正无私外，法官赖以安身立命的三大本领便是：庭审驾驭能力、法律适用能力和裁判文书撰写能力。高效驾驭庭审，需要法官不断积累和总结庭审经验，日积月累，久久为功，形成独具风格的庭审艺术。准确适用法律，需要法官扎实的法理基础知识，正确分析认定法律关系，熟悉法律和司法解释规定，懂得“三段论”逻辑推理。撰写一篇优秀的裁判文书，既依赖庭审细心进行质证和认证，全面审理争议焦点，还需要准确认定法律关系、正确引用法律条文，高质量的庭审和准确的法律适用是写好裁判文书的前提，但庭审成功、法律适用正确并不等于就能产出一篇好的裁判文书，更为重要的是法官要有高超的文字驾驭能力、综合表达能力和逻辑推理能力。作为最终司法结果的载体，一篇优秀的裁判文书，必然包含一次高质量的庭审、一次准确的法律适用和一篇优秀的论理文章。

**（二）始终坚持担当之心、责任之心**

每一次改判都是一次担当。实事求是、有错必纠是我们不变的司法原则，但面对一个疑难复杂案件，尤其是争议较大的再审案件。对上级法院的法官来说，维持意味着不必再去查明复杂的事实，不必绞尽脑汁思考改判的理由，不必影响下级法院、原承办法官的绩效考核。尤其对一个再审案件来说，二审已经行使了终审权，裁判已经生效。为减少投诉、降低风险，面对复杂案件，一些法官首先选择维持或者驳回再审申请。这也是很多案件程序空转、实质正义难以实现的原因。对笔者而言，案件只有对和错之分，对就坚决支持，错就坚决纠正，哪怕过程再苦再难。本案是一个再审案件，而认定是否恶意串通是一个主观性极强的问题，二审说理似乎也能自圆其说，若是驳回再审请求，也许不会有人太为诧异。但一个案件到了自己手里，就应当把它审清楚、弄明白，否则就不是个称职的法官。正是因为这种担当之心，迫使自己去钻研案件细节，研究恶意串通的认定标准，从而成就了本案。

每一篇裁判文书都是一种责任。要素齐备、述事清楚、论理严密、法律适用正确、校对准确，看似是对每一篇裁判文书的基本要求，而落实却是无比艰难，大到证据与论理的结合，小到每句话、每个标点，都必须恰到好处。在笔者看来，裁判文书是法官的脸面。当事人及其他受众可以通过裁判文书认识一名法官，知悉法官的法理水平、表达能力和敬业精神，达到"人脸识别"的效果。法官本人对自己撰写的裁判文书，必须无时无刻保持高度认真，一点微小的瑕疵就会给法官丢脸。

**（三）始终保持精品意识**

法官碰到的案件绝大多数都是简单案件，即使在高级人民法院。但对一些复杂案件，特别是适用法律带有普遍性的案件，一个高级人民法院的优秀判决书，就能带动全省一类问题的解决，对提高全省司法质量和效率功莫大焉。对代表性案件，要始终坚持把裁判文书写成精品、写成模板，为下级法院同类问题的解决提供示范。

被执行人与案外人恶意串通对抗执行，是"老赖"的惯用手段。执行中经常出现被执行人将执行标的出卖给案外人，以达到逃避执行的目的。双方的民事法律关系从形式上符合法律规定的排除强制执行的条件，法院只有揭开当事人真实意思表示的"面纱"，否定买卖合同的效力，才能依法打击恶意串通、逃避执行的行为。而恶意串通是一种主观心理，法院要通过外在事实来认定内心动态，本身是件很困难的事，实践中存在当事人举证难、人民法院说理难、客观认定难等问题，亟待剖析被执行人逃避执行的固有模式和规律，明确恶意串通的认定标准。为此，笔者决心认真研究，精心雕琢，为同类案件提供裁判文书范本。因此，本案再审抽丝剥茧，结合法理与常理，通过合理的逻辑推理，提炼出在案外人执行异议之诉中认定案外人与被执行人恶意串通、合同无效的标准：被执行人有转让财产、逃避执行的目的，案外人低价受让、协助快速办理转让手续，转让对价不支付给申请执行人。本案再审判决对同类案件处理具有很强的指导价值，对依法保障申请执行人合法权益，打击恶意逃避执行，助力解决“执行难”，推动社会诚信体系的建设具有重要意义。

“守护法律与良心，做一位有温度的法官”，这是笔者作为一名高级法院法官的人生信条。每写好一篇裁判文书，笔者就觉得离自己的目标又近了一步。

（费汉定，广东省高级人民法院法官）

## 三、专家评析

裁判文书是最终司法结果的载体，既是法官心灵、法官水平的真实反映，也是社会价值判断的标尺、社会行为的指引。一篇好的裁判文书除需要实现个案正义外，还要满足引导社会良性发展的功能，实现政治效果、法律效果和社会效果的有机统一。

诚信是现代法治的基本原则，也是我国社会主义核心价值观的重要内容。市场主体诚实守信，为市场交易提供一种普遍的社会信赖，是市场经济得以健康发展的基石。如果市场主体不守诚信，唯利是图，恶意串通损害他人的利益，不仅扰乱市场交易秩序，影响市场经济的健康发展，最终将导致每个市场主体甚至整个社会都可能成为不诚信的受害者。

本案再审判决根据查明的事实和相关法律、司法解释的规定，认定被执行人和案外人恶意串通，严重损害申请执行人的合法权益，签订的房地产转让合同无效，符合《合同法》第52条①规定的合同无效情形。本案的审判结果具有良好的社会效果，彰显了人民法院制裁恶意串通，打击逃避执行，维护社会诚信的重要作用。本案很好地将社会主义核心价值观融入具体司法案件，在裁判说理中用简明扼要的语言深入阐述了被执行人与案外人恶意串通的认定标准，为执行异议诉讼中如何认定被执行人与案外人恶意串通，提供了可供参考的判断依据，也为类似案件的裁判说理提供了可操作的论理模式。

本案裁判文书格式规范，要素齐备，语言简洁，诉辩主张概括详略适当，证据列载清晰，证明对象表达准确，事实查明清楚，逻辑严谨，层次清晰，论证有力；案件证据、常情常理与法律条文很好地融入论理之中，具有很强

---

① 《民法典》施行后，《合同法》废止。关于合同无效情形的规定，见《民法典》第144条、第146条、第153条、第154条等。

的说服力，为论述案外人执行异议之诉认定合同无效提供了很好的范本；适用、引用法律条文正确，裁判主文表述规范、准确，是一篇内容和形式优秀的再审裁判文书。

（点评人：羊琴，广东省第二届全省审判业务专家，广东省高级人民法院环境资源审判庭庭长、三级高级法官）

**（2018）粤民再 47 号裁判文书原文**

# 68. 广州君豪实业有限公司和楚汇地产有限公司、广东地产公司执行异议之诉案*

【关键词】

合同履行利益　物权期待权　权益衡量

【裁判要旨】

判断案外人对执行标的享有的权利是否优先于申请执行人对被执行人的权利，需审查相关权利（权益）的性质、保护价值以及特定历史背景等因素，以保障公平、正义和维护交易安全为原则，进行法益衡量，实现各方利益的平衡。参照保护不动产受让人物权期待权的规定精神，对于满足条件的投资合作法律关系也应予以适当保护。

## 一、简要案情

1992 年 12 月 15 日，原审原告楚汇地产有限公司（以下简称楚汇公司）与广东地产公司（第三人）签订《合作征用南安村土地协议书》约定，由楚汇公司全额出资并承担全部投资风险，以广东地产公司名义征用增城南安村 218.47 亩土地。广东地产公司负责办理征地手续及相应的国有土地使用权证、规划许可证等一切证照和涉案宗地开发转让手续。楚汇公司承包经营该地块，广东地产公司从涉案宗地开发转让的利润中按每亩 11 000 元获得收益。1992 年 12 月 20 日，广东地产公司向广东省国土资源厅（现广东省自然资源厅，下同）提交《关于在新塘南安村建立健力宝康乐中心的项目建议书》。同年 12 月 22 日，广东省国土资源厅作出《关于新塘镇南安村土地开发项目的批复》，同意广东地产公司对涉案宗地进行前期开发，同意两公司合作建立健力宝康乐中心项目建设，要求其按有关规定办理用地及报建手续。1992 年 12 月至次年 6 月，楚汇公司委托他人支付了购地款及青苗补偿等费用约 1016 万元。1993 年 2 月至 5 月期间，广东地产公司与增城市国土局签订《土地使用

* （2018）粤 01 民终 21550 号。

权出让合同书》并获得广州市国土局的批复同意。增城市规划局、国土局分别向广东地产公司核发《建设用地规划许可证》《建设用地许可证》。1995年，广州市政府在涉案宗地附近建设陈家林危险品仓库，涉案宗地位于危险品规划控制范围内，在未撤销该危险品控制性详细规划前，该宗地暂不能开发。

1994 年 10 月，广东地产公司与广州国际信托公司签订借款合同，向该公司借款人民币 1000 万元，借款用于代武汉某部队购买东莞“望牛墩”地块及充作该部队经费。广东地产公司未偿还该借款。广州国际信托公司于 1996 年诉至广州市中级人民法院（以下简称广州中院）。广州中院作出（1996）穗中法经初字第 462 号民事判决广东地产公司偿还借款。后广州中院以（1998）穗中法经执字第 286 号案立案执行，并于 2007 年指定（从化法院）执行此案。从化法院以（2008）从法执字第 2760 号案执行该案，并轮候查封涉案宗地。该案即本案的执行案件。该借款债权于 2009 年 9 月 17 日作为不良资产转让给广州龙望实业有限公司，2013 年 7 月 1 日再次由该公司转让给了君豪公司。君豪公司为涉案执行申请人，广东地产公司为涉案执行被申请人。君豪公司共计购买以广东地产公司为债务人的不良资产共三笔，均为金融借款债权。

2008 年 4 月 12 日，广州市越秀区人民法院（以下简称越秀法院）执行信达资产管理公司作为债权人，广东地产公司作为债务人的执行案件（该案债权后于 2010 年 5 月 6 日转让给君豪公司，即前述三笔不良资产之一），首封涉案宗地。楚汇公司作为案外人于 2010 年 9 月、2011 年 11 月 20 日向越秀法院提出案外人执行异议（后被驳回）及案外人执行异议之诉。在越秀法院案外人执行异议之诉案件审理期间，楚汇公司与广东地产公司于 2011 年 11 月另行向广州仲裁委员会提起仲裁，仲裁庭于 2012 年 4 月 1 日作出（2011）穗仲案字第 3896 号裁决，裁决《合作征用南安村土地协议书》有效，广东地产公司需办理涉案宗地国有土地使用权证，该公司与增城市国土局签订的《土地使用权出让合同书》的权益全部归楚汇公司，变更该出让合同方为楚汇公司或楚汇公司设立的公司。越秀法院于 2012 年 12 月依据该仲裁裁决裁定撤销涉案宗地查封，君豪公司提出执行异议被驳回，向广州中院提出执行复议，广州中院作出（2013）穗中法执复议字第 44 号裁定，撤销越秀法院的解封裁定。楚汇公司和广东地产公司不服，向广东省高级人民法院（以下简称广东高院）提请执行监督。广东高院于 2015 年 8 月 31 日作出（2015）粤高法执监19号执行裁定，撤销广州中院（2013）穗中法执复议字第44号执行裁定，维持越秀法院的解封涉案宗地执行裁定。至此，从化法院轮候查封遂成为首封。君豪公司不服，向最高人民法院申诉。最高人民法院于2017年12月16日作出（2017）最高法执监110号执行裁定认为，越秀法院查封宗地后才产生的仲裁裁决不能阻却执行，楚汇公司是否对涉案宗地享有权利，应当通过案外人执行异议和案外人执行异议之诉的诉讼程序来处理，遂裁定撤销广东高院（2015）粤高法执监19号执行裁定。在此期间，从化法院的执行也经历与此类似的过程。广东高院作出（2016）粤执监118号执行裁定，确认了广州中院撤销从化法院解封裁定的正确性，并指令从化法院依法受理楚汇公司的案外人执行异议。楚汇公司不服，向最高人民法院申诉，最高人民法院于2017年12月16日作出（2017）最高法执监64号执行裁定，驳回楚汇公司的申诉。

2007年，楚汇公司以广东地产公司为被告，向广州中院起诉［案号：（2007）穗中法民五初字第35号］，请求确认上述合作协议有效，楚汇公司对涉案宗地进行投资，享有土地权益。该案经合议庭两次释明，楚汇公司于2010年撤诉。

2018年4月3日，从化法院作出（2018）粤0117执异42号裁定，认为广东地产公司是涉案宗地红线图、《建设用地规划许可证》《建设用地许可证》记载的用地单位，符合相关执行法律法规的规定，涉案宗地权属归广东地产公司，驳回楚汇公司的案外人执行异议。楚汇公司遂向从化法院提出案外人执行异议之诉，案号为（2018）粤0117号民初第1826号。从化法院一审认为，《合作征用南安村土地协议书》没有违反当时的法律法规，涉案宗地开发，需由楚汇公司依法成立“三资”企业进行。广东省国土厅作为广东地产公司的主管部门，对双方的合作关系是知晓的，对上述情况亦应知晓，对合作项目作出批复同意，该协议是合法有效的。楚汇公司与广东地产公司是合作征地开发涉案宗地项目的合作关系，该协议是合作关系下的前期协议，因危险品控制性详细规划导致无法继续履行，不影响该协议的效力。涉案宗地是由楚汇公司投资在先、楚汇公司作为投资人对涉案宗地享有投资利益（债权），该债权早于君豪公司的执行债权，且是就涉案宗地享有的投资权益，与土地有密切的关联性。君豪公司的执行债权只是普通金钱债权，参照最高人民法院公报案例“钟某玉与王某、林某达案外人执行异议纠纷案”的裁判精神，判决不得执行涉案宗地。本案二审判决维持原判。争议焦点：楚汇公司是否对涉案土地享有足以排除君豪公司普通金钱债权的债权。

## 二、撰写心得

裁判文书一般要求繁简得当，文书结构完整，条理清晰，逻辑严密，全面准确反映各方当事人的诉辩意见，裁判理由步步递进，说理充分透彻。裁判文书的撰写是一名法官的基本技能、“看家本领”。优秀的裁判文书要反映法官是如何从纷繁复杂的案件中发现事实，如何归纳事实和法律上的争议焦点，如何从证据中获得内心确信并以之为裁判依据，如何根据案件事实和法律规定作出裁判结论。优秀的裁判文书在事实认定、法律适用、法律效果方面要经得起法律同行的评议和案件评查。对于裁判文书的制作，笔者有以下的心得体会与大家分享。

### （一）裁判文书反映裁判者的价值取向和案件审理经过，查明的事实要准确无误，裁判观点要明确无歧义

本案涉及土地合作开发、金融借款债权转让、仲裁、执行异议复议，时间跨度长，案情极为复杂。在事实查明部分，文书分门别类，按照时间顺序、纠纷类型对事实进行合乎法律逻辑的陈述，不虚构事实，也不歪曲事实。判决书认定的事实符合各方当事人提供证据反映的客观真实，反映整个事件的经过。在裁判文书的说理部分，裁判观点的表达要简单明快，价值取向明确，不使用模棱两可、可能产生歧义的表述。在论述观点时，文书要结合查明的事实和证据进行论述，避免没有依据的推测和猜测。文书在每一层次的说理，均采用“总—分”的形式，先陈述结论，再进行分析。这种说理的方式符合人民群众的一般阅读心理，能够简明扼要地说明核心问题。

### （二）研究现行法律法规的宗旨、立法精神和同类案件裁判规则

案外人执行异议要首先确定案外人是否对执行标的享有民事权利或权益，该种权利或权益能否排除申请执行人对执行标的享有的权利。当事人享有的民事权利或权益种类繁多，各有特点。现行法律法规对当事人享有民事权利或权益的具体规定有限，被纳入法律体系的民事权利和权益仅有寥寥数种，不足以全面保护当事人的合法权益。当事人在法律体系之外的合法民事权利和权益仍应当获得保护。对于此类权利和权益，应当比照现有的法律规定和立法精神进行分析研判。结合本案，笔者在撰写裁判文书时，比照最为接近案情的《最高人民法院关于人民法院办理执行异议和复议案件若干问题的规

定》第28条①的规定，对该规定进行解析，认定该规定是对于未完成物权变更登记的不动产买受人享有的物权期待权的保护。在此法律前提下，文书确定楚汇公司的权利具有物权期待权部分属性和合同履行利益。该类权利能否得到保护，笔者分析了《最高人民法院公报》2016年第6期刊载的《钟某玉与王某、林某达案外人执行异议纠纷案》［最高人民法院，（2015）民一终第150号］的案例裁判要旨，认定楚汇公司的权利及利益具有为民事法律所保护的价值。对于现行法律法规和指导性案例的价值分析，确保了裁判结果的准确，从而为裁判文书的撰写奠定了重要基础。文书引用的上述指导性案例对增强裁判文书的说理性很有帮助。

**（三）勤于阅读，关注法学学术界的研究动向，善于借鉴法学研究成果为己用**

法律总是具有滞后性，对于“合同履行利益”“物权期待权”的法律属性，现行法律法规欠缺相应的规定，对此类权利（权益）的研究更多来源于法学学界的研究成果。尤其是物权期待权，在理论界研究较为深透，已经诞生大量的学术成果，可以用于指导司法审判。在撰写本文时，笔者在中国知网中阅读了《不动产登记前买受人期待权探析》《不动产受让人期待权问题研究》《期待权理论研究》《对优先权制度的研究》《合同履行利益损害与赔偿研究》等多篇学术论文和学位论文，对期待权、合同履行利益、优先权等法律概念和历史沿革，权利特点和保护等有了全方位的理解和领悟。笔者从而在裁判文书论理部分确定了先论述楚汇公司权利（权益）的来源、特点，再行论述权利（权益）优先保护，最后论述排除执行的合理性这一逻辑结构。

**（四）注重裁判文书的规范性**

裁判文书是一种格式文书，裁判文书载明法院审理案件的过程和裁判结果，直接处分当事人的民事权利，具有高度的权威性。上述样式和规范对证据的举证和质证、认定事实、裁判理由及相关格式、排版均作了统一规定。法官平时认真学习领悟，融会贯通，法律文书制作水平也会逐渐提高。熟能生巧，法官只有在日常的裁判文书写作中始终坚持高标准、严要求，才能水

① 《最高人民法院关于人民法院办理执行异议和复议案件若干问题的规定》第28条规定：“金钱债权执行中，买受人对登记在被执行人名下的不动产提出异议，符合下列情形且其权利能够排除执行的，人民法院应予支持：（一）在人民法院查封之前已签订合法有效的书面买卖合同；（二）在人民法院查封之前已合法占有该不动产；（三）已支付全部价款，或者已按照合同约定支付部分价款且将剩余价款按照人民法院的要求交付执行；（四）非因买受人自身原因未办理过户登记。”

到渠成地写出优秀裁判文书。

（罗毅，广东省广州市中级人民法院法官）

## 三、专家点评

案外人执行异议之诉制度的法理价值在于兼顾执行效率和程序正义，执行机关在对执行标的进行权属判断，认定该标的归被执行人所有时，即可采取执行措施。同时，为了兼顾保护案外人的实体权益，允许案外人提起执行异议之诉，由案外人对其享有的足以排除强制执行的所有权、用益物权、特殊债权等民事权益承担证明责任，审判机关应对其是否享有权益以及该权益是否具有优先性作出判断，以平衡案外人、申请执行人等主体的权益。

案外人执行异议之诉，是民事执行程序中对执行标的享有一定民事权益的第三人提起的一种特定程序，其目的在于通过权属的判定，排除对执行标的的强制执行。目前，相关法律规定对该类诉讼程序中的证明事项还缺乏可操作性，一些地方高级人民法院出台的指导性文件也仅能作为参考。实践中，对案外人享有的民事权益进行类型化，对所有权、租赁权、用益物权等一般权益，所有权保留、例外情况下的债权等特殊权益的证明，原则上由案外人承担“足以排除”证明责任；对有充分证据证明的被执行人的债权，应在继续执行的同时，赋予该第三人就“与被执行人不存在债权债务关系”提起案外人异议之诉的程序救济权利。

现行《民事诉讼法》第 237 条规定了案外人执行异议之诉制度，其承继于 2007 年修正后的《民事诉讼法》第 204 条，这一制度在我国已实施了十几年。基于这一法律规定，《最高人民法院关于适用〈中华人民共和国民事诉讼法〉的解释》中用两个法条对其作了进一步的规定，其中第 309 条规定了执行异议之诉，包括案外人或申请执行人提起的诉讼，均由案外人对执行标的享有足以排除强制执行的民事权益承担举证证明责任。此处用的“举证证明责任”，应理解为案外人既应承担其对执行标的享有民事权益及足以排除执行提供证据这种行为意义上的证明责任，也应承担如最终无法证明其享有足以排除强制执行的民事权益时败诉结果意义上的证明责任。前者强调的是其对民事权益本身的证明，后者则兼具民事权益和“足以排除”两个要点，即案外人既要证明其对执行标的享有民事权益，还要证明这种民事权益足以排除法院的强制执行行为，后者往往是案件的证明难点。要明晰这一问题需要把握一个前提原则：法律规定案外人执行异议制度的目的在于，在执行程序中平衡申请执行人（债权人）、被执行人（债务人）和案外人（第三人）之间的利益，在已证明案外人对执行标的确实享有一定民事权益的前提下，如果该民事权益应受到排他的、绝对的保护，如所有权，那么就应当停止对该执行标的的强制执行行为；如果案外人所享有的民事权益与申请执行人享有的权益相比并不占优势，或者双方处于同等保护地位，或者对申请执行人权益的保护并不影响案外人权益的实现，或者案外人的民事权益地位次于申请执行人的权益地位，那么，就未能达到“足以排除”这一标准，案外人的执行异议请求将会被驳回。

案外人执行异议之诉是与执行相关联的诉讼类案件，有别于一般确权类和给付类诉讼。与普通民事诉讼相比，案外人执行异议之诉在诉讼主体、诉讼请求和裁决上都具有特殊性，而相关的法律规定比较笼统，裁判规范不明确，实务中观点不一。本案对审判实务中的一些问题进行研讨，对厘清法理思路，统一审查标准，规范裁判尺度有一定帮助，具有典型意义。

（点评人：羊琴，广东省第二届全省审判业务专家，广东省高级人民法院环境资源审判庭庭长、三级高级法官）

**（2018）粤 01 民终 21550 号裁判文书原文**

# 69. 某银行和邵某、潘某某、某开发公司申请执行人执行异议之诉案*

【关键词】

申请执行人　执行异议之诉　抵押权　物权期待权　预告登记

【裁判要旨】

执行异议之诉中，银行作为申请执行人以经生效裁判文书认定的优先受偿权为据，请求法院强制执行被执行人或连带保证责任人名下已办理抵押预告登记的房屋，案外人即该房屋买受人以其就执行标的享有物权期待权为由，主张不得执行该房屋。申请执行人尚未就房屋取得现实抵押权，其主张的优先受偿权仅在债权范围内体现为优先受偿的可能性，不足以优先于买受人极其接近取得房屋所有权的物权期待权，故法院对于银行以享有优先权为由，提出继续执行抵押预告登记的房屋的诉讼请求，不予支持。

## 一、简要案情

2015 年 8 月 20 日，某银行就潘某、某开发公司金融借款合同纠纷一案向法院提起诉讼，法院于 2015 年 11 月 13 日作出民事判决，判令解除某银行与潘某于 2004 年 4 月 19 日签订《购房（抵押）借款合同》，由潘某向某银行偿还借款本金 2 629 133. 85 元及利息，某银行就潘某所购涉诉房屋享有优先受偿权等。判决生效后，某银行向法院申请强制执行，法院于 2017 年 4 月责令涉诉房屋居住人邵某腾空房屋。

邵某系于 2005 年 3 月 29 日与某开发公司签订的《商品房买卖合同》，以 4 244 456 元的价格购买涉诉房屋，向某开发公司付款 330 万元，并办理了入住，因某开发公司向邵某隐瞒了其先期与潘某签订退房协议书的事实，承诺

* （2019）辽 01 民终 5786 号。

2010 年 8 月为邵某办理房产证未履行，所以邵某未向某开发公司支付剩余尾款，但是在该案一审诉讼期间，邵某将尚欠剩余房款 944 456 元交予一审法院。

2017 年 7 月 26 日，邵某向执行法院提出执行异议获得支持，中止执行。某银行不服，向法院提起申请人执行异议之诉，请求继续执行涉诉房屋，即本案。

某银行向一审法院起诉请求：（1）撤销一审法院执行裁定，恢复对涉诉房屋居住人限期内腾空的执行；（2）由被告邵某承担本案的诉讼费用。

一审中，邵某提供了潘某与某开发公司签订的退房协议书，证明 2004 年 12 月 25 日，某开发公司因未按期交付房屋，同意退还潘某购买的涉诉房屋，将首付款及已付前期银行按揭贷款本息以实际发生额计算返还潘某。

法院经过一、二审审理，均判决驳回某银行的诉讼请求，即不得执行涉诉房屋。

本案争议焦点主要有以下三点：第一，某银行是否有权提起本案申请执行人执行异议之诉；第二，申请执行人与案外人各自就涉诉房屋即本案执行标的享有何种民事权益，两种权益发生冲突应当如何认定；第三，案外人邵某就执行标的是否享有足以排除强制执行的民事权益。

第一，关于申请执行人某银行就涉诉房屋即执行标的享有何种民事权益的问题。根据《物权法》第 20 条①、《城市房地产抵押管理办法》第 3 条规定，抵押登记与抵押预告登记的效力存在诸多不同之处，本案潘某就购买涉诉房屋向某银行申请贷款时，该房屋为预售房屋，结合登记情况，某银行就涉诉房屋仅取得抵押预告登记，而非正式的抵押登记。某银行经生效判决确认取得的优先受偿权，应理解为优于普通债权的请求权，但因抵押权尚未现实设立，该权利并不符合《最高人民法院关于人民法院办理执行异议和复议案件若干问题的规定》第 27 条规定的担保物权优先受偿权的条件。

第二，关于案外人邵某就涉诉房屋即执行标的享有何种民事权益的问题。在某银行向某开发公司放款后，潘某与某开发公司签订《退房协议书》，潘某将房屋交还给某开发公司，由某开发公司向某银行偿还剩余贷款。而后，某开发公司在未偿还完毕某银行贷款的情况下，又将涉诉房屋出卖给不知情的邵某，并且未将从邵某处收取的购房款及时向某银行清偿贷款。截至法院作

① 对应《民法典》第 221 条。

出强制腾房执行措施前，邵某已支付大部分购房款，在诉讼期间已将剩余应付购房款交予法院，可以认定已履行支付全部购房款的义务。同时，从某开发公司曾承诺为邵某办理房证并偿还贷款的情节看，邵某在占有使用涉诉房屋后亦持续向某开发公司主张办理涉诉房屋权属转移登记，不能办理房屋过户登记的原因并非因邵某自身原因所致，邵某就涉诉房屋享有物权期待权。

第三，关于申请执行人与案外人享有的民事权益发生冲突，应如何认定的问题。经前述认定，某银行并未就涉诉房屋完成抵押权的设立登记，而为抵押权预告登记，其享有在将来具备不动产登记条件时请求债务人及时办理抵押登记的权利，但不是绝对的对世权，特别是在存有案外人就执行标的主张所有权的情形下，某银行并不能据此直接请求实现抵押物的优先受偿。邵某作为案外人，其主张基本满足《最高人民法院关于人民法院办理执行异议和复议案件若干问题的规定》第 28 条规定的条件，就涉诉房屋享有物权期待权，属于依法享有排除涉诉房屋强制执行的民事权益。

## 二、撰写心得

从本案的审理过程来看，本案基本上囊括了执行异议之诉中不动产物权期待权与抵押权相对抗的主要争议情形，文书对其中环节进行解析，对未来同类案件的审理和规则的制定具有一定的借鉴意义和参考价值。主要体现在四个方面。

第一，买受人作为案外人是否有权针对执行依据即生效民事判决主文中已明确判令列明的，抵押权人即申请执行人享有优先受偿权的抵押物即案涉房屋提起案外人执行异议之诉？还是依照审判监督程序办理，抑或通过第三人撤销之诉予以解决。因为《民事诉讼法》第 227 条①规定了案外人认为原判决错误的，依照审判监督程序办理；与原判决无关的，可以提起案外人执行异议之诉，《最高人民法院关于适用〈中华人民共和国民事诉讼法〉的解释》第 305 条、第 306 条有关执行异议之诉的起诉特别条件中也对此进行了相同的规定。又因，作为执行依据的生效民事判决书主文第四项中已明确判令某银行对案涉房屋具有抵押权优先受偿权，直观可见邵某提出不得执行案涉房屋的诉讼请求属于与原判决相关，且邵某也认为原判决存在错误，那么，根据上述法律及司法解释的规定，邵某无权提起案外人执行异议之诉。笔者曾

① 对应《民事诉讼法》（2021 年修正）第 234 条。

一度坚持该裁判观点，主要理由在于：法院在作出拟对民事主体就某抵押物享有抵押权优先受偿权的判决中，应建立在首先查明抵押物的全部权利负担的基础之上，也就是说，应当追加所有对抵押物可能享有权利的主体参加诉讼，因为该主体属于必要共同诉讼当事人。如果对权利人没有穷尽查明的前提下，径行判令抵押权优先受偿权得到实现，那么享有足以推翻该判决认定的权利人依据审判监督程序可以申请再审，其产生的后果不仅可能影响因原判决既判力衍生的其他裁判结果，更可能导致当事人滥用诉讼资源阻却执行。当然，在具有充分证据证明原判决可能构成虚假诉讼的情况，案外人也可以提出第三人撤销之诉。在本案中，执行依据的原判决作出时，房屋已在邵某实际占有之下，若法院在作出判决前，对案涉诉房屋的现实状态进行必要的审查，对某银行请求就抵押物享有优先受偿权的诉讼请求不予支持的话，就不会再有后续纠纷的发生。当然，如果当时邵某主张不成立，法院完全可以固定证据，依法判决支持某银行享有优先受偿权，如此也可以有效避免邵某或其他案外人再通过不当或违法手段对抗执行的可能。

但是，随着执行异议之诉案件数量大幅度增长，司法实践中对于此类案件，大多数法院及最高人民法院赋予了当事人诉权，特别是在优先受偿权指向的抵押物为整体工程或众多房屋的情况下，难以对判决作出时的裁判者施以极为苛刻的穷尽权利主体的要求，故对案外人仅就其中某特定房屋主张权利提出执行异议之诉的，一般未适用上述规定予以驳回起诉。令人欣喜的是，《最高人民法院关于审理执行异议之诉案件适用法律问题的解释（一）》（向社会公开征求意见稿）在第 7 条中，就案外人对优先受偿权人依据生效判决的执行提出异议的诉讼救济程序，作了专门的补充性规定。

第二，买卖与抵押行为发生的先后，尤其是买卖行为是否经过抵押权人同意，对于执行异议之诉中不动产物权期待权的构成认定产生何种影响，应作进一步区分和规范。一是少数争议发生为买卖行为在先，抵押登记在后的情况下，应着重从以下角度分析判断：（1）从买受人在抵押前是否已经实际直接占有房屋的角度来讲，如果买受人欠缺直接占有房屋的权利外观，则买受人难以取得权利的公示性；从买受人是否存在在房屋具备办理登记条件下，故意拒绝或拖延办理登记的情况的角度来讲，买受人若长期怠于行使权利导致房屋权属处于不确定状态，也应承担相应的风险后果；（2）从抵押权人办理抵押登记时是否尽到必要的审查义务角度来讲，如是否对房屋进行现场勘察或经由实际占有人出具证明等也会影响抵押权效力；（3）从出卖人角度来讲，是否存在单方故意隐瞒或与买受人恶意串通损害抵押权人利益的行为；(4) 从执行依据角度来讲，是否对抵押权的认定存在审查不严的片面性等因素。经审查，如买受人不存在过错，那么支持其物权期待权优先于抵押权的请求应属无异。二是大多数争议发生为抵押登记在先，买卖行为发生在后的情况。此情况又可分为抵押权人同意、抵押权人不同意和默视抵押人意愿出卖房屋三种具体情形。根据《物权法》第 191 条①的规定，在抵押权人未明确放弃抵押权的前提下，三种情形下均不足以认定抵押权人放弃了抵押权，在注销抵押权登记前抵押权人势必会要求抵押人清偿到期债务。在这种情况下，法官应进一步将主张物权期待权的买受人划分为商品房消费者买受人和一般不动产买受人适用有区别的构成要件予以认定为宜。商品房消费者买受人取得物权期待权并不以是否知晓抵押权在先存在为必要，特别是针对在商品房预售情况下，由于我国不动产预售登记制度发展不平衡，经济欠发展地区预售登记制度尚不够完善，部分开发建设企业在未取得商品房预售许可证前，与买受人签订商品房买卖合同，按照《最高人民法院关于审理商品房买卖合同纠纷案件适用法律若干问题的解释》第 2 条规定，合同应为无效，那么将导致在执行异议之诉中大量商品房消费者买受人无法要求继续履行合同，实现购房目的，也将无法满足物权期待权的构成要件，无法对抗抵押权人，特别是在开发建设企业丧失支付能力的极端情形下，买受人的权益无法得到有效保障，容易引发群体性事件，无法实现法律效果与社会效果的统一。对此种类型纠纷案件，法院不妨坚持实事求是原则，参照有效合同处理为宜。除外情形，在涉及整体在建房地产抵押的情形下，类似商品房的商铺、车位都应属于不动产预售范围，应得到同等保护，不再区分是否单纯用于居住使用为宜。本案就属于商品房预售情形，存在先后两个买受人，前买受人潘某某与出卖人某开发公司就案涉房屋签订房屋买卖合同的同时，与抵押权人某银行签订抵押合同并办理抵押预告登记后，因故退房，某开发公司将购房款返还潘某某后，再行出卖给后买受人邵某。邵某虽然知晓此前的情形，但基于对某开发公司的信赖，履行了付款义务，占有使用案涉房屋，某银行在此过

① 该条已被《民法典》第 406 条修改。《民法典》第 406 条规定："抵押期间，抵押人可以转让抵押财产。当事人另有约定的，按照其约定。抵押财产转让的，抵押权不受影响。抵押人转让抵押财产的，应当及时通知抵押权人。抵押权人能够证明抵押财产转让可能损害抵押权的，可以请求抵押人将转让所得的价款向抵押权人提前清偿债务或者提存。转让的价款超过债权数额的部分归抵押人所有，不足部分由债务人清偿。"

程中并未提出异议，只是在多年后某开发公司在收取邵某购房款后仍未向某银行偿还贷款，某银行诉至法院，最终引发本案纠纷。造成申请执行人某银行与案外人邵某之间权益冲突的主要责任人系被执行人某开发公司，邵某就案涉房屋享有物权期待权，足以对抗抵押权人优先受偿权。

而一般不动产买受人在买卖过程中如果进行必要的审查核实，一般是可以知晓不动产权的权利负担情况的，如未尽到审慎注意义务或者明知存在抵押而出于对出卖人承诺的信赖抑或事后不予承认，则在买受人对未办理转移登记且没有其他合理客观理由的情况下，将不能取得物权期待权，也将无法对抗登记在先的抵押权。

同时，也应提倡立法鼓励抵押权人就抵押物履行必要的注意看管义务，在具备实现抵押权条件时及时行使权利。否则，抵押权人在抵押物已经转让多年之后才主张抵押权，再依据抵押权追及效力或代价清偿方式来处理，势必引发更多的执行异议之诉产生，也不利于权利救济的顺利实现。本案亦是此种情况。

第三，支付全部对价款是否为买受人取得物权期待权优先于抵押权排除执行的必要条件？特别是在买受人已按照买卖合同支付部分价款时，剩余价款如何处理的问题。笔者认为，不动产买受人取得物权期待权的核心是履行支付不动产全部对价的义务，这是权利取得的前提，并且在这一条件下不应再对买受人类型再进行区分。也就是说，无论一般不动产买受人，还是商品房消费者买受人都应在支付了全部对价的前提下，取得能够优先于抵押权的物权期待权。而《最高人民法院关于人民法院办理执行异议和复议案件若干问题的规定》第29条对于商品房消费者买受人取得物权期待权构成要件中的支付价款条件规定为“已支付的价款超过合同约定总价款的百分之五十”，对于剩余价款是否支付、向谁支付、何时支付、如何支付均未作规定；该规定第28条也仅规定已按照合同约定支付部分价款的一般不动产买受人应将“剩余价款按照人民法院的要求交付执行”，但非因买受人原因未交付该如何处理未作规定，如在买受人愿意支付剩余价款的情况下，因执行法院认为即使交付剩余价款也不足以对抗抵押权排除执行，抵押物还存在其他权利人，即使收取了剩余价款也无从分配等畏难问题，从而造成执行异议程序中拒绝收取剩余价款情形的发生。上述问题充分体现了该规定适用于执行异议和复议程序中效率优先的原则，但是，在民事执行异议之诉案件实体审理过程中，更应体现对实质正义的追求。具体来讲，如果法院认定买受人除剩余价款未予支付条件外均已符合物权期待权的构成要件，那么可以直接在判决主文中判令买受人在一定期限内向执行法院即一审法院支付剩余价款，若买受人实际履行了该判项义务，则可以取得物权期待权排除执行；否则，则不能对抗抵押权。本案中，虽然买受人邵某未支付全部价款，但是从合同约定及履行情况看，其与某开发公司曾约定在办理房屋所有权证书后支付剩余购房款，邵某亦将剩余价款交予一审法院，这也为法院支持其诉讼请求加重了砝码。因此，规定买受人支付全部价款作为物权期待权的构成要件之一，从裁判效果上看更接近达到了一种权益保护的平衡。抵押权人在无法执行抵押物的情况下，可就买受人支付的剩余价款主张优先受偿，弥补一定的损失，同时就买受人在购房时可能存在的瑕疵审查义务，责令承担一定的风险责任，也体现出了执行异议之诉制度的公平性。

第四，对于执行异议之诉判决结论确定后，买受人就争议房屋主张物权期待权对抗抵押权排除执行获得支持后，买受人就继续履行买卖合同、撤销抵押登记、办理不动产转移登记、交付标的物、承担违约或损害赔偿责任等相关权益请求如何行使将成为后执行异议之诉需要解决问题的难点所在，随着时间发展，必将在实践中逐步显现。就如本案，邵某就案涉房屋虽然取得不得执行的有利判决，但其对房屋如何注销抵押预告登记，如何办理不动产权属证书，某银行最终如何得到权益的全面救济仍旧是悬而未决的问题。

执行异议之诉本质是两种民事权益的对抗，即法院对申请执行人与案外人各自享有民事权益对抗优先性的保护或称优劣性的选择，一旦解决了争议标的的权属尤其是物权的归属问题，那么一切执行异议之诉的争议问题都将迎刃而解，这也是通常意义上普遍认为的执行标的权属认定是判断继续执行或者不得执行的前提基础，符合我国司法实践的现实逻辑和惯常思维。《最高人民法院关于适用〈中华人民共和国民事诉讼法〉的解释》第 31 条和《最高人民法院关于执行权合理配置和科学运行的若干意见》第 26 条的规定都体现了将相关实体法律关系纳入执行异议之诉案件审理范围，一并解决权属和应否继续执行两个层面的问题，避免当事人另行诉讼，徒增诉累，也有效防止出现法院基于同一事实或法律关系作出前后冲突的判断。

如此规定的初衷是可以理解的，但在实践中其制度优势和裁判效果并未充分体现，反而适用时会遇到一定的障碍。以当事人在执行异议之诉中就争议标的提出确认所有权的诉讼请求为例，我国物权变动采债权形式主义变动模式，即“债权合意 + 登记生效”的模式。按此规定，从交易的时间和逻辑顺序来讲，在买卖双方签订房屋买卖合同后，双方存在的是债权债务关系，买受人不能依据买卖合同而直接取得标的的所有权，在出卖人不履行转移登记义务的情形下，买受人只能按照合同约定要求出卖人履行协助办理产权过户手续，不能直接要求确认房屋产权归其所有。故在以物权期待权为争议一方的执行异议之诉中，将根本不存在主张物权确认的空间。即使当事人提出确权的请求基本符合《物权法》第33条①或《最高人民法院关于适用〈中华人民共和国物权法〉若干问题的解释（一）》第1条②的规定，但是，由于可能存在对争议标的享有权利的主体难以在个案中穷尽，对争议标的权属等实体法律关系尚难确定，争议各方的权益主张均存在一定瑕疵、难以对最优权益作出终局认定等情况，为避免诉讼久拖不决，多数裁判者顾虑到径行作出确权判项存在责任风险，故而采取赋予当事人另行主张的诉权或以一定理由对当事人提出的确权请求予以驳回。这实际上体现了我国不动产买卖合同纠纷与执行异议之诉在诉讼程序制度上衔接的不足。令人欣喜的是，2019年《全国法院民商事审判工作会议纪要》第119条对执行异议之诉的审理作了进一步诠释，突出执行异议之诉解决民事权益对抗的核心作用。

综上，在人民法院强力推进解决“执行难”问题的背景下，执行部门为提升执行效率，依法保障申请执行人权益，对登记在被执行人名下的房产已普遍取消或降低了封前实质审查要求，更多采用形式审查，对可查询到的房产进行无差别查封保全。《民事诉讼法》规定执行异议之诉的立法初衷是为有效防止申请执行人与被上诉人恶意串通损害实际权利案外人的合法权益，赋予执行标的的实际权利人作为案外人一种自我权益保护的诉权，但实践中，不可避免出现被执行人借机与案外人串通损害申请执行人的权益，转移财产、逃避执行的现象。人民法院在审理执行异议之诉中如何去伪存真，促使执行与审判程序有效衔接，如何通过法院裁判结果体现的价值取向，引导人民群众依法合理主张权利，业已成为当下司法实践的迫切需求。

执行异议之诉作为民事诉讼中独立的诉讼程序，尚未形成一套彻底的诉讼制度体系。特别是在后执行异议之诉中，司法实践对于已经甄别权利人的房产，其上负担的权利后续如何处理，如物权期待权人主张履行继续房屋买卖合同，办理不动产权登记，抵押权人在未实现抵押权之前拒绝协助办理注

---

① 对应《民法典》第234条。

② 该司法解释已失效，现对应《最高人民法院关于适用〈中华人民共和国民法典〉物权编的解释（一）》第1条。

销抵押登记，以及对恶意提起诉讼拖延执行的案外人如何惩戒等问题尚需进一步规范完善。最高人民法院对此已经高度关注，期待在不久的将来，能够制定相关司法解释予以回应。司法实践只有不断地探索与总结，才能验证现有制度规定的优势与欠缺，形成统一的规范，从而实现制度优势的最大化。

（贾宏斌，辽宁省沈阳市中级人民法院法官）

## 三、专家评析

在现代法治社会评价体系中，对于权利的保护程度是重要的观测点和指标。“权利冲突是法治领域中的一个世界性问题”，以本案为代表的购房者享有的不动产物权期待权与银行享有的房屋抵押权在执行异议之诉这一场域内的冲突，以及由此导致的裁判观点分歧，充分反映和暴露了现行法律及司法解释规定与生活实践、行业规范、行政规定、法官自由裁量权等诸多方面的协调，衔接还存在亟需完善的地方。特别是在彰显和宣示民事权利保护的《民法典》实施不久之际，加强对权利冲突研究，有助于将《民法典》中静态的权利分布，纳入动态运行环境之中，这就需要不断地丰富和完善权利冲突的化解路径，学术上加深对权利的本质及冲突理论的研究，立法上细化对各种权利及其所代表利益的价值评价，并就权利实现过程及相应救济途径配置以法定程序，司法上在具体案件中对冲突的权利进行比较衡量，在实现一方权利时，尽量减少对另一方的权利损害。通过公正统一的司法裁判不断探求和验证权利的本质，提升化解不同类型权利主体在追求各自权利实现过程中产生的矛盾和冲突的治理体系和治理能力现代化水平。

对很多法官来说，撰写一篇逻辑严密、论理透彻、事实清晰、援法准确的裁判文书已属实不易，本二审民事判决书不仅达致上述要求，更可称作一篇行云流水，令读者心悦诚服的文书，更是难得。本文书有六大特点。

一是行文规范庄重、简练达雅。行文规范与否不仅涉及文书的庄重，更是体现裁判官的基本素养；而简练达雅也是优秀文书必备的良好品质。

二是事实查明部分叙事清晰，因果关系清楚、场景感极强。好的文书就是好的叙事，文书只有做到事实查明清晰，较好地进行案件事实最大程度的还原，因果关系清楚，前因后果明确，才能让人观之舒畅，一阅而明，不会晦涩难懂，不知其所以然，导致误判产生歧义。

三是争议焦点高度概括。文书争议焦点的概括性强，就会为下一步论理提供良好前提基础。

四是裁判理由充分。本文书裁判者对应该适用的裁判法律规范进行充分解构，理顺内部证成与外部证成，将事实内化于结构的法律规范中，体现裁判者对法律的充分理解和对事实的全面考量。

五是裁判观点明确。有破有立，文书对当事人意见进行了正面论证，一一批驳，从而为文书的裁判者心证进行公示公开，同时也扭转当事人的错误认识，也展现对一审法官思路的再认识与再检讨。

六是文书的人文关怀。好的文书要实现政治效果、法律效果与社会效果的三统一，尤其要“努力让人民群众在每一个司法案件中感受到公平正义”，文书不仅给出了法律结果和法律逻辑，更对房产交易中的社会现象进行评判，宣示了社会主义核心价值观，体现了司法的温度与情怀。

总之，这的确是一则的可供借鉴的优秀的民事判决书。吾特此强力推荐之以为评序。

（点评人：王旭伟，沈阳师范大学法学院院长）

**（2019）辽 01 民终 5786 号裁判文书原文**

# 第三节　执行分配方案异议之诉

## 70. 招商银行股份有限公司广州白云路支行、招商银行股份有限公司广州环市东路支行、招商银行股份有限公司广州五羊支行与中国信达资产管理股份有限公司广东省分公司、广州市五羊经济技术发展公司执行分配方案异议之诉案*

【关键词】

企业法人　破产清算　执行分配方案

【裁判要旨】

1. 被执行人为企业法人，法院已受理破产清算的，不适用执行分配，而应依法通过破产财产分配。

2. 人民法院作出执行分配方案，尚未将财产交付给申请执行人的，所有权尚未发生变动（转移）的，不属于执行完毕的情形。

3. 原告起诉请求变更执行分配方案，法院经审理认为原执行分配方案不当的，审判部门无权直接变更或重新制定执行分配方案，仅判决予以撤销。

### 一、简要案情

招行白云支行、招行环市东支行、招行五羊支行（以下统称招商银行）诉称：招商银行依据相应的裁判文书及执行文件，对五羊公司享有债权。但均因查无可供执行的财产而中止或终结执行。2013 年，五羊公司作为债权人在广州市中级人民法院“中诚广场”系列执行案中执得款项 12 781 600 元。2015 年 7 月 27 日，越秀法院作出《关于对被执行人广州市五羊经济技术发

* （2018）粤 01 民再 20 号。

展公司执行所得款的分配方案》（以下简称《分配方案》），决定由信达公司第一顺位受偿，包括招商银行在内的其他所有债权人第二顺位受偿。参与分配的所有债权均无担保物权，也不存在优先清偿的情形。请求法院判令：(1) 确认信达公司就五羊公司在“中诚广场”系列执行案中所得执行款12 781 600元不享有优先受偿权；(2) 修改越秀区人民法院于2015年7月27日制作的《分配方案》，将分配原则依法变更为按债权比例分配。

法院经审理查明：2015年7月27日，一审法院作出《分配方案》，载明：(1) 参与分配案件情况。申请执行人信达公司与被执行人广州电磁厂、五羊公司借款合同纠纷案4件（2000）越法执字第2017－2020号、（2000）越法执字第2018号恢字1号；……申请执行人招行白云支行与被执行人五羊公司金融借款合同纠纷案3件：……申请执行人招行五羊支行与被执行人广州连达实业有限公司、五羊公司公证债权文书纠纷案；申请执行人招行环市东支行与被执行人五羊公司、广州气体厂公证债权文书纠纷案……。(2) 执行和代管款情况。被执行人五羊公司作为债权人在二审法院执行的“中诚广场”系列执行案中应分得的执行款为12 781 600元。一审法院立案执行的（2000）越法执字第2017－2020号为最先向其要求对上述执行款采取财产控制措施的案件，并将上述执行款划拨至一审法院主持分配。……(4) 经审核，参与本次分配的案件均无担保物权。按照执行法院采取执行措施的先后顺序受偿，申请执行人信达公司与被执行人广州电磁厂、五羊公司借款合同纠纷案4件是最先采取执行措施的案件，应列为第一顺位受偿，其他普通债权列为第二顺位受偿。经统计核算，最先采取执行措施案件的总债权为21 876 482元，执行所得款不足以清偿最先采取执行措施案件的全部债权。……第二顺位：其他普通债权。

二审期间，广州市中级人民法院裁定受理招行白云支行对五羊公司的破产清算申请。

## 二、撰写心得

### （一）法官应提高对制作优秀裁判文书的认识

裁判文书作为司法公正的载体，是彰显法律公正和司法权威的法律宣言。一篇结构严谨、逻辑严密的判决书，情理法交融，不仅以法服人，更以情理动人，不仅能让当事人服判，更是起到了普法、释法的作用。提高法官裁判文书的制作能力，是体现法院裁判法律效果、社会效果的重要因素。裁判文书质量的高低，对于提高司法透明度及公信力，维护法律尊严及司法权威，引导公众行为规范等，具有重要意义。

**（二）法官应熟练掌握裁判文书制作的技术要求**

1. 具备良好文字功底并熟悉裁判文书的制作格式规范，是制作裁判文书的基本功。大部分法官是经过专业训练的文科毕业生，再通过多年实践的积累，文字功底不言而喻。而制作规范，可在已有的文书样式基础上，吸取优秀裁判文书的书写规范，形成基本的规范格式。笔者本人深知文字功底基础薄弱，经过多年的审判实践学习，文字功底也仅仅是在制作裁判文书方面略有提升，本判决书更多的是格式规范。

2. 法官应当具备深厚的法律理论功底。法理是裁判文书的灵魂。深厚的理论功底是写好一篇裁判文书的不二法门。不能仅满足于“知其然”，必须努力“知其所以然”。我们可以看到本案双方当事人诉辩意见针锋相对，法官必须熟知法律条文，具备扎实的法理知识，才能在阐述裁判依据时，运用法学理论及法律条文，对诉辩意见进行精准回应。

3. 法官应具备较高的文字制作能力及分析综合能力。法官要运用证据规则，进行充分的说理和论证，为裁判结论提供逻辑推理和合理依据。表述要客观，让当事人感受到法官的不偏不倚，居中裁判，以无可辩驳的事实理由和法律依据，使当事人信服法院裁判。

4. 法官的职业技能是基于法律的形式逻辑推论，运用逻辑学的基本原理从法律的角度，根据依法认定的证据，推定案件的事实，尽可能使认定的法律事实与客观事实相统一，并将这一过程以裁判文书的形式表明出来，需要法官有较强的逻辑学知识。本案判决书，体现诉讼过程的逻辑性和裁判文书的逻辑性。在裁判文书说理部分，根据认定的证据和案件事实，以三段论的形式组织裁判文书的结构。

**（三）法官要善于发现有研究价值的案件**

法官每年都会审理大量的案件，但有研究价值的案件并不多。本案法律关系不复杂，争议的是法律适用问题，案件在审理阶段，对于法律适用就存在很大争议，正是因为争议大且实践中做法不一，因此才有研究的价值。审理过程中，注意搜集相关依据，理解立法原意，查找学者观点，在充分思考的基础上，裁判文书就可以展开论述，制作起来更加流畅、思路更加清晰。当时并没有想到写出怎么样的判决书，只是尽自己能力将案件事实及裁判思路展现出来。后来根据本案判决撰写的案例也获评最高人民法院优秀案例。

总的来说，有价值的案件是制作优秀裁判文书的基础，平时在办案中要善于发现，当然有一定的审判实践积累更容易发现。

### （四）顺应诉讼程序繁简分流改革的裁判文书制作

繁简分流是人民法院改革纲要中一项重要的机制性改革。裁判文书的制作属于诉讼过程的终端环节，诉讼程序的繁简分流自然会要求裁判文书简式、要式并存，说理繁简有别。裁判文书说理的“繁简适度”，既符合司法审判规律，也符合成本效率规律。无论法理或实务，个案本身要求说理的繁简程度是有别的，而非千篇一律地必须详细说理或者均可简略说理。法官应当根据案件社会影响、审判程序、诉讼阶段等不同情况进行繁简适度的说理，简案略说，繁案精说。繁简分流，法官可以将有限的办案时间适当分配更多用于审理复杂疑难案件。作者所在法院法官年结案超过 230 件，法官每天还会面临各种繁杂事务，而复杂疑难案件的审理，需要一定的完整工作时间，且专心致志思考，否则思路一旦被打断，需要更多的时间去重新组织。本案包括制作文书在内审理时间不少于完整的 15 个工作日，得益于繁简分流，法官可以将简单案件简化审理，将部分可以延缓处理的繁杂事务暂放一边，才能挤出完整的 15 个工作日审理案件、制作裁判文书，否则难以制作优秀裁判文书。

### （五）加强裁判说理

裁判理由在整个文书中显得特别重要，最能彰显法官理论功底和业务素质，裁判文书的公正性、说服力、公信力就维系在裁判理由上。裁判文书的说理，包括对争议事实认定的说理和裁判理由的说理。对认定事实的说理，要对证据进行分析论证，在说明证据是否采纳的基础上，推演出事实的认定过程。对裁判理由的说理，首先，要注意的就是对诉辩焦点展开论述，对错误理由和观点进行驳斥；其次，要注重说理的全面性；再次，要有逻辑性，即裁判文书的事实、论理和结论之间必须有严密的逻辑关系，保持各个部分统一概念的周延，保持认定的事实和适用的法律之间衔接得流畅；最后，说理要兼顾各方当事人的意见，语言适用要中立、公允。

本案中，多个债权人分别对同一被执行人申请执行，且被执行人是企业法人并财产不足以分配的，司法实践中存在不同理解，适用不同法条，采取不同的分配方式。判决书将争议的焦点一一展开论述，对采纳与否作出详尽的说理，也体现了法官中立的态度。

### （六）后语

一纸判决，不仅承载着正确解释法律，充分宣示正义、合理判定冲突的重要功能，而且还具有向社会传播法律知识和司法理念，培养法律信仰的功能。作为一名法官，应尽自己的能力制作优秀裁判文书。

（张一扬，广东省广州市中级人民法院法官）

## 三、专家评析

本案判决书查明事实清楚，论证说理逻辑严密，分析深入透彻，是一篇优秀的裁判文书。

1. 执行异议之诉是近年来法院民事案件审理的难点，涉及民商事、执行、破产等方面的法律法规。执行分配中，普通债权执行的基本原则是按照执行法院采取执行措施的先后顺序受偿，但对于被执行人已进入破产程序时，上述原则是否应当适用，法律对此并未予以明确规定，审判实践中存在较大争议。该判决从民事诉讼法、执行规定、破产法等方面，通过深入分析《最高人民法院关于人民法院执行工作若干问题的规定（试行）》第88～96条[①]各条款的立法原意，对被执行人进入破产程序后的执行分配原则进行充分阐述论证，明确本案情形不适用采取措施先后分配原则，应进行破产分配。本案针对采取执行分配中的措施先后分配原则、参与分配原则、破产分配原则这三种原则应如何适用提出的解决思路，对于同类案件的处理具有重要指导意义。

2. 对于执行分配异议之诉的裁判方式，最高人民法院没有明确的指引。本案中执行分配方案异议之诉原告起诉请求变更执行分配方案，再审经审理认为，因本案应通过破产分配财产，再审仅仅撤销执行分配方案，由执行部门执行终结执行，将财产移送破产审判，并非超越当事人的诉讼请求，而是执行分配方案异议之诉解决纠纷的根本要求。再审判决对于执行分配异议之诉的裁判方式予以明确，也起到引导该类案件原告规范诉讼请求的目的。对同类案件裁判具有参考意义。

3. 裁判文书对于证据的运用比较熟练，证据分析充分。对再审中双方针锋相对的诉辩意见完整罗列，事实认定清楚，为分析论证奠定坚实基础。判

---

① 对应《最高人民法院关于人民法院执行工作若干问题的规定（试行）》（2020年修正）第55条、第56条。

决书逻辑性强，条理清晰，行文流畅，文字上用语规范，表达精炼准确，符合最高人民法院诉讼文书样式的规定。

（点评人：秦旺，广东省第四届全省审判业务专家，广东省高级人民法院民二庭副庭长、三级高级法官）

**（2018）粤01民再20号裁判文书原文**